物流案例分析与实践（第4版）

张梦雅　张庆英　主　编

王　猛　张　莹　副主编

电子工业出版社
Publishing House of Electronics Industry
北京·BEIJING

内 容 简 介

本书从供应链管理入手,在物流系统分析、物流系统规划、物流系统控制、物流系统评估、物流系统预测、物流系统决策、物流信息管理、物流运输、物流配送、仓储与库存管理等方面进行了案例挑选;针对我国高校开设物流专业的特点,以及具有不同物流特征的行业与领域,选择了汽车、快递、零售、生鲜、家电、医药等方面的经典案例;另外,对在物流方面成就非常突出的世界知名企业和我国本土民族企业的物流实践通过案例进行了分析。案例的选择既考虑到学科知识的系统性和全面性,也注重了时代性和先进性。本书提供电子课件、教学大纲以及部分企业视频资料,读者可登录华信教育资源网免费下载。

本书可作为物流案例课程的主教材,也可作为物流工程、物流管理、交通工程、供应链管理、物流系统工程、物流实验及其他管理类课程的辅助教材或教学参考书。

图书在版编目(CIP)数据

物流案例分析与实践 / 张梦雅 , 张庆英主编 .
4 版 . -- 北京 : 电子工业出版社 , 2025.8. --ISBN
978-7-121-51174-5

Ⅰ . F252.1

中国国家版本馆 CIP 数据核字第 20259XL825 号

责任编辑:秦淑灵   文字编辑:赵洛育
印   刷:河北鑫兆源印刷有限公司
装   订:河北鑫兆源印刷有限公司
出版发行:电子工业出版社
　　　　　北京市海淀区万寿路 173 信箱   邮编:100036
开   本:787×1092   1/16   印张:19.75   字数:505.6 千字
版   次:2010 年 4 月第 1 版
　　　　　2025 年 8 月第 4 版
印   次:2025 年 8 月第 1 次印刷
定   价:59.00 元

凡所购买电子工业出版社图书有缺损问题,请向购买书店调换。若书店售缺,请与本社发行部联系,联系及邮购电话:(010)88254888,88258888。

质量投诉请发邮件至 zlts@phei.com.cn,盗版侵权举报请发邮件至 dbqq@phei.com.cn。

本书咨询联系方式:qinshl@phei.com.cn。

前　　言

通过案例来理解和深化理论知识，是一种行之有效的学习方法，这在当今世界的教育和培训中得到广泛的重视和应用。

本书从供应链管理入手，在物流系统分析、物流系统规划、物流系统控制、物流系统评估、物流系统预测、物流系统决策、物流信息管理、物流运输、物流配送、仓储与库存管理等方面进行了案例挑选；针对我国高校开设物流专业的特点，以及具有不同物流特征的行业与领域，选择了汽车、快递、零售、生鲜、家电、医药等方面的经典案例；另外，对在物流方面成就非常突出的世界知名企业和我国本土民族企业的物流实践通过案例进行了分析。案例的选择既考虑到了学科知识的系统性和全面性，也注重到了时代性和先进性，表现出物流学科与物流工程领域发展的水平与进展。每个案例均有主题词作为索引和挑选的依据。本书提供电子课件、教学大纲以及部分企业视频资料，读者可登录华信教育资源网免费下载。

全书分为十八篇。每一篇里均包含了名人一言堂、管理定律或理论、物流案例、物流知识小课堂等内容。每个案例均附有思考题。

本书由武汉理工大学张梦雅、张庆英任主编，王猛、张莹任副主编，参编人员包括武汉理工大学辜勇、张鹏、沈强、王一雯、杜丽敬，武汉工商学院周小芬、李丽、王胜楠，河南工业大学岳卫宏，华东师范大学江霞，贵族民族大学范海芹，吉安职业技术学院陈鸯，广州城市理工学院张磊等。在资料整理过程中，得到张伟、姜棕、陈志敏、肖维红、喻英、罗骏、刘劲等企业界人士的大力帮助。费玮桢、李雪妍、王聪、闫梦瑶、李伟佳、刘渐栋、房国昕等同学为本书的完稿做了大量工作。在此表示衷心感谢！

本书的第 1 版为中国物流学会、教育部物流专业教学指导委员会教改教研项目的成果，该项目获得全国高校物流教改教研课题三等奖。第 2 版获得了第四届"物华图书奖"三等奖。第 3 版对于案例主题和章节内容进行了调整。第 4 版更新了案例，完善了物流知识小课堂，充实了思考题，力图为读者的阅读与思考起到更好的启发和引导作用。

在本书的编写过程中，参考和借鉴了很多专业书籍和网站的资料，在此向各位作者致敬、致谢！

本书可作为物流案例课程的主教材，也可作为物流工程、物流管理、交通工程、供应链管理、物流系统工程、物流实验及其他管理类课程的辅助教材或教学参考书。

目　　录

第 1 篇　供应链管理 ⋯⋯⋯⋯⋯⋯⋯⋯⋯⋯⋯⋯⋯⋯⋯⋯⋯⋯⋯⋯⋯⋯⋯⋯⋯⋯⋯⋯⋯⋯⋯**001**

　案例 1-1　小米公司构建快速响应型供应链 ⋯⋯⋯⋯⋯⋯⋯⋯⋯⋯⋯⋯⋯⋯⋯⋯⋯⋯⋯⋯ 003

　　主题词：供应链管理，快速响应，敏捷供应链 ⋯⋯⋯⋯⋯⋯⋯⋯⋯⋯⋯⋯⋯⋯⋯⋯ 003

　案例 1-2　宜家家居打造低成本、有弹性、绿色化的供应链 ⋯⋯⋯⋯⋯⋯⋯⋯⋯⋯⋯ 005

　　主题词：供应链管理，弹性，绿色化 ⋯⋯⋯⋯⋯⋯⋯⋯⋯⋯⋯⋯⋯⋯⋯⋯⋯⋯⋯⋯ 005

　案例 1-3　联想以 AI 赋能供应链可持续发展 ⋯⋯⋯⋯⋯⋯⋯⋯⋯⋯⋯⋯⋯⋯⋯⋯⋯⋯ 009

　　主题词：供应链管理，AI（人工智能），可持续供应链，ESG ⋯⋯⋯⋯⋯⋯⋯ 009

　案例 1-4　京东工业以全链路数智供应链改造传统产业 ⋯⋯⋯⋯⋯⋯⋯⋯⋯⋯⋯⋯⋯ 012

　　主题词：供应链优化，数智供应链，工业供应链 ⋯⋯⋯⋯⋯⋯⋯⋯⋯⋯⋯⋯⋯⋯ 012

　案例 1-5　华为打造安全有韧性的 ICT 供应链 ⋯⋯⋯⋯⋯⋯⋯⋯⋯⋯⋯⋯⋯⋯⋯⋯⋯ 015

　　主题词：供应链管理，供应链安全，供应链韧性 ⋯⋯⋯⋯⋯⋯⋯⋯⋯⋯⋯⋯⋯⋯ 015

　案例 1-6　ZARA 的快速时尚供应链策略：高效与灵活并存 ⋯⋯⋯⋯⋯⋯⋯⋯⋯⋯ 019

　　主题词：快速时尚，柔性供应链，全球化扩展 ⋯⋯⋯⋯⋯⋯⋯⋯⋯⋯⋯⋯⋯⋯⋯ 019

第 2 篇　物流系统分析 ⋯⋯⋯⋯⋯⋯⋯⋯⋯⋯⋯⋯⋯⋯⋯⋯⋯⋯⋯⋯⋯⋯⋯⋯⋯⋯⋯⋯⋯**022**

　案例 2-1　揭秘奥运物资背后的物流奇迹 ⋯⋯⋯⋯⋯⋯⋯⋯⋯⋯⋯⋯⋯⋯⋯⋯⋯⋯⋯ 024

　　主题词：奥运物流，物流系统，巴黎奥运会 ⋯⋯⋯⋯⋯⋯⋯⋯⋯⋯⋯⋯⋯⋯⋯⋯ 024

　案例 2-2　一汽大众智慧物流系统分析 ⋯⋯⋯⋯⋯⋯⋯⋯⋯⋯⋯⋯⋯⋯⋯⋯⋯⋯⋯⋯ 028

　　主题词：智慧物流，汽车物流，柔性生产 ⋯⋯⋯⋯⋯⋯⋯⋯⋯⋯⋯⋯⋯⋯⋯⋯⋯ 028

　案例 2-3　伦敦"最后一英里"配送系统分析 ⋯⋯⋯⋯⋯⋯⋯⋯⋯⋯⋯⋯⋯⋯⋯⋯⋯ 030

　　主题词：城市物流，可持续物流，"最后一英里"配送 ⋯⋯⋯⋯⋯⋯⋯⋯⋯⋯ 030

　案例 2-4　UPS 的 ORION 系统分析 ⋯⋯⋯⋯⋯⋯⋯⋯⋯⋯⋯⋯⋯⋯⋯⋯⋯⋯⋯⋯⋯⋯ 031

　　主题词：路线优化，运输系统分析，ORION 系统 ⋯⋯⋯⋯⋯⋯⋯⋯⋯⋯⋯⋯⋯ 031

　案例 2-5　Costco 库存管理系统分析 ⋯⋯⋯⋯⋯⋯⋯⋯⋯⋯⋯⋯⋯⋯⋯⋯⋯⋯⋯⋯⋯⋯ 033

　　主题词：库存管理系统分析，Costco 库存管理系统，供应链协同优化 ⋯⋯⋯ 033

　案例 2-6　新加坡城市物流网络系统分析 ⋯⋯⋯⋯⋯⋯⋯⋯⋯⋯⋯⋯⋯⋯⋯⋯⋯⋯⋯ 034

　　主题词：城市物流，物流网络系统，智能交通管理 ⋯⋯⋯⋯⋯⋯⋯⋯⋯⋯⋯⋯ 034

第3篇　物流系统规划 ·· **038**

案例 3-1　中远集团物流战略规划 ······································· 040
主题词：物流战略，物流管理，品牌效应 ···························· 040

案例 3-2　椅艺公司的物料需求规划 ··································· 042
主题词：物料需求规划，标准批量，生产控制体系 ················ 042

案例 3-3　普洛斯的物流园区规划 ······································· 045
主题词：物流园区，园区规划，"双 C 法则" ······················ 045

案例 3-4　马士基集团物流战略规划 ··································· 047
主题词：物流战略规划，网络优化，物流信息系统 ················ 047

案例 3-5　新加坡亚洲物流园区（ALPS）规划 ······················ 049
主题词：物流园区，园区规划，园区运营管理 ······················ 049

案例 3-6　兖矿集团供应物流体系总体规划 ························· 051
主题词：煤炭物流，供应物流规划，供应物流一体化 ·············· 051

第4篇　物流系统控制 ·· **054**

案例 4-1　邯钢的物流成本控制 ··· 056
主题词：成本控制，成本否决，模拟市场核算 ······················ 056

案例 4-2　斯美特物流成本控制 ··· 058
主题词：物流成本控制，JIT 采购，物流共同化 ·················· 058

案例 4-3　PF Spice 公司库存控制改善策略 ························· 061
主题词：物流系统控制，库存控制，库存控制改善 ················ 061

案例 4-4　上海通用物流成本控制 ······································· 064
主题词：成本控制，柔性化生产，汽车物流 ························· 064

案例 4-5　阿里巴巴物流成本控制 ······································· 066
主题词：物流成本，电子商务物流，成本控制 ······················ 066

第5篇　物流系统评估 ·· **069**

案例 5-1　供应链评估与企业价值创造（EVC） ······················ 071
主题词：供应链评估，企业价值创造方法，价值影响分析 ········ 071

案例 5-2　施乐公司的定基评估 ··· 072
主题词：物流绩效评估，定基评估，竞争定基 ······················ 072

案例 5-3　物流配送中心的配送绩效评估 ····························· 074
主题词：配送绩效评估，快速响应，最小变异 ······················ 074

案例 5-4　"短期工作进度表"法 ······································· 076
主题词：短期工作进度表，物流绩效评估，物流绩效倍增系统 ···· 076

案例 5-5　电子商务企业供应商绩效评估 ····························· 077

主题词：电子商务平台，供应商管理，绩效评估 ································· 077

案例 5-6　我国集装箱运输港口竞争力评估 ································· 079

　　主题词：港口，集装箱运输，评估 ································· 079

第 6 篇　物流系统预测 ································· 084

案例 6-1　太古饮料的采购预测 ································· 086

　　主题词：采购预测，采购计划，销售预测 ································· 086

案例 6-2　夏普公司的销售与供应链计划预测 ································· 088

　　主题词：供应链计划，电子消费品，供应链一体化 ································· 088

案例 6-3　联想的信息系统预测 ································· 090

　　主题词：电子商务系统，CELL 生产方式，采购预测 ································· 090

案例 6-4　埃克森美孚公司的标杆管理 ································· 092

　　主题词：标杆管理，速度标杆，微笑标杆，安抚标杆 ································· 092

案例 6-5　Amazon 的预测性库存管理系统分析 ································· 094

　　主题词：电子商务，库存预测，大数据分析 ································· 094

第 7 篇　物流系统决策 ································· 097

案例 7-1　Krause 公司对供应商的选择 ································· 099

　　主题词：供应商管理，供应商选择，采购决策 ································· 099

案例 7-2　从敦豪看科技企业物流外包 ································· 101

　　主题词：物流外包，第三方物流，逆向物流 ································· 101

案例 7-3　企业应选择自营物流还是物流业务外包 ································· 103

　　主题词：自营物流，物流业务外包，规模效益 ································· 103

案例 7-4　中石化物流供应链管理决策 ································· 104

　　主题词：决策支持系统，物流调度决策体系，ERP 系统 ································· 104

案例 7-5　乐百氏快速建立物流体系 ································· 106

　　主题词：配送中心，配送网络，运输联合体 ································· 106

第 8 篇　物流信息管理 ································· 109

案例 8-1　华为供应链的数字化转型之路 ································· 111

　　主题词：集成供应链，数字化转型，智能化 ································· 111

案例 8-2　阿里巴巴跨境供应链服务企业"数字化出海" ································· 115

　　主题词：跨境供应链，数智化，全链路 ································· 115

案例 8-3　中远海运推动供应链物流数字化转型 ································· 117

　　主题词：供应链物流，数字化，航运物流 ································· 117

案例 8-4　菜鸟推进物流园区智慧化升级 ································· 121

　　主题词：智慧物流园区，物联网，人工智能 ································· 121

案例 8-5　湖北交投物流构筑数字经济新生态 ································· 123

　　主题词：数字经济，供应链数字化，数字产融平台 ··················· 123

第 9 篇　物流运输 ·· 126

案例 9-1　Nike 用物流缔造"运动商品王国" ··························· 128

　　主题词：货物配送，高效，运输 ································· 128

案例 9-2　法国 STVA 用火车运汽车的旗舰 ··························· 130

　　主题词：汽车运输，铁路运输，物流服务 ························· 130

案例 9-3　UPS"互联网 +"下的高效运输 ··························· 132

　　主题词：配送，互联网 +，信息技术 ····························· 132

案例 9-4　宜家家居全球化的外包物流系统 ··························· 134

　　主题词：物流外包，密集运输，物流成本 ························· 134

案例 9-5　DHL 运输路线规划 ····································· 136

　　主题词：国际快递，数据驱动，运输路线优化 ····················· 136

第 10 篇　物流配送 ··· 138

案例 10-1　农夫山泉的业务体系 ··································· 140

　　主题词：软饮料物流，物流网络规划，业务体系 ··················· 140

案例 10-2　美团的物流配送业务体系 ································ 143

　　主题词：即时零售，集约配送 ··································· 143

案例 10-3　中百仓储的仓储与配送系统 ······························ 145

　　主题词：连锁超市，库存管理，配送 ····························· 145

案例 10-4　李宁公司的物流配送体系 ································ 148

　　主题词：配送，供应链管理，物流信息化 ························· 148

案例 10-5　德邦快递专注于大件快递服务 ··························· 150

　　主题词：大件快递，高效配送，一体化服务 ······················· 150

第 11 篇　仓储与库存管理 ······································· 153

案例 11-1　BMW 物流的"葵花宝典" ······························ 155

　　主题词：仓储，供应链，库存成本 ······························· 155

案例 11-2　海尔零距离 零库存 零营运资本 ··························· 156

　　主题词：零库存，信息化管理，JIT ····························· 156

案例 11-3　西门子威迪欧汽车股份公司的自动化物流中心 ··············· 160

　　主题词：仓储，仓库管理系统，物流中心 ························· 160

案例 11-4　伊利的 MRP Ⅱ 系统 ··································· 162

　　主题词：MRP Ⅱ 系统，库存，分销 ····························· 162

案例 11-5　安踏库存优化策略 ····································· 165

主题词：库存优化，联合库存管理 ·· 165

案例 11-6　动态库位管理在汽车零部件仓储中的应用 ························ 168

　　主题词：动态库位管理，网格化零部件库位 ······························· 168

第 12 篇　汽车物流 ·· 170

案例 12-1　丰田公司的实时物流 ·· 172

　　主题词：实时物流，实时采购，实时生产，实时经销 ······················· 172

案例 12-2　东风汽车的物流网络信息化 ···································· 174

　　主题词：网络信息化，ES/1 系统，全线追踪 ······························ 174

案例 12-3　宁德时代：赋能新能源汽车产业发展 ···························· 177

　　主题词：全球化物流布局，智能物流系统，供应链协同创新 ·················· 177

案例 12-4　福特汽车公司的顶级供应链之旅 ································ 179

　　主题词：供应链，信息，节约型系统 ····································· 179

案例 12-5　北京现代用物流系统支撑企业发展 ······························ 181

　　主题词：高效物流，生产物流系统，销售物流 ····························· 181

案例 12-6　沃尔沃汽车物流的典范 ·· 184

　　主题词：物流信息，电子系统，A4D 信息系统 ····························· 184

案例 12-7　比亚迪：从垂直整合到开放生态的供应链转型 ···················· 186

　　主题词：供应链转型，垂直整合模式，开放生态模式 ······················· 186

第 13 篇　快递与电子商务物流 ·································· 188

案例 13-1　顺丰速运的业务体系 ·· 190

　　主题词：快递服务，业务体系 ··· 190

案例 13-2　中国邮政速递物流的品牌与服务 ································ 194

　　主题词：中国邮政速递物流，EMS，品牌优势 ····························· 194

案例 13-3　联邦国际快递的运营特色 ······································ 196

　　主题词：FedEx，整体解决方案，个性化服务 ····························· 196

案例 13-4　叮咚买菜：前置仓模式下的高效生鲜电商物流 ···················· 199

　　主题词：前置仓模式，冷链物流，供应链优化 ····························· 199

案例 13-5　SHEIN：高效物流驱动跨境电商快时尚 ·························· 201

　　主题词：精准物流，海外仓，供应链管理 ································· 201

案例 13-6　抖音带货 ·· 203

　　主题词：兴趣电商，直播带货，物流服务 ································· 203

第 14 篇　零售物流 ·· 207

案例 14-1　胖东来"超市天花板"是如何练成的 ···························· 209

　　主题词：零售物流，供应链管理，服务优化，质量管理 ····················· 209

案例 14-2　盒马新零售的供应链物流 ·· 212

主题词：新零售，供应链管理，B2C 物流，智慧物流 ··························· 212

案例 14-3　沃尔玛高效供应链下的零售传奇 ······································ 215

主题词：供应链管理，全渠道零售，高效供应链 ······························· 215

案例 14-4　京东到家：B2C+O2O 打通即时零售全链路 ······················· 218

主题词：即时零售，B2C，O2O（线上到线下），供应链整合 ················ 218

案例 14-5　腾讯云助力永辉超市向智慧零售转型 ································ 221

主题词：智慧零售，数字化转型，大数据 ······································· 221

第 15 篇　生鲜物流　　　　　　　　　　　　　　　　　　　224

案例 15-1　青岛啤酒公司的新鲜度管理 ·· 226

主题词：库存，仓储调度，新鲜度管理 ··· 226

案例 15-2　蒙牛打造快速物流系统 ··· 228

主题词：运输方式，物流成本，冷链保障 ··· 228

案例 15-3　科技赋能生鲜零售：百果园的数字化转型 ·························· 230

主题词：生鲜零售，物流优化，产销一体化 ······································ 230

案例 15-4　光明乳业舞动冷链物流 ··· 232

主题词：冷链物流，第三方物流，信息化 ··· 232

案例 15-5　和路雪的冷冻链与物流管理 ·· 234

主题词：物流渠道，冷冻链，物流管理 ··· 234

案例 15-6　可口可乐的新配方物流 ··· 235

主题词：物流销售网络，销售终端，物流成本 ··································· 235

第 16 篇　家电物流　　　　　　　　　　　　　　　　　　　240

案例 16-1　国美电器物流改革案例 ··· 242

主题词：物流网络，货物跟踪，集中配送 ··· 242

案例 16-2　务实的索尼全球物流运营 ·· 245

主题词：集装箱运输，物流链，物流理念 ··· 245

案例 16-3　小天鹅诠释"企业物流"新概念 ······································ 248

主题词：物流资源，企业物流，第三方物流公司 ······························· 248

案例 16-4　科龙物流变革硕果累累 ··· 250

主题词：物流管理，物流运营成本，第三方物流战略 ························· 250

案例 16-5　格力电器家电物流升级之道 ·· 254

主题词：信息化，闭环管理，数字化转型 ··· 254

案例 16-6　美的：家电物流智能化转型之路 ······································ 257

主题词：智慧物流，送装一体化，"T+3"模式 ································· 257

第 17 篇　医药物流 ································· 260

案例 17-1　广州医药现代医药供应链体系建设 ·············· 262
主题词：供应链体系，一体化，信息化，共赢 ················· 262

案例 17-2　三九连锁的物流突破 ····················· 267
主题词：仓库作业，连锁配送管理，配送信息处理系统 ············ 267

案例 17-3　科技赋能医药物流：九州通的变革之路 ··········· 269
主题词：医药物流，仓配一体化，智能化 ················· 269

案例 17-4　云南白药"物"按标准"流" ················ 271
主题词：采购管理，配货，拣货，一体化管理 ··············· 271

案例 17-5　太极集团的物流发展对策 ·················· 273
主题词：物流信息，物流重组，物流管理 ················· 273

案例 17-6　哈药集团信息之路 ····················· 275
主题词：OA 系统，ERP 系统，网络化营销 ················ 275

案例 17-7　上海医药打造物流能力　决胜医药未来 ··········· 279
主题词：仓库配送，ERP 系统，物流中心，医药分销 ············ 279

第 18 篇　世界知名企业物流分析 ···················· 282

案例 18-1　沃尔玛的物流 ························ 283
主题词：物流成本，信息技术，无缝连接 ················· 283

案例 18-2　戴尔公司的物流 ······················ 286
主题词：直销，敏捷制造，零式供应链 ·················· 286

案例 18-3　UPS 在中国 ························ 289
主题词：快递，电子商务，供应链服务 ·················· 289

案例 18-4　中外运敦豪国际航空快递有限公司 ············· 294
主题词：快递，平衡计分卡，作业成本法 ················· 294

案例 18-5　宝洁公司的物流与供应链管理 ··············· 298
主题词：第三方物流，VMI，供应链优化 ················· 298

案例 18-6　海尔集团的数智化物流 ··················· 303
主题词：数智化物流，送装一体，统仓统配 ··············· 303

案例 14-2　盒马新零售的供应链物流 ························· 212
　　主题词：新零售，供应链管理，B2C 物流，智慧物流 ················ 212

案例 14-3　沃尔玛高效供应链下的零售传奇 ················ 215
　　主题词：供应链管理，全渠道零售，高效供应链 ················· 215

案例 14-4　京东到家：B2C+O2O 打通即时零售全链路 ······· 218
　　主题词：即时零售，B2C，O2O（线上到线下），供应链整合 ········· 218

案例 14-5　腾讯云助力永辉超市向智慧零售转型 ············ 221
　　主题词：智慧零售，数字化转型，大数据 ···················· 221

第 15 篇　生鲜物流 ·· 224

案例 15-1　青岛啤酒公司的新鲜度管理 ··················· 226
　　主题词：库存，仓储调度，新鲜度管理 ····················· 226

案例 15-2　蒙牛打造快速物流系统 ······················· 228
　　主题词：运输方式，物流成本，冷链保障 ···················· 228

案例 15-3　科技赋能生鲜零售：百果园的数字化转型 ········· 230
　　主题词：生鲜零售，物流优化，产销一体化 ··················· 230

案例 15-4　光明乳业舞动冷链物流 ······················· 232
　　主题词：冷链物流，第三方物流，信息化 ···················· 232

案例 15-5　和路雪的冷冻链与物流管理 ··················· 234
　　主题词：物流渠道，冷冻链，物流管理 ····················· 234

案例 15-6　可口可乐的新配方物流 ······················· 235
　　主题词：物流销售网络，销售终端，物流成本 ················· 235

第 16 篇　家电物流 ·· 240

案例 16-1　国美电器物流改革案例 ······················· 242
　　主题词：物流网络，货物跟踪，集中配送 ···················· 242

案例 16-2　务实的索尼全球物流运营 ····················· 245
　　主题词：集装箱运输，物流链，物流理念 ···················· 245

案例 16-3　小天鹅诠释"企业物流"新概念 ················ 248
　　主题词：物流资源，企业物流，第三方物流公司 ················ 248

案例 16-4　科龙物流变革硕果累累 ······················· 250
　　主题词：物流管理，物流运营成本，第三方物流战略 ············· 250

案例 16-5　格力电器家电物流升级之道 ··················· 254
　　主题词：信息化，闭环管理，数字化转型 ···················· 254

案例 16-6　美的：家电物流智能化转型之路 ················ 257
　　主题词：智慧物流，送装一体化，"T+3"模式 ················· 257

第 17 篇　医药物流 ·· 260

案例 17-1　广州医药现代医药供应链体系建设 ································ 262
主题词：供应链体系，一体化，信息化，共赢 ································ 262

案例 17-2　三九连锁的物流突破 ··· 267
主题词：仓库作业，连锁配送管理，配送信息处理系统 ··················· 267

案例 17-3　科技赋能医药物流：九州通的变革之路 ······················ 269
主题词：医药物流，仓配一体化，智能化 ··································· 269

案例 17-4　云南白药"物"按标准"流" ······························· 271
主题词：采购管理，配货，拣货，一体化管理 ······························ 271

案例 17-5　太极集团的物流发展对策 ······································· 273
主题词：物流信息，物流重组，物流管理 ··································· 273

案例 17-6　哈药集团信息之路 ··· 275
主题词：OA 系统，ERP 系统，网络化营销 ································· 275

案例 17-7　上海医药打造物流能力　决胜医药未来 ····················· 279
主题词：仓库配送，ERP 系统，物流中心，医药分销 ····················· 279

第 18 篇　世界知名企业物流分析 ·· 282

案例 18-1　沃尔玛的物流 ·· 283
主题词：物流成本，信息技术，无缝连接 ··································· 283

案例 18-2　戴尔公司的物流 ··· 286
主题词：直销，敏捷制造，零式供应链 ····································· 286

案例 18-3　UPS 在中国 ·· 289
主题词：快递，电子商务，供应链服务 ····································· 289

案例 18-4　中外运敦豪国际航空快递有限公司 ··························· 294
主题词：快递，平衡计分卡，作业成本法 ··································· 294

案例 18-5　宝洁公司的物流与供应链管理 ································· 298
主题词：第三方物流，VMI，供应链优化 ···································· 298

案例 18-6　海尔集团的数智化物流 ··· 303
主题词：数智化物流，送装一体，统仓统配 ································ 303

Chapter 1

第1篇　供应链管理

"米格-25效应"

　　苏联研制生产的米格-25喷气式战斗机所使用的许多零部件与美国战斗机相比要落后得多，但其整体作战性能却达到甚至超过了美国等其他国家同期生产的战斗机。原因在于，米格公司在设计时从整体上考虑，对各个零部件进行了更为协调的组合设计，使该战斗机性能优越。这一因组合协调而产生的意想不到的效果，被称为"米格-25效应"。

物流讲堂

供 应 链

供应链是指产品生产和流通过程中所涉及的原材料供应商、制造商、分销商、零售商以及最终消费者等成员通过与上游、下游成员的连接（Linkage）组成的网络，是由物料获取、物料加工，并将成品送到消费者手中这一过程所涉及的企业和企业部门组成的一个网络。

1. 供应链的分类

一般将供应链分为内部供应链和外部供应链，二者共同组成了企业产品从原材料到成品再到消费者的供应链。内部供应链可谓外部供应链的缩小化，而外部供应链的协调更困难。

2. 供应链的基本结构

一般来说，供应链的基本结构包括供应商、制造商、分销商、零售商和消费者五个部分。

3. 供应链的主要活动和四个流程

供应链的主要活动有：（1）商品的开发和制造；（2）商品的配送；（3）商品的销售和售后服务。供应链一般包括物资流通、商业流通、信息流通、资金流通四个流程。

4. 供应链与纵向一体化

纵向一体化一般指上游供应商与下游顾客之间拥有产权关系，而供应链上的企业集合一般不具备产权关系，它们一般是建立在共同的理念基础上的默契关系或通常的契约关系。供应链有取代纵向一体化的必然趋势。

5. 典型的完整供应链

根据行业的不同，供应链具有不同的类型。一条典型的完整供应链始于供应商向制造商提供原材料或零部件；随后，这些物料在制造环节被加工成产品；产品完成后，进入分销环节，通常经由分销商交付给零售商，最终由零售商销售给终端消费者。制造与分销是构成供应链的两个核心流程。

6. "牛鞭效应"

"牛鞭效应"是经济学上的一个术语，指供应链上的一种需求变异放大现象，是信息流从最终消费者端向原始供应商端传递时，无法有效地实现信息的共享，使得信息扭曲而逐级放大，导致了需求信息出现越来越大的波动，此信息扭曲的放大作用在图形上很像一根甩起的牛鞭。可将处于上游的供应商比作梢部，下游的顾客比作根部，一旦根部抖动，传递到末梢端部时就会出现很大的波动。

"牛鞭效应"是市场营销活动中普遍存在的高风险现象，它直接加重供应商的供应和库存风险，甚至扰乱生产厂家的计划安排与营销管理秩序，导致生产、供应、营销的混乱。解决"牛鞭效应"难题是企业正常的营销管理和良好的顾客服务的必要前提。

案例 1-1　小米公司构建快速响应型供应链

主题词： 供应链管理，快速响应，敏捷供应链

小米科技有限公司（以下简称小米公司）由雷军于 2010 年 4 月在中国北京创立，是一家专注于智能硬件和电子产品研发的移动互联网公司，也是一家专注于高端智能手机、互联网电视以及智能家居生态链的创新型科技公司。小米公司的产品概念是"为激情而生"，小米公司的愿景是"让每个人都能享受科技的乐趣"。小米公司凭借手机业务起家并带动小米公司生态链的发展，本案例主要围绕其手机供应链展开。

1. 小米公司供应链的结构

小米手机在中国智能手机刚刚流行的时候进入市场，凭借低廉的价格很快在智能手机市场上获得了大量的粉丝。小米公司的供应链采用的是直销型的供应链，尽力缩短供应链的长度，将零部件的生产和整机的生产外包给第三方，减少中间环节，降低供应链成本。

1）研发

小米公司采用开放性的研发创新模式，利用粉丝的创新能力给产品提供源源不断的设计方案。小米手机的 MIUI 系统开创了定制系统的先河。MIUI 论坛是小米公司的研发工程师和小米手机用户的技术交流社区和 MIUI 的产品交流中心，这样粉丝就可以参与到小米手机产品的设计和研发过程中。随着粉丝数量的增加，粉丝的多样性也体现出来，小米公司通过粉丝掌握的不同技能，将粉丝进行分组，分别为开发者、产品测试者、产品支持者和普通粉丝。小米公司通过价值链分析和成本动因分析，将大部分具有成本风险和盈利能力比较差的环节外包给第三方，例如仓储、生产等，小米公司只专注于市场的需求引导和产品设计两个领域。小米公司围绕粉丝组织企业的内部运营，使小米公司在手机市场上具有较大的竞争力。

2）销售

C2B（消费者到企业）预售是小米公司采用的主要销售模式。每一款手机研发成功并制作完样机之后，小米公司都会召开新闻发布会宣传产品，然后消费者可以通过线上预约购买。每周固定开放购买时间，型号和数量由仓储中心三天前反馈的库存数据决定。消费者预约的数量是用来制订生产计划的重要参考指标，它将影响三个月后的产量和开放购买的数量。生产会议上产生的订单数据，在进行元器件采购后，大约一周送到主要的代工厂附近仓库并进行生产，从采购备货到出货大概三个月。之后手机发往仓储中心，利用 WMS（仓储管理系统）清点当周库存量，将数据发送给小米公司网站，通过论坛预告下周开放购买的机型和数量。小米公司通过预售先拿到消费者的订单再按需生产，这样可以降低市场需求的不确定性和库存的风险，提高资金的周转率。同时通过这种"饥饿营销"的方式，很多时候消费者可以看到新款的小米手机处于缺货状态，给消费者一种供不应求的印象，从而激发消费者的购买热情，在一定程度上提高了销量。

3）零部件采购

小米公司实行的是非核心业务外包的运营模式，自己专注于产品设计研发和市场营销等

核心业务，零部件主要依靠来自全球的 100 多个供应商。零部件供应商包括索尼、夏普等知名企业，生产由富士康、英华达、比亚迪等公司进行代工。消费者通过网络下订单，小米公司通过网络订单的数量获得市场需求量，然后通过供应链采购零部件。关键零部件来源于知名企业以提高产品质量，然后从其他厂商处采购非关键零部件以节约成本。最后将这些零部件送往代工厂进行生产。

4）拉动式生产

小米手机的生产模式模仿的是戴尔的"按需生产"模式，这种模式在拉动式供应链下进行。这种供应链的驱动因素是消费者订单，产品的生产受需求拉动，生产的动力不是来源于需求预测，而是来源于实际的消费者订单。拉动式供应链以消费者为中心，根据订单需求决定生产什么、生产多少，可以有效地减少库存压力和企业的运营成本。但小米手机的一些畅销产品由于零部件采购提前期的问题，还处在供不应求状态，例如屏幕采购的提前期为三个月、芯片采购的提前期至少为两个月等，将"定制件"转变成"通用件"以减少定制时间，是全面实现按需生产需要考虑的问题。

5）库存管理

小米手机的库存主要有两类：一是产成品库存；二是零部件库存。因为小米公司采用的是网络预售和直销模式，小米公司的手机都是按需生产的，生产的数量是订单要求的数量，所以小米公司的产成品库存比传统的手机厂商少，小米公司实施的是"零库存"战略。对于零部件库存，小米公司基于对销售订单的分析和精准的预测，控制库存水平，防止出现多余的库存量。总之，小米公司在实现"零库存"方面做出了很多努力。

2. 小米公司供应链的策略设计

企业供应链的策略设计可以分为两个层面：一是在水平层面上，需要设计多少不同的供应链来满足不同需求特性的产品；二是在垂直层面上，在产品生命周期的不同阶段，如何调整到最适合的供应链战略。小米手机属于典型的短生命周期产品，短生命周期产品实施的是动态供应链策略，要求企业有快速调整其供应链的能力。

以小米 12 到小米 15 四代产品为例，在水平层面上，每一代产品的需求、零部件和供应特性都有较大差异，应采取不同的供应链策略；在垂直层面上，每一代产品所处的生命周期阶段不同，小米 12 基本退出了市场，处于衰退期，小米 13 处于成熟期，小米 14 已经进入成长期，小米 15 处于研发导入期。

在导入期，供应链的主要目标是最小化 TTM（从产品研发到产品上市的时间），将新技术、新产品尽快导入市场，而这个阶段最大的风险是设计链上技术的变化和消费者的反馈存在比较大的不确定性，快速迭代试制产品、供应商寻源、供应商参与早期设计、快速配送等是供应链管理的重点。在成长期，随着产品市场快速增长，最小化 TTC（从产品需求预测、收到订单到将产品送达客户手中的时间）是供应链的目标，最大的风险来自响应速度。在成熟期，产品竞争加大，利润降低，供应链要平衡效益和成本。在衰退期，产品退出市场，被新一代产品取代，去库存是供应链的主要目标。

对于小米公司供应链来讲，在导入期供应链要配合完成新产品导入（NPI），小批量集中在一家工厂生产，以控制质量和速度，快速导入市场。在成长期，面对市场份额的剧增，启用多家工厂，应对主要市场的需求。在成熟期，应对全球市场，启用各个区域的工厂，平衡供应链成本和效益。在衰退期，需要及时收缩产能，保留一家工厂，更多是维护件、备件的生产，做好完全退出市场的准备。

3. 小米公司供应链面临的挑战

小米公司供应链面临的挑战包括研发和生产的外包，这让小米公司对于供应链的把握比较弱势。和竞品相比，在产品定义和开发上往往落后于行业的更新速度。在线下销售渠道的推进方面，基于流量的低成本营销能力较难渗透到国内低线城市和海外市场；低毛利不利于线下销售渠道的建设和维护。对于供应链的影响在于，因为小米公司坚持性价比导向的产品开发模式，因此供应链的先期投入成本较大，只能等到供应链被竞品通过大规模生产降低了新技术的成本后才能进行导入，这样就造成了产品技术更新上的落后。同时，手机产品的特性决定了需要实施动态供应链战略，要求小米公司有快速调整供应链的能力。

小米公司的供应链就像坐过山车，需要快速响应市场需求，不断改进产品以保持消费者的兴趣，但这可能会导致管理相对混乱，需要更多的控制措施。小米公司的供应链的优势在于速度快，能够迅速适应市场的变化，容易获取市场信息，但可能会牺牲品质或需要更多的投入。总的来看，小米公司的供应链管理提升了小米公司的竞争力。

📖 **物流知识小课堂**

敏捷供应链（Agile Supply Chain，ASC）是指在不确定性、持续变化的环境下，为了在特定的某一市场机会中获得价值最大化而形成的基于一体化的动态联盟和协同运作的供应链，以核心企业为中心，通过对资金流、物流、信息流的控制，将供应商、制造商、分销商、零售商及最终消费者整合到一个统一的、无缝化程度较高的功能网络链条上，以形成一个极具竞争力的战略联盟。在竞争日趋激烈、市场需求更为复杂多变的网络时代，有必要将敏捷化思想运用于整条供应链管理中，其实质是在优化整合企业内外资源的思想上，更多地强调供应链在响应多样化消费者需求方面的速度目标。

❓ **思考题**

1. 描述小米公司拉动式供应链的整体流程。小米公司供应链成功的关键是什么？
2. 结合本案例，谈谈如何提升供应链的快速响应性。
3. 如何做到推进全球化合作和坚持自主创新的协调兼顾？

案例 1-2　宜家家居打造低成本、有弹性、绿色化的供应链

主题词： 供应链管理，弹性，绿色化

宜家家居（IKEA）于 1943 年创立，是一家来自瑞典的跨国居家用品零售企业。其网络

分布世界多国，销售平整式包装的家具、配件、浴室和厨房用品，宜家家居在店面内开餐厅以及展览式的陈列布局是其商业特色。宜家家居开创以平实价格销售自行组装家具的领导品牌，现已成为全球领先的家具零售企业。宜家家居能够取得巨大成功的直接手段是通过产品和营销的双轮驱动，而保障产品和营销持续优势的背后核心壁垒在于超强的供应链体系，是家具行业中当之无愧的供应链典范。

1. "模块"式研发和设计体系

宜家家居以"简单即美"为设计理念，用"简单"来降低顾客的让渡成本，用"美"来提高顾客的让渡价值。其独特的研发体系能够把低成本与高效率融合在一起。

宜家家居发明了"模块"式家具研发与设计方法，这样不仅可以降低研发与设计成本，而且也大大降低了产品的成本。因为模块化意味着大规模生产和大规模物流，基本上每一种设计都具有生产的可行性，不会因为大量的设计方案不具备可实施性而造成设计成本增加。

宜家家居的设计理念是"同样价格产品的设计成本更低"，因而设计师在设计过程中往往就是否少用一个螺钉或能否更经济地利用一根铁棍而展开竞争，这样不仅能够降低成本，而且能够产生大量的杰出创意。

2. 多样化的采购策略

宜家家居实行多样化的采购策略，如全球化采购策略、"绿色"采购策略、本土化采购策略、全球竞价策略等，这些都为宜家家居的低价打下了基础。

（1）全球化采购策略。截至 2023 年年底，宜家家居供应商达到 1200 余家，在 26 个国家拥有 31 家采购服务公司，它的产品从各个贸易区采购后再运到全球 28 个分销中心。宜家家居在全球 16 个采购贸易区设立了贸易代表处，工作人员根据宜家家居的最佳采购理念评估供应商，实施产品采购计划，监控产品质量。

（2）"绿色"采购策略。宜家家居从采购渠道上严格监督供应商，要求其产品达到相关标准，保证为顾客提供最绿色环保的产品。宜家家居对供应商的评估表现为四个方面：一是持续的价格改进；二是良好的供货表现和服务水平；三是质量好且健康的产品；四是环保及社会责任。

（3）本土化采购策略。为了尽量降低产品的成本，宜家家居灵活采用本土化采购策略，例如在中国市场上，先后在上海、青岛、深圳、哈尔滨、武汉 5 个城市建立了采购中心，使得宜家家居在中国的采购量增长迅速，占到全球采购总量的 1/5 以上，使中国成为宜家家居全球最大的采购国。通过本土化采购策略，宜家家居在中国的产品价格明显降低。

（4）全球竞价策略。宜家家居鼓励内外部成员之间的自由竞争。例如，对于同样一种规格的家具，如果上海的价位、质量比深圳好，那么就会由上海方面负责该订单。宜家家居鼓励供应商之间的竞争，从而导致互相压价并努力使自己供应的产品质量达到最好。

3. 严格的供应商选择与管理

（1）严格供应商考核。为了最大限度地降低制造成本，宜家家居在全球范围内实施生产外包，每年会有 2000 多家供应商为获得宜家家居的外包活动而展开激烈的竞争，只有在保证质量的同时能达到成本最低的供应商，才有可能得到大额订单，而且宜家家居每年都会重新评估其供应商的供应绩效。另外，宜家家居每年会对其供应商提出固定的降低生产成本的指标，使得其制造成本能够进入持续下降的良性循环。供应价格水平仅仅是宜家家居选择供应商的众多指标之一，要成为宜家家居的供应商，必须首先通过宜家家居制定的 2000 多条考核条目。

（2）全球统一供应商选择标准。宜家家居选择供应商的基本标准是全球统一的。例如，不同国家对环保的要求是不同的，不同国家和地区的供应商必须要达到宜家家居统一的环保标准。如果同样的产品在不同的国家生产，必须要保证不同国家生产出来的产品完全相同。同时，宜家家居会综合考虑各个地区的特点，根据其优势选择供应商。

（3）实施长期供货政策。宜家家居和经过严格筛选的供应商之间实施的都是长期供货政策。在达成供货协议以前，宜家家居会对供应商进行非常严格的选择，在达成供货协议后就会采取相互谅解的态度。针对同一种产品，宜家家居倾向于只选择一家供应商，当需要供应的数量很多时，宜家家居会考虑选择第二家供应商。由于开发新的供应商的成本非常高，宜家家居在选择第二家供应商时，会倾向于发展现有供应商。在选择好了供应商之后，宜家家居会根据每种产品在每个地区的历史销售量，为供应商提供一份该产品的需求预测，让供应商依据需求预测生产该产品，以保证宜家家居具有安全存货量。

4. 精细化的物流体系

截至 2023 年年底，宜家家居在 16 个国家和地区拥有 31 家分拨中心和 11 家顾客分拨中心，其物流运作理念坚持效率与节约的统一。宜家家居向世界各地的供应商发出订单之后，"平板包装"产品由物流公司运送到中央仓库，然后经由配送中心有序地发派到各个门店，最终由顾客自行装运、组装，在 IT 技术支持下的物流链运转顺畅。

宜家家居物流配送中心有三条最基本要求：要保证覆盖区域内家具商店有充足的货量；要保证宜家家居公司不断扩张发展的需求；要保证物流的效率和最低成本的运作。为了进一步降低物流成本，宜家家居把全球近 40 家配送中心和中央仓库集中于交通要道与集散重镇以方便与各门店的物流联系。

宜家家居每个门店的规划大致上都差不多，约有 9500 多种品项，但是在物流中心的设计上，不像一般厂商完全以地理区域划分物流中心的权责范围，而是根据 "80-20 原理" 将商品区分出高流动型与低流动型，然后将高流动型商品部署在高度自动化的物流中心；低流动性商品则是放置在以人工操作为主的物流中心。

宜家家居配送中心配有完善的计算机系统，需要订货的商店通过该自动订货系统进行订货。如果订单确认，系统会把相应的信息传递至仓库的数据管理系统，仓库的计算机控制系统就会自动按订单完成取货作业，整个订货过程自动完成。宜家家居仓库还有一个完善的仓库作业安全管理系统，能够在作业过程出现差错时发出相应警告。同时系统还能进行良好的仓储面积管理，为了保证适当的周转速度，系统会有意识地留有 15% 的空位，而且系统会依据不同的编号对货物进行分区库存管理。

宜家家居物流策略中的最大特色是大量采用扁平化包装设计，不管是怎样形态的家具，都可以一片一片地拆解，然后让顾客可以很方便地搬回家后，再快速组装起来。也正是因为宜家家居擅长将包装扁平化，因此商品具有极高的运输效率，这不仅大幅降低运输成本，也让原本一货柜可装载的商品种类变多，符合现代顾客少量多样的选择趋势。有了低成本运输的优势，就可避免受制于 "生产点要离消费点越近越好" 这个铁律，并让供应链的每个环节都彻底发挥最大效率。

宜家家居的一个知名案例是"蜡烛改善案"。这个案例是一款100个包装的小蜡烛，原本的包装是采用随机塞入法，也就是只要蜡烛可塞得进袋子就可以了，但是这样塞的结果是蜡烛的间隙很大，因此一个海运货柜塞不了几包就满了；经过重新设计，蜡烛改用数组排序，再装入包装袋，这个小小的改变使得原本的海运栈板数量降低了约30%，无论是成本的节省还是碳排放的改善效益都相当惊人。

5. 绿色采购与供应理念

宜家家居重点关注所用材料的可再生、可回收属性，并对循环材料的使用进行不断探索与创新，以期发挥其最大的循环能力。目前，宜家家居60%的产品都基于可再生材料制成。以再生涤纶为例，一直以来，市面上广泛应用的再生回收涤纶纱线主要由塑料瓶制成，而宜家家居可对纺织品制造过程中产生的涤纶废料进行回收再造，重新制成涤纶纱线并再次用于生产，这项技术被应用到床品、家用纺织品以及地毯等产品的开发中。到2030年，宜家家居的目标是：能够在开发阶段定义所有产品的生命周期，所生产的产品只使用可再生或可回收材料，并且提供100%可循环产品。

宜家家居还将用"材"智慧贯穿于生产环节。一方面，通过提高原材料使用率，延长产品生命周期并凸显减碳效应，例如宜家家居工业南通工厂对木质废弃物再利用率达到100%。另一方面，宜家家居正在积极探索回收材料的高效利用模式，使其重新进入绿色制造的循环。例如宜家家居配件（上海）公司与商场通力合作，仅2023财年便有来自宜家家居商场约11000吨的零散废纸被宜家家居配件（上海）公司循环使用，返回纸厂原料再造。

宜家家居零售在消费场景、消费动线等方面创新融入绿色可持续元素，例如线下商场内展示产品的可持续亮点和解决方案灵感的可持续绿色动线，宜家家居商场通过展示新设立的"绿色可持续家居生活专区"，分享极具绿色生活灵感的消费场景，鼓励顾客践行可持续的消费理念。

通过以上举措，宜家家居为顾客量身定制了一个独特的价值链。这一供应链的关键点在于：以更低的成本生产和供应产品；增强整个供应链的响应速度，建立一个更加稳健、更有弹性的供应链；关注可持续发展，打造绿色的供应链，提高资源的利用率。宜家家居始终"以顾客为中心，因需而变"的创新和聚焦于创造顾客价值，坚持不懈地打造硬实力，值得所有传统企业借鉴。

物流知识小课堂

供应链成本管理（Cost Management in Supply Chain）包括企业在采购、生产、销售过程中为支撑供应链运转所发生的一切物料成本、劳动成本、运输成本、设备成本等。供应链成本管理是以成本为手段的供应链管理方法，是有效管理供应链的一种新思路。供应链成本管理是一种跨企业的成本管理，其视野超越了企业内部，将成本的含义延伸到了整个供应链上企业的作业成本和企业之间的交易成本，其目标是优化、降低整个供应链上的总成本。

思考题

1. 宜家家居在供应链成本控制方面有哪些成功之处？

2．宜家家居打造绿色供应链的价值和意义是什么？

3．结合本案例，谈谈如何以顾客为中心打造具备高度竞争力的供应链。

案例 1-3　联想以 AI 赋能供应链可持续发展

主题词：供应链管理，AI（人工智能），可持续供应链，ESG

ESG 是英文 Environmental（环境）、Social（社会）和 Governance（公司治理）的缩写，是一种关注企业环境、社会、治理绩效的投资理念和企业评价标准。ESG 实质上要求企业供应链从效益至上转变为追求可持续发展，从股东利益最大化转变为兼顾股东及其他利益相关者的价值，主动承担社会责任。当前 ESG 逐渐成为业界共识以及全球趋势，可以帮助企业在市场竞争中获取更为有利的地位。

ESG 与社会价值、技术创新一直是联想持续发展的支柱。从 2007 年起，联想就开始每年发布企业社会责任报告，并在 2020 年升级为 ESG 报告。2023 年，联想蝉联 MSCI（明晟）指数 ESG "AAA" 全球最高评级。联想始终坚持以 ESG 为引领，持续创造社会价值，与国家共进，引领行业变革，增进民生福祉，推动绿色发展，赋能企业智能化、低碳化转型，最终实现高质量发展。同时，联想基于新 IT 全栈技术架构，尤其是全栈 AI 能力，持续创新 ESG 实践，打造了智能 ESG 低碳园区等一系列关键性通用解决方案，以绿色融入智慧，共建"万物智联"的美好绿色未来。

1．数智化推动"零碳转型"

联想在数字化、智能化推进零碳转型的过程中，探索出了一条由自身核心生产制造环节减碳、供应链协同降碳，再到赋能行业伙伴低碳发展的实践路径，也即中国企业由"双实融合、低碳发展"到"内生外化、对外赋能"的零碳转型样板，ESG 低碳园区解决方案、碳中和楼宇解决方案、零碳服务、全球供应链 ESG 平台等多个有特色的 ESG 解决方案也应运而生。

（1）ESG 低碳园区解决方案。该解决方案运用物联网、大数据分析等技术，通过丰富的传感器设备实时采集并监控厂房、楼宇、办公区等空间的能源消耗情况，输出多维度分析报告，结合环境数据、能耗数据等形成适用的能耗控制策略，覆盖设备全生命周期。同时支持智能预警和远程控制，让节能降费更加触手可及。方案落地后，园区综合能耗预计可下降 10% ～ 30%。其中，采用该方案的联想集团武汉产业基地获颁 ICT（信息与通信技术）行业首张零碳工厂证书，成为中国 ICT 行业首个经过第三方评价的零碳工厂。

（2）碳中和楼宇解决方案。位于北京后厂村的联想集团全球总部大楼实现了大楼运营层面碳排放的全面碳中和，大楼整体植入 ESG 与可持续发展理念，依托联想集团自研的楼宇物联网底座，通过供能侧的清洁能源综合使用、用能侧的全链路"无人驾驶"智慧能碳运行技术、抵消侧的碳减排产品等多种减碳路径的创新融合，打造联想集团全球总部大楼碳中和示范工程。其中，用能侧节能系统改造后，将比改造前每年节能 15% 以上。

（3）零碳服务。该服务是联想在绿色产品智造基础上，内生外化打造的联想 IT 产品首创的 ESG 资产处置服务方案。联想首次在 PC 领域将设备的全生命周期内的碳排放进行碳足迹认证，并且通过核销对应额度碳汇 CCER（中国核证自愿减排量），实现此设备全生命周期的零碳排放。基于全国 2600+ 服务站强大的线下服务能力，联想可提供全国 40 个城市免费上门、现场资产清点、数据安全销毁等服务。作为唯一有"回收批发废旧电子产品"经营范围的原厂，联想根据客户资产处置和管理需要，不仅能保证客户废弃 IT 资产数据安全，还能以联想原厂 IT 资产回收证明实现残值返还。联想零碳服务为客户提供端到端的完整绿色方案，进一步保证客户碳中和战略全面落地。

（4）全球供应链 ESG 平台。联想总结自身"零碳"经验，首创的具备行业领先能力的 ESG 管理平台。平台通过端到端集中化管理多样且分散的 ESG 相关数据，提供数据驱动的 ESG 相关决策能力，实现供应链 ESG 闭环管理，提升 ESG 工作效率和绩效表现，并通过数据真实性、准确性、完整性和及时性降低 ESG 相关潜在风险。在客户服务方面，该平台通过建立联想 ESG 品牌，以提高客户满意度，赢得潜在客户并最终实现可持续的利润。全球供应链 ESG 平台分为四个主要领域：可持续产品、可持续价值链、净零排放和全球供应链 ESG 管理，以此来支持多个 ESG 运营团队的协同，如 ESG 战略、产品合规、采购、制造和全球物流。

2. "端—边—云—网—智"促进"绿色化"

联想通过"端—边—云—网—智"的新 IT 底层技术架构，驱动"绿色进化"。从绿色材料到高效能元器件，从零碳 PC 到零塑包装，从绿色数据中心温水水冷系统到零碳智造解决方案，联想推出了多项绿色技术。

（1）绿色终"端"。联想从绿色材料做起，从源头为智能终端注入绿色技术基因。作为全球最早践行"以竹代塑"的消费电子企业之一，联想自 2016 年就开始探索研发新型竹纤维材料。还有联想笔记本机构件中使用趋海回收塑料，回收料使用率高达 65% 的可充电无线键盘和鼠标套装，94% 效率的钛金高效节能电源，3C 行业（计算机类、通信类和消费类电子产品）内首个零塑料多合一包装，等等。从环保材料研发、元器件节能降耗、绿色产品到绿色包装，联想以深厚的绿色技术创新实力推动智能终端从诞生到交付的全链条节能降碳。

（2）绿色"边—云—网"。当下，数据中心成为社会发展的主要推动力之一，也成为公认的高耗能行业。在数据中心行业深耕多年的联想，早在二十多年前便发布了温水水冷技术，最低可使数据中心 PUE（电源使用效率）降至 1.08，大大降低了数据中心制冷成本，节能水平全球领先。例如，联想温水水冷系统助力北京市气象局年用电减少近 200 万度，帮助上海交通大学"思源一号"高性能计算集群 PUE 降低至 1.1 左右，实现 42% 的节能减排。数据显示，在 2023 年 6 月 Green500 全球最高能效高性能计算机排行榜中，位于榜首的全球能效最高产品 Henri 系统，即由联想 ThinkSystem SR670 V2 服务器构建，可提供 65.40 GFlops/ 瓦特的能源效率。除了提供算力基础设施，联想还研发了 Lenovo xCloud DCIM 数据中心基础设施管理平台，不仅通过数字孪生技术提升了数据中心设计、设备连通及设施、设备告警等运维能力，更关注数据中心的配电规划、管理及优化，能源交换及温湿度监控和液冷 HPC 数据中心的运维管理流程。通过 PUE、空间、电力等可视化展示，达到节能、环保、低碳的绿色数据中心建设目标。同时联想还基于 xCloud 优化算法改善云平台架构设计方案。联想通过开发融合云平台建设原则与专家经验，打造多目标有约束优化方案，辅助工程师进行云计算架构设计，显著减轻工程师的工作量，有效提升决策质量，在确保系统可靠性与整体性能的同时，优化设备数量，提升资金和设备利用率，进而从设计源头有效改善云平台生命周期的碳足迹。

（3）绿色"智能"方案。以绿色智造为例，联想（天津）智慧创新服务产业园以"绿色零碳、数智引领、灯塔工厂"作为核心定位，其新产线深度融合了联想自主开发的智能化系统解决方案，借助智能物联网、数字孪生、AI 应用等先进技术，实现了多个场景的数字化自动管理，有效降低了资源浪费与碳排放。在产业园整体设计规划中，联想的技术团队从功能型、建筑型、能效型三个方面进行分析和设计参数，确定了生产全流程碳排放跟踪、可再生能源使用、低能耗基础设施、数字化信息平台协同、碳中和绩效管理"五位一体"的零碳框架。联想（天津）智慧创新服务产业园是 ICT 行业"零碳工厂"标杆样板，将为业界打造科学的、可复制的"零碳智造"解决方案。

3. 打造"ESG+AI"的绿色管理体系

联想早在 2017 年就启动了供应链数字化转型 1.0 计划，不断夯实职能部门数字化建设基础，开发基于流程、规则、引擎的数字化解决方案，实现实时数据可视化及部分自动化决策。同时，联想还运用 AI 等前沿技术，将 ESG 标准牢牢嵌入其中，自主研发供应链智能控制塔，致力于打造敏捷、高效、绿色的全球数字化供应链。

作为联想集团供应链的"智慧大脑"，供应链智能控制塔由 AI、大数据等技术驱动，打通了供应商的信息系统，将计划、采购、制造、交付和质量控制全流程集成至一个平台进行协同。通过实时运营信息、分析及模拟，联想供应链智能控制塔提高了预测准确性，使得管理者的决策时间缩短了 50%～60%，工作效率提升了 10%～20%，制造和物流成本降低了 20%，准时交付率提升了 5%，库存控制也保持了行业领先水平。目前，在联想供应链的所有数据输入中，供应链智能控制塔几乎占了 80%，超过 70% 的联想供应链员工都在使用供应链智能控制塔。在供应链智能控制塔的基础上，联想集团还不断融入高级分析、AI、区块链、自动化、数字孪生等创新技术，结合具体业务场景，打造了涵盖智能预测、智能采购、客户订单智能化管理、智能制造和质量智能生态管理、智能物流等一系列联想智能供应链场景式解决方案，贯穿需求与供应计划、订单交付以及新产品导入和产品生命周期管理全过程。

联想供应链致力于推进从数字化转型 1.0 到 2.0 的升级。在新阶段，联想供应链以"互联互通，协同智能"为愿景，目标是实现和所有伙伴之间，包括整个供应链生态圈的数字化转型，实现主动型数据分析驱动的业务决策、执行与人机交互闭环管理，最终推动整个产业链的互联互通和整体共赢。在数字化平台支持下，联想通过构建供应商管理的机制协同供应商共同减碳，例如联想在供应商绿色能源使用、运输环节温室气体排放、产品报废管理等多维度每年制定了供应商环境管理目标，并推出了"绿色发展计分卡"，从行为准则、CDP（碳信息披露项目）绩效评估、水资源减用目标、冲突矿产管理、温室气体减排、可持续发展报告等 30 个以上的指标进行管理。

AI 是这一阶段的重要抓手和方向。联想将通过制定 AI 战略、引入 AI 新技术、培养 AI 人才、优化 AI 运营流程等多维度引领其全球供应链智能化转型。例如，联想集团正在探索将企业智能体与供应链真实场景深度融合。在企业大模型基础上开发的企业智能体，具有意图理解主动感知、复杂任务的分解与规划、工具利用、知识库构建、记忆机制、智能体画像六大能力，将进一步优化供应链决策。面向 AI 新时代，就智能供应链的未来技术发展趋势，联想供应链数字化的重点是将实现预测与优化相结合的闭环智能、多智能体支持的自主智能以及通过混合大模型保障数据安全。作为链主企业，联想将在不断创新、推动技术创新的同时，持续以需求为引，完善战略、人才、组织、文化等配套设施，与供应链合作伙伴共同努力，一起探索打造一个"ESG+AI"的绿色管理体系，从而建立起一个更加智能、更加可持续的供应链生态圈。

凭借卓越的全球供应链运营，联想收获了业界的高度认可，连续三年跻身全球最权威的供应链榜单 Gartner TOP25 前十强，并在 Gartner 亚太地区供应链排名中蝉联第一。此外，联想还凭借以 AI 赋能供应链 ESG 管理的领先实践，在 2024 年第十四届供应链创新峰会上斩获 ACE Awards "2024 年度中国供应商创新与协同先锋"奖。

在绿色环保领域的领先实践是联想 ESG 布局的一个缩影。多年来，联想深耕社会公益，重点打造了"梦想未来""联想—田字格未来村小"等一系列公益项目与"乡村 Le 农"乡村振兴平台等，通过科技创新，助力学有所教、病有所医、老有所养、弱有所扶。而在合规治理方面，联想制定《行为准则》，在业务实践方面针对反腐败、反贿赂、公平竞争等方面做出详细规定，从知识产权、数据安全和隐私保护、产品质量管理、跨部门质量保证、投诉管理等多维度全方位进行风险管理，并践行高标准的商业道德。在数字浪潮下，科技创新与 ESG 理念的充分融合，不仅让低碳转型更高效，而且让智能化转型更可持续。联想以"绿色"3S 全栈能力，以及多项首创的 ESG 特色方案，围绕为国家、为行业、为民生、为社会持续创造更大社会价值，以绿色融入智慧，持续赋能千行百业低碳可持续发展，陪伴绿色美好未来。

物流知识小课堂

可持续供应链（Sustainable Supply Chain）是指在整个供应链过程中，综合考虑环境、社会和经济三个方面的因素，以实现长期的可持续发展为目标。着眼于平衡经济、社会和环境关系的供应链可持续发展，是提升供应链现代化水平、增强供应链韧性与弹性、保障供应链安全稳定的必然要求，构建可持续供应链成为供应链发展的新趋势和新方向。它强调在供应链管理中，不仅要关注企业的经济效益，还要关注对环境的影响、对社会的贡献以及供应链的长期稳定性。

思考题

1. ESG 评价体系对供应链可持续发展的要求主要体现在哪些方面？
2. 联想供应链 ESG 解决方案的核心内容是什么？
3. 结合本案例，思考如何以 AI 推动供应链可持续发展。

案例 1-4 京东工业以全链路数智供应链改造传统产业

主题词： 供应链优化，数智供应链，工业供应链

新质生产力是加快推进新型工业化的新动能，新型工业化是在实践中锻造新质生产力的主战场。供应链作为工业产业最为关键的基础设施和核心竞争力，加速数智化转型构成了新

型工业化的必修课和重要一环。

京东工业成立于 2017 年，是京东集团旗下专注于工业供应链技术与服务业务的子集团。京东工业致力于在供应链中打造一条连接供需双端、横跨不同行业、兼容不同类型物料的数字高速公路，让数据多流动、让商品少跑动，实现产业成本和效率的持续优化。通过践行全链路工业供应链数智化，京东工业已经成为中国领先的工业供应链技术与服务提供商，为客户实现保供、降本、增效。

2023 年 12 月，京东工业发布"太璞"数智供应链解决方案。该方案能够面向 MRO（维护、维修和运行）类非生产性物资、BOM（物料清单）类生产物资两大工业企业采购典型场景，提供覆盖顶层设计与咨询，数字化采购平台、SRM（供应商关系管理）平台搭建，以及一站式商品供应等多种服务能力，精准适配不同行业、不同规模、不同数字化进程的工业企业供应链数字化升级转型需求，有效助力实体产业的降本增效。

1. 京东工业数智供应链解决方案

一直以来，京东工业围绕货网、仓网、云网展开全面布局。在货网方面，通过社会化的库存管理，聚合了最广泛的供应商资源，在为企业提供货品保障的同时实现规模化降本；在仓网方面，建立起高效的履约交付体系及京工柜、移动智能仓等新一代供应链基础设施，大大提升了履约环节的体验；在云网方面，通过大模型和算法，优化履约模型、规划更高效的履约线路，来提升交付环节综合效率。"太璞"数智供应链解决方案主要依托三网融合布局，为工业企业借助产业互联网实现快速转型提供有效且可靠的保障。

"太璞"的核心就是用技术精准连接供需两端，通过数智供应链实现供需的最优匹配、降低社会化协同成本、提升全要素生产率，为推进新型工业化、发展新质生产力构建扎实的基础设施。在供给端，"太璞"通过技术手段一方面聚合海量供应商，另一方面连接需求方的计划与库存，缩短中间环节，最终借助智能决策实现供需的最优匹配和高效协同；在需求端，"太璞"主要聚焦于企业内部供应链的数智化（包括企业自身内部需求计划、供应商管理、财务打通等），通过咨询、技术、运营等服务帮助工业企业实现合规、保供、降本、增效、创新。

京东工业数智供应链解决方案主要由商品数字化、采购数字化、履约数字化和运营数字化四大部分组成，囊括了"墨卡托"标准商品库、库存社会化模式管理系统"布道"、物流承运平台、智能决策系统"K2"、配送中心等数十项技术服务产品。

商品数字化主要聚焦传统工业品规格参数不统一、商品类别不全的问题，通过推动海量 SKU（最小存货单位）参数的标准化及统一化，建立工业供应链上的统一"话语体系"，为产业协同构建数字基础。例如，墨卡托能够利用人工智能深度学习的技术，通过大量数据清洗及提取将供需双方的商品信息翻译为标准化的商品参数，从而极大地提高供需匹配的效率；供应商数字化协同平台则能够连接海量供应商，打通海量商品资源，满足客户一站式采购寻源需求。

采购数字化则重点为全量企业提供工业品一站式数智化采购解决方案，解决传统线下采购模式流程烦琐与合规性不强的问题。对比传统的线下采购模式，京东工业数字化采购平台的独特之处是能够实现海量商品的一站式寻源比价、智能选型以及采购决策，极大地减少人工参与，保障采购过程的"阳光""合规""透明"，大幅提高采购效率。

履约数字化主要通过智慧决策大脑实现供需最优匹配，将制造商、分销商及代理商等分散的产业链环节连接起来，建立一个"万仓合一"的供应网络，推动社会化资源的高效协同；在末端交付端，京东工业通过嫁接社会化资源构建的 B 端全场景履约交付基础设施，不仅具备行业通用的个性化服务能力，还支撑订单精准履约交付的服务体验，能够实现"万单合一"。

运营数字化主要通过全链路数字化运营管理体系，实现流程自动化、运营智能化、服务品质化，驱动数字化供应链体系的高效运转。

2. 数智化方案赋能产业转型的典型应用

伴随着中国现代化产业体系建设的全面推进，发展新质生产力、落实新型工业化成为工业产业的关键任务。京东工业聚焦更广泛的行业和企业，以更丰富的供应链数智化典型场景，持续完善、拓展服务能力，为工业企业的高质量发展和新型工业化的落实提供支持。

作为"中国钢铁工业的摇篮"，鞍钢集团是国内最大的钢铁生产和销售企业之一。鞍钢集团采购平台中涉及商品数量大、需求企业多，即便是同一类产品，在炼钢的不同环节、不同场景下，规格、参数需求也截然不同，对选型精度有着很高的要求。然而过去工业品市场上"非标"现象突出，不仅商品名称不直观、描述随意混乱、商品信息不够完整等现象普遍存在，在多供应商体系下，各供应商对于商品数据的描述差异还带来一品多商、一品多价问题，这些因素都限制了鞍钢对于供应链的掌控能力。为了提升寻源效率，鞍钢集团与京东工业达成合作，双方成立专项小组梳理出鞍钢集团采购的完整面貌，并进行了编码映射，为每一种商品标注了参数、材质、规格、型号等数字化标签，形成了一份"一物一码"的商品编码表。基于这份全新的商品编码表，鞍钢集团首次实现了与京东工业海量供应商资源的自动匹配。采购人员只需选定对应品类，输入规格、型号及参数，系统就会基于业务需求，权衡成本、库存、履约交付能力等多种决策因子，选择最符合的供应商进行精准推荐，将过去的"人找货"模式升级为"系统找货"，通过更高效的产业资源配置来保障供应链韧性。

山西煤炭产业的某代表企业也在与京东工业的合作中为行业展现了数智供应链降本增效的更多可能性。由于煤炭产业的产业链较长，涉及物资种类数以亿计，采购管理难度极大。面对复杂的内部管理流程和庞大的商品数据，京东工业依托"太璞"数智供应链解决方案对采购的主数据管理和数据治理、业务流程设计等环节进行全面升级。例如在商品数据治理方面，引入京东工业"墨卡托"标准商品库来促进商品数据标准化、规范化的全生命周期管控，进而打破"数据孤岛"，实现采购管理各个环节的互联互通。在业务流程设计方面，对采购的预算、审批、结算等流程进行优化，通过"数据多跑动、人员少跑动"的方式缩短采购周期。此外，作为典型的能源企业，分支机构众多，不仅地域分散，部分厂区还位于偏远地区，履约交付成本远超常规企业。京东工业打造的数字化履约体系则能够从干线运输和"最后一公里"交付两大环节出发，落实降本增效。在干线运输端，京东工业打造的 B 端物流承运平台会优选大量优质物流承运商，以集中订单、统一服务的形式带来标准化的工业品专业物流配送服务，充分发挥规模效应，降低物流运输成本。在"最后一公里"交付端，京东工业打造的企配中心更是能够直接部署在厂区周边，提供配送清单、专人专车配送、预约配送、即时配送等 23 项专属服务，不仅能够根据企业生产实际需求提供个性化、定制化的交付体验，还能够大幅降低物料管理过程中的时间和人力成本投入。

在与国内某知名新能源车企的合作中，京东工业便将"太璞"引入其生产运营体系中。在前期，京东工业的技术团队进行了长达数月的驻场调研，为其制定了采购供应链数智化转型的整体规划。在实施阶段，京东工业基于"太璞"的技术服务产品，帮助其实现了供应链全链路的数智化转型：在采购计划环节，实现了基于智能预测的排产备货，做到了"算法备货少而不缺"；在采购执行环节，能够实现海量商品的一站式寻源比价、智能选型以及决策，极大减少了人工参与，提高了采购效率；在履约交付环节，能够从成本、库存、时效、服务、账期、商家评级等多维度决策因子入手，为企业快速定制最优价值综合履约方案。双方还在海外供应链建设上展开了多项创新尝试，京东工业不仅为其搭建了海外电子商务平台，还依托国际数智供应链提供伴随式出海服务，帮助其实现全球范围的高效保供。根据数字显示，与"太璞"合作以来，该企业成功将采购平均时长由 21 天压缩至 7 天，缩短了 65% 以上，而采购成本则降低了 5%，全年库存成本减少约 3000 万元。

在新型工业化建设进程中，供应链作为最为关键的基础设施之一，也将是数智技术应用的核心场景。京东工业为工业企业提供了完善的全链路数智供应链解决方案，打造出一条横跨不同行业、兼容不同类型物料的数字高速公路，通过实现供应链端到端的全链数字化提升产业效率，从而实现降本、增效、保供、合规。

📖 物流知识小课堂

数字化供应链，是指在全球互联网和信息技术的背景下，利用数字化、自动化、可视化和智能化技术，全面提高供应链的效率、可见性和灵活性。数字化供应链不仅是物理上的产品流动，还包括信息、资金和服务的流动。它的目标是使供应链管理过程更加高效、迅速响应市场需求，同时降低成本和减少风险。通过数字化手段，企业可以更好地整合和优化资源，提高效率，降低成本，增强市场竞争力，供应链数字化转型已经成为企业提升新质生产力的关键之一。

❓ 思考题

1. 京东工业数智供应链解决方案的主要内容是什么？
2. 如何理解供应链数字化发展对工业企业转型的作用与价值？
3. 结合本案例，谈谈在供应链领域中如何推进新质生产力发展。

📚 案例 1-5　华为打造安全有韧性的 ICT 供应链

主题词： 供应链管理，供应链安全，供应链韧性

ICT 是信息技术与通信技术融合发展而形成的技术体系。ICT 供应链的基本结构包括内部开发、信息、信息系统、服务、组件和产品（或服务）制造维护及退出信息系统的整个过程。其系统运行依赖于分布在全球相互联系的供应链生态体系，包括制造商、供应商（网络供应商和软硬件供应商）、系统集成商、采购商、终端用户和外部服务提供商等各类实体，产品和服务的设计、研发、生产、分配、部署和使用，以及技术、法律、政策等软环境。ICT 供应链安全在很大程度上取决于采购、开发、集成等中间环节，涉及采购商、系统集成商、网络供应商以及软硬件供应商等。在全球化时代，打造一个稳健、安全的 ICT 全球供应链体

系，除了保障按时交付产品和服务，还需确保产品在整个生命周期内风险最小化，提高供应链的柔性、韧性和抗打击性。

华为作为全球领先的 ICT 解决方案提供商，其供应链管理实践不仅是企业内部运营效率的体现，也是其在全球市场上持续成功的关键因素之一。2012 年 10 月，华为率先发布了第一版网络安全白皮书《21 世纪的技术与安全——一场艰难的联姻》；2016 年，在第四版网络安全白皮书《全球网络安全挑战——解决供应链风险，正当其时》中，第一次将供应链列入网络安全体系；2023 年 9 月，华为与分析师机构 Analysys Mason 共同发布了《韧性网络白皮书》，致力于建设一套统一的架构体系，实现业务战略到网络韧性的系统性连接和落地。

华为创始人任正非曾表示："供应链只有一个，关系着公司的生命，一旦出现问题，就是满盘皆输。"华为将供应链安全管理纳入其端到端全球网络安全保障体系，建立了一个符合 ISO 28000 的全面供应链安全管理体系，从来料到客户交付的端到端流程中识别安全风险，并使其最小化。根据供应商的体系、流程和产品来选择和认证供应商，并持续监控、定期评估供应商的交付绩效，选择那些对华为所采购的产品和服务的质量与安全做出贡献的供应商。

1. ICT 供应链面临的安全风险

ICT 供应链面临的安全风险主要包括恶意篡改、假冒伪劣、供应中断、信息泄露、违规操作和其他方面的威胁。例如恶意篡改，在 ICT 供应链的设计、研发、采购、生产、仓储、物流、销售、维护、召回等某一环节，对 ICT 产品或上游组件进行恶意篡改、植入、替换等，以嵌入包含恶意逻辑的软件或硬件，具体威胁有恶意程序、硬件木马、外来组件被篡改、未经授权的配置、供应信息篡改等。又如假冒伪劣，不合格产品往往会带来严重的后果，当年美国的"挑战者号"载人航天飞船就因为隔热装备的垫圈质量不过关而燃烧坠落。再如供应中断，是指由于人为或自然的原因，造成 ICT 产品或服务的供应量或质量下降，甚至出现 ICT 供应链中断或终止的情况。华为供应链涉及的厂家有近千家，一旦供应链上游厂家的供应出现问题，都会对自身的供应链以及其下游供应链或客户造成影响。

全球化的发展扩大了网络信息安全风险。系统用户通常只针对系统及产品开发生命周期过程部署安全防护措施，而对运维过程中外部供应链安全风险管理意识较为薄弱。ICT 供应链的全球化发展，使系统用户在复杂的国际环境下对供应链安全风险的察觉和管控能力下降，面临着来自全球金融资本市场的考验和各国间差异性合规的挑战。同时在 ICT 采购全球化的态势下，ICT 供应链安全与国家安全间的关系愈发密切，美国、欧盟、俄罗斯、中国等先后将 ICT 供应链安全置于国家安全战略层面上来考虑。

2. 华为提升 ICT 供应链安全的主要举措

华为在提升 ICT 供应链安全方面主要的思路包括：采取多元化供应商策略，避免对单一供应商的过度依赖；设立严格的供应商筛选和评估程序，确保供应商具备高质量、可靠性和安全性；提高供应链的透明度，与供应商建立开放、互信的合作关系；强化技术研发和创新，通过完善技术方案提升网络与信息安全的可靠性，通过自主研发关键技术和零部件降低对外部供应商的依赖，提高供应链的安全性。主要举措包括以下几种。

1）完善安全技术解决方案

以"网络安全等级保护制度"和"关键信息基础设施安全保护制度"作为指导思想，坚持"正向建、反向查"，构建关键信息基础设施可信一张网的防护理念。

（1）加强网络安全建设。包括：基础设施可信（内生安全），华为通过供应链、硬件、软件构筑安全可信的 ICT 基础设施；网络可信，通过 IPv6+、路由协议安全技术实现网络连接的确定性，确保"网络可信"；身份可信，基于数字身份和动态的信任评估框架，构建持续的信任评估机制，确保入网设备、人员"身份可信"。

（2）加强网络安全防护。包括：全域监测，从入侵发生的每一个环节进行精准防御，查漏洞、查病毒、查缺陷、查攻击；智能防御，基于 AI 的威胁关联检测、云地联邦学习，实现对新发威胁和未知威胁的全面防御；一体安全，基础设施叠加一体安全，云、网、边、端协同防护，提升网络韧性。

2）提升零部件国产化率

受到全球经济环境的影响，华为启动了一项名为"南泥湾"的零部件自主创新计划，旨在实现关键零部件自主化。通过订单扶持、资金扶持和技术扶持，华为加大与国内供应商的合作，如华为 Mate 60 系列手机打造出了 90% 国产化供应链。

（1）订单扶持：加大国内供应商比例，优先采购国产零部件。为应对国际形势变化，华为逐步放宽对供应商认证资格的条件，加强国内供应链选择，加大对国内供应商的购买力度，令其采购团队寻找更多的潜在供应商。通过与国产供应商建立长期稳定的合作关系，帮助他们提高产品质量和竞争力。

（2）资金扶持：成立投资公司，投资入股国产供应商。为加强芯片研发和芯片制造领域的把控，华为成立哈勃科技投资有限公司，致力于帮助华为快速打造一条半导体供应链。华为通过投资入股的形式，为国产供应商提供资金支持，以帮助他们扩大生产规模、提高产能和质量。

（3）技术扶持：开展合作研发，共同攻克技术难题。基于自身的技术优势，通过派驻技术人员、共建实验室和开放共享技术，华为与国内供应商携手开展技术研发，共同攻克关键技术难题，帮助国内供应商提升创新能力和核心竞争力。

3）关注供应链风险管理

（1）加强风险识别与评估。华为建立供应链风险识别与评估机制，定期分析供应链中可能存在的风险。通过风险矩阵、情境分析等方法，对潜在风险进行量化和定性评估，为后续的风险应对提供决策依据。

（2）强化风险应对策略。针对识别出的供应链风险，华为制定相应的风险应对策略。例如，对于关键物料供应中断的风险，华为会提前建立备选供应商名单，确保在紧急情况下能够迅速切换供应商。

（3）进行危机管理与应急响应。华为建立完善的危机管理与应急响应机制，以应对突发的供应链危机。通过设立应急指挥中心、制定应急预案等方式，确保在危机发生时能够迅速响应并采取措施，最大限度地降低损失。

（4）持续改进风险管理。华为持续改进供应链风险管理流程和方法，提高风险管理的效果和效率。通过不断总结经验教训、学习借鉴最佳实践等方式，不断完善风险管理体系，提升供应链的稳健性。

4）加强供应链合规管理

（1）制定供应链合规政策。华为制定严格的供应链合规政策，确保供应商遵守国际和国内的法律法规、行业标准和公司内部规章制度。通过明确合规要求，为供应链管理提供明确的指导。

（2）加强合规审查与审计。华为定期对供应商进行合规审查和审计，检查供应商是否符合合规要求。通过审查和审计结果，及时发现和纠正供应商的不合规行为。

（3）开展合规风险评估与预警。华为建立合规风险评估与预警机制，及时发现和预警潜在的合规风险。通过风险评估和预警，采取相应的措施，防止合规风险的发生和扩大。

（4）建设供应链合规文化。华为对供应商进行合规培训和宣传，提高供应商对合规重要性的认识。华为注重培养供应链合规文化，强化全员合规意识。通过倡导诚信守法、合规经营的理念，推动供应链各方共同营造良好的合规氛围。

5）构建全球供应链网络

（1）进行多元化市场布局。华为根据全球市场需求，合理布局多元化的供应链网络，以适应不同国家和地区的市场环境。通过在关键地区设立仓储、配送中心等设施，提高对全球市场的响应速度和服务能力。

（2）建立战略合作伙伴关系。华为与全球范围内的供应商、物流服务商等建立战略合作伙伴关系，共同构建高效、可靠的全球供应链网络。通过战略合作，实现资源共享、优势互补，提升整体竞争力。

（3）优化物流与运输网络。华为对全球供应链网络中的物流与运输环节进行持续优化，降低运输成本，提高运输效率。通过优化运输路线、采用先进的物流管理技术和设备，提升物流与运输的可靠性和时效性。

（4）强化供应链弹性与可扩展性。华为注重供应链的弹性和可扩展性，确保在全球范围内快速应对市场变化和业务增长需求。通过合理规划供应链网络结构，提高供应链的灵活性和适应性。

（5）本地化与国际化并重。华为在构建全球供应链网络时，注重本地化与国际化的平衡发展。在关键市场国家和地区，加强本地采购、生产和销售能力，同时保持全球供应链网络的统一性和协同效应。

华为的供应链管理实践证明，一个成功的供应链不仅是物流和库存的管理，而是集智慧、创新、协同、数字化于一体的系统工程，维护供应链安全与韧性是必须考虑的重要问题。在日益复杂的全球经济环境下，华为的供应链安全管理经验无疑为企业提供了应对挑战、持续发展的有力示范。

物流知识小课堂

供应链安全是指在全球产业分工中，一国的产业链供应链在受到外部冲击后仍能保持生产、分配、流通、消费各个环节畅通，维持产业链上下游各环节环环相扣，供应链前后端供给需求关联耦合、动态平衡的状态。习近平总书记强调，"要围绕发展新质生产力布局产业链，提升产业链供应链韧性和安全水平"。产业链供应链是现代经济的重要形态，其韧性和安全水平反映国家经济抵抗风险能力的大小，对现代化经济体系运行具有重要影响。供应链安全是助力国家产业高质量发展、保障实体经济稳定运行、构建新发展格局的重要内容，也是国家经济安全的重要组成部分。

❓ **思考题**

1．华为公司为什么要加强供应链安全管理？
2．在经济全球化背景下加强供应链安全，如何处理全球化与国产化的关系问题？
3．结合本案例，谈谈对企业加强供应链安全管理有何借鉴和启示。

案例 1-6　ZARA 的快速时尚供应链策略：高效与灵活并存

主题词： 快速时尚，柔性供应链，全球化扩展

ZARA 作为全球知名的快速时尚品牌，其通过卓越的供应链管理策略迅速崛起。在快速时尚行业，产品的更新速度和对市场需求的灵敏反应是品牌竞争的关键。ZARA 凭借独特的供应链设计，将设计、生产、物流和零售紧密结合，形成了高度集成且灵活的供应链体系，确保了产品能够以极快的速度推向市场。这种高效与灵活并存的供应链模式使 ZARA 在快速时尚领域始终保持领先地位。

1．ZARA 供应链的基础架构

ZARA 的供应链架构不同于传统的时尚品牌，其核心在于高效的垂直整合和对生产流程的灵活管理。通过供应链的高度集成，ZARA 能够将各个环节紧密联系，极大地提高了响应市场变化的速度。

1）设计与生产的紧密结合

ZARA 的设计团队位于西班牙，通过实时的销售数据和市场反馈，快速开发出符合时尚潮流的新款式。与传统品牌相比，ZARA 的设计与生产环节紧密结合，设计团队能够根据全球门店的销售数据，快速做出设计调整。这种高效的设计反馈机制极大地缩短了从设计到产品上市的时间，使 ZARA 的供应链能够保持高效运作。ZARA 每年推出上万款新设计，并通过高效的供应链快速实现量产。这与安踏在供应链中通过灵活的生产模式响应市场需求的方式类似。ZARA 在设计阶段就考虑到了生产的可行性，确保新款能够迅速推向市场，避免了因生产延迟导致的库存积压和销售损失。

2）小批量、多频次生产模式

ZARA 采取了小批量、多频次的生产模式，以确保能够迅速响应市场需求的变化。每款产品的生产量都经过严格的市场需求预测，从而减少过量生产和库存积压。对于滞销的产品，ZARA 会迅速停止生产或采取降价清仓的策略，减少损失。这一策略与联想案例中的"拉动式生产模式"非常相似，都是通过减少过量生产来降低库存压力。ZARA 通过实时监控销售情况，根据销售数据调整补货频率，保持供应链的灵活性和高效性。

3）高度自动化的物流系统

ZARA 的物流系统高度依赖于其西班牙萨拉戈萨的自动化仓储中心，确保货品能迅速从生产基地配送至全球门店。ZARA 的物流中心采用了先进的库存管理系统，通过实时的数据

整合和高效的自动化处理流程，快速完成订单处理并发货。与京东工业的智能物流网络类似，ZARA 的全球物流体系在高效的自动化基础上运作。其全球分布的物流中心能够实时协调库存，并根据市场需求灵活调整发货计划，确保门店能够及时获得所需产品，减少缺货情况的发生。

2. ZARA 供应链策略的实施

ZARA 供应链的成功不仅依赖于灵活的生产方式，还依托于其对供应链各环节的高度控制和市场的实时反馈。

1）垂直整合的供应链结构

ZARA 采用了垂直整合的供应链结构，通过控制设计、生产、物流和销售各环节，减少了对外部供应商的依赖。ZARA 拥有自己的生产设施，同时与全球供应商紧密合作，确保在快速响应的同时能够控制成本。这种垂直整合模式与联想供应链模式相似，都是通过对供应链的高度控制，确保供应链的高效性和灵活性。通过减少外包生产环节，ZARA 能够迅速调整生产计划，灵活应对市场需求的变化，缩短产品上市时间。

2）数据驱动的供应链决策

ZARA 的供应链管理依赖于实时数据反馈。全球门店的销售数据通过 POS 系统（销售时点信息系统）实时传回总部，设计和生产团队根据这些数据迅速做出决策，调整生产和补货计划。这种基于数据驱动的决策模式让 ZARA 能够快速应对消费者的需求变化，避免库存积压和断货的风险，这与安踏通过 ERP（企业资源计划）系统实现实时库存监控的模式非常相似。通过数据驱动，ZARA 能够精准预测市场需求并调整生产计划，提高了供应链的灵活性和响应速度。

3）全球物流网络的高效支持

ZARA 通过全球多个配送中心的布局，实现了高效的物流配送。每个配送中心都使用高度自动化的系统来管理全球订单，确保商品能够快速配送到全球各地的门店。ZARA 的物流系统不仅注重速度，还通过本地化配送网络减少运输时间和成本。ZARA 通过全球化的物流网络和本地配送中心，确保了产品能够快速进入市场，提升了整体供应链的效率。

3. ZARA 供应链的优势与挑战

1）优势：速度与灵活性并存

ZARA 供应链的核心优势在于其快速响应市场需求的能力。ZARA 每年能够推出上万款新设计，并能够在数周内将这些设计推向市场。这种高效的生产和补货机制使 ZARA 能够灵活应对市场变化，减少库存积压，提升资金利用率。通过对供应链的高度整合，ZARA 能够快速调整生产和供应链计划。ZARA 通过灵活生产方式确保其在快速变化的时尚行业中保持竞争优势。

2）挑战：全球化带来的供应链复杂性

尽管 ZARA 的供应链管理模式在效率和灵活性上具有显著优势，但全球化扩展带来了复杂性。随着 ZARA 业务的全球扩展，其供应链面临着跨地区物流协调、成本管理、法规差异以及市场需求不确定性的挑战。特别是在不同市场环境下，如何确保供应链的统一性和协调性是 ZARA 面临的主要挑战。

ZARA 也需要不断优化其全球物流网络，以应对快速扩展带来的复杂问题。同时，随着全球消费者对环保的关注度提升，ZARA 在供应链管理中也面临如何降低碳排放、实现可持续发展的压力。

4. ZARA 供应链的未来优化方向

1）提升供应链的柔性与弹性

ZARA 可以进一步提升供应链的灵活性。通过与全球供应商的紧密合作，确保原材料采购和生产流程能够迅速调整，ZARA 可以在应对市场需求变化时保持高度灵活性，降低库存风险。

2）深化智能化与数字化管理

ZARA 可以进一步引入智能化和数字化技术，提升供应链的可视化和自动化管理水平。例如，结合联想的供应链智能控制塔，ZARA 可以通过数据驱动的决策系统优化库存管理和生产决策，确保供应链的高效运作。

3）全球物流网络的优化与可持续发展

随着全球物流成本和环保压力的增加，ZARA 可以通过优化全球物流网络，减少跨区域运输成本，降低碳排放，实现供应链的可持续发展。同时，ZARA 可以通过使用可再生资源和环保材料，提升其在全球市场中的品牌形象。

通过 ZARA 供应链的分析，我们可以看到其成功的背后是高效、灵活的供应链管理体系。通过垂直整合、数据驱动的决策以及全球物流网络的支持，ZARA 能够在竞争激烈的快速时尚行业中保持领先地位。

物流知识小课堂

柔性供应链一般指供应链管理柔性。供应链管理柔性（Supply Chain Management Flexibility）是指供应链对于需求变化的敏捷性，或者叫作对于需求变化的适应能力。需求的变化也可以称作不确定性或者风险，这是供应链上的各个环节都客观存在的一种现象，如在企业与企业之间或者企业与最终消费者之间。需求的不确定性程度提高会加大供应链管理的难度和成本。

思考题

1. ZARA 的垂直整合供应链结构如何帮助其在快速时尚行业中快速响应市场需求？
2. 在全球化扩展过程中，ZARA 面临的主要供应链挑战是什么？
3. 结合 ZARA 的柔性供应链，探讨如何通过数字化技术进一步提升供应链的响应速度和效率。

Chapter 2

第2篇　物流系统分析

名人一言堂

物流的灵魂在于系统；
物流的水平在于科技；
物流的关键在于管理；
物流的成败在于体制。

——王之泰

"蝴蝶效应"

- 提出者：美国气象学家洛仑兹；提出时间：1963年。

- 意为：事物发展的结果对初始条件具有极为敏感的依赖性，初始条件的极小偏差都将可能引起结果的极大差异。

物流系统分析

物流系统分析是指从对象系统整体最优出发，在优先系统目标、确定系统准则的基础上，根据物流的目标要求，分析构成系统各级子系统的功能和相互关系，以及系统同环境的相互影响，寻求实现系统目标的最佳途径。

系统分析的基本要素有六个，分别为目的、备选方案（可行方案）、费用和效益、模型、准则和结论。根据系统分析的基本含义，物流系统分析的主要内容有系统目的、系统结构、替代方案、费用和效益、系统模型、系统优化、系统的评价基准及评价等。

系统分析过程中应遵循的原则主要有内部因素与外部条件相结合原则、当前利益与长远利益相结合原则、局部效益与总体效益相结合原则，以及定性分析与定量分析相结合原则。

物流系统分析时要运用科学的分析工具和计算方法，对系统的目的、功能、结构、环境、费用和效益等进行充分、细致的调查研究，收集、比较、分析和处理有关数据，建立若干个拟订方案，比较和评价物流结果，寻求系统整体效益最佳和有限资源配备最佳的方案，为决策者最后抉择提供科学依据。

物流系统分析的目的在于通过分析，比较各种拟订方案的功能、费用、效益和可靠性等各项技术、经济指标，向决策者提供可做出正确决策的资料和信息。所以，物流系统分析实际上就是在明确目的的前提下，分析和确定系统所应具备的功能和相应的环境条件。

物流系统分析常用的理论及方法主要有数学规划法（运筹学）、统筹法（网络计划技术）、系统优化法，以及系统仿真的方法。

物流系统分析的内容主要包括如下几个方面：（1）物流系统目的的分析；（2）物流系统结构的分析；（3）物流系统环境影响的分析；（4）物流系统成本效益的分析。

物流系统分析贯穿于系统构思、技术开发、制造安装、运输的全过程，其重点放在物流系统发展规划和系统设计阶段。其应用范围具体包括：制订系统规划方案；生产力布局、厂址选择、库址选择、物流网点设置、交通运输网络设置等；工厂内（或库内、货场内）的合理布局，库存管理，对原材料、在制品、产成品进行数量控制，成本（费用）控制，等等。

对于一个复杂的物流系统而言，要对它的所有功能进行审查分析是不太可行的。根据分析所要达到的目的，有时只需对部分子系统进行分析就足够了。例如，仓储系统的分析、运输子系统的成本分析等。子系统的分析也是物流系统分析的重要工作。部分子系统的分析还是整个物流系统分析的重要组成部分。

案例 2-1　揭秘奥运物资背后的物流奇迹

主题词： 奥运物流，物流系统，巴黎奥运会

奥运物流（Olympic Logistics）是由运输、存储、包装、装卸、配送、流通加工和信息处理等物流基本活动构成的、与举办奥运会相关的物品从供应地到接收地之间的实体流动过程。

1. 奥运物流的特点

1）准确性

奥运物流的本质是速度和准确，物流系统必须确保货物在准确的时间内送到准确的地点。奥运会的比赛时间表早在比赛前 2～3 年就已确定且不可更改，物流的时间既不能提前，更不能拖后。

2）高效性

比赛日程安排紧凑，服务对象个性化要求高。奥运比赛场馆、奥运村、新闻中心等场所呈集中分布状，要在同一时间内保证若干个比赛场地的多项物流后勤保障既不能提前，也不能拖后，要有条不紊地进行。

3）服务周期长

奥运物流服务的准备时间较长，往往长达近一年。比赛结束时，返程物流才刚刚开始。

4）基础设施与环境要求高

奥运会主办国的物流服务基础设施与环境要与现代化物流组织与服务的要求相配套。奥运会主办国通常会选择一个国际性的物流公司作为国际物流的总承包商，同时该承包商还需选择能够与国际物流商的现代化服务水准相对接的本土物流商作为其本土化物流的合作支撑。

2. 奥运物流的构成

奥运物流的内容可以从服务的客户群、与奥运赛事的关系、地域范围、时间范围、服务形态、服务项目内容等不同角度进行分类分析，从而形成奥运物流的多维立体架构。

从服务对象看，奥运物流的主要服务对象是运动员、赞助商和新闻媒体，这些服务可划分为外部物流、内部物流和比赛地物流三个部分。外部物流服务主要指运输（空运或海运）和返程服务；内部物流服务涵盖了物流需求计划制订、清关、仓储、运输、配送、安装、监管及信息传递，以及物流设施搭建等；比赛地物流服务内容包括接收、处置、仓储、安装和面向服务对象的物流配送等服务。

3. 奥运物流的阶段

奥运物流系统在时间上具有阶段性，一般可分为三个阶段：建立阶段、再供给阶段和回收阶段。

1）建立阶段

在建立阶段期间，奥运物流系统没有志愿者的参与，所有的物流活动均由物流工作人员完成。物流工作人员工作繁忙，场馆物流经理控制订单处理，向奥运会的主仓库提交设施器材的订单，设置运输计划表。

2）再供给阶段

发生在奥运会比赛期间，物流活动主要是再次运进一些消费品。此阶段物流工作人员工作量很小，工作节奏慢，有很多空闲时间。

3）回收阶段

发生在奥运会比赛之后，是三个阶段中最繁忙的一个阶段。此阶段需要把所有从奥运主仓库运来的设施器材运回。

4．奥运物流的挑战

1）集中性

在奥运会举办期间，围绕奥运重点设施、奥运会的开闭幕式和热点、重点比赛的物流运转强度极大。奥运比赛场馆、奥运村、新闻中心等场所呈集中分布，需要在空间上合理安排物流资源。

2）不确定性

在奥运会举办期间，不确定因素极多。物流管理者制订物流工作计划时，不仅要把握基本的计划方法和能力，最重要的是要充分考虑计划失灵的各种状况。

3）安全性

赛事所需的大部分运动器材、新闻器材、生活资料的安全至关重要，许多设备一旦损坏，很难快速找到替代品。由于奥运会的特殊性，物流需求的客体几乎都是关键物品，要求高度的安全性。

4）环保性

现代奥运会和各大赛事对环保的要求越来越高，在物流过程中需要减少碳排放，采用环保的运输和包装方式。

5．奥运物流的实例

2024年8月，万众瞩目的巴黎奥运会璀璨启幕。在这场汇聚全球目光的体育盛宴背后，隐藏着一套高效而复杂的物流体系，它如同一条隐形的生命线，确保着赛事的顺畅运行。从运动员的专业装备到媒体的高精密转播设备，再到观众与运动员的日常生活所需，每一项物资都经过精心规划与高效管理，才得以准确无误地送达目的地。

1）巴黎奥运会物流的痛点

（1）时间紧迫，任务繁重。奥运会等大型赛事日程严格，需在短时间内完成物资运输、存储和配送。如开幕式前物资须到位，比赛时要及时提供消耗品，且涉及人员、设备、物资众多，物流规模大、复杂程度高。在巴黎奥运会开幕式期间，超6.8万件行李要从机场运至奥运场馆，同时全球的音视频网络物流也在进行，以确保比赛全球播放。

（2）地域广泛，流程复杂。奥运场馆分布广，物流须精准规划路线，确保物资准时送达。同时，国际运输与海关手续烦琐，需熟悉多国法规，严格遵守国际运输标准，确保物资顺利流通，支持赛事顺畅进行。

（3）物品繁杂，需求多样。奥运会物流繁重，须运输超250个集装箱及百万件家具，更有特殊物品，如兴奋剂样本，对运输存储要求极高。物流系统实时监控，可确保货物信息准确无误，提升透明度和可控性。同时，环保意识的提升促使物流采用低碳排放的运输方式及环保包装，展现现代赛事的绿色追求。

2）优秀企业加持

多家国际知名物流企业为赛事提供了物流服务。

（1）达飞集团：作为巴黎奥运会和残奥会物流解决方案方面的官方合作伙伴，主要通过多式联运模式，结合航空、海运和陆运等多种运输方式，根据物资的特点和时间要求选择最优的运输方案。他们负责运输和交付超过90万件体育器材以及超过250个集装箱的看台与移动座椅，并交付130万件家具、固定装置、设备和销售物料。在巴黎奥运会开幕式期间，将超过6.8万件行李从机场运送到奥运场馆。

（2）DHL法国公司：提升了其快递服务能力，包括增加储物柜和收寄点、新建仓库，为奥运会服务做准备。同时加强了航空运输能力，从2024年7月26日起新增2个航班班次（非每日增量），连接法国主要物流枢纽与德国莱比锡枢纽。

（3）FedEx：提供了高质量的冷链服务，确保食品和药品等对温度敏感物资的新鲜度和安全性。不仅投入了大量的先进冷链设备，如冷藏车、冷藏集装箱和冷库，还配备了专业的冷链物流团队，对运输过程中的温度进行严格监控和管理，保障冷链物流的无缝衔接。

（4）UPS：在奥运会期间积极推广使用电动车辆和可再生能源，减少物流运输过程中的碳排放。他们还采用了可循环使用的包装材料，同时通过优化物流流程和提高运输效率，进一步减少能源消耗和资源浪费。

（5）中国物流企业：在这场全球物流的较量中，中国物流企业以其卓越的实力和高效的服务脱颖而出。国家体育总局体育器材装备中心"中国之家"携手菜鸟集团，依托其强大的跨境物流网络，将关键物资精准送达巴黎。中远海运的远洋巨轮则将大批声像设备安全运抵法国，为赛事直播保驾护航。菜鸟国际快递更是直飞巴黎，以最短路径将首批物资送达奥运村与"中国之家"，展现了中国物流的速度与激情。

综上所述，奥运物流系统是一个复杂而精细的系统，它需要在有限的时间内完成大量的物资运输、存储和配送任务，同时还需要应对各种不确定性和挑战。通过采用先进的物流技术和管理方法，奥运物流系统确保了赛事的顺利进行，为运动员和观众提供了优质的物流服务。

物流知识小课堂

奥运物流系统的高效化实现是一个复杂而多维的任务，涉及多个方面和策略。通过合理的物流规划与组织、高效的运输与配送、先进的仓储管理、信息化与智能化技术的应用以及绿色与可持续物流的发展等措施，奥运物流系统不断提高其效率和水平，为奥运会的成功举办提供了有力保障。

1．合理的物流规划与组织

（1）制订详细的物流计划。根据奥运会的具体需求和日程安排，制订详细的物流计划，包括物资需求预测、运输路线规划、仓储布局设计等。

（2）优化资源配置。充分利用各种物流资源，包括运输工具、仓储设施、人力资源等，进行合理配置和调度。通过先进的物流管理系统和信息技术手段，实现资源的实时监控和动态调整。

2．高效的运输与配送

（1）选择合适的运输方式。根据物资的性质、数量、紧急程度等因素，选择合适的运输方式，如航空、海运、陆运等。综合考虑运输成本、运输时间和运输安全等因素，制订最优的运输方案。

（2）实施精准配送。利用先进的物流技术和设备，如 GPS（全球定位系统）、无人配送车等，实现物资的精准配送和实时跟踪。加强与场馆运营方、供应商等各方的沟通协调，确保物资按时、按量、按质送达指定地点。

3．先进的仓储管理

（1）优化仓储布局。采用先进的仓储管理系统和自动化设备，如自动化立体仓库、智能分拣系统等，提高仓储作业的效率和准确性。

（2）加强库存管理。建立健全库存管理制度和流程，实现库存的实时监控和动态调整。通过数据分析预测物资的需求变化，提前进行库存调整和补充，确保物资的充足供应。

4．信息化与智能化技术的应用

（1）建立物流信息平台。构建统一的物流信息平台，实现物流信息的实时共享和协同处理。通过信息平台对物流活动进行全程监控和管理，提高物流运作的透明度和可控性。

（2）应用智能化技术。利用人工智能、大数据、物联网等先进技术，对物流活动进行智能化分析和决策支持，优化物流流程，提高物流效率，降低物流成本。

5．绿色与可持续物流的发展

（1）推广绿色物流理念。在奥运物流系统中积极推广绿色物流理念，采用环保的运输方式、包装材料和仓储设施等。

（2）实现可持续物流发展。通过技术创新和管理创新等手段，推动物流系统的持续改进和升级，实现可持续物流发展。

❓思考题

1．奥运物流与普通物流有什么区别？

2．奥运食品物流有哪些特殊性？

3．在奥运物流中如何实现跨国运输？

案例 2-2　一汽大众智慧物流系统分析

主题词： 智慧物流，汽车物流，柔性生产

打造一座真正意义上的智慧工厂，共分几步？

根据美国数字制造及设计创新院的研究，实现智能制造分为以下四步。

（1）标准化，这是实现一切的基础，自工业化开始，标准化就是一个永恒的主题。

（2）数字化和自动化。

（3）网络化集成，在虚拟设计与制造的环境下，支持成百上千个在线用户进行实时设计。

（4）智能系统，包括四个基本的要素：模型、算法、软件和数据。

近年来，越来越多的制造业企业开始拥抱智能制造，建设智能工厂，推动企业升级发展。一汽大众致力于智慧物流系统的构建，以实现生产物流的自动化、智能化和高效化。通过引入先进的物流技术和设备，一汽大众打造了高效的智慧物流解决方案。

一汽大众佛山工厂即是其中之一。佛山工厂是一汽大众在国内的先进制造工厂之一，为实现整个智慧工厂，采取三步走，具体如下。

（1）打造数字工厂，只有实现了各个环节的数字化，才能在数据分析的基础上实现智能化。

（2）打造认知工厂，在生产数据和运营数据的基础上进行分析和预测，从而发现深层原因。

（3）打造智慧工厂，实现线下线上和生产数据的联通，工厂里每一辆车的数据都与市场上每个消费者的信息贯通。每个消费者买车时，都可以通过 App 实时了解这辆车的生产状态，真正感受到柔性的定制化过程，感受到智慧工厂给他们带来的变化。

为了实现智能制造和高效生产，一汽大众佛山工厂引入了智慧物流系统。该系统主要集成了一汽大众的 FIS 系统（生产控制系统）、PLP（分组级协议）系统，以及海康的 RCS（机器人控制系统）和 iWMS（仓储管理系统）。这些系统无缝对接，实现了生产与物流管理的系统化、一体化、透明化和智能化。

PLP 系统是一汽大众的物流总控平台，它通过 Web Service 接口将零件包装信息、零部件主数据、超市入库单据等入库相关数据下达至 iWMS 系统，作业员使用 iWMS 系统通过 REST 协议将具体的作业任务分给 RCS 系统，RCS 系统再向机器人下达搬运动作指令。iWMS 系统可给上层业务系统实时反馈执行结果，保证信息的可视化追踪。

而一汽大众的 FIS 系统控制工厂所有的车辆生产排程，它根据生产计划将生产每辆汽车所需的零部件清单统计后下发给生产和物流系统，生产和物流系统据此安排产线资源和物流资源，从而保证生产全过程信息的一致性以及生产信息跟踪的及时性，PLP 系统同时也下发一份生产计划给 iWMS 系统，iWMS 系统同样据此生成超市的零部件拣选出库计划，保证超市零部件能按时拣选出库并精准送至产线的各个工位。

RCS 负责可控制范围内的全部机器人的任务分配、调度及运行维护。RCS 可建立机器人的"世界模型"，将厂区、仓储地图转换成机器人能够识别的模型数据，从而实现任务的最优分配、路径的最优规划，使系统能发挥最佳的工作效能。另外，RCS 可以监控移动机器

人的运行状态，当机器人出现故障时，系统将会自动生成信息发送预警通知至运维人员处，并给出相应的处理意见，真正做到智能运维、实时反馈。

在一汽大众佛山工厂的零部件存储和拣选仓库（被称为"超市"）中，智慧物流系统发挥了重要作用。通过使用移动机器人，实现了从零部件入库、存储、拣选到出库的全自动化流程。这些机器人采用先进的导航技术，能够精确、高效地完成任务。

智慧物流系统的引入显著提高了零部件拣选的准确性和效率，降低了人工成本和员工工作强度；全程无人的标准化补货运输过程，让作业质量大幅度提升，同时供应商的 RCS、iWMS 系统和一汽大众的 FIS、PLP 系统协同联动、数据互通，真正做到智能运维、实时反馈，让生产运营管理水平进一步提升。最重要的一点是，"超市"方案具有更高的柔性，新车型并入等前提变化导致的方案调整都可以通过动态库存布置、智能系统负载均衡来轻松应对，节省了大量的重复规划工作。

2024 年 12 月，一汽物流有限公司与华为技术有限公司在深圳签署全面合作协议，双方将共同开展企业数字化转型领域合作，共同探索企业数字化转型融合发展。在数据治理领域，双方将共同打造新型物流业数据治理解决方案和相关数据应用最佳实践；在人工智能方面，双方将围绕华为盘古大模型，在物流货运路径优化、多 AGV（自动导向车）协同调度等方面联合探索，打造行业标杆，提升一汽物流智能化运营水平。与此同时，双方将联合推进汽车物流行业数智化人才培养体系建设，涵盖在线培训、线下实训及权威能力认证三大板块，以满足智能制造行业对数智化人才的迫切需求。

一汽物流的目标是成为中国物流领域有智慧运营能力的头部平台型企业，引领行业向更高层次的智能化、数字化迈进。

📖 物流知识小课堂

智慧物流是利用集成智能化技术，使物流系统能模仿人的智能，具有思维、感知、学习、推理判断和自行解决物流中某些问题的能力。即在流通过程中获取信息，进而分析信息并做出决策，使商品从源头开始被实施跟踪与管理，实现信息流快于实物流。也就是说，可通过 RFID（射频识别技术）、传感器、移动通信技术等让配送货物自动化、信息化和网络化。

❓ 思考题

1. 如何评估一汽大众佛山工厂引入移动机器人和智能物流系统对生产效率与准确性的影响？这种技术改进在减少人工劳动和优化物流管理方面有哪些具体成效？

2. 在构建智能制造和智慧物流系统时，系统间的协同和数据互通显得尤为重要。一汽大众佛山工厂的 PLP 系统、iWMS、RCS 和 FIS 系统如何实现无缝对接？这种系统整合对生产和物流的影响有哪些？

3. 佛山工厂的"超市"方案在应对生产高峰和零部件拣选复杂度方面展现了较高的柔性和效率。相比传统物流超市，如何通过动态库存布置和智能系统负载均衡实现更高的灵活性和响应速度？

案例 2-3　伦敦"最后一英里"配送系统分析

主题词：城市物流，可持续物流，"最后一英里"配送

在繁华的伦敦，"最后一英里"配送正在经历一场引人注目的变革。近年来，外卖应用程序在伦敦大受欢迎。Deliveroo、Uber Eats 和 Just Eat 等公司彻底改变了食品外卖行业，使伦敦人只需在智能手机上轻点几下，就能比以往任何时候都更方便地订购自己喜欢的食物。这些应用程序不仅改变了人们在家用餐的方式，也为餐馆和送餐员创造了新的机会。

为了简化"最后一英里"的配送流程，伦敦出现了微型仓库。这些规模较小的履约中心战略性地设在城市地区，可以更快、更高效地处理订单。通过拉近产品与终端客户的距离，企业可以缩短交货时间，提高客户满意度。

伦敦在可持续发展方面采取了积极的态度，鼓励使用电动汽车（EV）进行"最后一英里"配送。通过引入低排放区和电动汽车采用激励措施，伦敦旨在减少空气污染和碳排放。送货公司正逐步将其车队过渡到电动汽车，以推广更绿色、更环保的"最后一英里"物流方式。同时，为了克服交通拥堵，更方便地到达偏远地区，伦敦已成为无人机送货试验的试验场。亚马逊和 DHL 等公司一直在尝试利用无人机技术快速高效地投递包裹。虽然仍有监管和技术挑战需要克服，但无人机在"最后一英里"配送方面的潜力是巨大的。

伦敦在"最后一英里"配送方面的变革不仅限于技术进步。伦敦正在促进企业间的合作，以优化资源，降低配送成本。伦敦正在建立配送网络，允许企业共享运输和仓储设施。通过利用共享资源，企业可以实现规模经济，并以更低的成本交付货物。此外，数据在改变伦敦"最后一英里"配送方面发挥着至关重要的作用。利用数据分析的优势，公司可以优化送货路线、预测需求模式并提高运营效率。实时跟踪系统可让客户跟踪送货情况，提高透明度并提供无缝体验。同时，为了应对城市拥堵带来的挑战，伦敦正在城市外围战略性地开发城市物流枢纽。这些城市物流枢纽作为集货点，将来自不同供应商的货物集中起来并进行分类，然后运送到最终目的地。通过减少进入拥堵地区的单次送货数量，城市物流中心有助于缓解交通拥堵并优化送货作业。

通过创新方法、技术进步和合作努力，伦敦走在了"最后一英里"配送变革的前沿。送货应用程序的兴起、微型仓库的出现、电动汽车的采用、无人机送货的探索、协作和资源共享的推广、数据驱动优化的利用以及城市物流中心的发展，都有助于打造一个更高效、更可持续、更以客户为中心的送货生态系统。随着人们对快速可靠的送货服务的需求不断增长，伦敦始终站在开拓解决方案的最前沿，以满足这些不断变化的需求。

物流知识小课堂

城市物流专注于优化城市内部的货物配送与运输。由于城市环境复杂且拥堵，城市物流需要高效解决配送路径规划、交通拥堵和配送时效等问题。通过引入微型仓库、智能配送系统和电动配送车辆，城市物流能够减少配送时间和碳排放。城市物流还经常利用数据分析来预测需求、优化路线，并通过建立城市物流枢纽集中处理货物，从而降低进入城市中心区域的配送频次，缓解交通压力。智慧技术和创新解决方案是城市物流提升效率和可持续性的关键。

❓思考题

1. 如何评估微型仓库在提升"最后一英里"配送效率中的作用？这些小型履约中心在实现更快交货的同时，可能面临哪些挑战？

2. 电动汽车和无人机在"最后一英里"配送中分别扮演了怎样的角色？它们各自的优势和限制是什么？在推广这些绿色配送方式时，城市需要克服哪些关键障碍？

3. 数据分析和企业间合作在优化"最后一英里"配送方面的重要性如何体现？如何通过这些策略实现配送成本降低和运营效率提升？

案例 2-4　UPS 的 ORION 系统分析

主题词：路线优化，运输系统分析，ORION 系统

联合包裹速递服务公司（United Parcel Service，UPS）是一家总部位于美国亚特兰大的全球快递承运商与包裹递送公司，同时也是专业的运输、物流、资本与电子商务服务的提供者。根据英国品牌评估机构"品牌金融"（Brand Finance）发布的 2023 年"全球物流品牌价值 25 强"排行榜，UPS 位列第一名。UPS 的运营网络覆盖全球 220 多个国家和地区，车队数量约 13.5 万辆。2023 年收入约 780 亿美元，平均每日交易量约 2230 万个包裹。

21 世纪初，UPS 研发了道路优化与导航集成系统（On-Road Integrated Optimization and Navigation，ORION），并于 2009 年开始试运行，目前已经更新到第五代。ORION 系统是 UPS 用于管理车队的专有工具，其基于在线地图数据和优化算法，对司机的接货与送货业务进行实时跟进和优化。

ORION 系统依靠 UPS 多年配送积累的客户、司机、车辆数据和每个包裹使用的智能标签，再与每台车的 GPS 导航仪结合，实时分析车辆、包裹、客户喜好和送货路线数据，可以分析实况下一条线路的 20 万种可选方法，并能在 3 秒内找出从 A 点到 B 点间的最佳路线。此外，ORION 系统也会根据不断变化的天气情况或事故随时改变路线。基于这种动态优化的车队管理系统所能实现的降低成本、减少时间、降低减排量的效果都是非常显著的。例如，ORION 系统发现十字路口最易发生意外、红绿灯最浪费时间，只要减少通过十字路口的次数，就能省油、提高安全，根据此数据进行分析，UPS 一年送货里程大约减少 4800 千米，等于省下 300 万加仑的油料及减少 3 万吨二氧化碳排放，安全性和效率也大大提高了。又如，ORION 系统根据大数据分析实现配送末端最优路径的规划，提出了尽量"连续右转环形行驶"的配送策略，因为左转会导致货车在左转道上长时间等待，不但增加油耗，而且发生事故的比例也会上升。这项规划为 UPS 每年节省燃油成本约 5000 万美元，并增加包裹配送约 35 万件。

ORION 系统的核心是其先进的路线优化算法和技术基础。以下是 ORION 系统的主要技术创新和功能优势。

（1）智能路线优化。ORION 系统利用复杂的数学模型和算法，考虑了多种因素，如路线距离、交通情况、递送顺序、递送时间窗口等，以确定每辆送货车的最佳路线。通过实时数据分析和更新，系统能够动态调整路线以应对交通堵塞或其他不可预见的情况，确保送货的高效率和准时性。

（2）预测性分析。ORION 系统不仅是静态的路线规划工具，还具备预测性分析能力。它通过历史数据、季节性趋势和即时信息，预测未来需求和交通状况，以优化长期和短期的路线计划。这种预测性分析帮助 UPS 在动态环境中做出最佳决策，从而降低运营风险和成本。

（3）个性化路线规划。ORION 系统考虑到每辆送货车的特定条件，如车辆类型、载重限制、司机工作时间等，为每辆车生成个性化的最佳路线。这种个性化的路线规划不仅提高了效率，还最大限度地利用了 UPS 的车队资源。

（4）实时更新和反馈机制。ORION 系统能够实时收集和分析路线执行过程中的数据，包括车辆位置、交付状态、交通情况等。基于这些数据，系统可以进行实时更新和调整，以确保路线优化的持续性和灵活性。

ORION 系统不仅在技术上具备先进功能，而且带来了显著的经济效益和环境影响，具体如下。

（1）成本节约。通过优化路线，ORION 系统显著降低了 UPS 的运输成本。研究显示，ORION 系统每年能为 UPS 节省数百万美元的运输费用，这些节省主要来自减少的燃料消耗、减少的车辆里程和更高效的资源利用。

（2）减少碳排放。ORION 系统通过减少车辆里程、优化路线和降低燃料消耗，有效减少了 UPS 的碳排放量。这种环保效益符合 UPS 在可持续发展方面的战略目标，并使其在环境责任方面取得了显著的成就。

（3）提高运输效率。路线优化不仅降低了成本和环境影响，还提高了 UPS 的运输效率和服务水平。客户能够更快地收到货物，司机能够更有效地执行任务，这些都直接提升了客户满意度和业务竞争力。

综上所述，UPS 的 ORION 系统通过其先进的技术和创新功能，不仅显著提升了送货路线的效率和可持续性，还带来了经济效益、环境保护和全球运营的广泛影响，使得 ORION 系统成为 UPS 长期成功和竞争优势的重要支柱之一。

📖 物流知识小课堂

在物流领域，运输路径优化是一项至关重要的策略。它旨在通过科学的方法，如地理信息系统（GIS）和先进的算法，规划出最高效、成本最低的货物运输路线。这不仅能减少运输时间和成本，还能显著降低碳排放，实现绿色物流。通过对交通状况、天气条件、车辆载重等多个因素的综合考虑，运输路径优化确保了货物能够准时、安全地到达目的地。对于物流企业而言，掌握并运用这一策略，将极大地提升其竞争力和市场适应能力。

❓ 思考题

1. ORION 系统如何通过智能路线优化实现成本节约？具体有哪些经济效益？
2. ORION 系统的预测性分析能力如何帮助 UPS 应对动态运营环境？
3. 如何评估 ORION 系统对 UPS 整体业务竞争力的提升？

案例 2-5　Costco 库存管理系统分析

主题词： 库存管理系统分析，Costco 库存管理系统，供应链协同优化

Costco Wholesale Corporation（以下简称 Costco）是一家总部位于美国的知名会员制仓储式零售企业，成立于 1983 年，由 James Sinegal 和 Jeffrey Brotman 共同创立。Costco 以其低廉的价格、高质量的产品和独特的会员制销售模式而闻名于世，并在全球范围内拥有数百家仓储式会员制商店，覆盖美国、加拿大、墨西哥、英国、日本、韩国等多个国家和地区。

Costco 的成功在很大程度上得益于其高效和精密的库存管理系统。这个系统不仅能帮助 Costco 在全球各地的仓储和分销中心管理成千上万种商品，还能确保产品的及时供应、降低库存成本并优化客户体验。

（1）精确的销售预测和需求管理。Costco 利用先进的数据分析技术和历史销售数据，实现了对市场需求的精确预测。通过分析客户购买习惯、季节性变化、地域特征等因素，Costco 能够预测哪些商品将会有更高的销售量，从而有针对性地调整库存水平和采购计划。

（2）高周转率的库存管控策略。Costco 通过严格限制单 SKU 库存数量，驱动商品快速周转。该策略使其在大量销售场景下仍能保持合理库存水平，显著减少积压与降价损失。

（3）供应链协调和效率。Costco 与供应商建立了紧密的合作关系，通过共享数据和信息，实现了供应链的高效协调。这种合作不仅包括产品供应的时效性，还确保了商品的质量和成本控制，有助于保持产品的竞争力和利润率。

（4）实时的库存监控和反馈机制。Costco 的库存管理系统具备实时监控和反馈机制，能够根据销售数据和库存水平实时调整供应链策略。这种灵活性使得 Costco 能够快速应对市场变化、客户需求波动以及供应链中的潜在问题，从而减少过剩库存的风险和资本的固定成本。

Costco 通过其高效的库存管理系统取得了多项显著的成就，具体如下。

（1）降低库存成本。通过精确的销售预测和定期的库存周转策略，Costco 显著降低了库存成本。据 Costco 的财务报告显示，其库存周转率远高于行业平均水平，这意味着他们能够更有效地利用资本，并减少了因库存积压而导致的资金占用和资本成本。

（2）提高销售效率和利润率。Costco 的库存管理系统帮助公司更精确地满足市场需求，提升了销售效率和利润率。例如，公司通过优化的库存管理，能够确保热销商品的持续供应，从而增加销售额。截至 2023 财年，Costco 的年度销售额达到了 4253 亿美元，净利润为 48 亿美元，这些数字反映了其高效的供应链管理和库存控制能力。

（3）优化客户体验。通过确保商品的及时供应和高品质服务，Costco 提升了客户的购物体验和满意度。客户在 Costco 购物时，能够更便捷地找到所需商品，并享受竞争力价格带来的实惠感，这有助于增强客户的忠诚度和重复购买率。

（4）加强供应链透明度和责任管理。Costco 的库存管理系统不仅提升了内部运营效率，还加强了与供应商之间的协作和透明度。这种合作关系有助于减少供应链中的浪费和延误，提高供应链的整体效率和可持续性。

Costco 通过其精细化和高效率的库存管理系统，不仅实现了成本的有效控制和利润的增长，还提升了公司的市场竞争力和客户满意度。这些成就不仅展示了 Costco 在零售行业中

的领导地位，也为其他企业在库存管理和供应链优化方面提供了宝贵的学习与借鉴的机会。

物流知识小课堂

库存管理是物流和供应链管理中的核心环节，指的是对企业存货的控制、监控和优化，以确保商品的合理储备、及时供应和成本控制。有效的库存管理不仅能满足客户需求，还能提高企业的资金周转率和整体运营效率。

其关键要素有以下几种。

（1）需求预测：利用历史数据、市场趋势和客户行为分析来预测未来需求，从而制定合理的库存水平，避免因库存过多导致资金占用或因库存不足而失去销售机会。

（2）库存周转率：这是衡量库存管理效率的重要指标，表示库存在特定时间内被卖出和补充的次数。高库存周转率意味着库存周转快、资金利用率高，但同时也需警惕库存不足的风险。

（3）库存控制策略：包括定量订货法（EOQ）、定期订货法和 ABC 分类管理等，通过对不同类型产品设定不同的补货策略，确保关键产品优先供给，同时控制总体库存成本。

现代库存管理广泛应用 ERP 系统、RFID、条码和大数据分析等技术，实时跟踪库存水平，优化补货决策，并实现对库存的动态调整。良好的库存管理能有效降低企业运营成本，提升服务水平，为企业在竞争激烈的市场中赢得优势。

思考题

1. Costco 如何通过库存管理策略有效降低成本并提升运营效率？
2. Costco 的库存管理系统如何提升客户体验并增强市场竞争力？
3. 探讨 Costco 库存管理系统中的实时库存监控和反馈机制是如何帮助公司快速应对市场变化和客户需求波动的，并分析这种机制对其他零售企业有哪些借鉴意义。

案例 2-6　新加坡城市物流网络系统分析

主题词： 城市物流，物流网络系统，智能交通管理

新加坡作为一个高度现代化和发达的城市国家，其城市物流网络系统从 20 世纪后期开始逐步建设和完善，以应对日益增长的经济活动和人口密度。这个系统不仅在优化交通流动性、提升物流效率和服务水平方面发挥了关键作用，还对经济发展、环境保护和社会可持续性产生了深远影响。

新加坡的城市物流体系高度发达，这得益于其优越的地理位置、先进的物流基础设施、高效的物流管理和政策支持。新加坡位于马来半岛南端，地处马六甲海峡出入口，是全球重要的物流周转地和亚洲重要的物流枢纽。这一地理位置使得新加坡成为连接东西方贸易的重要节点，为物流行业的发展提供了得天独厚的条件。随着经济的快速发展和城市化进程的加

速，其物流设施和基础设施得到了长足的发展。以下是新加坡城市物流网络系统的主要组成部分和发展历程。

（1）交通基础设施的现代化建设。

新加坡在交通基础设施方面投入巨资，包括高速公路、桥梁、隧道、城市道路网和公共交通系统（如地铁、公共巴士等）。这些基础设施不仅连接了城市的各个角落，还将新加坡与周边国家和地区的主要物流节点紧密联系在一起，形成了高效的物流通道，能够满足客户的陆路货运需求。新加坡的货运代理公司和物流公司提供从货物提取、装卸、运输到交付等一系列陆运货运服务，覆盖新加坡及全球范围，为客户提供高效、便捷的陆运货运解决方案。

新加坡是全球核心国际航运中心之一，运营着世界第二大集装箱港口，以巴西班让集装箱码头和大士港等现代化设施为枢纽。这些港口配备了现代化的装卸设备和高效的物流管理系统，设施先进，航线发达，能够满足各种吨位的货船停靠，为客户提供高效、便捷的海运货运服务。新加坡的货运代理公司和物流公司也提供从货物装载、订舱、报关、运输到交付等一系列海运货运服务，覆盖各大洲和主要港口，为客户提供全方位的海运货运解决方案。

樟宜机场是新加坡的主要国际机场，也是全球最繁忙的货运机场之一。机场配备了先进的货运设施和技术，包括冷藏设施、大型货物处理系统等，能够处理大量的进出口货物，提供覆盖全球范围的航空货运服务，满足各种货物的运输需求。此外，还有多家国际货运航空公司的分公司在新加坡设立，提供全球航空货运服务。

（2）物流园区和仓储设施。

新加坡设立了多个现代化的物流园区和货运中心，能够满足不同企业的仓储需求，如班台勒物流园区、昆明物流园区等。新加坡的物流园区通常位于交通便利、基础设施完善的地区，便于货物的集散和运输。物流园区内配备了先进的物流设施和设备，包括装卸设备、仓储设备、分拣设备等，提高了物流效率和服务质量。新加坡的物流公司和仓储公司提供从货物存储、管理、分拣到配送等一系列仓储物流服务，为企业提供了优质的物流服务和高效的供应链管理解决方案，满足各种客户的需求。

（3）高效的物流管理。

新加坡在物流技术的应用方面处于领先地位。物联网、大数据、人工智能等先进技术的广泛应用，提高了物流效率和服务质量。例如，海港码头的现代化设施包括冷链设施和全自动电动堆场起重机系统，这在提高效率的同时确保了运输的可靠性。

新加坡的物流公司和货运公司配备了各种先进的信息技术系统和设备，包括智能化物流系统、云计算平台、大数据分析系统等，能够实现货物信息的实时跟踪和管理，提高工作效率和减少人力成本。

新加坡的信息技术产业和通信网络还为物流系统提供了各种支持服务，包括物流信息平台、物流信息交换系统等，能够实现货物信息的共享和互联，为客户提供全方位的物流信息服务。

新加坡建立起被称为无缝的"一站式"电子通关系统，应用基于 RFID 技术的物流通关平台，实现了货物追踪、库存管理、订单处理等一系列工作的自动化，大大提高了物流的效率。

通过电子报关和电子审单，新加坡的海关通关流程相对高效，减少了货物在海关停留的时间，提高了整体的物流效率。

新加坡的物流企业建立了完善的物流网络，覆盖了全球多个国家和地区。这使得新加坡的物流企业能够为客户提供全球范围内的物流服务，提高了物流服务的便捷性和效率。

（4）智能交通管理系统（ITS）。

新加坡引入了先进的智能交通管理系统，通过实时交通监控、交通信号优化、电子收费系统等技术手段，优化了交通流动性；减少了交通拥堵。这些系统不仅提高了货物运输的效率，还改善了城市居民的出行体验。

（5）政府政策支持和投资。

新加坡政府通过制定和实施有利于物流发展的政策和法规，如税收优惠、贸易便利化措施、绿色物流政策等，积极推动了物流行业的健康发展和创新。

新加坡城市物流网络系统的实施也给其带来了一系列的优势，具体如下。

（1）优化的交通流动性。

新加坡通过先进的智能交通管理系统，显著优化了城市交通流动性。根据新加坡交通管理局的数据，智能交通系统的实施使得主要道路的平均通行时间和交通拥堵率得到了有效控制。

（2）降低运输时间和成本。

新加坡的优化物流网络系统显著降低了货物运输的时间和成本。根据新加坡物流协会的统计数据，新加坡与周边国家和地区的货运时效性显著提升，不仅节约了企业的运营成本，还提升了物流效率和市场竞争力。

（3）提升物流效率和服务水平。

新加坡的物流网络系统通过提升物流效率和服务水平，吸引了大量国际物流公司在此设立分支机构或区域总部。根据新加坡经济发展局的数据，新加坡的物流业务量每年稳定增长，仓储和分拣设施的利用率保持在高水平，反映了其高效的物流管理和优质的服务水平。

（4）支持环境可持续发展。

新加坡在推动物流可持续发展方面也取得了显著进展。政府通过引入环保技术和绿色物流解决方案，如电动车辆和绿色建筑标准，有效降低了物流活动对环境的影响，减少了碳排放，节约了大量的能源和资源。

新加坡的城市物流网络系统在优化交通流动性、降低运输时间和成本、提升物流效率和服务水平以及支持环境可持续发展方面展现了显著优势。通过现代化的基础设施建设、智能交通管理系统的应用、先进的物流设施和政府的积极支持，新加坡成功地构建了一个高效、可持续的城市物流网络，为企业提供了良好的营商环境，同时促进了城市经济的发展和国际贸易的繁荣。其成功经验为其他城市在构建和优化物流网络系统方面提供了宝贵的学习和借鉴的机会。

📖 物流知识小课堂

城市物流网络系统作为现代都市的"血脉"，承载着物资流通的重任。它由交通基础设施、物流节点、信息技术和政策法规等多元素构成，共同支撑着城市的物流运作。这一系统不仅关乎城市交通的流畅，更直接影响居民生活的便利度、城市经济的活力以及国际贸易的顺畅。优化城市物流网络系统，意味着提升物流效率，降低运输成本，进而推动城市经济的繁荣和可持续发展。因此，对于城市规划者和物流从业者而言，深入理解和不断优化城市物流网络系统，是提升城市竞争力、创造美好生活环境的关键。

思考题

1．新加坡在推动物流可持续发展方面取得了哪些显著进展？这些进展如何体现了新加坡城市物流网络系统在支持环境可持续发展方面的优势？

2．新加坡政府在推动城市物流网络系统发展中发挥了哪些关键作用？

3．新加坡城市物流网络系统的成功经验对其他城市在构建和优化物流网络系统方面有哪些启示和借鉴意义？

Chapter 3

第3篇 物流系统规划

"布利斯定理"

- 提出者：美国行为科学家艾得·布利斯。
- 内容：用较多的时间为一次工作事前计划，做这项工作所用的总时间就会减少。
- 做事没有计划，行动起来就必然会是一盘散沙。只有事前拟订好了行动计划，梳理通畅了做事的步骤，做起事来才会应付自如。好的规划是成功的开始。

物流讲堂

物流系统规划

物流系统是一个复杂的社会经济系统，要使这个系统能够良好地运行，必须进行科学规划和设计。

物流系统规划是指确定物流系统发展目标和设计达到目标的策略与行动的过程，实际上就是对整个物流系统的计划。物流系统是一个涉及领域非常广泛的综合系统，它涉及交通运输、货运代理、仓储管理、流通加工、配送、信息服务、营销策划等领域。物流系统规划体系由以下三个核心维度构成。

1. 物流系统规划的层次

物流系统具有不同的层次，包括不同的环节。根据物流系统范围和层次的不同，物流系统规划的内容和方法也有较大差异，一般可分为战略层次的规划、策略层次的规划和运作层次的规划。

（1）战略层次：长期，超过一年，设施的数量、规模、位置；运输方式的选择；制定采购政策；物流节点的功能定位；订单选择。

（2）策略层次：中期，短于一年，库存定位、物流节点的内部布局；物流节点的功能；物流作业流程；设施设备选择。

（3）运作层次：短期，每天，每小时，发出订单时间；确定补货时间；确定发货程序。

2. 物流系统规划的内容

物流系统规划的内容一般包括以下七个方面。

（1）客户服务目标（服务水平、功能定位）。

（2）物流网络（物流节点的选址、物流节点的数量、功能、运输通道）。

（3）物流节点的内部布局。

（4）仓储系统。

（5）运输管理。

（6）运营管理。

（7）管理组织。

3. 物流系统规划的目标

物流系统规划设计主要有以下五个基本目标。

（1）良好的服务性。

（2）良好的快速反应能力。

（3）强大的信息功能。

（4）实现物流服务规模化。

（5）充分利用物流资源。

案例 3-1 中远集团物流战略规划

主题词： 物流战略，物流管理，品牌效应

2002 年 1 月 8 日，中远集团（China Ocean Shipping Company，COSCO）旗下的中国远洋物流公司（COSCO Logisitics，以下简称中远物流公司）在北京宣告成立。中远物流公司以国际化的远洋船队为依托，以科技创新和管理创新为突破口，不断加强服务体系建设，在全国 29 个省、自治区、直辖市建立了包含 300 多个站点的物流服务网络体系，形成了功能齐全的信息系统，并且培养了一支有多年实际经营和运作物流业务丰富经验的专业人才队伍，拥有员工 1.3 万人，形成了遍及中国、辐射全球的服务网络系统。

随着国家经济的不断发展，企业为了提高综合竞争力，纷纷通过并购重组的方式实现跨越式发展。中远集团作为传统的船舶运输企业，也面临着向第三方物流企业转型的压力和挑战。因此，中远集团决定通过重组的方式整合集团内部的集装箱运输和物流业务，形成了班轮和物流业务单元，以形成新的竞争优势。整合的资产包括中远集团集装箱、货运、空运、船舶代理系统、海外相关业务等。在完成业务整合后，中远集团成立了中远物流公司。

中远物流公司下设大连、北京、青岛、上海、宁波、厦门、广州、武汉八个区域公司，并与中远海外企业有密切的协作关系，与 40 多个国家的货运机构签订了互为代理协议，能够便捷、高效地完成现代物流任务。区域公司根据经营管理需要设置若干国家（或口岸公司）公司，负责中远物流公司全球的物流业务。在总公司的统一管理下，各区域公司重点负责中远全球物流项目开发及区域内、外物流项目的运作管理等。

为了贯彻中远集团"由拥有船向控制船转变，由全球航运承运人向全球物流经营人转变"的发展战略，中远集团及时对主业结构进行调整，同时制订了集团物流发展规划。随着中远船队规模的扩大，巩固了中远航运主业的国际地位，同时由于航运规模经营优势带来的客户群又成为发展和稳定资源，船队和物流企业形成了积极良性的互动关系，促进了中远物流公司的持续发展。

中远物流公司以强大的航运实力为依托，充分利用中远物流公司全球物流资源，以中国市场为基础，以跨国公司物流需求为基础，对客户服务由运输扩展到仓储、加工、配送，直至深入到产品生产、流通、分配、消费的大部分环节，通过开展增值服务，提高盈利能力和市场竞争力。在战略实施过程中，中远物流公司以上海通用汽车、海尔集团、沃尔玛等标杆项目为突破口，累计开发数百个综合物流解决方案，并与多个行业头部企业共建供应链优化体系。为了使中远物流公司尽快与国际接轨，积极与世界著名咨询公司合作，引进国外先进技术和管理经验，并通过示范项目的实施与推广，进一步加快中远物流公司的发展进程。

为了更好地适应国际物流市场需求，进一步增强市场竞争力，中远物流公司开始对所属陆上货运公司进行了重大改组和调整，以求优化资源结构，发挥整体优势。这次整合是对集团的中国汽车运输总公司、外轮代理总公司以及各远洋运输公司下属货运公司的陆上货运资产进行重组，成立了中远国际货运有限公司。为了使中远船、岸资源按照市场原则进行配置以更加贴近市场，中远物流公司首先组建国内七个口岸地区公司，从根本上解决了中远陆上

货运资源布局不合理、利用不充分、重复投资、内部竞争、发展缓慢等弊病。同时，对海外地区的众多业务进行了归口管理，并成立了中国香港、新加坡、美国、欧洲、日本、澳大利亚、非洲、西亚、韩国九大区域公司，通过理顺新体制，形成了优势，改变了中远集团在计划经济下多年的企业组织结构，实现了中远集团跨国经营的总体构架和全球业务分布的新格局。

与此同时，中远物流公司还特别注重品牌效应，通过为上海别克、一汽捷达、神龙富康、上海桑塔纳等提供进口汽车散件服务，为沈阳金杯提供物流服务，与众多汽车厂商建立了良好、广泛的形象。中远物流公司与海尔、科龙、小天鹅、海信、澳柯玛以及长虹等企业建立了紧密的合作关系。中远物流公司与科龙和小天鹅合资成立安泰达物流有限公司，这是我国首家由生产厂家与物流服务商组建的家电物流企业。

在国家重大建设项目方面，中远物流公司承担了秦山核电三期工程、江苏田湾核电站和长江三峡工程的物流运输项目，为国家重点工程建设做出了重要贡献。

大连—长春、天津—西安、上海—重庆、上海—成都、青岛—郑州—西安、昆明—黄埔六条全集装箱"五定班列"（定点、定线、定车次、定时、定价）的运行初步形成了中远物流公司"两纵四横"（两条南北向通道、四条东西向通道）的海铁联运通道，为内陆货物的出运提供了便利条件。同时，中远物流公司还利用自身的有利条件在长江水系和珠江水系构建了支线体系，有力地支持了干线班轮运输业务。

现代物流实际上是依靠现代技术支持的行业，没有科技支撑，物流业务将寸步难行。在这方面中远物流公司实施两个方面的工作：第一方面的工作是在建立完整的网上货运服务的基础上，建立中远物流公司现代数据中心，强化中远物流公司的客户服务水平，拓展中远物流公司的服务范围。第二方面的工作是完善现代物流应用系统，包括两个方面内容：完善"5156"公共信息平台；为客户提供全面的物流服务。中远物流公司已经拥有了一套比较成熟的信息技术系统，他们将"网上仓储管理信息系统""网上汽运高度信息系统""网上结算"等功能模块进行集成，形成一个便捷的网上物流交易电子商务平台，为物流项目的开发和运作提供了强有力的技术支持。同时，建立以北京物流总部为中心覆盖八个区域公司的中远物流专网，逐步将"5156"物流平台建设成为中远物流业务操作、项目管理、客户服务及应用服务的公共信息平台。

中远物流公司的目标是："做中国最好的物流服务商、最好的船务代理人。中远物流全系统要以培养核心竞争力为目标，有效整合物流资源，以传统运输代理业务为基础，做大做强综合性的运输服务体系，为国内外广大船东和货主提供更优质的服务"。中远物流公司全力构建物流业务体系，树立中远物流公司品牌，加强物流项目设计和管理，重点拓展汽车、家电、项目和展品物流市场，积极开发冷藏品、危险品等专项物流领域。

为了推动中远物流系统的管理创新，激发企业的活力，增强竞争力，公司始终坚持"以人为本"的宗旨，以建立、完善新的绩效评价体系为核心，加快培养物流骨干人才，有效促进传统业务的稳定增长和新业务的快速增长。主要做法有以下几种。

（1）建立新的绩效评价体系：进一步完善 TCSS 系统（即客户满意体系）模型，形成物流公司 TCSS 业务模型组，为企业创造持久的经济效益。

（2）建立中远物流公司顾问团。

（3）启动中远物流公司企业管理奖。

（4）加快人才培养：主要方式是"请进来"，一是从国外招聘富有实践经验的物流经营管理专家到中远项目进行经营管理，提高其物流管理水平；二是选拔优秀的年轻干部到国外的物流公司、航运公司或高等学府学习锻炼；三是加强各个层次员工的培训工作，创建学习型组织。

目前，中远物流公司在多个业务领域中为国内外客户提供全程物流解决方案，其主营业务包括家电和电子物流、航空物流、化工物流、会展物流、电力物流、供应链管理、海运空运货代等。此外，中远物流公司还提供现代物流、国际船舶代理、国际多式联运、公共货运代理、空运代理、集装箱场站等多项增值服务。

物流知识小课堂

物流战略（Logistics Strategy）是指企业根据外部环境和自身特性，为寻求物流的可持续发展，就物流发展目标以及达成目标的途径与手段而制定的长远性、全局性的规划与谋略。

物流战略具体包括：准时制物流战略、一体化物流战略、网络化物流战略、全球化物流战略、绿色物流战略等类型。总体目标有三个：（1）降低企业物流活动中的成本，即将与运输和存储有关的可变成本降到最低；（2）在保障服务水平的前提下，使物流系统的直接投资最小化；（3）通过高效快捷的物流提高客户服务水平，并获得企业的差异化竞争优势。物流战略的基本内容包括物流战略目标、战略优势、战略态势、战略措施和实施步骤等。

思考题

1. 中远集团是如何进行物流战略调整的？
2. 中远集团的企业战略有哪些？
3. 结合本案例，分析物流企业如何建立品牌效应。

案例 3-2　椅艺公司的物料需求规划

主题词： 物料需求规划，标准批量，生产控制体系

椅艺公司的生产部门位于一个选定的小社区内。为了迎合顾客的需要，椅子的生产量因季节而异。每份顾客订单有一个指定的送货日。当公司收到订单后，就按顾客指定的日子安排当月的生产量。那些要求在指定月份送货的订单，大抵会在前一个月的15日之前收到（椅艺公司很少在三个星期内处理完订单）。当一个月的订货量达到生产极限时（这由当月的生产计划进度决定），就需要决定是停止接收订单（Booking），还是提高生产量。每周都有一份经过修订的为期三个月的报告，记载顾客订单情况、现存订单情况和计划生产能力。

椅艺公司的运货方式包括铁路货车和公路卡车。为了便于安排货运，根据运输计划，每月的生产安排被细分为每周的生产安排（运输计划是用来说明哪个单位、在哪一周将哪一批货品运走的计划）。表3-1显示的是生产控制部门新编的三个月的弹簧垫椅运输计划。

表 3-1　弹簧垫椅的运输计划

周	1	2	3	4	5	6	7	8	9	10	11	12	13
豪华型		350	250	400	150	350	300	400	140	350	300	350	150
超级型		150	150	150	75	150	160	100	100	160	150	120	75

椅艺公司的生产控制部有一个经理和三个职员。他们根据运输计划和标准部件结构清单（BOM），决定需要哪些零部件组装订单要求的椅子。根据每周的要求，针对每一种零部件以它的标准批量（Standard Order Quantity，SOQ）或 SOQ 的倍数发出物料需求指令。

根据调查，椅艺公司认识到框架零部件的生产控制体系需要做一番修改，具体有三个方面值得立刻关注：零部件生产指令（Parts Ordering）、机器负荷（Machine Loading）和生产率确定（Production Rate Setting）。

令椅艺公司烦恼的是：一些零部件库存积压，另一些零部件却供不应求。每天总有工人报告 1～3 种零部件无货。当这种情况发生时，生产控制记录却显示几百种零部件已生产完毕，应该有存货。这是由于组装工人在某种零部件短缺时情急之下使用非标准零部件以作替代。因为有时用一种零部件代替另一种零部件会加快组装速度。组装工人为赚得更多的计件工资，经常使用非标准零部件，而这些非标准零部件的使用情况并没有记录。并且，送货工人按规定应该报告这部分额外的变动，而且不应该送非标准零部件给组装工人。如果框架车间短缺了某种零部件，那么公司逾期交货和有额外运费发生的可能性就会大大增加。

椅艺公司请了一个咨询公司为其进行生产控制系统计算机化的可行性研究，以寻找有效的改进措施。在椅艺公司的所有产品中，弹簧垫椅系列带来的利润最高，且产品结构比较简单，所以被选为研究的试点。分析可知，如果存在缺货或销售部门的服务不到位情况，将会严重影响公司的盈利。以下是生产控制部提供的有关弹簧垫椅产品系列的资料。两种弹簧垫椅均由三个主要部件组成：框架、装潢物和椅罩。每个主要部件是由几个小零部件组合而成的。表 3-2 和表 3-3 展示了成品的部件结构清单，表 3-4 展示了各种材料的存货状态和批量准则。

表 3-2　豪华型弹簧垫椅的部件结构清单

编号	等级	项目叙述	单位需求	前置时间（周）
001	0	成品 DELUXE		1
004	1	框架 FRM-DLX	1	2
005	1	装潢物 UPHLSTRY	1	1
006	1	椅罩 CVR-DLX	1	1
017	1	五金组件 HRDWRE	12	2
007	2	配件 FRM-A1	4	1
008	2	配件 FRM-B1	2	1
009	2	配件 FRM-C1	1	1
010	2	配件 FRM-D1	1	1
011	2	配件 FRM-E1	4	1
012	2	配件 FRM-F2	4	1
013	2	配件 FRM-G2	1	1
014	2	配件 FRM-H2	1	1

表 3-3 超级型弹簧垫椅的部件结构清单

编号	等级	项目叙述	单位需求	前置时间（周）
002	0	成品 SUPER		1
003	1	框架 FRM-SPR	1	2
005	1	装潢物 UPHLSTRY	1	1
015	1	振动器组件 VBRTR	1	2
016	1	椅罩 CVR-SPR	1	1
017	1	五金组件 HRDWRE	12	2
007	2	配件 FRM-A1	4	1
009	2	配件 FRM-C1	1	1
011	2	配件 FRM-E1	4	1
018	2	配件 FRM-J1	2	1
019	2	配件 FRM-K1	2	1
012	2	配件 UPH-F2	4	1
013	2	配件 UPH-G2	1	1
014	2	配件 UPH-H2	1	1
020	2	配件 VBR-O2	1	1
021	2	配件 VBR-P2	1	1
022	2	配件 VBR-Q2	1	1

表 3-4 超级型弹簧垫椅的部件结构清单

材料	等级	SOQ	现有存货（个）	前期拖欠（个）	计划收货（个）	收货时间
DELUXE	1	LFL	0	0	350	第 1 周
SUPER	2	LFL	0	0	550	第 1 周
FRM-SPR	3	LFL	0	0	0	
FRM-DLX	4	LFL	400	0	400	第 1 周
UPHLSTRY	5	500	500	0	0	
CVR-DLX	6	500	350	0	0	
FRM-A1	7	LFL	2000	0	0	
FRM-B1	8	LFL	700	0	0	
FRM-C1	9	LFL	400	0	0	
FRM-D1	10	LFL	600	0	0	
FRM-E1	11	LFL	1800	0	0	
UPH-F2	12	500	1800	0	0	
UPH-G2	13	500	450	0	0	
UPH-H2	14	500	450	0	0	
VBRTR	15	LFL	0	0	150	第 4 周
CVR-SPR	16	500	0	0	0	
HRDWRE	17	2500	4000	0	4000	第 2 周
FRM-J1	18	LFL	250	0	0	
FRM-K1	19	LFL	250	0	0	
VBR-O2	20	250	150	0		
VBR-P2	21	250	250	0		
VBR-Q2	22	500	1000	0		

物流知识小课堂

MRP（Material Requirement Planning，物料需求规划）是依据需求预测和顾客订单制订产品生产计划，然后据此和库存状况组成产品的材料结构表，通过计算机计算出所需材料的需求量和需求时间，从而确定材料的加工进度和订货日程的一种实用技术。其主要内容包括顾客需求管理、产品生产计划、原材料计划以及库存记录。

？思考题

1．椅艺公司是如何进行物料需求规划的？
2．怎样建立生产控制体系？
3．实行物料需求规划的优势有哪些？

案例 3-3　普洛斯的物流园区规划

主题词： 物流园区，园区规划，"双 C 法则"

普洛斯是中国、日本及巴西市场领先的现代物流设施提供商，业务遍及中国、日本及巴西等国家的近百个城市，形成了一个服务于近千家客户的高效物流网络，为众多世界知名企业提供物流设施及工业厂房租赁服务。通过标准化开发、定制化建设、售后回租等多元合作模式，普洛斯持续赋能客户优化全球供应链效能。从 2003 年 4 月进入中国起，普洛斯不断拓展在中国的投资范围，使中国成为普洛斯在美国本土以外最大的投资地。

1．业务模式与战略布局

作为全球领先的现代物流设施和工业基础设施提供商，普洛斯通过其优越地理位置的物业网络和生态体系的合作伙伴，致力于为客户提供空间和综合解决方案，驱动客户的价值创造。

从世界范围来看，许多跨国企业都租用了普洛斯遍布全球的多项仓储设施，世界 1000 强企业中近半数是其客户。

普洛斯的主要业态形式有四种：①通过现代物流枢纽的产业聚集园区平台，带动周围相关产业的集聚和能级的提升。②通过多模式的供应链服务的集成，以物流为纽带带动多行业联动发展，从而提升物流园区周边和整个产业区的物流效率。③通过物流园区的信息化建设，联合设施、设备供应商的信息，第三方物流的信息，形成一个物联网和云物流为支撑的信息平台。④建立物流金融平台，为普洛斯的客户和一些潜在的客户提供融资租赁服务。

普洛斯集中专注于投资物流园，重点发展临港物流园、临空物流园及加工基地。临港物流园主要有上海洋山深水港、深圳盐田港、青岛前湾港、广州南沙港等；临空物流园有北京首都国际机场、广州白云国际机场、南京禄口国际机场、青岛流亭国际机场等；加工基地包括苏州工业园、天津经济开发区、杭州经济开发区等，布局集中在渤海经济圈、长江三角洲和珠江三角洲、粤港澳大湾区的一、二线城市。每个枢纽城市开发 3～4 个物流园区，形成一个物流配送网络。

2. 物流园区规划

物流园区规划是一个全面、系统的流程，可分为可行性分析、物流园区选址、内部功能结构设计与布局三个部分。

园区选址是物流园区投资建设非常重要的环节，它是决定物流园区成本控制的关键因素。物流园区选址有以下几项原则。

（1）经济合理性原则。需要考虑：① 物流现状分析和预测情况；② 物流园区区位情况；③ 物流园区交通条件；④ 物流园区产业及消费支撑条件；⑤ 基础设施情况等。

（2）整体规划和适度超前原则。投资时，在做整个物流园区规划时，要想到五年、十年以后的情况，包括物流园区的发展、产业的发展以及客户的发展。

（3）当地经济结构合理性原则。普洛斯有一个物流中心选址应用的工具，并提供给客户使用。通过运输时间、响应时间、成本分析等，从运输管理、仓储和一些路径提出最优化的选址，帮助客户进行物流中心网络的规划方案设计。

3. 物流园区运营管理

在具体的运营管理中，普洛斯提出了"双 C 法则"。① 资金（Capital）。物流园区的开发建设是否能够引进很好的资金，低资金成本对做物流园区或者物流地产都很重要。② 客户（Customer）。是否有优质的客户，客户有哪些需求，物流园区应当如何去满足客户。

普洛斯一直保持 90% 的出租率，有四个方面的原因：① 普洛斯的物流园区具有清晰的定位，对整个物流园区投资建设有很严密的项目评估流程，通过这个评估流程，全面分析客户需求。② 有效的客户管理系统。普洛斯有一整套 CRM（客户关系管理）系统，对客户全程跟踪，这样能够更好地满足客户未来的扩张。③ 全面的激励和营销。无论是普洛斯的一线员工，还是办公室文员，都有推销业务的热情，物流园区的出租率不断提高。④ 注重客户满意率。通过不断地改进和创新，不断满足客户日益增长的多样化需求。

4. 电子商务的普洛斯物流园

电子商务物流园区的运作特点是：① 很注重"最后一公里"。② 大量的分拣配送作业，系统对物流园区电力系统、屋面系统有特殊需求。③ 车辆众多，物流园区的车辆及秩序需要管理，人员密集，对物流园区功能定位的设计辅助配套有需求。④ 电子商务有很多促销活动，有很多明显的季节性高峰，对物流园区的保障能力也提出了挑战。

普洛斯针对电子商务运作特色采取了相应的措施，具体如下。

（1）针对电子商务"最后一公里"的要求，普洛斯帮助确定物流园区的最佳位置，以便于他们最快地把商品交付到客户和使用者手中。

（2）通过精确的计算，普洛斯做出一系列的改进，包括扩大电力的供应和屋面的承载，配备备用的发电机组，保障物流园区的电力。

（3）采取人车分流和车辆管理系统来保障物流园区的车辆安全。

（4）根据物流园区的特点，增加配套设施，如食堂、宿舍、停车棚等，包括物流园区需要的公共休闲设施，把普洛斯物流园区建成一个小社会，以满足物流园区内物流人的需求。

（5）为了应对季节性高峰需求，普洛斯基本上都会提前一个月与客户进行沟通，保障高峰期的运作需求与质量。

物流知识小课堂

物流园区（Logistics Park）是指在物流作业集中的地区，在几种运输方式衔接地，将多种物流设施和不同类型的物流企业在空间上集中布局的场所，也是一个有一定规模和具有多种服务功能的物流企业的集结点。

物流园区可以看作对物流组织管理节点进行相对集中建设与发展的、具有经济开发性质的城市物流功能区域；同时，也是依托相关物流服务设施降低物流成本，提高物流运作效率，改善与企业服务有关的流通加工、原材料采购，便于与消费地直接联系的生产等活动，具有产业发展性质的经济功能区。作为城市物流功能区，物流园区包括物流中心、配送中心、运输枢纽设施、运输组织及管理中心和物流信息中心，以及适应城市物流管理与运作需要的物流基础设施；作为经济功能区，其主要作用是开展满足城市居民消费、就近生产、区域生产组织所需要的企业生产和经营活动。

现代物流园区主要具有两大功能，即物流组织管理功能和依托物流服务的经济开发功能。

思考题

1．什么是物流园区运用管理中的"双 C 法则"？
2．在规划一个物流园区时，选址的原则有哪些？
3．普洛斯物流园区的设计思路与方法对中国物流园区的建设有哪些借鉴意义？

案例 3-4　马士基集团物流战略规划

主题词： 物流战略规划，网络优化，物流信息系统

马士基集团（Maersk Group）作为全球领先的集装箱运输和物流服务提供商，其物流战略规划展示了其在全球供应链管理中的重要地位和持续创新。马士基集团总部位于丹麦哥本哈根，成立于 1904 年，由 A.P. Moller 创建。如今，马士基集团在全球拥有超过 100000 名员工，运营着超过 730 艘船舶，涵盖了全球主要贸易航线和港口。马士基集团不仅仅是一家航运公司，还涉及港口运营、供应链管理、物流解决方案等多个领域，致力于通过创新和持续优化，为全球贸易和经济活动提供关键支持。

马士基集团的物流战略规划主要聚焦于以下几个关键方面，以提升其在全球物流市场中的竞争力和服务水平：首先是全球网络优化和扩展。马士基集团通过其广泛的全球网络，覆盖了各大洲的主要贸易航线和港口。其船队规模和全球港口网络的优势，使得马士基集团能够提供广泛的航线选择和快速的货物运输服务。物流战略中的关键目标之一是持续优化船舶调度和航线规划，以满足客户对快速、可靠运输的需求。其次是技术和信息系统的创新应用。马士基集团在信息技术和数字化方面投入了大量资源，开发并实施了一系列先进的物流信息系统。例如，马士基集团的船运跟踪系统和供应链管理平台，通过实时数据分析和预测模型，提升了货物运输的可见性和管理效率。这些系统不仅帮助马士基集团内部优化运营，还能为

客户提供全面的运输信息和定制化的物流解决方案。再次，作为一家全球企业，马士基集团致力于推动环境可持续发展。在物流战略规划中，马士基集团积极采用先进的绿色技术和环保措施，例如液化天然气（LNG）动力船舶、节能减排技术的应用等，以降低碳排放并提升运输效率。这些举措不仅符合全球环保法规要求，还体现了马士基集团在可持续发展方面的社会责任感。最后，马士基集团注重建立和维护与客户的紧密合作关系。通过专业的客户服务团队和个性化的解决方案，马士基集团能够为客户提供从全球供应链管理到"最后一公里"配送的全面服务。在物流战略规划中，马士基集团致力于通过优化客户体验和提升服务质量，增强客户满意度并促进业务增长。

马士基集团的物流战略规划优势同样聚焦在以下几个方面。

（1）全球网络和资源优势：马士基集团作为全球最大的集装箱运输公司之一，拥有覆盖全球的广泛航线网络和强大的物流基础设施。这使得马士基集团能够灵活应对各种国际贸易挑战，为客户提供高效、可靠的运输服务。

（2）技术创新和数字化转型：马士基集团在信息技术和数字化转型方面处于行业领先地位。通过先进的物流信息系统和数据分析能力，马士基集团能够实时监控和优化货物运输过程，提升运输效率和准确性，降低运营成本。

（3）环境可持续性和社会责任：作为一家负责任的企业，马士基集团致力于可持续发展。公司通过采用清洁能源船舶和推动环保技术的应用，减少对环境的影响，同时遵守全球环境法规，树立了行业内的良好形象。

（4）客户导向和服务卓越：马士基集团始终将客户需求置于首位，通过个性化的物流解决方案和优质的客户服务，不断提升客户满意度和忠诚度。公司通过建立长期稳定的合作关系，与客户共同成长和创造价值。

基于这些战略规划，马士基集团取得了显著的业绩和成效。首先，马士基集团在全球集装箱运输市场中占据主导地位，通过持续的创新和扩展，扩大了市场份额并增强了市场竞争力。其次，借助先进的信息技术和数字化工具，马士基集团优化了运输网络和供应链管理，提高了运输效率和货物运送的及时性。再次，马士基集团通过优化的客户关系管理和个性化的服务方案，提升了客户满意度，增强了客户的忠诚度和信任度。最后，马士基集团在环境可持续性方面的努力和成就，赢得了业界和社会的广泛认可，为企业的长期可持续发展奠定了坚实基础。综上所述，马士基集团通过其卓越的物流战略规划，以及在全球物流市场中的领导地位和持续的创新投入，不断提升运营效率、客户满意度和环境可持续性，为全球经济和贸易活动的顺畅运转做出了重要贡献。

物流知识小课堂

物流战略规划，作为企业物流管理的核心，旨在通过系统性规划，优化资源配置，提升物流效率和服务水平。它关乎企业的长远发展，涉及市场定位、网络布局、技术应用、客户服务等多个方面。一个成功的物流战略规划，需要企业明确自身的物流目标和战略定位，深入分析市场需求和竞争环境，科学规划物流网络和节点布局，同时注重技术创新和数字化转型，以提升物流运作的智能化和自动化水平。此外，强调客户导向，注重提升客户满意度和忠诚度，也是物流战略规划不可忽视的一环。总之，物流战略规划是企业物流管理的重要基石，对于提升企业竞争力、实现可持续发展具有重要意义。

思考题

1. 马士基集团如何通过全球网络优化和扩展来增强其物流战略规划？其船队规模和全球港口网络的优势如何助力其提供广泛的航线选择和快速的货物运输服务？

2. 在技术和信息系统的创新应用方面，马士基集团采取了哪些具体措施？这些措施如何帮助马士基集团提升货物运输的可见性和管理效率，进而优化其全球物流运营？

3. 分析马士基集团在推动环境可持续发展方面的战略规划，并探讨其采用液化天然气（LNG）动力船舶、节能减排技术等环保措施对降低碳排放和提升运输效率的具体影响。

案例 3-5　新加坡亚洲物流园区（ALPS）规划

主题词：物流园区，园区规划，园区运营管理

新加坡是东南亚的经济中心，位于亚洲主要贸易航道的交汇点，具有战略性的地理位置和先进的物流基础设施。为了进一步巩固其作为全球物流和供应链管理中心的地位，新加坡政府与私营部门合作，决定规划和建设亚洲物流园区（ALPS）。

1. 园区规划

ALPS 的规划首先考虑新加坡作为全球物流中心的地理优势。位于新加坡西部，靠近新加坡港口和樟宜机场，这一地理位置使得园区能够方便地与全球其他主要市场进行海陆空联运，为区域内外的物流活动提供便利。其次，在规划阶段，ALPS 的建设考虑了先进的基础设施需求，包括现代化的仓储设施、高效的物流管理系统、智能化的交通网络和环保的建筑标准。这些设施不仅提高了物流效率，还有助于降低运营成本和减少环境影响。同时，为了吸引国际物流企业和供应链服务商进驻 ALPS，新加坡政府提供了一系列的激励措施和优惠政策。这些政策涵盖了税收优惠、土地租赁条件、人力资源支持以及技术创新和研发资助，为企业提供了良好的营商环境。ALPS 的规划和建设也重视可持续发展和社会责任。园区内采用绿色建筑技术和环保措施，致力于减少能源消耗和碳排放。同时，园区运营还积极参与社区发展和公共事业支持，推动经济增长与环境保护的平衡。

2. ALPS 的运营管理

（1）物流设施和服务。ALPS 提供了多种物流设施和服务，包括：① 现代化仓储设施。配备先进的货物管理系统和自动化技术，提高存储效率和减少人工成本。② 多功能物流中心。包括分拣中心、包装服务、定制化物流解决方案等，满足不同客户的需求。③ 智能物流技术。应用物联网（IoT）、大数据分析和人工智能（AI），优化供应链管理和运输效率。

（2）供应链协作和合作模式。ALPS 通过建立开放式平台和多方合作机制，促进供应链上下游企业之间的协作和信息共享。这种合作模式不仅提高了整体供应链的透明度和响应速度，还有助于降低企业的运营风险和成本。

（3）政府支持和政策引导。新加坡政府在 ALPS 的运营管理中发挥了重要作用。通过持续的政策引导和监管，确保园区运营符合国家和国际标准，同时提供必要的支持和资源，帮助企业解决运营中的挑战和问题。

3. ALPS 规划建成后的实际成效

（1）提升新加坡物流中心地位。ALPS 的建成使得新加坡进一步巩固了其作为亚洲物流中心的地位。园区通过优化的物流服务和高效的运营管理，吸引了大量国际物流企业和供应链服务商进驻，促进了新加坡作为全球物流枢纽的发展。

（2）提高区域经济发展和就业机会。ALPS 的建设不仅为新加坡带来了直接的经济效益，还间接推动了周边地区的经济发展。园区内外的企业投资和运营，增加了就业机会，促进了相关服务和支持了产业的发展。

（3）提升供应链效率和客户满意度。ALPS 通过提供高效的物流设施和优质的服务，显著提升了供应链的整体效率和客户满意度。根据实际数据显示，园区内企业的订单处理时间和交付准确率显著提升，大大改善了供应链的响应能力和服务水平。

（4）可持续发展和环境保护效益。ALPS 的运营管理注重可持续发展和环境保护，通过采用先进的绿色技术和能源管理措施，降低了能源消耗和碳排放。园区在节能减排方面取得了显著的成效，为新加坡的可持续发展目标做出了积极贡献。

新加坡亚洲物流园区（ALPS）作为一个成功的物流园区规划和建设案例，充分体现了新加坡政府和私营部门合作的成果和效能。通过精心设计的基础设施、先进的物流技术和可持续发展策略，ALPS 不仅提升了新加坡在全球物流网络中的地位，还为区域经济发展、就业创造和环境保护做出了重要贡献。未来，ALPS 将继续发挥其关键作用，推动新加坡在全球供应链管理领域的进一步发展和创新。

📖 物流知识小课堂

物流园区规划是优化供应链管理的重要环节，其核心在于合理布局、资源整合和运营效率的提升。首先，规划阶段需考虑园区的地理位置，确保与主要交通网络（如公路、铁路和港口）的便捷连接，这有助于降低运输成本和时间。其次，园区内应设计高效的仓储和分拣设施，提升货物处理速度和准确性。

现代物流园区还需融合信息技术，如智能仓储系统和实时数据分析，以优化库存管理和配送流程。环保措施也是规划中的重要方面，例如使用绿色建筑材料和节能设备，以降低环境影响。总之，一个成功的物流园区规划不仅能提升运营效率，还能提高客户满意度，为企业提供可持续发展的竞争优势。

❓ 思考题

1. 新加坡亚洲物流园区（ALPS）如何利用其地理位置优势和基础设施来提升全球物流网络的效率？

2. ALPS 的智能物流技术（如物联网、人工智能）如何改变供应链管理和客户服务？

3. 评估新加坡亚洲物流园区（ALPS）建成后的实际成效，包括其在提升新加坡物流中心地位、促进区域经济发展和就业机会、提高供应链效率和客户满意度以及实现可持续发展与环境保护方面的具体贡献。这些成效对于新加坡在全球供应链管理领域中的未来发展和创新有何重要意义？

案例 3-6　兖矿集团供应物流体系总体规划

主题词： 煤炭物流，供应物流规划，供应物流一体化

兖矿集团 2022 年原煤产量为 1.25 亿吨，化工产品产量为 681.3 万吨；按中国会计准则，实现营业收入为 2008.3 亿元，归母净利润为 307.7 亿元；2022 年年末资产总额为 2958 亿元。截至 2022 年年底，兖矿集团员工总数为 6.4 万人；总股本为 49.49 亿股，控股股东为山东能源集团有限公司，位列 2022 年世界 500 强第 69 位、中国企业 500 强第 23 位，持有公司 54.81% 的股权。2023 年，兖矿集团实现营业收入 1500 亿元，归母净利润 201 亿元，持续保持行业领先水平。

1. 兖矿集团供应物流的现状与问题

（1）兖矿集团物流概况。关于兖矿集团物流现状，仅就以下几个方面作概念性描述：① 兖矿集团物资部负责煤炭产业主要物资的集中采购与总储备；② 兖矿集团物资部负责非煤企业的少数几个品种物资的集中采购与集团内销售；③ 兖矿集团物资部负责集团内新兼并、购进企业的新投资项目的物资采购与物流；④ 兖矿集团运销部负责集团内企业对集团生产物资的统一调配；⑤ 兖矿集团各生产企业自行采购各种零、偏、杂物资；⑥ 对于大宗低值地产材料采用就地由各生产企业取材，采用运费加货价统一混算办法；⑦ 分散进行流通加工与配送；⑧ 财务进行较为统一的管理。

（2）物流中的问题。以下是经过长时间的实际调查得出的部分调查结论（不足部分）：① 组织结构过于分散，不利于现代统一物流的实施；② 物资采购与供应权力过于分散，信息传递准确性差，储备资金占用过大；③ 物流仓储设施落后，物流条件差，管理水平参差不齐；④ 物流配送，包括运输设施背景复杂，没有形成集体合力，资源外流；⑤ 流通加工与配送各自为政，缺乏一体化运作；⑥ 业务管理过于分散，矛盾下放，没有充分发挥应有的职能；⑦ 没有建立物资供货商档案资料体系，采购程序复杂；⑧ 缺乏统一的企业物流标准，也未建立物资部领导业务巡检制度；⑨ 物资部缺乏对非煤单位物资供应的技术力量和能力保证；⑩ 缺乏行之有效的激励机制，责、权、利不明晰，造成死库存长期存在。

2. 兖矿集团的长期规划与发展战略

兖矿集团确立了"以煤为本，煤与非煤并重"的发展战略。兖矿集团的发展战略方针是：充分利用"两种资源、两个市场"，以改革开放为动力，联合各方面的力量，高起点地构建具有强大国际竞争力的能源集团。坚持以煤为本，多种产业共同发展，发展三大产业链。为实现这个战略转型，兖矿集团决定成立利润中心和成本中心以及最高决策中心，成立统一的集团物流公司，集中实施兖矿集团的物流运营与管理。兖矿集团的整体物流包括供应物流与产销一体化几个部分，本案例仅就供应物流部分进行介绍。

3. 供应物流总体规划的理论基础

供应物流规划须构建多层次理论支撑体系，具体包含以下四个核心维度。

（1）以现代物流信息系统为手段的企业大物流。

（2）以现代物流技术为基础的企业大物流。

（3）面向市场经济的企业大物流。

（4）面向现代物流理念的大物流体系。

① 物流管理一体化。

② 一体化的物流管理组织。

③ 一体化物流管理的职能：

- 综合管理型——设立全公司的物流管理部门，其职能与公司的生产、销售、财务等部门相同。

- 双重管理型——设立综合物流管理部门和日常物流管理部门两个层面。

④ 供应链物流一体化。

4. 兖矿集团物流系统总体规划要旨

根据兖矿集团的发展战略以及现状，需要进行诸多方面的整合，包括人员的组织整合，现有物流基础设施的资产整合，现有物流装备包括汽车的整合，制度与流程的整合，权力和利益的重新分配，等等。

（1）供应物流的组织形式。

① 统一思想、明确目标；② 建立兖矿集团统一的大物流体系；③ 妥善处理物流组织和生产组织的服务与被服务的关系；④ 提高组织成员的专业素养；⑤ 建立健全物流组织奖励和激励机制，激发人的潜能。

（2）采购的集权。

① 供应商的管理与开发；② 采购的控制与方法；③ 采购财务控制；④ 采购信息服务体系。

（3）供应物流的实施。

① 严格的质量保证体系；② 统一的编码与信息基础体系；③ 集中仓储；④ 集中配送；⑤ 集中流通加工；⑥ 涵盖回收物流、废弃物处理及呆滞品管理；⑦ 建立统一的呼叫中心；⑧ 建立现代化的信息系统；⑨ 面向社会的物流体系；⑩ 规范统一的服务流程与规章制度。

（4）非煤产业的大物流。

① 非煤物流的特点：物资专业性较强；物资品种较为分散，采购地域面较广；非煤企业地域分布较广，不宜过度集中的物流操作，必须就地设置分中心；新兼并或者重组的企业，思想有待进一步沟通或者磨合。以上并不意味着不能实施大物流，相反，更应该加强大物流管理。

② 非煤物流现状的弊端：现在实施的是项目物流管理，较大程度上加大了物流成本；人为地而不是制度地加大了抵触情绪。

③ 实施非煤物流的特殊性：沟通、理解、统一思想、积极配合是首要的；建立物流分中心；建立远程财务控制体系（网络财务控制系统）；产品销售物流的特殊性；物流公司人员加强自身素质的提高，不能外行领导内行；非煤物流渠道可以部分实现与煤业物流渠道的统一；特殊行业还必须有特殊的规章制度。

物流知识小课堂

　　煤炭物流作为能源供应链的重要一环，专注于煤炭从开采地到消费地的高效、安全运输与储存。它涵盖了煤炭的开采、加工、装卸、运输及配送等多个环节，要求高度的协调性与组织能力。考虑煤炭的体积大、重量重及易产生环境污染的特性，煤炭物流特别强调运输方式的选择、物流成本的控制以及环保措施的实施，旨在实现经济效益与环境效益的双重提升。

思考题

　　1．在非煤物流管理中，兖矿集团应采取哪些特别措施以适应其物资专业性和地域分布特点？

　　2．兖矿集团在进行物流系统总体规划时，如何平衡成本控制与物流服务质量的提升？

　　3．如何通过组织结构和流程优化来解决兖矿集团物流中的分散和低效问题？

Chapter 4

第4篇 物流系统控制

名人一言堂

当供应链中"牛鞭效应"的副作用增大时，逆向物流管理对"牛鞭效应"的削弱作用也会相应增强。

——刘志学

"Yerkes-Dodson 法则"

- "Yerkes-Dodson 法则"，也称为叶克斯 - 多德逊法则、叶杜二氏法则。
- 大意为：压力与业绩之间存在着一种倒 U 形关系，适度的压力水平能够使业绩达到顶峰状态，过小或过大的压力都会使工作效应降低。

物流讲堂

物流系统控制

1. 物流系统控制的基本概念

物流系统控制是系统论和控制论与物流系统集成的产物，是系统控制理论在物流系统中的具体应用，所以，物流系统控制具有系统控制的一般特征。它涵盖了成本管理、时间管理、质量管理、资源管理、库存管理和运输管理等管理体系。通过对物流系统运营过程的综合控制达到期望绩效。

2. 物流系统控制的基本内容与类别

物流系统控制的内容一般会随系统的大小而发生相应变化，但基本上都会涉及以下几个方面：（1）成本控制；（2）质量控制；（3）流程控制。

按照控制实施的时间，物流系统控制基本上分为事前控制、事中控制和事后控制三类。

3. 物流成本控制

物流成本存在于一切企业中，存在于一切企业的物流活动中。物流成本的高低直接关系企业利润的多少，如何以最小的物流成本，在适当的时间将适当的产品送到适当的地方，是摆在物流经营者面前的一个重要问题。

物流成本控制包括综合控制和局部控制。物流成本的综合控制包括事前的预算制定、事中的执行监督，以及事后的信息反馈和偏差纠正等全过程的系统控制，以达到预期管理控制目标。物流成本的局部控制则分为：（1）运输费用控制；（2）装卸搬运费用控制；（3）存货持有成本控制；（4）物流行政管理成本控制；（5）包装费用控制。

4. 物流质量控制

物流质量对企业在市场上能否取胜的决定作用越来越明显。现代物流的质量控制有三大特点：全员参与、全程控制和全面管理。

物流质量控制的内容包括：（1）商品的质量保证及改善；（2）物流服务质量；（3）物流工作质量；（4）物流工程质量。

5. 物流流程控制

物流运作流程一般包含以下内容：（1）信息接收与录入；（2）提货调度；（3）提货交接；（4）运输；（5）入库；（6）包装；（7）发运调度；（8）出库；（9）客户通知；（10）在途跟踪；（11）签收；（12）回单管理。

对于物流的流程实施控制，就是要减少成本、降低风险，确保物流系统的运行质量。

案例 4-1　邯钢的物流成本控制

邯郸钢铁总厂（以下简称邯钢）于 1958 年建成，目前是中国钢铁企业前十名的国有大型企业。邯钢从开始实行低成本目标管理战略以来，以"模拟市场核算、实行成本否决"为核心，加大了企业技术改造力度，加强了内部经营管理，坚持走集约化经营的道路，勤俭节约，使效益大幅度提高，实力迅速壮大。邯钢是一个钢铁联合企业，其内部后勤、生产作业、外部后勤、市场销售、售后服务构成了企业的价值链。内部后勤是指与接收、存储和分配相关的活动，如原材料采购、仓储、库存控制、车辆调度和向供应商退货。在这一价值链中原材料价值是关键，邯钢抓住这个关键环节，在采购原材料和燃料上严把关。为了降低成本，采购供应部门下达最高采购限价，只准低买，不准高进，同时严格质量和数量检验，堵住管理上的漏洞，与奖惩紧密挂钩，若降低采购成本则给予嘉奖，若超支则惩罚，把进货成本压到最低。

伴随着钢铁市场的疲软，钢材的售价一跌再跌，加上原材料和燃料又大幅度涨价，邯钢每年涨价因素高达 9000 万元，造成钢材成本猛升，绝大部分钢材产品处于亏损的状态。邯钢这个河北省知名的上缴利税超亿元的大户，连续五个月出现亏损，企业到了难以生存的地步。形势迫使邯钢必须从改革中找出路，转换机制，走向市场。在极度困难时，邯钢人意识到自身的优势：邯钢建厂几十年来，国家给企业投入大量资金，企业已形成一定的装备水平和生产规模，能够大批量生产社会需要的产品；生产所需的原料有来源，产品有市场，不仅有国内市场，还有国外市场；更重要的是有一支经过多年培训的会操作、会经营管理的员工队伍。

然而，企业的运作是为了生存、盈利和发展。现实的情况很残酷，此时的邯钢处于亏损状态，其根本问题是产品成本高。邯钢高层领导认为邯钢产品成本高，归根结底是职工的主人翁地位没有得到落实。人民是创造历史的动力，只有全厂职工人人当家理财，企业才能渡过难关，从而得到更好的发展。同全国其他大中型的钢铁厂一样，邯钢长期实行计划经济管理模式，堵断了二级厂（即分厂）与市场之间的联系，在长期计划经济体制下，企业所采用的原料和产品价格都是上级人为确定的，这种定价与市场相脱节，所以二级厂和职工压力不大，以致形成分厂报盈、总厂报亏的结果。邯钢人发现其钢铁产品没人要，没有市场潜力，不是因为品种和质量的问题，而是因为产品成本高，企业效益差。显然，邯钢必须围绕降低成本做文章。因为成本是反映企业生产经营状况的一个综合指标，抓成本可以促使产量提高，可以促使质量改善，可以促使消耗降低，可以促使专业管理和基础工作加强。邯钢人开始寻求一个可以使所有产品都不赔钱的成本指标，并把它分解落实到分厂、分段、班组和个人，如果每个单位、每个人都完成了自己承担的指标，企业自然就不会亏损了。因此，邯钢开始推行以"模拟市场核算，实行成本否决"为核心的企业内部改革，将每一个产品的目标成本指标逐层分解到分厂、车间、班组、岗位和职工，使得厂内的每个环节都承担降低成本的责任，使得职工真正地做到人人当家理财。

邯钢"模拟市场核算"的具体做法：一是确定目标成本，由过去以计划价格为依据的"正算法"改变为以市场价格为依据的"倒推法"，即将过去从产品的原材料进价开始，按厂内工序逐步结转的"正算"方法，改变为从产品的市场售价减去目标利润开始，按厂内工序反向逐步推的"倒推"方法，使目标成本各项指标真实地反映市场的需求变化。二是以国内先进水平和本单位历史最高水平为依据，对成本构成的各项指标进行比较，找出潜在的效益，以原材料和出厂产品的市场价格为参数，进而对每一个产品都制定目标成本和目标利润等各项指标，保证各项指标的科学性、合理性。三是针对产品的不同情况确定相应的目标利润，原来亏损、没有市场的产品要做到不赔钱或微利，原来盈利的产品要做到增加盈利，并且停滞生产成本降不下来的产品。四是明确目标成本的各项指标是刚性的，执行起来不迁就、不照顾、不讲客观原因。

邯钢"实行成本否决"的核心思想就是：成本指标没有完成，其他工作干得再好，也要否决全部奖金。邯钢人认为成本是反映企业生产经营状况的一项综合指标，所以"成本否决"的实质就是以"否决"为手段，以降低成本为核心内容的激励机制，使邯钢各环节、各部门把降低成本、提高效益放在企业管理的中心地位，以确保邯钢总体成本目标的实现。

"成本否决"的具体做法：一是将产品目标成本中的各项指标层层分解到分厂、车间、班组、岗位和职工个人，使厂内的每个环节都承担降低成本的责任，把市场压力及涨价因素消化于各个环节。全厂职工人人身上有指标，多到生产每吨产品担负上千元，少到几分钱，人人当家理财，真正成为企业的主人。二是通过层层签订承包协议、联利计酬，把分厂、车间、班组、岗位和职工个人的责、权、利与企业的经济效益紧密地结合在一起。三是将个人的全部奖金与目标成本指标完成情况直接挂钩，凡是目标成本指标完不成的单位或个人，即使其他指标完成得再好，也一律扣发有关单位和个人的当月全部奖金，连续三个月完不成目标成本指标的单位或个人，延缓单位内部工资升级。四是为防止成本不实和出现不合理的挂账及待摊，确保成本的真实可靠，总厂每月进行一次全厂性的物料平衡，对每个单位的原材料、燃料进行盘点。以每月最后一天的零点为截止时间，次月2日由分厂自己核对，3日分厂之间进行核对，在此基础上总厂召开物料平衡会，由计划、总调、计量、质量、原料、供应、财务等部门的负责同志参加，对分厂报上来的数据与盘点情况进行核对，看其进、销、存是否平衡一致，并按平衡后的消耗、产量考核各分厂的目标成本指标完成情况，据此计发奖金。除此之外，每季度还要进行一次财务物资联合大检查，由财务、企管等部门抽调人员深入分厂查账。账物不符的，重新核算内部成本和内部利润；成本超支，完不成目标利润的，否决全部奖金。

调整内部机构设置，保证低成本目标实现。一是精简机构，减少管理科室和缩编管理人员。二是充实和加强财务、质量管理、销售、计划、外经、预决算、审计等管理部门，进一步强化和理顺管理职能。三是实行"卡两头、抓中间"的管理方法。一头是严格控制进厂原材料、燃料的价格、质量，另一头是把住产品销售关，坚持集体定价；抓中间就是抓工序环节的管理，不仅抓生产过程的"跑、冒、滴、漏"，而且将各项技术经济指标进行横向比较，以同行业先进水平为赶超目标。

在价值链环节上，邯钢通过全员、全过程的全面成本管理，把降低成本的重点首先放在充分挖掘现有设备的潜力上，使主体设备从烧结机、高炉，到炼钢转炉、连铸机、轧钢机等的利用效率都达到和超过设计能力；其次放在技术改造上；最后放在工序环节的投入上，邯钢把烧结、焦化、炼铁、炼钢、轧钢按炉、机型号分类，以全国同行业、同炉、同机的主要技术经济指标的前三名为目标。通过加强库存管理，及时调度、发运，降低产品成本。邯钢在市场销售方面严把产品销售关，建立集体定价制度，确定最低销售价格，任何人无权降价，鼓励在不降低市场占有率的前提下尽可能以较高的价格出售，从而使低成本的价格溢出转化为企业的纯收入。

📖 **物流知识小课堂**

成本否决是指用成本控制和降低成本非预期的结果来否定其他方面的业绩。成本否决是组织深化成本管理的一种重要手段，实行成本否决，是以成本作为企业业绩的最终评价指标，是组织强化成本控制的一种管理机制。组织实行成本否决的实质就是追求经济效益，用效益说话；成本否决的指导思想就是讲求代价，效益第一。任何工作或活动都不能脱离成本和效益这个纲。企业的最终目的是获得经济效益，在任何情况下只要提高成本、损失效益，即使在其他方面取得了一定的业绩，也是违背企业最终目的的，是不可取的。

❓ **思考题**

1. 邯钢采用了什么方法进行物流成本控制？请简述该方法的实施过程。
2. 邯钢"模拟市场核算"的具体做法是什么？

📚 案例 4-2　斯美特物流成本控制

主题词： 物流成本控制，JIT 采购，物流共同化

河南斯美特食品有限公司创立于 1995 年，是国内一家专业生产方便食品为主的大型食品加工企业，属农业产业化国家重点龙头企业、全国放心粮油示范加工企业；现有固定资产 2.2 亿元，员工 5000 余名，拥有国内先进的班产 20 万包方便面生产线 40 余条；有相配套的年加工 30 万吨小麦的面粉车间，日处理小麦达到 1000 吨；有年加工 6 万吨鲜蔬的调料车间和年加工 6000 万套的纸箱包装车间；公司产品有七大系列、上百个品种的方便食品，在全国建立了一千多家总经销商，近三十万个销售网点，产品销售覆盖全国 30 多个省、自治区、直辖市，并出口俄罗斯、朝鲜等国家和地区。产销量已跨入全国五强和河南两强之列。下属九个分公司：五个制面分公司、一个日化分公司、一个面粉分公司、一个纸箱分公司、一个调料分公司。

斯美特制面公司现有思圆、超级斯美特、够味、斯美特、自然一派、全家福、口口香、干脆面等八大系列 70 多个规格。其中，思圆产品采用特精粉、圆面条、圆面饼工艺，面条筋道、爽滑，食用方便，深受广大消费者的喜爱。

斯美特作为制面行业的一颗新星，如今，物流成本的控制已促使其快速地向前发展。斯美特物流成本控制是以物流成本的形成过程为控制对象，即从物流系统（或企业）投资建立、产品设计（包括包装设计）、物资采购存储和销售，直到售后服务，凡是发生物流成本费用的环节，都要通过各种物流技术和物流管理方法，实施有效的成本控制。这种成本控制就是

物流成本的纵向控制。本案例主要关注该公司供应及销售环节的物流成本控制。

1. 投资阶段的物流成本控制

投资阶段的物流成本控制主要是指企业在厂址选择、物流系统布局规划、设备购置等过程中对物流成本进行的控制。其内容包括：合理选择厂址；合理设计物流系统格局；优化物流设备的购置。

2. 产品设计阶段的物流成本控制

物流过程中发生的成本大小，与物流系统中所服务产品的形状、体积和重量等密切相关，同时还与这些产品的组合、包装形式、重量及大小有关。特别是对于制造业来说，产品设计对物流成本的重要性尤为明显。具体地说，产品设计阶段的物流成本控制主要包括如下几个方面的内容：产品体积和形态的优化组合；产品批量的合理化。

3. 供应阶段的物流成本控制

供应与销售阶段是物流费用发生的直接阶段，这也是物流成本控制的重要环节。供应阶段的物流成本控制主要包括以下内容。

1）优化供应商

企业进货和采购的对象很多，每个供应商的供货价格、服务水平、供货地点、运输距离等都会有所区别，其物流成本也就会受到影响。企业应该在多个供应商中考虑供货质量、服务水平和供货价格的基础上，充分考虑其供货方式、运输距离等对企业物流成本的综合影响，从多个供货对象中选取综合成本较低的供货厂家，以有效地降低企业的物流成本。

2）运用现代化的采购管理方式

JIT（准时制）采购和供应是一种有效降低物流成本的物流管理方式，它可以减少供应库存量，降低库存持有成本，而库存持有成本是供应物流成本的一个重要组成部分。另外，MRP 采购、供应链采购、招标采购、全球采购等采购管理方式的运用，也可以有效地加强采购供应管理工作。对于斯美特来说，集中采购也是一种有效的采购管理模式。例如，有些体积小、重量小的物品可以通过总公司的规模化批量采购来降低成本，进而实现分公司的批量低成本调拨。

3）控制采购批量和再订货点

每次采购批量的大小，对订货成本与库存持有成本有着重要的影响。采购批量大，则采购次数减少，总的订货成本就可以降低，但会引起库存持有成本的增加；反之亦然。因此，在采购管理中，对订货批量的控制是很重要的。可以通过相关数据分析，计算其主要采购物资的最佳经济订货批量点和再订货点，从而使得订货成本与库存持有成本之和最小。

4）供应物流作业的效率化

企业进货采购对象及其品种很多，接货设施和业务处理讲求效率。例如，斯美特公司的各分公司需购买多种不同物料时，可以分别购买、各自订货，也可以由总公司根据各分公司的进货要求，由总公司统一负责采购和仓储的集中管理，在各分公司有用料需要时，由总公司仓储部门按照固定的线路把货物集中配送到各分公司。这种有组织的采购、库存管理和配送管理，可使公司物流批量化，减少繁杂的采购流程，提高配送车辆和各分公司进货的工作效率。

5）采购损耗的最小化

在供应采购过程中往往会发生一些途中损耗，运输途耗也是构成企业供应物流成本的一个组成部分。在运输中应采取严格的预防保护措施，以尽量减少途耗，避免损失、浪费，降低物流成本。

6）销售、供应物流互补化

销售和供应物流经常发生交叉，这样可以采取共同装货、集中发货的方式，把销售商品的运输与外地采购的物流结合起来，利用回程车辆运输的方法，提高货物运输车辆的使用效率，降低运输成本。同时，还有利于解决交通混乱，促使发货、订货业务集中化、简单化，促进搬运工具、物流设施和物流业务的效率化。

4. 生产时的物流成本控制

生产物流的组织与企业生产的产品类型、生产业务流程以及生产组织方式等密切相关，因此生产物流成本的控制是与企业的生产管理方式不可分割的。在生产过程中有效控制物流成本的方法主要包括：生产工艺流程的合理布局；合理安排生产进度；实施物料领用控制；节约物料使用。

5. 销售阶段的物流成本控制

销售物流活动作为企业市场销售战略的重要组成部分，不仅要考虑提高物流效率、降低物流成本，而且还要考虑企业销售政策和服务水平。在保证客户服务质量的前提下，通过有效的措施，推行销售物流的合理化，以降低销售阶段的物流成本。主要的措施包括以下几种。

1）加强订单管理，与物流相协调

订单的重要特征表现在订单的大小、订单的完成效率等要素上。订单的大小和订单的完成效率往往会有很大的区别，在有的企业中，很多小批量多次数订单（自提订单）往往会在数量上占了订单总数的大部分，它们对整个物流系统的影响有时会很大。因此，为了提高物流效率、降低物流成本，在订单上必须充分考虑商品的特征和订单周期及其他经营管理要素的需要。

2）销售物流规模化运作

这主要通过延长备货时间，以增加运输量，提高运输效率，减少运输总成本。例如，公司把产品销售配送从"一日配送"改为"三日配送"或"周指定配送"就属于这一类。这样可以更好地掌握货物配送数量，大幅度提高配货满载率。为了鼓励运输大量化，在满足可续货物需求的前提下，可以采取一种增大一次订购批量折扣或给予更多的促销办法，促进销售，降低小批量手续费，节约的成本由双方分享。

3）商流与物流相分离

现在，商流与物流分离的做法已经被越来越多的企业所采纳。其具体做法是订货活动与配送活动相分离，由销售系统负责订单的签约，而由物流系统负责货物的运输和配送。运输和配送的具体作业可以由自备车队完成，也可以通过委托运输的方式来实现，这样可以提高运输效率，节省运输费用。此外，还可以把销售设施与物流设施分离开，如把企业所属的各销售网点（分公司）的库存实行集中统一管理，在最理想的物流地点设立仓库，集中发货，以压缩物流库存，解决交叉运输，减少中转环节。这种"商物分流"的做法，把企业的商品交易从大量的物流活动中分离出来，有利于销售部门集中精力搞销售。而物流部门也可以实现专业化的物流管理，甚至面向社会提供物流服务，以提高物流的整体效率。

4）增强销售物流的计划性

以销售计划为基础，通过一定的渠道把一定量的货物送到指定地点。方便面属于季节性消费品，随着季节的变化可能会出现运输车辆过剩或不足，或装载效率下降等因素。为了调整这种波动性，可事先同客户商定时间和数量，制订出运输和配送计划，使公司按计划供货。

5）物流共同化

物流已是一个社会化的行业，它的规模效应已初见端倪，企业的单个物流必须融入社会物流之中，从而享受社会物流带来的规模效益。

物流知识小课堂

JIT 生产方式（Just In Time，准时化生产），其实质是保持物质流和信息流在生产中的同步，实现以恰当数量的物料，在恰当的时候进入恰当的地方，生产出恰当质量的产品。这种方法可以减少库存，缩短工时，降低成本，提高生产效率。

JIT 是第二次世界大战以后最重要的生产方式之一。由于它起源于日本的丰田汽车公司，因而曾被称为"丰田生产方式"。具有以下两个主要特征。

1）以消除非增值环节来降低成本

JIT 生产方式是力图通过另一种方法来增加企业利润，那就是彻底消除浪费。即排除不能给企业带来附加价值的各种因素，如生产过剩、在制品积压、废品率高、人员利用率低、生产周期长等。

2）强调持续地强化与深化

JIT 强调在现有基础上持续地强化与深化，不断地进行质量改进工作，逐步实现不良品为零、库存为零、浪费为零的目标。

思考题

1. 什么是物流成本的纵向控制？
2. 斯美特是如何实现其物流成本控制的？
3. 简述 JIT 采购的特征。

案例 4-3　PF Spice 公司库存控制改善策略

主题词： 物流系统控制，库存控制，库存控制改善

PF Spice 公司是一家已有 160 多年历史的、中等规模的调味品、提取物、蛋糕材料、沙司材料以及色拉调料生产商，其产品销售渠道有超级市场、杂货店、食品外卖店等。现以其公司在印第安纳波利斯的一个工厂为例进行分析，该工厂专事制造，产品经过印第安纳波利

斯和丹佛两处的库房中转销往 10 个州。

PF Spice 公司之所以要对库存控制进行改进，是基于以下因素的考虑。

（1）采购费用的增长是其进行改善库存的直接原因。公司高层发现，PF Spice 公司的耐用品采购费用持续增长，每月平均增长大约 10000 美元。无论是在采购人员的观念里，还是出于公司保持库存最小的目标，这个数字都太大了，必须对其采购费用进行削减。

（2）销售部门与营销部门的提前期与供应商的提前期之间的矛盾是其进行库存控制改善的内在因素。在 PF Spice 公司中，销售部门与营销部门给采购部门下新耐用品订单时，提前期通常是 2 周，这当然不符合供应商所需的 4 ～ 8 周的提前期。于是，供应商往往会被要求加紧供货，采购部门、销售部门与营销部门之间的冲突也会加剧。尽管采购人员每周都检查耐用品的库存水平，但分销仓库不予通知的缺货现象仍然经常发生。

（3）陈列库存量太多与有效库存不足的矛盾是其进行改善库存控制的重要原因。PF Spice 公司的采购人员还发现，无论何时，持有库存差不多都价值 200000 美元，而理想的库存价值应该比较接近 80000 美元。同时，即使库存水平很高，采购人员也会因为各种细项经常性的缺货而受到销售代表的质问。

PF Spice 公司的库存控制改善方向主要有以下几个。

1. 在营销和销售方面进行控制

（1）营销部门负责产品开发、包装，以及各种备用陈列品的设计。陈列品属于耐用品，免费提供给零售商，用于 PF Spice 公司产品的商品展示。过去五年中，需要供应陈列品的零售商数目大幅度上升，对陈列品库存的需求也相应上升。

（2）陈列品订单通过采购部门发放。尽管营销与销售部门不对未来需求进行预测，但当销售代表签了新客户时，肯定会生成一张新报表并送到他们那里。报表中有关于该零售商所需陈列品数量的信息。在新报表生成前，如果现有库存不够，采购部门必须挖空心思地在 1 天 ～ 2 周找到陈列品。

（3）销售代表对自己所属区域内的销售与服务负责。服务包括为零售商提供和更换陈列品。一般情况下，如果陈列品不能用或不再需要了，零售商只会将它扔掉，而不会将可用部分还回来。销售代表从最近的库房领取陈列品时，只需要填写一张采购订单，再换取一张设备订单就行了。这个过程对所有的批量规模都一样。如果无法完成订单，销售代表或地区销售经理就会与采购部门联系，通知他们库存不够了。

2. 在分销方面的控制

尽管分销仓库只有两个，但明尼阿波利斯地区销售经理的车库里还有价值 50000 美元的库存。在印第安纳波利斯和丹佛，销售代表的采购订单是唯一的库存记录。没有人计算库存的日损耗数。商品从印第安纳波利斯运到丹佛需要 10 天，运到明尼阿波利斯需要 3 天。分销仓库和采购部门之间的信息沟通不是很顺畅，因此，采购部门总是不知道库房里究竟还有多少陈列品库存。另外，销售代表们一般也在自己的地下室或车库里维持一定数量的库存，当然，没有任何记录。

3. 进行采购上的控制

采购部门负责所有的原材料、产品包装物、易耗品、耐用品采购与库存控制。

4. 进行库房检查

所有的库存都需要经过每年两次检查，通过实地计数的方式。同时，工作人员始终在周五那天去印第安纳波利斯的库房，检查耐用品的库存情况。然后，他为各种细项计算相应的再订货点。再订货点记录在卡片上，同时记录的还有产品与供应商信息。如果某细项达到了再订货点，订单就会发放出去。十个月前，订单每月发放一次。

5. 确定耐用品的库存

耐用品库存包括 75 种不同型号的陈列品，有木制的、金属的，还有塑料的。产品与陈列品的迅速变化意味着库存中既有最近设计的新样式，也有出于替换目的的老样式。有限的供应商们的提前期一般是金属产品 8 周，木制或塑料产品 4 周。

基于对以上几个方面的认识，面对严峻的形势，采购经理采取了以下措施。

（1）提高耐用品库存的再订货点水平。虽然这样增加了总库存，但同时也消除了缺货。

（2）尽量了解销售代表向分销部门发出的陈列品订单信息。由于度量单位不标准，订单数目往往被表示成箱、个或其他单位，极易引起混淆。因此，必须首先更正错误的数字表示，然后再着重地、尽量地了解销售代表向分销部门发出的陈列品的订单信息。

（3）采购经理决定视丹佛和明尼阿波利斯的仓库为"外部客户"，只对印第安纳波利斯的库存水平进行集中管理。这意味着采购经理无法得知可获得的库存总量究竟是多少，以及存货的具体位置究竟在哪里等。所有的这些实施还只是初步的改善，因为仅在耐用品库存等较少的方面进行了控制，还有处理销售代表抱怨的缺货等问题待进一步地解决，以便真正地做到对库存控制的改善。

在现代物流管理中，库存控制能够缩短从接收订单到送达物品的时间，保证库存数量并节省库存费用，降低物流成本，保证生产的计划性、平稳性以消除或避免销售波动的影响，等等。要充分了解库存控制所取得的这些效果，就要清楚整个库存流程，具体如下。

（1）订货过程：从决定订货起，到发出订货单，然后进行订货谈判，直到订货成交、签订订货合同为止的过程。

（2）进货过程：把订货成交的货物用运输工具从供方所在地运进自己仓库的过程。

（3）保管过程：物资入库后，就进入了物资保管过程，即其保持库存物资数量不变的过程。

（4）销售过程：物资保管一段时间后，就要被销售，或者被领用而出库，此过程会发生物资所有权的转嫁以及物资空间位置的转移。

在了解了库存的整个过程以后，下面来把握库存控制的原理：因为从库存控制的角度来看，在库存过程的四个过程中，能影响库存量大小的只有订货、进货和销售过程，订货、进货过程使库存量增加，销售过程使库存量减少，要进行库存控制，既可以控制订货、进货过程，也可以控制销售过程，都可以达到库存控制的目的。

进行有效的库存控制，尤为重要的是要掌握好的操作方法，而现在企业中普遍采用的是采购订货策略，即通过控制订货、进货过程来控制库存，采用这种方法是要制定一个合适的采购订货策略，以便对采购订货的时间、数量、操作方法等进行规范化控制，从而达到对整个库存水平进行控制的目的。采购订货策略涉及的基本内容包括订货时机、订货量、订货操作方法等。

PF Spice 公司从采购上改善库存控制的特点有以下几个。

（1）相对的库存不足以及绝对量的库存过多是 PF Spice 进行改善库存控制的背景。

（2）PF Spice 公司仔细地分析了在改善库存上能够进行控制的几个关键点，例如营销和销售、分销、采购、库存检查、耐用品库存等，在此基础上进行操作。

（3）在耐用品库存方面，利用增加总库存的方法消除了缺货。

物流知识小课堂

库存控制是物流管理中的关键环节，它关乎企业资金流转、生产效率与客户满意度。简单来说，库存控制就是在保证生产或服务不间断的前提下，合理确定库存量，避免过多资金积压在库存上。这要求企业精准预测需求，采用先进先出等原则管理库存，利用信息化手段实时监控库存动态，及时调整采购与生产计划。有效的库存控制不仅能减少仓储成本，还能提高市场响应速度，增强企业竞争力。因此，掌握科学的库存控制方法，对每一个追求精益管理的企业而言都至关重要。

思考题

1. 如何在提升库存周转效率的同时，减少库存不足和绝对量过多之间的矛盾？

2. 销售部门与采购部门如何协同合作以应对供应商提前期与客户需求之间的矛盾？

3. 结合库存控制的原理和操作方法，分析 PF Spice 公司从采购上改善库存控制的策略是否有效。讨论在订货时机、订货量和订货操作方法等方面，公司可以采取哪些更具体的策略来进一步优化库存控制，并说明这些策略的实施步骤和预期效果。

案例 4-4　上海通用物流成本控制

主题词： 成本控制，柔性化生产，汽车物流

上海通用汽车有限公司（Shanghai General Motors Co, Ltd，以下简称上海通用）成立于 1997 年，是由通用汽车公司和上海汽车工业集团公司合资成立的中外合资企业。作为中国市场的重要汽车制造和销售企业之一，上海通用致力于为客户提供高质量的汽车产品和服务，在中国市场上占据了重要地位。在购买零部件时，传统的汽车厂，以前的做法是要么有自己的运输队，要么找运输公司把零部件送到公司，这种方式并不是根据需要来供给，有几个方面的缺点：有的零部件根据体积或数量的不同，并不一定正好能装满一卡车。但为了节省物流成本，他们经常装满一卡车才运送给你，这样就造成了库存高、占地面积大。

此外，不同供应商的送货缺乏统一的标准化的管理，在信息交流、运输安全等方面都会带来各种各样的问题，要想管好它，必须花费很多的时间和很大的人力资源。所以上海通用就改变了这种做法，聘请一家第三方物流供应商，由他们来设计配送路线，然后到不同的供应商处取货，再直接送到上海通用。利用"牛奶取货"（或者叫作"循环取货"）的方式解决了这些难题。通过循环取货，零部件运输成本可以下降 30% 以上。这种做法的优点是显

而易见的，同时这也体现了上海通用的一贯思想：把低附加价值的东西外包出去，集中精力做好制造、销售汽车的主营业务，即精干主业。与供应商共赢，建立供应链预警机制。

根据统计数据显示，即使在发达国家，全年流通费用的支出也占到 GDP（国内生产总值）的 10%。而我国由于流通技术水平低，流通效率低，物流成本高，2023 年，全社会支出的流通费用约占 GDP 的 14.4%，达到 18.2 万亿元。下述数据显示，在西方发达国家库存在物流成本中占相当高的比例。大公司纷纷通过库存环节降低物流成本，削减库存带来的经济效益十分明显。在美国制造业中，平均库存成本占库存价值的 30%～35%。例如，如果一个公司的年库存产品价值是 2000 万美元，每年其库存成本将超过 600 万美元。这些成本由过时、保险、机会成本等原因引起。如果库存量可减少到 1000 万美元，直接在账面上的反映，该公司可以节约 300 多万美元。也就是说，减少库存而节约的成本可看作利润的增加。同时高技术企业产品因为过时特别快和物流运作条件要求高，其存货持有成本明显高于一般企业产品。

上海通用所有的车型国产化率都达到了 40% 以上，有些车型已达到了 60% 甚至更高。这样可以充分利用国内外的资源优势，在短时间内形成自己的核心竞争力。所以，上海通用非常注意协调与供应商之间的关系。

上海通用采取的是"柔性化生产"，即一条生产流水线可以生产不同平台多个型号的产品。如它可以在同一条生产流水线上同时生产别克标准型、较大的别克商务旅行型和较小的赛欧。这种生产方式对供应商的要求极高，即供应商必须时常处于"时刻供货"的状态，这样就会给供应商带来很高的存货成本。而供应商一般不愿意独自承担这些成本，就会把部分成本打在给上海通用供货的价格中。如此一来，最多也就是把这部分成本赶到了上游供应商那里，并没有真正地降低整条供应链的成本。

为了克服这个问题，上海通用与供应商时刻保持着信息沟通。"我们有一年的生产预测，也有半年的生产预测，我们的生产计划是滚动式的，基本上每个星期都有一次滚动，在滚动生产方式的前提下，我们的产量在不断地调整，这个运行机制的核心是要让供应商也看到我们的计划，让其能根据上海通用的生产计划安排自己的存货和生产计划，减少对存货资金的占用。如果供应商在原材料、零部件方面有各种原因造成问题，他也要给我们提供预警，这是一种双向的信息。万一某个零部件预测出现了问题，在什么时候跟不上需求了，我们就会利用上海通用的资源，甚至全球的资源来做出响应。"利用"牛奶取货"方式，降低库存成本。

上海通用目前有四种车型。不包括其中的一种刚刚上市的车型在内，另外三种车型零部件总量有 5400 多种。上海通用在国内外还拥有 180 家供应商，还有北美和巴西两大进口零部件基地。那么，上海通用是怎样提高供应链效率、减少新产品的导入和上市时间并降低库存成本的呢？

上海通用的部分零部件，例如有些是本地供应商所生产的，会根据生产的要求，在指定的时间直接送到生产线上去生产。这样，因为不进入原材料库，所以保持了很低或接近"零"的库存，省去大量的资金占用。有些用量很少的零部件，为了不浪费运输车辆的运能，充分节约运输成本，上海通用使用了叫作"牛奶圈"的小技巧：每天早晨，上海通用的汽车从厂家出发，到第一家供应商那里装上准备的原材料，然后到第二家供应商、第三家供应商，依次类推，直到装上所有的材料，然后再返回。这样做的好处是，省去了所有供应商空车返回的浪费。

　　物流成本控制是物流管理中至关重要的一环，它关乎企业运营效率和利润最大化。简单来说，物流成本控制就是在保证物流服务质量和效率的前提下，通过优化物流流程、降低物流环节中的浪费，减少物流费用的支出。这要求企业精细管理物流活动的每一个环节，从采购、生产、仓储到配送，都要力求成本效益最大化。有效的物流成本控制不仅能提升企业竞争力，还能为客户提供更优质、更经济的服务。因此，掌握物流成本控制的技巧和方法，对每一个追求精益管理的企业都至关重要。

思考题

　　1．分析上海通用在物流成本控制方面的主要策略，并讨论这些策略如何帮助企业降低库存成本和提高供应链效率。结合案例中的具体做法，提出至少两个你认为特别有效的成本控制措施，并解释其优势。

　　2．探讨上海通用采用的"牛奶取货"方式（循环取货）在物流管理中的应用及其带来的经济效益。分析这种方式相比传统物流模式的优势，以及它如何帮助上海通用实现与供应商之间的共赢，并建立供应链预警机制。

　　3．结合上海通用的"柔性化生产"模式，分析其对供应商管理的要求和挑战。讨论上海通用如何通过信息沟通与供应商保持紧密合作，以降低整条供应链的成本，并减少新产品的导入和上市时间。提出至少三个你认为企业在实施类似生产模式时可以采取的策略，以优化供应商管理和提高供应链效率。

案例 4-5　阿里巴巴物流成本控制

主题词：物流成本，电子商务物流，成本控制

　　阿里巴巴集团成立于 1999 年，是全球领先的互联网科技公司，以电子商务为核心业务。公司总部位于中国杭州，在全球范围内通过其电子商务平台、云计算服务、数字媒体和支付服务等多个业务板块，为客户、商家和企业提供多元化的服务和解决方案。

　　阿里巴巴作为全球最大的在线零售和电子商务平台之一，其快速扩展的业务规模和日益增长的市场需求，使得物流成本成为其关注的重要问题。在面对高速增长的同时，阿里巴巴面临着以下几个主要的物流成本控制挑战。

　　（1）高速增长带来的物流压力。随着阿里巴巴电子商务平台业务的迅猛扩张，订单量和商品种类急剧增加，对物流效率和成本管理提出了更高的要求。

　　（2）复杂的供应链结构。阿里巴巴的供应链涉及全球范围内的供应商和卖家，涉及的产品种类繁多，管理和协调的复杂度极高。

　　（3）快速物流的客户期望。客户对快速、可靠的物流服务的需求不断增加，这要求阿

里巴巴必须在尽可能短的时间内完成订单处理和配送，同时控制成本。

在这样的背景下，阿里巴巴开始了积极的物流成本控制策略，旨在提高物流效率，降低物流成本，同时确保服务质量和客户满意度。阿里巴巴采取了多种手段和策略来有效控制物流成本，具体如下。

（1）菜鸟网络的建设与优化。菜鸟网络是阿里巴巴旗下的物流平台，整合了各种物流资源和服务，通过信息技术的应用实现全程可视化和智能化管理。通过菜鸟网络，阿里巴巴能够优化物流节点和运输路线，减少中转环节，提高运输效率，从而降低整体物流成本。

（2）智能物流技术的应用。阿里巴巴积极采用智能物流技术，包括物联网、大数据分析和人工智能等技术，实现物流信息的实时监控和预测。通过智能化的仓储管理和运输调度，阿里巴巴能够更精准地进行库存管理、订单拣货和配送规划，优化物流成本结构。

（3）供应链管理的优化。阿里巴巴与供应商建立紧密的合作关系，通过供应链管理的优化，优选高效供应商和合作伙伴，共同降低整体供应链的运营成本。通过长期战略性的合作，实现物流资源和成本的优化配置，提升整体供应链的效率和灵活性。

（4）快速配送网络的构建。阿里巴巴不断扩展和优化其快速配送网络，包括自建的仓储设施和配送中心，以及与第三方物流合作伙伴的深度合作。通过建设更为密集和高效的配送网络，实现更快速、更可靠的订单交付，同时降低"最后一公里"的配送成本。

阿里巴巴通过上述物流成本控制策略，取得了显著的成效：① 降低物流成本。阿里巴巴多次表态要将物流成本从 GDP 的 16% 降低到 5%，2020 年阿里巴巴成功将物流成本占营业收入的比例下降到 10% 左右，显示了其在物流成本控制方面的成效和决心。② 提高服务水平。优化的物流管理和配送网络，使得阿里巴巴能够在全国范围内实现更快速、更可靠的订单配送，显著提升了客户的满意度和忠诚度。③ 支持业务快速增长。有效控制物流成本不仅提升了企业的竞争力，还支持了阿里巴巴业务快速扩展和市场份额的增加，为公司持续发展奠定了坚实的基础。

综上所述，阿里巴巴通过引入先进的物流技术和管理手段，有效控制了物流成本，并取得了显著的成效，不仅提升了企业的运营效率和市场竞争力，还为未来持续发展创造了良好的条件。

物流知识小课堂

电子商务物流作为电子商务的重要组成部分，专注于快速、准确地完成商品从卖家到买家的转移。它利用现代信息技术，如大数据、云计算等，优化库存管理、订单处理、包装配送等环节，以实现高效运作。电子商务物流的发展不仅提升了顾客体验，还促进了供应链的协同与灵活性，是推动电子商务行业蓬勃发展的关键力量。

思考题

1．分析阿里巴巴在物流成本控制方面所采取的主要策略，并讨论这些策略如何帮助其应对业务高速增长带来的物流压力。

2．探讨阿里巴巴如何通过菜鸟网络的建设与优化以及智能物流技术的应用来实现物流成本的降低和服务质量的提升。分析这些措施在阿里巴巴的物流成本控制策略中所起的作用，并讨论它们对阿里巴巴整体供应链效率和灵活性的影响。

3．结合阿里巴巴在物流成本控制方面的实践，分析其在快速配送网络构建和供应链管理优化方面的策略和成效。讨论这些策略如何支持阿里巴巴业务的快速增长，并评估其在提升企业竞争力和市场份额方面的作用。同时，提出至少一个你认为阿里巴巴在未来可以进一步探索的物流成本控制方向。

Chapter 5

第5篇 物流系统评估

"边际效应"

- 提出者：德国心理学家艾宾浩斯。
- 大意：指的是物品或劳务的最后一单位比前一单位
  的效用。如果后一单位的效用比前一单位的效用大，
  则是边际效用递增；反之，则是边际效用递减。
- 人们对开端和末尾部分的内容记得较牢。用户购买
  或使用商品数量越多，则其愿为单位商品支付的
  成本越低（因为后购买的商品对其带来的效用降
  低了）。

物流系统评估

系统评估的主要任务是：从评估主体根据具体情况所给定的、模糊的评估尺度出发，进行首尾一贯的、无矛盾的价值测定，以获得对多数人来说均可以接受的评估结果，为正确决策提供所需的信息。

物流系统评估是系统分析中复杂而又重要的一个环节，它是利用各种模型和数据，从系统的整体观点出发，对系统现状进行评价。对物流系统评估需要有一定的量化指标，这样才能衡量物流系统实际的运行状况。一般把衡量系统状态的技术经济指标称为特征值，它是系统规划与控制的信息基础。对物流系统的特征值进行研究，建立一套完整的特征值体系，有助于对物流系统进行合理的规划和有效的控制，有助于准确反映物流系统的合理化状况和评估改善的潜力与效果。

1. 物流系统主要的特征值

（1）物流生产率。

（2）物流质量。

2. 物流系统评估的原则

（1）客观性原则。

（2）可比性原则。

（3）系统性原则。

3. 物流系统评估标准的分类

物流系统评估标准用来测试各物流功能组织内、外部的工作绩效，衡量标准的重点在时间、质量、可得性、费用、利润和可靠性等方面。

4. 物流系统评估的步骤

（1）评估系统的分析。

（2）确定评估指标体系。

（3）确定评估函数。

（4）评估值的计算。

（5）综合评估。

案例 5-1　供应链评估与企业价值创造（EVC）

主题词： 供应链评估，企业价值创造方法，价值影响分析

国内某特钢集团在产品、技术、人才方面正在努力和国际先进水平接轨，但企业内部经营水平的提升需要更高效的业务流程和体制的支持，同时，激烈的竞争需要他们整体经营效率的提高。为此，该特钢集团启用了"企业价值创造"项目，开始对公司进行整个供应链体系的评估，并拟应用企业价值创造方法（EVC）为客户服务，EVC 是一套进行企业价值链分析的方法框架，它可以帮助企业确定应该优化的关键业务流程 / 子流程，以提高企业管理水平。EVC 一般采用通过与客户的讨论及研究竞争对手来达到了解和验证企业业务和管理改进需求的目的。我们运用 EVC 为该特钢集团的主要业务部门进行了四个阶段的业务管理分析，即价值影响分析、关键流程和管理模式分析、价值实现途径分析以及企业价值记分牌分析，并对改革对运作的可能影响进行了指标量化。

该特钢集团参考国际钢铁行业较佳管理模式，定位于细化公司业务流程改革目标，设计了流程改革的目标管理模式，制定其改革途径和相应组织建设要求，确认对 ERP 和其他 IT、EVC 的解决方案，为客户分析了对应改革可能对企业产生的价值。该特钢集团继而从战略层面开始评估流程改革对组织框架调整的要求，并设计了一套组织变革解决方案，根据以往的经验和对于流程工业的理解，提出了核心型模式，比较适合客户现阶段的发展需要，并相应分析了组织框架调整的理由及带来的收益。

整个价值创造的方法是通过参照世界钢铁行业较佳管理模式，发展适合客户的管理方法，寻找有效的增加利润或降低成本的突破口，定义各流程层面的管理远景和管理模式，评估该改革对企业效益的总体效益；研讨流程目前存在的问题；根据所定的管理模式，以 ERP 的主体功能作为参照和驱动力，对各目标业务流程进行定义和重新设计，推荐实施步骤；评估改革对于组织框架调整和变革管理的需求；推荐相关目标流程的绩效评估体系；根据 BPR（业务流程重组）改革的规划，定义对所需 ERP 平台和其他 IT 解决方案的需求；协助 ERP 平台的确认，推荐首选平台和选型标准。

该公司通过 EVC 与 BPR 项目，对标国际先进管理模式，深度嵌入客户业务场景，构建了管理效能提升、利润增长驱动和成本精准控制的管理体系。同时，项目产出流程再造路线图，明确改革愿景、实施路径和演进顺序，帮助客户评估对组织建设的要求。

供应链的价值体现在最终企业价值创造链条中，价值创造是供应链条存在的根本。我们需要对价值创造进行合理有效的衡量。无论是量化指标还是评估指标，最后都会在供应链的末端——客户端体现出来。站立在为客户服务基础上的绩效考核，才是最有意义的。

物流知识小课堂

供应链绩效评估是指围绕供应链的目标，对供应链整体、各环节（尤其是核心企业运营状况以及各环节之间的运营关系等）所进行的事前、事中和事后分析评估。评估供应链的绩效，是对整个供应链的整体运行绩效、供应链节点企业、供应链上的节点企业之间的合作关系所做出的评估。因此，供应链绩效评估指标是基于业务流程的绩效评估指标。

思考题

1. 从本案例出发，概述该公司实现企业价值创造的途径与方法。
2. 根据本案例所述，简要谈谈供应链的价值是如何最终体现在企业价值创造链中的。
3. 如何对供应链进行绩效评估？

案例 5-2　施乐公司的定基评估

主题词：物流绩效评估，定基评估，竞争定基

在北美，"定基"这个术语是与施乐公司紧密关联的。在以往的 20 多年内，有 100 多家公司去施乐公司学习定基评估的专门知识。1979 年，当时日本的竞争对手正以高质量、低价格的产品在复印行业的竞争中取胜，使施乐公司的市场占有率在几年时间里从 49% 减少到 22%。为了迎接挑战，施乐公司的高层经理们创意了若干质量和生产率计划，其中之一就是竞争定基。

施乐公司是"基准管理"运动的最先发起者之一。在大卫·克恩斯（David Kearns）的领导下，施乐公司提出了一整套质量改进战略，以夺回失去的市场份额。这套战略就是基准管理的雏形。通过实施基准管理，施乐公司找到了自身的不足，改进了业务流程，并很快就见到了实效。这引起了美国企业界和研究机构对基准管理的浓厚兴趣。

施乐公司负责基准质量和客户满意的经理罗伯特·C.卡伯认为，定基是"对照最强的竞争对手或著名的顶级公司的有关指标，对自身的产品、服务和实施进行连续不断衡量的过程"。关于定基的一个更为概括的运作定义是："发现和执行最佳的行业实践——不需要比这更复杂"。在施乐公司，取悦客户的一个方法就是展示与公司做生意是一件简单易行的事。达到这个目标的主要渠道是优化（施乐）公司与客户之间的接触点。例如，拿取和填写订货单、修改、开发票和收货的全过程必须保证达到客户最佳满意度。

在施乐公司，定基评估过程分为以下四个阶段、十个步骤。

第一阶段：

（1）识别什么可成为基准。

（2）识别作为对比的公司。

（3）确定收集数据的方法和数据收集。

第二阶段：

（4）确定当今的绩效水平。

（5）制订未来绩效水平计划。

（6）传递基准发现并予以确认。

第三阶段：

（7）建立功能目标。

（8）制订行动计划。

第四阶段：

（9）执行特定行动和监督进程。

（10）中心校正基准。

一个代表性的定基作业需要 6 ～ 9 个月的实践，才能达到执行点。执行/行动阶段取决于梯队的发现。

定基既包括战略的要素，也包括运作的要素。战略定基关系诸如国际事务纷繁程度、集权和核心能力等公司的基本方向。这种类型的定基需要一个结构层次高的集中的研究，从而可使现场视察得到丰富的成果。即一个公司必须对内部运作具有必要的理解和洞察，以使这些视察在做外部比较时有价值。

运作定基着重于完成基本业务的功能和程序。运作定基可分为四种类型：第一种类型是工作任务定基，涵盖了诸如装车、成组发运、排货运车的时间表等单个物流活动。第二种类型是广泛的功能定基，包括同时评估在一个物流功能中的所有任务。例如，为改进仓储绩效的定基包括了从储存、堆放、订货挑选和运送等每一个作业环节。第三种类型是管理过程定基，在这种类型的定基中，经理们从不同的功能共同关注广泛的问题，如质量、雇员的动力和报酬制度。第四种类型是总体运作定基，在这种类型的定基中，管理层考察整个物流运作：配送中心、运输、存货管理系统和客户服务。

运用定基是一个打破企业一成不变的运作规律的有效方法。而且，定基过程将公司的目标与外部市场连接起来，从而使公司的目标可以得到确认和合理化。例如，建立了客户需要的标准，鼓励职员们进行竞争性的思考，并时常提高雇员们对公司成本和产品/服务绩效的意识。

以前施乐公司花费 80% 的定基时间注视竞争，现在施乐公司花费 80% 的时间集中研究和利用别的行业的革新思想，更多地致力于以质量进行竞争而不是价格。施乐公司帮助供应商适应公司自身的严格的要求。施乐公司降低了制造成本 50%，缩短了产品流转周期 25%，并使每个雇员增加了 20% 的收入。施乐公司的供应商的无缺陷率则从 92% 提高到 99.5%，部件领先时间缩短了 38%，采购零部件的成本降低了 45%。施乐公司的市场占有率不断增长。

对于企业物流绩效评估问题是一个重要的关系物流发展的问题。建立确立的物流绩效标准进行企业物流管理，有助于合理配置物流资源，提高物流效率，实现物流目标。在目前一些重要的评估方法中，全方位绩效看板评估、瞄准标杆绩效评估、综合平衡绩效评分卡等方法与定基评估方法有相通的地方。从案例中，我们可以认识到，企业任何管理工作都可以按定基评估的思想和方法建立绩效评估标准和体系，进行有效管理。与此同时，定基评估必须按照一定的步骤和程序进行，并在应用中逐步形成带有企业自身特色的评估标准。

物流知识小课堂

现代物流业是指原材料、产成品从起点到终点及相关信息有效流动的全过程。它将运输、仓储、装卸、加工、整理、配送、信息等方面有机结合，形成完整的供应链，为客户提供多功能、一体化的综合性服务。

现代物流业是一个新型的跨行业、跨部门、跨区域、渗透性强的复合型产业。现代物流业所涉及的国民经济行业具体包括铁路运输、道路运输、水上运输、装卸搬运及其他运输服务业、仓储业、批发业、零售业。

❓ **思考题**

1. 从本案例出发，谈谈你对"定基"的理解。
2. 简述施乐公司实施定基评估的四个阶段、十个步骤。
3. 运作定基有哪些类型？
4. 有哪些方法可以对企业物流绩效进行评估？

案例 5-3　物流配送中心的配送绩效评估

主题词： 配送绩效评估，快速响应，最小变异

现代物流企业研究的重要课题就是结合物流企业自身的特点建立一套科学、合理的物流配送企业绩效评估指标体系，进行分析与评估，形成一种激励和约束机制。本案例结合现行对配送绩效和配送绩效评估指标体系的研究，在分析配送中心配送活动的作业流程的基础上，探讨了配送中心配送活动的绩效评估指标体系和评估方法，从进出货作业、储存作业、配送作业和采购作业四个方面探讨配送中心配送活动绩效评估指标体系的构建。

在当今的市场竞争中，配送不是简单地将货物送达给收货人的活动，而是需要不断降低成本，提高服务质量，提高作业效率，以达到占领市场和扩大市场份额，使配送企业达到获取利润的目的。配送中心是为了提供完善的配送服务而设立的经营组织，其配送活动的基本作业流程是配送中心在进行商品配送作业时展现的整体工艺流程，反映了配送中心配送活动的总体运动过程。配送中心配送活动的作业流程包括四个相互关联的活动：订单处理、仓储、运输、顾客服务。

在配送中心进行配送的过程中，影响配送绩效评估的因素主要有以下两种。

1. 快速响应

快速响应关系配送中心能否及时提供满足顾客需求的配送服务的能力。时间是衡量效率最直接的因素，最能体现配送中心的整体作业能力。因此，配送中心要降低顾客从订货到收货的时间，使配送活动能在较短的时间内完成。信息技术提高了在较短的时间内完成作业和尽快交付顾客所需物品的能力，使用信息技术，配送中心把作业的重点从过去根据预测储备大量的物品，转移到根据顾客需求进行配货和送货方面。

2. 最小变异

变异是指破坏系统稳定的任何意想不到的事件，最小变异用来衡量配送活动的服务质量有无达到顾客满意的水平。顾客的最大担心是害怕供应不能保证，因此提升供应保障能力是配送的关键目标。配送中心应做到：减少缺货次数；要根据顾客的指示把货物交付到正确的地点；按时按质进行送货。

配送中心要根据顾客的要求进行配送，特别是当出现特殊情况时，按时按质送货就显得尤为重要。特别需要强调的一点是配送中心的供应保障能力是一个科学的合理的概念，而不是无限的概念。具体来讲，如果供应保障能力过高，超过了实际的需要，就会增加成本，这

也属于不合理，所以配送中心的供应保障能力是有限度的。

目前国内外对物流配送绩效的研究主要集中在配送绩效评估指标的选取、配送绩效评估的方法两个方面。以下是国内外学者对绩效评估的研究。

Nevem Working Group 在进行绩效评估时主要考虑四个指标：交货周期、送货可靠性、送货灵活性、库存水平。每一个指标都应有三个指标值：理想值、目标值和当前值。物流绩效管理的目标就是按照理想值设定目标值，根据目标值改进现有的绩效状况。Donald J Bowersox 认为，物流企业绩效一般从内部和外部两个方面进行衡量。内部绩效衡量通常从以下五个方面进行评估：成本、顾客服务、生产率指标、资产衡量、质量。外部绩效通常是从顾客感觉衡量和最佳实施基准两个方面评估。孙宏岭等人采用功效系数法为主、综合分析判断法为辅的评估方法，从物流活动方面对物流绩效进行了分析，主要包括以下几个指标：经济效益、顾客服务业绩、配货和送货质量、库存绩效。该评估指标体系既考虑了对配送经济效益方面的评估，又考虑了对顾客服务方面的评估，但在顾客服务业绩方面只考虑了时间、质量，没有考虑应变性，即处理异常的顾客服务要求的能力。

这里所要构建的绩效评估指标体系包含进出货作业、储存作业、配送作业和采购作业四个一级指标。

在选用分析方法上，选用层次分析法，它能够将定性和定量指标统一在一个模型中，既能进行定量分析，又能进行定性的功能评价。根据问题的性质和达到的总目标，它可以将复杂问题分解，按支配关系分组而形成有序递阶层次结构中的不同因素，人们通过两两比较的方式确定层次结构中各因素的相对重要性，然后综合比较判断的结果以确定各个因素相对重要性的总顺序，其中最关键的问题是根据某配送中心在进出货作业、储存作业、配送作业和采购作业四个方面的具体表现，得到影响因素的权值和各候选方案在每个影响因素下的权值。

现有的配送中心配送绩效评估研究着重于对评估指标体系的构建，且评估指标主要评估各作业的完成情况，没有科学地、客观地对整个作业流程进行评估，只注重对配送中某一个作业的评估，这就很难从整体上去审视整个配送活动的综合效果。本案例将评估指标体系与评估方法结合起来进行考虑，从出货作业、储存作业、配送作业和采购作业四个方面来探讨配送活动绩效评估指标体系的构建，这有助于配送中心分析配送绩效，提高配送中心的经营能力，进而增加配送中心以及整个供应链的整体效益。

物流知识小课堂

快速响应（Quick Response，QR），是制造业中的准时制。它确定了制造商、批发商和零售商的供应时间，从而使得库存水平最小化。快速响应原是美国纺织服装业发展起来的一种供应链管理方法。它是美国零售商、服装制造商以及纺织品供应商开发的整体业务概念，目的是减少原材料到销售点的时间和整个供应链上的库存，最大限度地提高供应链管理的运作效率。快速响应现已应用到商业的各个领域中，企业快速响应时间越短，越能把握更多商机，从而给企业带来更大的利润。

思考题

1. 简述影响配送绩效评估的因素及配送绩效评估的研究现状。

2．本案例中，在分析方法选择上，为何选用层次分析法？

3．本案例中，配送活动绩效评估指标体系的构建有哪些过人之处？

案例 5-4 "短期工作进度表"法

主题词： 短期工作进度表，物流绩效评估，物流绩效倍增系统

某企业采用"短期工作进度表"法对物流效率进行评估和监督，具体的操作是检查每名物流员工在小段时间内的活动，对每项工作分配一定数量的时间，然后按照下列原则安排每名员工的工作进度表。

（1）充分利用每名员工的时间。

（2）使每名员工的产出最大。

"短期工作进度表"法对企业的物流经理十分有用，因为每项物流业务工作被图解分配给员工，使各项物流业务可以预先得到安排，因而物流经理可以按照日程表把实际进度与安排计划相比较。如果在一段时间内完成的工作进度比计划进度慢，物流经理就会采取措施，以便在后面的时间内赶上计划进度。例如在仓库工作中，可以把工作进度表与进货卡车的出发时间和进货卡车的到达时间联系起来。之所以这样划分是因为大户买主通常要求供应厂商的卡车在相当有限的时间段内到达，从而将进入货物到达时间均匀分布到各个时刻，这样可减少收货站台的拥挤程度。

"短期工作进度表"法也可以用来评价监督的有效性。例如该企业设有一种由物流经理按日填写的"时间损失"检查报告。如果物流经理未能说明或解释清楚损失的时间，那么这一情况就会公布在该公司题为"不明时间损失"通报栏中。如果花在某一项工作上的时间多于分配给它的时间，而物流经理又无法解释清楚时，公司将使用该栏目进行通报批评。

"短期工作进度表"法可以有效提升物流绩效。案例中的企业的关于物流效率评估监督的"短期工作进度表"法是监督物流工作效率的一种很好的方法，而与之有紧密联系的提升物流绩效所采用的方法一般是采用物流绩效倍增系统，两者结合使用，效果会更佳。下面来了解一下物流绩效倍增系统的一般运作程序。

第一步：需要收集日常物流工作的各项数据资料，确定各项作业耗费的生产工时，并且分析从接受客户的订货开始到供给客户商品为止的整个物流过程中，各物流工作岗位的绩效损失原因。

第二步：在明确了造成某项岗位物流绩效损失的原因后，在剔除这些原因的基础上，根据所掌握的同行业先进企业的作业绩效资料，结合本企业的物流设施、工作强度等实际状况，采用科学的方法确定各物流岗位的标准工时水平。

第三步：在确定标准工时以后，物流经理可以进一步测算目前企业的物流岗位的绩效损失状况，并着力消除物流绩效损失。

"短期工作进度表"法是通过对物流效率的评估监督以达到提高物流绩效的一种有效方法，它的特点是对每个物流员工的每一段时间进行量化规范，以充分利用每个员工的时间，并使每个员工的产出最大，使物流经理能够进行适时的控制与调度。

"短期工作进度表"法有很强的借鉴意义，我们的企业也可采用该方法来评估物流效率，这对提升自己企业的物流运作效率，提高其绩效具有重要意义。

物流知识小课堂

　　企业物流绩效评估是指为达到降低企业物流成本的目的，运用特定的企业物流绩效评估指标，比照统一的物流评估标准，采取相应的评估模型和评估计算方法，对企业物流系统的投入和产效（产出和效益）所做出的客观、公正和准确的评判。对物流企业绩效评估进行研究，可以进一步丰富绩效评估理论，同时，绩效评估则是绩效管理的前提和基础。物流绩效评估是对整个物流结构中特定过程进行的定量衡量，设计最佳的物流系统及其组成部分关键取决于进行绩效衡量的标准是什么。

思考题

1．该企业如何建立"短期工作进度表"？
2．简述采用"短期工作进度表"法的理论和现实意义。
3．简述物流绩效倍增系统的一般运作程序。

案例 5-5　电子商务企业供应商绩效评估

主题词： 电子商务平台，供应商管理，绩效评估

　　杭州粉象家科技有限公司创立于 2018 年 5 月，总部位于浙江杭州，旗下拥有领跑全网的全品类社交推荐购物平台：粉象生活 App。与其他的大型电子商务平台不同的是，它的合作伙伴多为不知名的企业，产品种类涉及美妆个护、生鲜食品和生活家居，质量参差不齐。其消费者群包括高、中、低档消费者，服务对象并不固定。粉象生活的运营体系当前由三大主要服务领域构成：上游的产品供应商、中间的物流与信息处理平台、下游的消费者群体，这是粉象生活供应链体系的基本构成。

　　作为一家具有较大规模的电子商务平台，粉象生活经营的商品种类很多，具体可以分为三类，对口的供应商也达到几百家。不同类型的供应商数量较多，而且不同品类商品之间的差异也非常大。不同类别的商品由不同部门负责，评估标准也有差异。各类商品评估指标如表 5-1 所示。

表 5-1　各类商品评估指标

产品类别	评估指标
生活家居类	消费者舒适度
	消费者生活方便程度
	原材料的使用
	消费者满意度
美妆个护类	补水能力
	美白能力
	润肤能力
	消费者满意度

续表

产品类别	评估指标
生鲜食品类	生鲜食品保鲜程度
	是否有无害认证
	生产过程是否符合国家标准
	原材料来源是否安全

公司的运营模式是合作模式，由供应商在粉象生活 App 上以粉象生活优选的名义推出自己的产品。首先由公司的采购部对供应商的资质进行审核，如果审核通过则完成登记和深入交流等后续事项，按照表 5-2 所示方法进行评估，经过详谈双方达成协议后，最终供应商会成为粉象生活的供应商。同时，电子商务平台每年会对现有供应商做出年度评估，每年只对供应商做出一次评估，也就意味着对供应商的评估无法动态地展现出供应商的具体情况，只有对供应商的具体情况尽快了解、掌握，电子商务平台和供应商之间才能够进行更加深入的交流和合作，实现双方共同促进和发展。

表 5-2　供应商绩效评估方法

评估方法	执行过程	适用品类
经验评估法	管理层依据对供应商表现的判断，对每类产品对应的指标进行打分	生活家居类、美妆个护类、生鲜食品类
综合评分法	针对各评估指标，采用综合评分方法，供应商得分为各个评估指标得分之和	生活家居类、美妆个护类
加权法	将评估指标按照不同类别商品的既定不同标准，分别给予权重，将各指标得分与权重相乘，得到最后分数	生活家居类、美妆个护类

通过对供应商的绩效评估，粉象生活能够确保供应商的产品质量和服务水平符合公司的标准，从而保障消费者的权益，提升消费者满意度。评估体系帮助粉象生活更好地管理复杂的供应链，通过定期的绩效评估，公司能够及时识别并淘汰表现不佳的供应商，同时激励优秀的供应商提升服务质量。绩效评估也有助于粉象生活发现成本控制方面的潜在改进点，与供应商协商更优惠的价格和条件，从而降低采购成本。

物流知识小课堂

电子商务平台的"最后一公里"配送是指从配送中心将商品送达最终消费者手中的环节。这一环节对于消费者体验至关重要，因为它直接影响商品能否按时、顺利地到达消费者手中。配送速度、配送透明度、配送灵活性、配送服务质量、售后服务等指标将直接影响消费者体验。

思考题

1. 粉象生活如何通过物流和供应链管理提升消费者的购物体验？
2. 在面对众多供应商和不同品类商品时，粉象生活应如何优化其质量控制流程？
3. 粉象生活如何通过数据分析和反馈持续改进其供应链绩效？

案例 5-6　我国集装箱运输港口竞争力评估

主题词：港口，集装箱运输，评估

1. 港口在物流市场的竞争力及其影响因素分析

近几年，我国沿海集装箱港口迅速发展。1992 年，中国内地尚无一个年吞吐量在百万标箱（TEU）以上的大港，而到了 2000 年年末，中国内地年吞吐量超过百万 TEU 的大港已达 7 个（上海、深圳、青岛、天津、广州、厦门、大连）。在 2000 年全球集装箱港口吞吐量前 20 强排名中，上海港和深圳港分别位居第 6 位和第 11 位，其他内地主要集装箱港口的世界排位也都是逐年上升，显示出旺盛的生命力。截至 2023 年，中国内地年吞吐量超过百万 TEU 的港口有上海港、宁波舟山港、深圳港、青岛港、广州港、天津港、香港港、厦门港、太仓港、北部湾港、日照港、连云港港、营口港、大连港、福州港、洋浦港等。截至 2023 年，全球集装箱港口吞吐量前 100 强排名中，我国有 20 个港口上榜，其中，前 10 名中我国占据 7 个。

基于对港口、客户、货运代理的调研及关联数据分析表明：国际物流效能与港口枢纽能级存在强关联性。而港口的运营条件、服务水平、综合环境、设备条件、现代化管理水平，以及港口集装箱吞吐量规模和增长率等直接影响港口在物流市场的份额争夺能力，进而决定外贸货物在全球运输网络中的流向分配。因此，有必要对影响港口市场竞争力的主要因素进行分析，进而对其进行定性与定量评估。

影响港口物流能力的因素有很多方面，从各港口的吞吐能力以及市场营销效果等方面进行分析，影响港口竞争力的因素主要包括港口运营条件、港口服务水平、港口环境、港口集装箱吞吐量规模及增长率、港口设备条件以及港口现代化管理水平。

1）港口运营条件

港口运营条件包括港口与客户、港口与船舶公司之间所发生的与运输直接相关的一些影响因素，如集装箱班轮密度及航线覆盖面、港口集疏运条件，以及港口作业费用。

集装箱班轮密度及航线覆盖面将影响集装箱能否被快速送达目的地、能否直接运达世界各地。如果对世界上一些主要港口的航线覆盖不够全面，则会影响集装箱运输的直达能力，进而影响对货主的吸引力。同样，港口集疏运条件将影响货物集港及货物疏港的便捷性，从而影响港口效率，影响货主对港口的评估。港口作业费用通过货代或其他中间环节，最终将影响货主的综合运输费用，也会影响货主对港口的评估和选择。

2）港口服务水平

港口的各项基础条件对客户的影响集中反映在对客户的综合服务方面。对客户而言，尤其是船舶公司，比较关注装卸效率及船舶在港的必须停留时间，这将直接影响船舶公司的效益，而通关效率以及信息服务将对货主产生较大影响。我国内地的各个港口在通关效率方面普遍低于我国香港港口，影响了在国际集装箱运输市场上的竞争力。

3）港口环境

港口环境是指港口的综合环境，包括港口的自然环境、经济环境以及商业运作环境。各港口处于不同的地理位置，水域条件不同、气候条件不同甚至会影响各港口的有效作业天数或实际作业效率；各港口处于不同的经济区域，腹地的经济条件不同，对运输需求的类别及规模不同，这些会影响港口的经济区位效果；港口所处区域的金融、保险、商业环境和物流服务水平等，影响港口的运营模式、港口的发展，以及角色的社会化定位，这些影响构成了港口的综合环境，从而影响港口的发展和竞争力。

4）港口集装箱吞吐量规模及增长率

港口集装箱吞吐量反映了港口的现有规模，是港口实力的一种表现形式；而港口吞吐量的增长率则反映了港口集装箱的发展趋势及速度，代表着一种潜在的发展实力，这是一项既标志港口现状又反映港口未来发展的指标。

5）港口设备条件

港口设备条件是反映港口基础设施条件的综合指标，包括泊位能力、装卸设备以及堆场情况，通过泊位的设计吞吐能力、航道条件及港前水深，全面反映集装箱泊位的基本情况；通过起重设备的总能力及单位起重设备的最大能力，既反映装卸设备的规模，又反映装卸设备的水平；集装箱堆场则是综合考虑前后方堆场面积及堆存能力。

6）港口现代化管理水平

港口现代化是国际化大港的必然趋势，也是基本要求。世界知名的集装箱大港均拥有高水平的现代化管理技术，通过电子数据交换系统（EDI）、管理信息系统能实现集装箱的实时跟踪查询；利用安全监控系统既能提高通关效率，又能保证集装箱的运输安全；安装GPS，可用于集卡定位、船舶进港引航，以及堆场内的集装箱定位，从而既可保证准确、安全，又可提高作业的效率，提高港口作业效率和市场竞争力。

2. 港口竞争力评估的指标体系

通过分析影响港口竞争力的因素，可以从以上六个方面建立大类指标，每一大类指标下再分为若干小类指标，有的还包括更具体的分类指标。可根据这些指标间的影响关系以及包含关系，建立起港口市场竞争力综合评估指标体系，如图5-1所示。

3. 各层指标权重确定方法

采用专家评分法确定各层指标的权重。

先确定第一层指标的权重。

邀请若干名专家在给定的值域区间内评分，设第 i 位专家对第 j 个指标的评分为 X_{ij}，$i=1,2,\cdots,n$，$j=1,2,\cdots,m$；n 为专家总数，m 为指标总数。

第 i 位专家的资信等级为 k，$k=1,2,3$。$k=1$ 表示专家很熟悉被评估的内容；$k=2$ 表示专家较熟悉被评估的内容；$k=3$ 表示专家不太熟悉被评估的内容。y_{ik} 为第 i 位专家的资信权重，且 $y_{ik}=1$、0.8 或 0.5。

第 j 项指标的综合评分为：

$$\bar{X}_j = \sum_{i=1}^{n} X_{ij} \frac{y_{ik}}{\sum_{i=1}^{n} y_{ik}} \quad (j=1,2,\cdots,m)$$

指标权重的归一化处理：

$$X_j = \frac{\bar{X}_j}{\sum\limits_{j=1}^{m} \bar{X}_j} \quad (\ j = 1, 2, \cdots, m)$$

同样的方法可确定第二层指标的相对权重。将第二层指标的相对权重乘以第一层指标的绝对权重，就得到第二层指标的绝对权重。

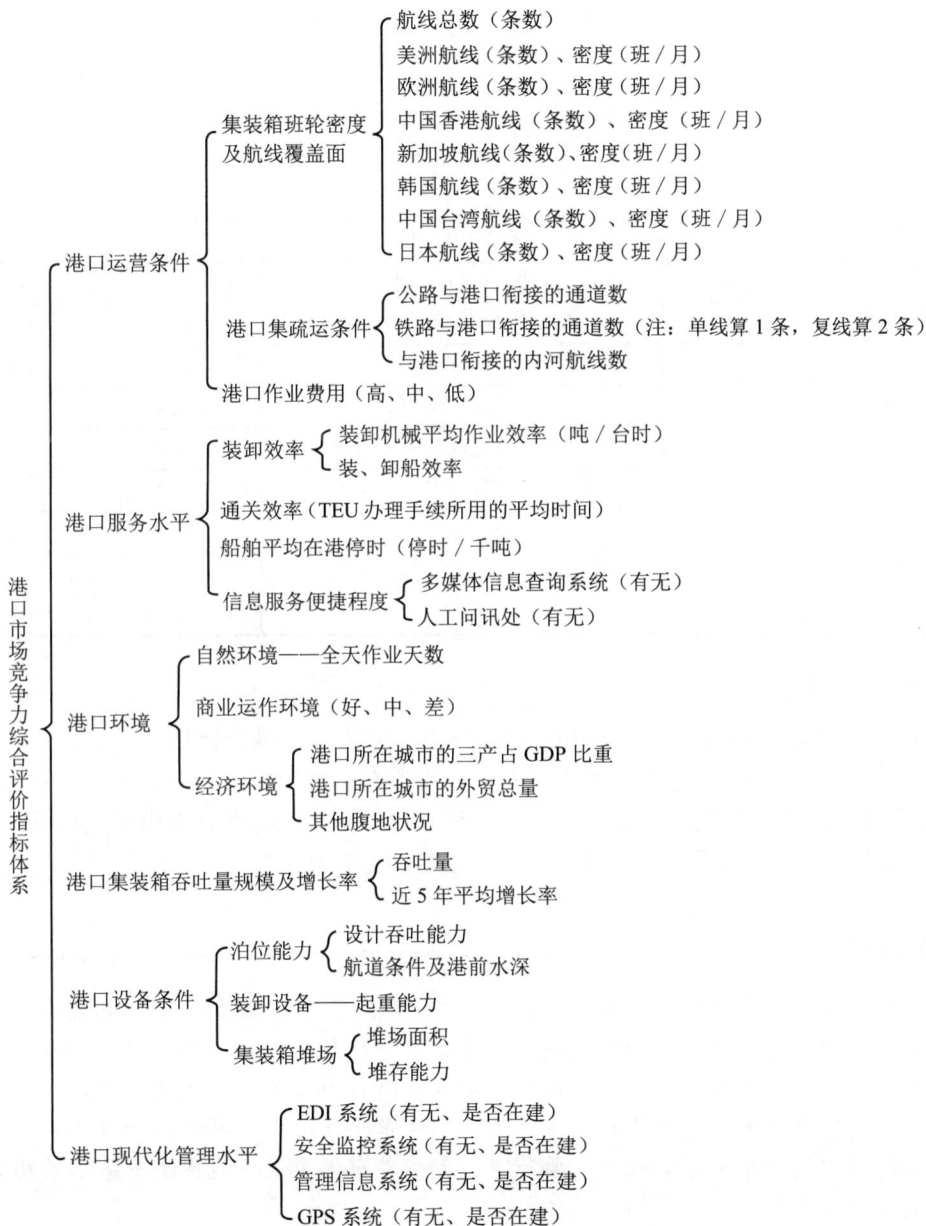

```
港口市场竞争力综合评价指标体系
├─ 港口运营条件
│   ├─ 集装箱班轮密度及航线覆盖面
│   │   ├─ 航线总数（条数）
│   │   ├─ 美洲航线（条数）、密度（班／月）
│   │   ├─ 欧洲航线（条数）、密度（班／月）
│   │   ├─ 中国香港航线（条数）、密度（班／月）
│   │   ├─ 新加坡航线（条数）、密度（班／月）
│   │   ├─ 韩国航线（条数）、密度（班／月）
│   │   ├─ 中国台湾航线（条数）、密度（班／月）
│   │   └─ 日本航线（条数）、密度（班／月）
│   ├─ 港口集疏运条件
│   │   ├─ 公路与港口衔接的通道数
│   │   ├─ 铁路与港口衔接的通道数（注：单线算 1 条，复线算 2 条）
│   │   └─ 与港口衔接的内河航线数
│   └─ 港口作业费用（高、中、低）
├─ 港口服务水平
│   ├─ 装卸效率
│   │   ├─ 装卸机械平均作业效率（吨／台时）
│   │   └─ 装、卸船效率
│   ├─ 通关效率（TEU 办理手续所用的平均时间）
│   ├─ 船舶平均在港停时（停时／千吨）
│   └─ 信息服务便捷程度
│       ├─ 多媒体信息查询系统（有无）
│       └─ 人工问讯处（有无）
├─ 港口环境
│   ├─ 自然环境——全天作业天数
│   ├─ 商业运作环境（好、中、差）
│   └─ 经济环境
│       ├─ 港口所在城市的三产占 GDP 比重
│       ├─ 港口所在城市的外贸总量
│       └─ 其他腹地状况
├─ 港口集装箱吞吐量规模及增长率
│   ├─ 吞吐量
│   └─ 近 5 年平均增长率
├─ 港口设备条件
│   ├─ 泊位能力
│   │   ├─ 设计吞吐能力
│   │   └─ 航道条件及港前水深
│   ├─ 装卸设备——起重能力
│   └─ 集装箱堆场
│       ├─ 堆场面积
│       └─ 堆存能力
└─ 港口现代化管理水平
    ├─ EDI 系统（有无、是否在建）
    ├─ 安全监控系统（有无、是否在建）
    ├─ 管理信息系统（有无、是否在建）
    └─ GPS 系统（有无、是否在建）
```

图 5-1　港口市场竞争力综合评估指标体系

通过组织一定数量的专家对各主要港口的市场竞争力进行评分，综合整理，可得到各层指标权重，如表 5-3 所示。

表 5-3　各层指标权重

Ⅰ级指标	权重	Ⅱ级指标	相对权重	绝对权重
港口运营条件	0.21	集装箱班轮密度及航线覆盖面	0.36	0.0756
		港口集疏运条件	0.32	0.0672
		港口作业费用	0.32	0.0672
港口服务水平	0.17	装卸效率	0.28	0.0476
		通关效率	0.27	0.0459
		船舶平均在港停时	0.21	0.0357
		信息服务便捷程度	0.24	0.0408
港口环境	0.15	自然环境	0.35	0.0525
		经济环境	0.31	0.0465
		商业运作环境	0.34	0.051
港口集装箱吞吐量规模及增长率	0.14	2000 年吞吐量	0.48	0.0672
		近 5 年平均增长率	0.52	0.0728
港口设备条件	0.18	泊位能力	0.36	0.0648
		装卸设备	0.34	0.0612
		集装箱堆场	0.30	0.054
港口现代化管理水平	0.15	EDI 系统	0.28	0.042
		安全监控系统	0.27	0.0405
		管理信息系统	0.24	0.036
		GPS 系统	0.21	0.0315

4. 综合评估

若要对 k 个沿海港口 G_1，G_2，$\cdots$，G_k 的市场竞争能力进行综合评估和排序，首先必须调查、分析待评估港口的详细情况，获得这些港口在所有小类指标下的指标值。按照层次分析法和加权平均法，由底层向上层逐层计算出评估指标的综合值，直到得出顶层指标——港口竞争力综合得分。最后可根据综合得分情况进行港口竞争力排序。

📖 物流知识小课堂

港口物流是指中心港口城市利用其自身的口岸优势，以先进的软硬件环境为依托，强化其对港口周边物流活动的辐射能力，突出港口集货、存货、配货特长，以临港产业为基础，以信息技术为支撑，以优化港口资源整合为目标，发展具有涵盖物流产业链所有环节特点的港口综合服务体系。港口物流是特殊形态下的综合物流体系，是作为物流过程中的一个无可替代的重要节点，完成整个供应链物流系统中基本的物流服务和衍生的增值服务。

港口物流发展轨迹是一个由成本理念到利润理念再到综合物流服务理念的过程。不仅追求商品自然流通的效率和费用，更要强化客户服务意识，切实转换经营和管理方式，按现代物流的要求进行整合，以客户为中心进行管理和控制，提供完善的物流服务。

思考题

1．从本案例出发，简要谈谈影响港口竞争力的因素主要包括哪些。
2．如何建立港口竞争力多层次评估指标体系？
3．本案例采用什么方法确定各层指标的权重？
4．本案例是如何对我国集装箱运输港口竞争力进行综合评估的？

Chapter 6

第6篇　物流系统预测

"儒佛尔定律"

- 提出者：法国未来学家 H. 儒佛尔。
- 内容：有效预测是英明决策的前提。没有预测活动，就没有决策的自由。要善于从繁复的信息中预测出未来市场的走向，并将其转化为决策的行动。

物流讲堂

物流系统预测

物流系统预测（或称为物流预测），是指对物流的流向、流量、资金周转及供求规律等进行调查研究，取得各种资料和信息，运用科学的方法预计一定时期内的物流状态及发展趋势。无论是进行物流系统的规划，还是进行物流系统的运营管理与控制，都需要准确估计供应链所处理的产品和服务的需求量多少，即估计物流需求量。这些估计是采用预测的方法进行的。通过预测可以获得物流需求方面的必要信息，为规划、管理和决策提供可靠的依据。

1. 物流预测的分类

（1）按预测的主体，物流预测可以分为宏观预测和微观预测。

（2）按预测的内容，物流预测可以分为物流需求预测和物流供给预测。

（3）按预测的时间，物流预测可以分为短期预测、中期预测和长期预测。

（4）按预测内容的项目，物流预测可以分为单项预测和综合预测。

2. 物流预测的影响因素

物流业是一个综合性的基础产业，从根本上说，物流业的发展应满足国民经济总体规模及经济结构变化的需要，因而国民经济是物流业发展的最终拉动因素。影响物流预测的客观因素主要有：（1）国民经济的发展速度；（2）经济结构的变动；（3）基本建设的规模；（4）运输结构的变化。

3. 物流预测的原理

物流预测主要基于以下基本原理：（1）可知性原理；（2）可能性原理；（3）可控性原理；（4）系统性原理；（5）连续性原理；（6）类推性原理；（7）因果性原理；（8）相关性原理；（9）反馈性原理；（10）可检性原理；（11）经济性原理。

4. 物流预测的方法

物流预测的方法主要包括定性预测方法和定量预测方法。

1）定性预测方法

（1）直接归纳法；（2）集体意见法；（3）头脑风暴法；（4）德尔菲法；（5）情境分析法。

2）定量预测方法

（1）时间序列预测法；（2）因果预测法；（3）产销平衡法；（4）细分预测法与集成预测法；（5）组合预测法。

案例 6-1 太古饮料的采购预测

若缺乏有效的需求预测，企业供应链运作将陷入被动，产生高昂的额外成本，并在激烈的市场竞争中面临成本与时效的双重压力。为此，著名的饮料企业太古饮料对预测和计划体系进行了严格的管理。对销售预测计划、生产计划、产品往各配送中心（Distribution Center，DC）仓库的调拨计划、采购计划等都制定了严格流程；清楚规定各项沟通的细节；明确各个相关人员的主要责任及相关业务指标；改善跨部门沟通、合作，从而改善各项计划的精确度，减少因计划问题导致的断货、产品或原材料过期等现象，最终提升企业利润。

在运营管理实践中，太古饮料（可口可乐系列饮料生产和销售企业）建立了严密的预测体系，从周一到周五，每天如何预测，采用什么方式，系统如何操作，均有详尽且严格的规定。基于此，企业开发了功能强大的预测系统，用于对采集的基础数据进行初步分析，并支持后续的人工修正环节。此外，针对促销产品等特殊品项，公司还建立了独立的预测体系。企业在实际运营中常涉及大量常规包装变更以及消费者促销期间特殊包装的生产。此类活动若计划不当，极易导致所需包装供应延迟，或促销结束后特殊包装大量积压。因此，针对非标包装品项建立独立的预测机制至关重要。基于该预测体系，采购与生产部门将制订相应的采购与生产计划。计划一经确定，原则上不予调整。通过设立专业的独立预测部门执行全流程预测工作，预测环节已成为企业运营流程的起点。以下阐述该预测体系的部分关键内容。

星期一

（1）每周一 13:30 之前，计划员利用 Collaborate 调整系统自动生成的十三周销售预测数据（重点在前四周），需要细分到库存量单位（Stock Keeping Unit，SKU）和 DC 层面。调整依据为市场销售部提供的最新滚动三个月价格促销计划、以往销售预测精确度报表、销量预算、天气预测等信息。

（2）每周一 13:30 预测计划部的计划员调整完预测后，将预测发给销售运作部进行调整与确认，销售运作部需在 16:00 之前会同 NCB（非碳酸饮料）经理与 KA 经理（大客户经理）共同调整公司层面 CSD（碳酸饮料）未来七周销售预测数据以及 NCB 未来十三周销售预测数据。D&OP（执行和运营计划）计划员在 17:00 前与销售运作部进行 D&OP 预备会议，共同讨论并确认以上经调整的销售预测数据，需细分到 SKU 层面。在下班前由 D&OP 部将最后共同确认的数据输入 Collaborate。

（3）销售运作部及 NCB 经理、KA 经理对以上销售预测数据进行调整的依据为最新滚动三个月份周价格促销计划、销售部本月周销售目标、营业所本月周销售预测（可选项）、新产品上市销售表现跟踪报表等。

（4）最终确认的分周滚动销售预测不仅是一个预测的数字，而且是销售运作部进行分周销售管理的依据。因此，销售运作部进行销售预测时，应当参考各地营业所的预测信息。在确认滚动销售预测数字后，应当根据此预测分解制定销售运作部的分周、分营业所、分主要包装组的销售目标，并保证此分周销售目标可以传达到所有销售人员，使此预测变成可以达到、可以实现的计划。

星期二

（1）每周二 11:00 之前 D&OP 计划员利用 Fulfillment-CPP 模块或 Strategy 模块确认本周四到下周五的生产需求，并将生产需求发送给 SQZ 模块负责人进行生产排班，同时抄送给相关部门提前做准备（主要是采购、生产、仓库、工程）。

（2）每周二 13:30 之前 D&OP 需利用 SQZ 安排好本周四到下周五的生产计划。同时 D&OP 必须在 13:30 之前将 D&OP 会议资料准备齐全，包括与销售运作部讨论确定的滚动 13 周销售预测、下周生产计划、采购计划、最新仓库货物报告。

（3）每周二 13:30 召开 D&OP 会议，D&OP 会议应按照标准会议流程讨论所有相关内容。必须出席会议的参加人员有供应链总监（或代理人）、市场销售总监（或代理人）、D&OP 经理、销售运作控制经理（销售运作经理）、生产部经理、储运部经理、采购部经理。可选择出席的人员有总经理、市场销售部其他部门经理、供应链部其他部门经理。

（4）在 D&OP 会议上共同讨论、调整，并由供应链总监与市场销售总监共同确认讨论后的 CSD 滚动四周分 SKU 及 NCB 滚动七周分 SKU 的销售预测数据、下周生产计划、下周采购计划。此次会议上由市场销售部与供应链部共同确认的销售预测数据、生产计划、采购计划将作为对各位参加人员进行关键指标考核的依据。

（5）每周二 17:30 之前发布确认的本周四到下周五的生产计划。

（6）每周二下班前 D&DP 根据 D&OP 会议内容确定预测数据。

（7）每周二下班前 D&OP 需要在 APS 系统（高级计划与排程系统）中确认 NCB 产品的到货和在途数据。

星期三

（1）每周三 D&DP 将未来四周的滚动生产计划、物料需求计划、库位及托盘需求计划、人员需求计划等发送给相关部门进行参考。

（2）每周三调拨计划员通过 Fulfillment-DEP 模块生成本周四到下周五的 DC 调拨计划，发给各 DC 仓库负责人和所在营业所经理，并与各地沟通，确认调拨计划有无需要根据各地实际情况修改的内容。经确认后交给运输部安排运输。

（3）为了保证对市场变化的及时反应，装瓶厂可以根据情况制订并更新每天的调拨计划，每天应将当天的调拨计划与各地 DC 仓库负责人和所在行业的经理沟通，并根据 DC 反馈意见调整后，交给运输部执行。

（4）每周三 D&DP 部负责将周二的 D&OP 会议记录发送给会议出席人员并跟进相关问题。

星期四

（1）每星期四下班前 D&OP 部结合公司的销售情况，根据 NCR Rolling Plan 中的 Plan Arriving 数量向 SCMC（智能仓储系统）下达第三周的订单量。

（2）每周四到周五，D&OP 计划员需通过 DPEE 模块清理历史异常数据，并且根据销售运作部提供的未来四周滚动促销计划，在 DPEE 模块中加入促销因素等相关因素并调整数据。

（3）如果有新产品上市，D&OP 部门根据市场销售部的通知向 APS 中心提交新产品代码申请表，并将新产品纳入预测计划流程。

星期五

每周五销售运作部将最新滚动三个月价格促销计划给 D&OP 部。

有预测才有计划，这个顺序不能颠倒。要做好计划，必须有精确的预测，这也是很多企业追求的目标，我们经常讲"计划没有变化快"，就是说我们预测的精度不够。而本案例在预测的执行过程中有严格详细的步骤和标准，这样才能科学地体现预测。

物流知识小课堂

采购预测是指企业的决策者在商品采购市场上调查取得的资料的基础上，经过分析研究，并运用科学的方法来测算未来一定时期内商品市场的供求及其变化趋势，从而为商品采购决策和制订商品采购计划提供科学的依据，实现销售利润等一系列目标的过程。

采购预测的理论和方法很多，按客观因素分为定性方法和定量方法，其中定量方法又分为时间序列法、季节性预测法和因果分析法。其中常用的几种方法包括时间序列法中的加权移动平均法、指数平滑法和因果分析法中的线性回归分析法。

企业采购计划是指根据市场需求、企业生产能力和采购环境容量来制定采购清单和采购日程表。

思考题

1. 简述太古饮料的采购预测和计划体系的独到之处。
2. 简述太古饮料从周一到周五的预测过程。
3. 太古饮料的采购预测中可以运用哪些方法？

案例 6-2　夏普公司的销售与供应链计划预测

主题词： 供应链计划，电子消费品，供应链一体化

夏普公司是一家总部位于日本大阪的跨国电子消费品公司，2023 年销售收入达到1074.26 亿元。夏普公司作为推出电子计算器和液晶显示器等电子产品的创始者，始终勇于开创新领域，运用领先世界的液晶、光学、半导体等技术，在家电、移动通信、办公自动化等领域实现丰富多彩的"新信息社会"。其业务涵盖了电子产品制造、半导体和零部件业务以及显示面板和模块业务等领域。在电子产品制造方面，夏普公司以其高质量的电视、洗衣机、冰箱和手机等产品著称。在半导体领域，夏普公司拥有强大的研发和生产能力，生产各种类型的半导体和零部件。此外，夏普公司的显示技术也非常先进，能够生产各种高质量的显示面板和模块。

但是，面对竞争日益复杂的电子消费品市场，夏普公司越来越感觉到电子消费品市场的快速变化，特别是电子消费品的生命周期越来越短，电子消费品的市场普及率越来越接近饱和状态，企业的经营风险加大，与此同时，客户对电子消费品个性化的需求越来越高。因此，如何

在竞争激烈和快速变化的市场中寻求一套实时的决策系统就显得尤为重要，特别是通过提高对商品的预测准确率来降低企业的库存，减少交货期的延误，从而保住大量的有价值的客户。

夏普公司对其整个供应链进行了全面诊断，提出了对包括订单管理、生产制造、仓库管理、运输和开票等全流程在内的整体无缝连接，并结合信息系统的实施，使夏普公司建立起供应和需求一体化的结构，尤其是通过对系统数据的分析，定时地连接和灵活地处理，使决策者能够比过去更加方便和有效地协调人员、设备资源和流程配置，以更加准确地满足市场的需求。夏普公司通过对供应链的一体化管理，不仅降低了库存的水平，加快了库存的周转率，降低了物料管理的成本，而且大大地提升了供应链整体价值。

供应链管理的另外一个目标是提高客户的满意度。通过对供应链的整合，使得夏普公司对客户的交货承诺性得到很大程度的提高，货物的交付比过去更加及时和准确。同时，供应链计划体系可以充分考虑各方面因素，如运输成本、订单执行等，从而制定出资源平衡和优化的需求预测。

作为一个老牌企业，夏普公司如今正在走下坡路，其系统预测环节所出现的问题是重要成因之一。回溯历史，Sakai 工厂建设初期，夏普基于对液晶电视市场前景的乐观预期制定了积极战略。然而，受国际金融危机、日元升值及日本国内市场需求萎缩等多重因素冲击，其液晶面板部门陷入巨额亏损并背负高额债务。在后续发展中，受益于市场环境变化等因素，夏普的小型液晶面板业务曾出现阶段性好转并实现盈利。例如，2024 财年 7—9 月的季度合并财报显示：公司营业收入为 5644 亿日元（约合人民币 263.41 亿元），同比下降 8.5%。但得益于液晶面板业务亏损收窄及品牌业务盈利提升，合并营业利润同比大幅增长 425.9%，达到 62 亿日元（约合人民币 2.89 亿元）。同时，公司实现净利润转正，创下自 2022 财年 4—6 月以来的单季最高净利润纪录。为寻求持续增长，夏普正积极拓展新兴业务领域，如投资建设 AI 数据中心。其旗下原生产大尺寸电视液晶面板的堺工厂（Sakai Display Product Co., 堺显示产品公司）已停止相关生产，计划将厂房与土地资源改造用于 AI 数据中心建设，并与合作伙伴共同推进该领域发展。尽管公司经营状况有所改善，但实现全面、可持续的增长仍面临诸多挑战。

物流知识小课堂

供应链计划（Supply Chain Planning，SCP）是物流管理工作的重要内容。

一个 SCP 系统是指一个组织计划执行和衡量企业全面物流活动的系统。它包括预测、库存计划以及分销需求计划等基本组成部分。它帮助客户在自己的终端进行更多的控制，使不同部门之间的协作变得更加便利。

实现 SCP 系统的条件是：（1）内部整合必须到位；（2）合伙人的相互合作必须加强；（3）操作流程数据必须精确；（4）供求软件系统必须一体化；（5）规划必须一元化，力求步调一致；（6）必须科学化和数字化；（7）必须以人为本；（8）事项管理必须到位；（9）必须遵守事无巨细、一视同仁的原则；（10）必须落实物流的每一个环节。

思考题

1. 夏普公司对供应链的一体化管理有何发展优势？
2. 夏普公司对其整个供应链进行了全面诊断，具体包括哪些内容？
3. 夏普公司如何提高客户满意度？

案例 6-3　联想的信息系统预测

主题词： 电子商务系统，CELL 生产方式，采购预测

从 IT 行业兴起至今，在短短数十年间，无数 IT 企业在这个惊心动魄的海洋中沉浮。而世人公认的世界增长最快的计算机公司戴尔和连续数年蝉联中国 IT 业龙头老大的联想，无疑是众多 IT 企业的杰出典范。戴尔和联想在 IT 行业里缔造了一个又一个神话。戴尔的市场反应很快，每 3 天就做一个计划，计划的时间决定了戴尔对市场反应的速度，也决定了快速的库存反应。而像国内 IT 制造的领头羊联想，在实施 ERP 和 SCM（供应链管理）后，存货周转也由 1995 年的 72 天下降到 2006 年的 22 天，平均供货时间由 15 天缩短到 4～5 天。联想取得的成就虽然足以令国内同行侧目，但联想与戴尔库存周期的差距，足以令联想在产品价格上承受戴尔全球化运作的压力。再看国内其他的制造企业，一般从预测到确定生产计划需要五周或更长的时间，这么长时间计划的结果，必然造成产品库存和原材料库存的积压风险。

面对国内外 IT 制造商越演越烈的市场竞争，联想从 2001 年开始全面推进实施以综合计划管理系统、制造体系管理系统、运输管理系统、供应商协同系统的 SCM 项目，并整合集成电子商务系统，从而使客户—厂商—供应商协同起来，令物流、信息流和资金流发挥最大效能，实现供应一体化，进一步提高联想的竞争力。

企业间的竞争日益加剧，产品的生命周期越来越短，产品的个性化需求越来越多。为了降低获取产品信息的复杂度，提高产品数据的准确性，促进产品的结构化，缩短新产品从创意到上市的时间周期，丰富知识管理和决策支持，联想实施了 PDM（产品数据管理）项目。这个项目主要实现了文档流转管理、部件管理等基本功能，随着项目的进一步实施，联想对于未来客户对产品的需求将会有更快速准确的反应和提供相应的服务。

联想的第三代电子商务包含了以 ERP 为基础的销售管理和以 SCM 为基础的供应链管理系统，以及由联想自主开发的 PRC 系统。通过对联想分销模式的梳理变革以及应用中间件技术建立了联想与渠道之间营销和库存数据交互信息系统，共计在 147 家渠道推广应用，其销量之和已占联想渠道总销量的 80%，同时还建立了直接面向指名大客户的 CTO 模式，从而构架起联想独立创新的精准分销的双链模式。

SCM 计划系统的实质是建立一个科学的模型，不但能够预测短期（1～4 个月）的市场需求，也能够预测中长期（4～9 个月）的市场需求。这个模型能够综合考虑历史销售曲线、年初目标、自己和代理商的库存变化等诸多因素，同时能够根据调价、促销、产品切换等突变因素进行调整，利用修正以后的预测，可以产生采购计划。除了利用销售预测，还会考虑

库存信息、采购周期、采购规模效应、生产周期、生产产能等方面的因素，采购计划包括立即生效的采购订单和中长期的采购预测，供供应商参考。这些订单和预测通过供应商协同网站传输到供应商端，他们可以实时反馈这些订单所处的状态。

而另一端客户的订单（可以是个性化配置订单）通过联想的电子商务系统进入订单确认系统，一方面作为生产计划模块的输入之一，产生生产计划；另一方面通过订单确认系统自动运算获得订单能否满足和满足时间的信息，再通过电子商务系统把这些信息传达给客户。同时，代理商的库存信息、市场部门的销售统计和计划也会通过电子商务系统传输到我们的销售预测模块中作为输入参考。再加上车间管理系统和配送管理系统，这就构成了联想完整的供应链信息管理系统。

没有这样的系统以前，一是没有渠道快速获得像代理商销售、库存这样市场最直接的信息，也没有前期销售统计分析的数据，想要获得这些信息要滞后很多天；二是就算了解了市场信息，改变采购计划、生产计划，修改订单、通知供应商又要很多天，因此决策往往是滞后的。但有这样的系统后，不但市场信息可以直接传到供应系统，更方便的是，只要重新运行采购计划和生产计划模块，就可以快速改变采购计划、生产计划，并无时差地传递到供应商和生产车间，这就是信息的通透性带来的优势。

为满足客户日益提高的个性化需求，CELL 生产方式的应用越来越广泛。CELL 的含义就是单人操作，一个人完成整台机器的组装、调试工作。采用配餐式的备料生产，且每人一台工作用机，信息化程度非常高。每个工位可以实现网上接单、网上调用作业指导书、配置正确性的自动核对以及网络下载软件系统的操作。

从装配台的工作机上，工人可以接到任务单，通过订单号可以了解这是什么类型的机器，以及什么时间、哪个批次，以及部件信息、编号、需求数量等。了解之后，工人可以直接从网上调用作业指导书，非常清晰地看到装配工位图，如如何装挡板、贴条码等，并配有图示说明。装配之后进行的正确性确认也是由系统完成的，系统对装配完成的机器进行部件扫描，只有确认所有的部件都按规定装配到位，系统才提示成功，此时可以确信此台机器装配正确。配件装配完成后，将进行软件的安装。由于客户要求在机器中预装的系统软件越来越多，按照传统的方式，需要制作一个母盘，然后进行一对多的复制，人力、物力投入很大，如果用户需要装网卡、传真卡等多个驱动，母盘就需要改动多次，而一个母盘最多只能改三次，就必须重新制作一个母盘，这对于制造成本而言也是一个很大的损失。现在人工可以直接从服务器上下载软件系统，速度非常快，能够达到 100 MB/ 分钟，大大提高了装配的效率，并降低了制造成本。

同时，联想立体仓库的信息化程度也非常高，它可以实现和 ERP 的数据交换，从而可以实现在线自动核算、应收账款、应付账款等财务信息的自动生成，货位准确率达到100%，并实现动态实时盘点。例如现有 400 个软驱，通过采购商务部采购到货，经过扫描之后入库，SCMS（供应链管理系统）会自动分配一个地址，堆垛机开始运作，同时通过与 ERP 的交互，财务可以看到这批材料的状态由材料采购在途变成材料在库，并根据相应采购计划生成材料应付账款；如果根据生产计划安排，这批物料需要调到生产线上使用，在物料出库扫描的同时，通过 ERP 系统，财务可以看到这批材料的状态由材料在库变成在线产品的一部分，并根据批次成本进行在线产品的自动核算；成品下线时，经过扫描，发送给渠道，财务产生应收账款。这就是 ERP 和立体仓库之间无缝集成，实时交互数据的全过程。

采购预测是想象复杂的信息收集和处理过程。面对庞大的信息源，如何获取信息、处理信息是采购预测的前提。良好的信息系统为预测分析提供了保障。联想集团以信息建设为基础，建立了完整的信息收集和分析系统，在该系统的支持下，建立了预测模型和自动补货方式，而完整的采购预测包括销售预测、生产预测等内容，这些预测相辅相成、缺一不可。

物流知识小课堂

电子商务（Electronic Commerce, EC）通常是指在全球各地广泛的商业贸易活动中，在互联网开放的网络环境下，基于浏览器-服务器应用方式，买卖双方不谋面地进行各种商贸活动，实现消费者的网上购物、商户之间的网上交易和在线电子支付，以及各种商务活动、交易活动、金融活动和相关的综合服务活动的一种新型的商业运营模式。

电子商务系统是保证以电子商务为基础的网上交易实现的体系。网上交易依然遵循传统市场交易的原则。网上交易的信息沟通是通过数字化的信息渠道实现的。因此，首要条件是交易双方必须拥有相应的信息技术工具。其次，网上交易的交易双方在空间上是分离的，为保证交易双方进行等价交换，必须提供相应的货物配送和支付结算手段。此外，为保证企业、组织和消费者能够利用数字化沟通渠道，保证交易能够顺利进行配送和支付，需要由专门提供服务的中间商参与，即需要电子商务服务商。

思考题

1. 联想是如何构建供应链信息管理系统的？
2. 联想的供应链信息管理系统在预测方面有哪些积极作用？
3. 联想第三代电子商务的特点是什么？
4. CELL 生产方式相对传统方法有哪些优势？

案例6-4　埃克森美孚公司的标杆管理

主题词： 标杆管理，速度标杆，微笑标杆，安抚标杆

俗话说："三人行，必有我师。"对于一个企业来说也是如此。龙头老大不可小觑实力不如自己的企业，应挖掘对方的优点并向其学习；倘若在自己的行业内没有值得学习的对象，也可以把自身存在的问题进行分解，并针对某个具体环节向其他行业的高手学习。所以标杆管理其实就是一个不断学习和超越的自我改进系统。

埃克森美孚（Exxon Mobil Corporation）公司是全球最著名的公司之一。2000年，埃克森美孚公司全年销售额为2320亿美元，人均产值为193万美元，约为中国石化的50倍，位居全球500强第一位，彰显其强大的实力和影响力。但是，埃克森美孚公司的进取心是很强的，还想做得更好。于是埃克森美孚公司做了一个调查，来试图发现自己的新空间。当时埃克森美孚公司询问了服务站的4000位顾客什么对他们是重要的，结果发现仅有20%的被调查者认为价格是最重要的，其余的80%想要三件同样的东西：一是快捷的服务；二是能提供帮助的友好员工；三是对他们的消费忠诚予以一些认可。

埃克森美孚公司把这三样东西简称为速度、微笑和安抚。埃克森美孚公司的管理层认为：论综合实力，埃克森美孚公司在石油企业里已经独步江湖了，但要把这三项指标拆开看，美国国内一定还有做得更好的其他企业。埃克森美孚公司于是组建了速度、微笑和安抚三个小组，去找速度最快、微笑最甜和回头客最多的标杆，以标杆为榜样改造埃克森美孚公司遍布全美的 8000 个加油站。

经过一番寻找，三个标杆都找到了。速度小组锁定了潘斯克（Penske）公司。世界上赛车运动的顶级赛事是一级方程式赛车，即 F1 赛车。但美国人不玩 F1，它有自己的 F1 赛车，即"印地 500 汽车大赛"（Indy500）。而潘斯克公司就是给"印地 500 汽车大赛"提供加油服务的。在电视转播"印地 500 汽车大赛"时，观众都目睹到这样的景象：赛车风驰电掣般冲进加油站，潘斯克公司的加油员一拥而上，眨眼间赛车加满油绝尘而去。埃克森美孚公司的速度小组经过仔细观察，总结了潘斯克公司之所以能快速加油的绝招：这个团队身着统一的制服，分工细致，配合默契，而且潘斯克公司的成功部分归功于电子头套耳机的使用，它使每个小组成员能及时地与同事联系。

于是，速度小组提出了几个有效的改革措施：首先是在加油站的外线上修建停靠点，设立快速通道，供紧急加油使用；加油站员工佩戴耳机，形成一个团队，安全岛与便利店可以保持沟通，及时为顾客提供诸如汽水一类的商品；服务人员保持统一的制服，给顾客一个专业加油站的印象。一位服务员曾表述说："顾客们总把我们误认为是管理人员，因为我们看上去非常专业。"

微笑小组锁定了丽思 - 卡尔顿酒店作为温馨服务的标杆。丽思 - 卡尔顿酒店号称全美最温馨的酒店，那里的服务人员总保持招牌般的甜蜜微笑，因此获得了不寻常的顾客满意度。埃克森美孚公司的微笑小组观察到，丽思 - 卡尔顿酒店对所有新员工进行了广泛的指导和培训，使员工们深深铭记：自己的使命就是照顾客人，使客人舒适。根据埃克森美孚公司微笑小组人员说："丽思的确独一无二，因为我们在现场学习过程中被丽思所感染，使我们不自觉地融入丽思。即使是在休息时间，我们也不忘帮助入住旅客提包。我们实际上活在丽嘉的信条中，这就是真正要应用到自己的业务中的东西，即在那种公司里，你能愉快地享受服务于顾客而带来的自豪与满足感，那就是丽思真正的魔力。在我们的服务站，没有任何理由可以解释为什么我们不能有同样的自豪，不能有与丽思 - 卡尔顿酒店一样的顾客服务现象。"

微笑的标杆找到了。现在，当顾客准备驶进的时候，埃克森美孚公司已经为他准备好了汽水和薯片，服务人员面带笑容地等在油泵旁边，准备好高级无铅汽油，这种全心全意为顾客服务的态度深得顾客喜欢。

全美公认的回头客大王是"家庭仓库"公司。安抚小组于是把它作为标杆。他们从"家庭仓库"公司学到：公司中最重要的人是直接与顾客打交道的人。这意味着要把时间和精力投入如何雇用和训练员工上。而过去在埃克森美孚公司，那些销售公司产品，与顾客打交道的一线员工传统上被认为是公司里最无足轻重的人。

安抚小组的调查改变了埃克森美孚公司以往的观念，现在领导者认为自己的角色就是支持这些一线员工，使他们能够把出色的服务和微笑传递给公司的顾客，传递到公司以外。

埃克森美孚公司在经过标杆管理之后，他们的顾客一到加油站，迎接他的是服务员真诚的微笑与问候。所有服务员都穿着整洁的制服，打着领带，配有电子头套耳机，以便能及时地将顾客的需求传递到便利店的出纳那里。希望得到快速服务的顾客可以开进站外的特设通道中，只需要几分钟就可以完成洗车和收费的全部流程。这样做的结果是：加油站的平均年收入增长了 10%。

近年来，随着全球能源转型和气候变化的影响，以及地缘政治冲突和地区局势动荡，埃克森美孚公司在世界 500 强的排名中出现下滑。例如，在 2019 年，虽然埃克森美孚公司仍然位列世界 500 强，但已经不再是前十名的常客。公司不断调整经营策略和业务结构，以适应市场的变化和发展趋势，2023 年，埃克森美孚公司总营业收入达到 3337 亿美元，虽然未进入全球 500 强前十名，但仍显示了公司在全球石油和石化行业的领先地位，包括上游（油气勘探和生产）、下游（炼油和销售）、化学品等，而这领先地位应该可以归功于公司持续的标杆管理。

物流知识小课堂

标杆管理（Benchmarking），又称作基准管理，是指一个组织瞄准一个比其绩效更高的组织进行比较，以便取得更好的绩效，不断超越自己，超越标杆，追求卓越，组织创新和流程再造的过程。标杆管理本质上是一种面向实践、面向过程的以方法为主的管理方式，它与流程重组、企业再造一样，基本思想是系统优化，不断完善和持续改进。标杆管理是站在全行业，甚至更广阔的全球视野上寻找基准，突破企业的职能分工界限和企业性质与行业局限，它重视实际经验，强调具体的环节、界面和流程，因而更具有特色。同时，标杆管理也是一种直接的、中断式的渐进的管理方法，其思想是企业的业务、流程、环节都可以解剖、分解和细化。企业可以根据需要，或者寻找整体最佳实践，或者发掘优秀"片断"进行标杆比较，或者先学习"片断"再学习"整体"，或者先从"整体"把握方向，再从"片断"具体分步实施。

思考题

1. 埃克森美孚公司建立了哪些"标杆"？
2. 埃克森美孚公司如何实现其标杆管理？
3. 以某物流企业为对象，分析可以建立哪些标杆？

案例 6-5　Amazon 的预测性库存管理系统分析

主题词：电子商务，库存预测，大数据分析

Amazon 作为全球最大的电子商务和云计算公司之一，其预测性库存管理系统是其成功的重要组成部分之一。这个系统不仅能够帮助 Amazon 优化供应链管理和库存控制，还能够确保在高效率和成本效益的基础上满足客户的需求。本文将深入探讨 Amazon 的预测性库存管理系统，分析其优势及使用后的效果。

Amazon 的预测性库存管理系统是建立在先进的数据科学和机器学习技术之上的。这个系统的核心目标是通过分析历史销售数据、市场趋势、季节性变化和其他相关因素，来预测未来产品的需求量，并基于预测结果优化库存管理策略。

Amazon 的预测性库存管理系统通常包括以下几个关键组成部分和功能。

（1）数据收集与整合。系统从多个来源收集大量的数据，包括但不限于历史销售数据、客户订单、供应商信息、市场趋势、市场营销活动效果等。这些数据来自 Amazon 的销售平台、物流系统、广告平台以及第三方数据提供商。

（2）数据分析与模型建立。基于收集到的数据，Amazon 利用先进的数据分析和机器学习算法建立预测模型。这些模型可以预测不同产品在不同市场、不同时间段的需求变化趋势，从而帮助公司调整库存水平和供应链策略。

（3）需求预测与优化。预测模型生成准确的需求预测结果，为 Amazon 提供了每个 SKU（库存单位）的销售量预测。基于这些预测结果，公司可以优化库存管理，包括订购量、库存位置、再订购策略等，以最大限度地满足市场需求，同时减少过剩库存的风险。

（4）实时更新与反馈机制。Amazon 的预测性库存管理系统具备实时更新和反馈机制。随着市场需求和客户行为的变化，系统能够动态调整预测模型并及时更新预测结果。这种灵活性和响应能力使得公司能够在快速变化的市场环境中保持竞争优势。

Amazon 的预测性库存管理系统带来了多重优势，这些优势不仅提升了公司的内部运营效率，还直接影响了市场竞争力和客户体验的提升。具体优势如下。

（1）精确的需求预测。Amazon 的预测模型能够准确预测每个 SKU 的未来需求量。这种精确性使得公司能够避免因供不应求或过剩库存而导致的损失，同时确保产品的及时供应和客户满意度的提高。

（2）优化库存成本。通过预测性库存管理系统，Amazon 能够精确控制每个 SKU 的库存水平。这不仅减少了存储和管理成本，还降低了资本固定在库存中的风险，使得公司能够更有效地利用资金投资于其他战略性项目。

（3）提高供应链效率。预测性库存管理系统优化了 Amazon 的供应链流程。通过提前预测需求，公司可以更有效地安排生产计划、运输安排和仓储策略，从而降低运输成本、减少运输时间和优化供应链的整体效率。

（4）增强市场响应能力。精确的需求预测使得 Amazon 能够更快速、更灵活地响应市场变化。无论是季节性需求的增长，还是突发性市场事件的影响，公司都能够迅速调整库存和供应链策略，以最大化市场机会并降低风险。

（5）提升客户体验。预测性库存管理系统帮助 Amazon 确保产品的及时供应和订单的快速处理。这种能力不仅增强了客户对公司的信任和忠诚度，还提升了整体的客户体验和满意度，进而促进了销售增长和市场份额的扩展。

为了更具体地理解 Amazon 预测性库存管理系统的效果，以下列举几个具体的应用案例。

（1）节假日季节需求管理。在节假日购物季节，Amazon 利用其预测性库存管理系统预测出不同产品类别的高峰销售时段和需求量。系统能够提前调整库存和运输安排，以确保在高峰期间满足客户的购物需求，同时避免因库存不足而失去销售机会。

（2）新产品上市管理。当 Amazon 推出新产品时，预测性库存管理系统帮助公司评估市场对新产品的接受程度，并预测未来的需求量。基于这些预测结果，公司可以优化推广活动、制定合理的定价策略和安排有效的库存补充计划，以最大化新产品的市场影响力和销售效果。

（3）定期销售活动策略。Amazon 在每年的大促销活动，如 Prime Day（会员日）或 Black Friday（黑色星期五）期间，利用预测性库存管理系统预测不同产品的需求增长，并优化库存管理和供应链流程。这种精确的需求预测帮助公司充分准备并迅速响应高峰期的订单量，保证了活动期间的订单处理和客户满意度。

　　总体来看，Amazon 的预测性库存管理系统通过先进的数据科学和机器学习技术，实现了精确的需求预测和优化的库存管理。这不仅提升了公司内部运营效率，降低了成本，还增强了市场响应能力和客户体验。随着技术的不断进步和系统的持续优化，预测性库存管理系统将继续在 Amazon 的全球运营中发挥关键作用，为公司的持续增长和全球市场扩展提供有力支持。

📖 物流知识小课堂

　　机器学习是指通过利用数据和经验，让计算机自动进行学习，并根据学习结果改进性能的一种人工智能技术。其核心是构建模型，通过大量数据训练进行学习和预测。常见的机器学习算法有线性回归、决策树、支持向量机等。机器学习技术在图像识别、语音识别、自然语言处理等方面有广泛应用。例如在图像识别领域，机器学习可以通过学习大量图像数据，实现物体识别、人脸识别等功能。

❓ 思考题

1. Amazon 的库存管理采用了什么方法实现更准确的库存预测？
2. Amazon 的产品类型有哪些？这些产品的需求有什么特点？
3. 对于季节性需求，Amazon 怎样管理库存？

Chapter 7

第7篇　物流系统决策

"氨基酸组合效应"

　　组成人体蛋白的八种氨基酸，只要有一种氨基酸含量不足，其他七种氨基酸就无法合成蛋白质。当缺一不可时，"一"就是一切。氨基酸组合效应其实讲的是一个协调问题。在系统管理与决策时：

　　① 要全盘统筹，认识到诸要素都起到重要作用。

　　② 不能厚此薄彼，甚至人为地忽略某环节的存在。

　　③ 在即将做出决定时，最好再次重点分析一下薄弱环节的影响力。

物流讲堂

物流系统决策

物流系统决策是各层次物流管理者日常工作不可缺少的部分，如企业物流战略的决策、存储水平的决策、运输路线的选择等。物流系统决策正确与否、合理与否，小则关系能否实现预期的目的，大则影响企业的战略目标是否能实现，甚至决定企业的成败，关系部门或区域经济的盛衰。

1. 物流系统决策的基本要求

正确理解物流系统决策的概念，应把握以下三个方面。

（1）要有明确的目标。

（2）要有两个以上的备用方案。

（3）选择后的行动方案必须付诸实施。

2. 物流系统决策的类型

现代企业经营管理活动的复杂性、多样性，决定了经营管理决策有多种不同的类型。

（1）按决策的影响范围和重要程度不同，分为战略决策和战术决策。

（2）按决策的主体不同，分为个人决策和集体决策。

（3）按决策是否总是重复，分为程序化决策和非程序化决策。

（4）按决策问题所处条件不同，分为确定型决策、风险型决策和非确定型决策。

3. 决策分析

决策分析一般分为以下四个步骤。

（1）形成决策问题，包括提出方案和确定目标。

（2）判断自然状态及其概率。

（3）拟订多个可行方案。

（4）评价方案并做出选择。

常用的决策分析技术有：确定型情况下的决策分析、风险型情况下的决策分析、不确定型情况下的决策分析。

4. 预测与决策的联系与区别

（1）联系：预测是为决策服务的；预测贯穿于决策的全过程。

（2）区别：预测侧重于对客观事物的科学分析，而决策侧重于对有利时机和目标的科学选择。预测强调客观分析，而决策突出领导艺术。预测是决策科学化的前提，决策是预测的服务对象和实现机会。

案例 7-1　Krause 公司对供应商的选择

主题词： 供应商管理，供应商选择，采购决策

　　Krause 公司是一家机械与金属片承包商。虽然它在美国各地有许多分支机构，但关于金属制造这部分工作主要还是集中在中西部地区。Krause 公司非常注重工艺质量、富有竞争力的价格，以及及时交付的能力。而对于其供应商的选择，Krause 公司十分慎重。我们用一个实例来进行了解：某年秋天，Krause 公司要在一座新建筑物上安装排气系统，于是在安装排气系统之前，Krause 公司中西部地区的采购经理对排气导管的供应商进行评估与比较，最后做出采购决策。

　　夏天的时候，Krause 公司就接受委托为总部的研究实验室提供 HVAC（供热通风与空气调节）系统。整个排气系统约需要直径为 10 英寸（1 英寸≈25.4 毫米）的不锈钢管 6500 英尺（1 英尺≈0.3048 米）。当 Krause 公司的成本评估部门准备原始标底时，就计划在中西部分厂自制这种不锈钢管。由于用途特殊，需要的零部件许多都是非标准品，该项目十分复杂。

　　项目进行到一半的时候，负责金属片生产的副经理认为如果外购不锈钢管，成本可能会比预算低。采购经理也明白这个道理，但他认为一般来说降低成本是以牺牲质量为代价的。而由于实验室排放的空气中存在毒素，该系统的防漏性必然十分关键，必须对每根管子进行测试，确保其完好无损。如果在焊点上发现漏洞，就要当场花很多时间重焊。所以，原材料的成本和质量同样重要。

　　在原材料的获取渠道方面，采购经理知道有两种方法可以获得管子：一种是 Krause 公司可以按原计划自制管道，成本最低，质量也过得去；另一种是寻找供应商，以较高成本提供现成的渠道。

1. 采用采购渠道

　　采购经理首先考虑第一种选择：采购。他对市场进行了完整的调研工作，发现每英尺直径为 10 英寸的不锈钢管，多数供应商的报价为 23 ～ 28 美元。但有一个供应商每英尺只要价 18.20 美元，而且这个供应商提供的管子长为 20 英尺，并且保证质量没有问题。另外，他们的管子是圆管。圆管在连接时能节约不少时间，而且还会大大降低焊接失误的可能性。

　　尽管该选项听起来非常吸引人，但经验丰富的采购经理清楚地知道，不能单凭第一印象就做出重大决策。他还要全面考虑，才能做出明智的选择。

2. 采用自制渠道

　　针对第二种选择，采购经理收集了自制成本估计所需的全部数据。在自制管道时，需要两个步骤：首先，通过"轧制"工序将一大块钢板塑造成圆管状；其次，用焊接工序将钢管焊接在一起。具体的数据是：制造直径为 10 英寸的钢管，每轧一块约耗时 6 分钟，包括装载和卸载零部件。Krause 公司在该道工序使用的设备能卷起长为 8 英尺的钢板。焊接一段 8 英尺的管子估计需要 10 分钟。Krause 公司的成本估计中设定的人工工资是每小时 32.60 美元，由此产生了 42% 的间接费用。不锈钢管的长度不等，都在 100 英尺以下，直径则为 36 英寸、48 英寸或 60 英寸，价格最高的是每磅 1.80 美元。16 英尺长的钢材每平方英尺（1 平方英尺≈0.093 平方米）约重 2.5 磅。焊接工序需要焊丝和焊接气体。焊丝的成本为每磅 5.50 美元，每焊接

1 英尺需要焊丝 0.03 磅。焊接气体的成本是每焊接 8 英尺钢管需要 25 美分。该项目所需管道的长度多数都超过了 8 英尺。因此，采购经理认为有必要在自制选项中再加上额外连接的成本。这种连接是要在管子的接口上进行焊接，每次焊接时，工序加备货需要 18 分钟。

最后，采购经理通过对以上各方面的仔细权衡，认为采用采购渠道成本较低，而效率也是好的，于是决定选择合适的供应商，采用采购渠道进行原材料的购置最合适。

Krause 公司因其项目的特殊性，在供应商的选择上与一般的通行做法有所不同，主要表现在以下几个方面。

（1）Krause 公司与供应商的关系不是非常稳定与长久的，主要是因为它要根据自己所承接的项目确定其所需的材料，而每次所承接的项目不同。

（2）Krause 公司也具备生产项目所需材料的能力，所以必须在自制或是采购上做出选择，而选择时，成本和质量是重点考虑的因素。

（3）Krause 公司对自制与采购进行了细致的对比分析，以期望找到最佳方式。

根据本案例的实际情况，进行供应商管理一般需要抓好以下环节。

（1）需要对资源市场内外的供应商进行广泛、全面的调查，以掌握第一手真实可靠的供应商资料。

（2）与合适的供应商进行联系，开发供应商。

（3）对有合作意向的供应商进行考核，力求选择出最佳的供应商。

（4）对已顺利通过考核并被选择的供应商按协议或者合同提供相应的服务，然后据此对供应商进行激励与控制。

Krause 公司在供应商选择上虽然有其独特的因素，但结合自身的实际情况对其进行选择，很值得研究和学习。

（1）具体问题具体分析。在对供应商进行选择时，首先要考虑的是此次采购的物料有何特殊性，与供应商的关系是否会形成长期的合作。

（2）全盘考虑。对能够获取该物料的各种途径进行深入调查、分析计算，进行全面周到的考虑，力图找到最佳渠道。

物流知识小课堂

供应商选择，狭义地讲，是指企业在研究所有的建议书和报价之后，选出一个或几个供应商的过程；广义地讲，包括了企业从确定需求到最终确定供应商以及评价供应商的不断循环的过程。

影响供应商选择的主要因素可以归纳为四类：企业业绩、业务结构与生产能力、质量系统和企业环境。

供应商选择需要遵循"Q.C.D.S"，即质量（Quality）、成本（Cost）、交付（Delivery）与服务（Service）并重的原则。

供应商选择通常包括七个步骤：（1）分析市场竞争环境；（2）建立供应商选择目标；（3）建立供应商评价标准；（4）建立评价小组；（5）供应商参与；（6）评价供应商；（7）实施合作关系。

思考题

1. 从本案例出发，简述影响供应商选择的因素及供应商管理的环节。

2．Krause 公司对供应商的选择有哪些特殊性？

3．简要谈谈 Krause 公司在供应商选择上给我们的启示。

案例 7-2　从敦豪看科技企业物流外包

主题词： 物流外包，第三方物流，逆向物流

科技企业进行物流外包这一做法在中国已经开始逐渐兴起。在敦豪（DHL）位于上海的宽阔货区内，成堆的印有 Siemens（西门子）Logo 的货件显得格外显眼。西门子（中国）有限公司自动化和驱动集团与敦豪海空运公司签订了无限期的合作协议之后，由后者全面负责其从德国工厂至上海的进口海运、空运及清关程序。现在，在敦豪上海货区内，西门子公司货件有较多的库存量。西门子公司每月通过公路、铁路及国内空运发出的固定数量订单，统一交由敦豪承接全程门到门递送服务。所有订单均通过连接西门子公司的电子数据交换系统进行处理，使西门子公司与敦豪的仓库管理系统互通，实现全面自动化的仓储管理过程。

由于科技企业产品更新速度快，原料和产品单价高、全球化程度高且售后备件处理任务重，面临比较复杂的物流环境。为获得更大的市场，全球性的物流公司也不断出台新的物流和供应链服务。像西门子公司一样，科技企业将物流系统外包给第三方物流企业成为一种趋势。

科技企业的跨国采购和销售使其供应链延伸到全球，既有海运、空运等长途运输，也有"门到门"的递送，还需要进行通关等手续。因此，建立一体化的全球物流体系，统一资源规划，减少成本，提高效率，就成为科技企业应对激烈竞争的手段之一。在与敦豪合作以前，西门子公司的仓储、库存及派送均由公司内部自行管理，其各个生产工厂都需要设小型产品存储仓库，由员工进行人工管理。在敦豪接管及引进电子数据交换系统（EDI）后，原来由十九名西门子公司员工才能完成的物流管理工作，现在由八名驻上海的敦豪员工即可完成。西门子公司中国采购及物流服务主管托马斯·费希腾麦尔（Thomas Fichtenmeier）表示："敦豪的服务集成了海运、空运及物流服务，从而实现了端到端的物流系统。"

科技企业和第三方物流公司的这种合作正在亚太地区逐渐普及。朗讯科技公司（Lucent）和另一家全球性的物流企业美国联合包裹公司（UPS）合作进行物流管理。由联合包裹公司相关业务部门设立一个专门工作组，负责管理朗讯科技公司在所有空中和陆上的货运业务、跨港口仓储业务及物流系统的运行。朗讯科技公司供应链网络部副总裁吉姆·约翰逊（Jim Johnson）认为："这项物流管理方案将在整个层面上监督物流网络的运行，包括如何管理送货车司机、缩短各个物流环节之间的间隙、提高整个物流系统运行的透明度等。"可见，第三方物流企业的介入可以让科技企业各个物流环节之间的连接更为顺畅。

科技企业的另一个特点是售后服务水平要求高，往往需要对售出商品进行维修、更换等服务。对科技企业来说，售后服务的管理主要是对备件的物流管理。任何科技产品都难以完全杜绝硬件故障，一旦出现故障，及时找到需要的备件就成为衡量服务质量的关键。这种备件物流又叫作"逆向物流"，顾名思义，它与正常物流的方向相反，而且具有不可预知性，难度也较大。传统的方法是企业自己建设备件中心，这样前期需要很大的投入，许多企业也正在尝试将备件物流进行外包。

惠普公司 GSO（HP Global Service Organization）部门与敦豪进行了备件物流上的合作，

利用敦豪全球的备件物流中心进行逆向物流，包括回收工程师和销售渠道借用的零部件，回收、送修、返库缺陷零部件，回送缺陷零部件给供应商，从用户端到供应商形成了一个完整的逆向物流链条。对于敦豪这样的物流企业来说，所谓正向和逆向物流均是其物流服务的组成部分，有许多重合之处，而对于科技企业来说，则减少了重新建设一套备件物流系统的工作，提高了效率。

虽然备件物流在中国还并不普及，但全球各大物流企业已经在中国开始布局。从20世纪90年代开始，敦豪进入备件物流领域。在全球范围内，敦豪拥有330个仓库、10个分销中心，另外，还在亚洲、欧洲、北美地区有3个区域呼叫中心，在中国设立了16家备件物流中心。

联合包裹公司位于上海的航空转运中心的功能之一就是为企业提供售后维修服务。"全球的备件物流市场规模可望达到650亿美元，并以每年4%的速度增长，从而成为全球物流领域中增长速度最快的市场。"敦豪亚太区备件物流总监约翰·法雷尔（John Farrell）如此预测。

科技企业的物流外包需要大发展，仍面临着一些障碍，其中最重要的一点就是如何满足科技企业的个性化需求。敦豪全球客户解决方案部亚太区电子元器件部销售总监沈剑平说："运一箱芯片同运一箱衣服的要求当然不同，需要根据客户的需求提供必要的确保货物安全的服务。"如敦豪与影像企业爱克发公司（Agfa）在合作中，就必须为爱克发公司的影像产品提供特殊的环境，如对温度和湿度严格控制，在仓库内设置专用工作间用于仪器的校准等。在敦豪上海区域转运中心1.8万平方米的仓库中，常设500余个爱克发公司专用库存单元，占据了全部物流中心的六分之一。个性化的需求显然带来成本的增加。如某物流企业为高价值的芯片等产品提供的特殊服务，采用全球定位、特别保镖和装甲卡车等措施，这样的服务开价不菲。

虽然基础设施的限制以及管理体制的制约仍然影响着科技企业外包物流的决心，但是科技企业外包物流在中国已经开始兴起。正如中外运敦豪国际航空快件有限公司董事、副总经理陈奋祯所说，在科技企业领域，在发达国家外包的比例为45%～50%，在中国外包的比例为20%～24%，还有很大的增长空间。

物流知识小课堂

第三方物流（Third-Party Logistics，3PL，或TPL）是相对"第一方（发货人）"和"第二方（收货人）"而言的。3PL通过与第一方或第二方的合作来提供其专业化的物流服务，为客户提供以合同为约束的、以结盟为基础的、系列化的、个性化的、信息化的物流代理服务。

第三方物流的特征表现在五个方面：（1）关系合同化；（2）服务个性化；（3）功能专业化；（4）管理系统化；（5）信息网络化。

我国第三方物流的发展战略应突出以下几点：（1）资源战略；（2）联盟战略；（3）服务战略；（4）创新战略；（5）品牌战略。

第三方物流公司通过自己物流作业的高效化、物流管理的信息化、物流设施的现代化、物流运作的专业化、物流量的规模化来创造利润，主要包括：（1）作业利益；（2）经济利益；（3）战略利益。

第三方物流提供商一般需要从提高物流运作效率、与客户运作的整合、发展客户运作三个方面创造运作价值。

思考题

1. 科技企业为什么与第三方物流公司合作？有哪些发展优势？
2. 科技企业的特点有哪些？第三方物流公司如何满足这些特点？
3. 根据本案例所述，简述科技企业的备件逆向物流的发展趋势。

案例 7-3　企业应选择自营物流还是物流业务外包

主题词： 自营物流，物流业务外包，规模效益

某企业决策层在自营物流还是物流业务外包中徘徊，具体解决方案如下。

方案 A：年初向银行一次性贷款 120 万元（年息为 96000 元），一次性地购回牛皮原料 120 吨入企业仓库，找专人保管发料，全年慢慢地进行生产性消费。

方案 B：年初第一次向银行贷款 10 万元（年息为 8000 元），购买 1 月份所需生产性消费牛皮原料 10 吨，2 月份牛皮原料采购款来自 1 月份皮鞋部分销售回笼款项，其他各个月的生产安排，照此类推。

方案 C：与专业物流公司签订物流业务外包协议，企业不向银行贷款；第一个月由物流公司垫支原料款分四批购货 10 吨（约每周 2.5 吨，或每天配送 450 千克，逢周五、周六不送货，化整为零的配给制），取消企业仓库及仓库管理环节；由陆续回笼的皮鞋产品销售款冲抵牛皮原料的购货款（物流公司小批量、高频率地供货，采用 JIT 模式），彻底取消企业仓库及库存管理。该物流公司可以对若干个皮鞋厂所需牛皮原料采用专业化的配给供货，以获取规模效益。

方案 A 和方案 B 中企业原来的业务流程如图 7-1 所示。

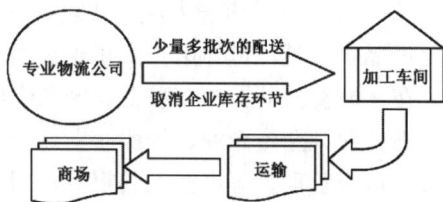

方案 C 中企业改动后的业务流程如图 7-2 所示。

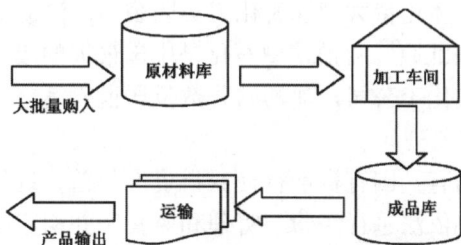

图 7-1　企业原来的业务流程图　　　　图 7-2　企业改动后的业务流程图

注：专业物流公司可采用优化的物流方案，每日送货两次（每次 225 千克，上午 7:00，中午 12:00 各一次），送牛皮原料进厂，把制成品——皮鞋拉出工厂，装箱发运到指定地点。

最后，经过深思熟虑，该企业决策层得出如下结论：

皮鞋厂把原料供给及产品外销业务外包给专业物流公司，改变了企业生产要素配置和运行的方式，大大提升了资产运行的效率。

专业物流公司对若干个皮鞋厂承揽原料配送和产成品外销业务，在降低皮鞋厂流通成本

的同时，自身获取物流服务的利润。

从地区经济发展的角度来看（假定此地为皮鞋城），生产企业、物流企业分工更细化、更专业化，区域经济资源配置更合理，运行更有效率。

物流知识小课堂

现代企业自营物流已不是传统企业的物流作业功能的自我服务，它是基于供应链物流管理以制造企业为核心的经营管理新概念。自营物流主要是指工业企业自己营业的物流，而它的主要的经济来源不在于物流。根据规模经济原理，物流规模越大，物流集约化程度越高，物流营运越经济。因此，企业生产经营达到一定的规模时，即企业自身物流拥有一定的规模时，自营才能发挥其系统管理的功效。

思考题

1. 简述本案例中的 A、B、C 三个方案的优缺点。
2. 结合本案例，比较企业自营物流和物流业务外包的优缺点。
3. 简要谈谈你对本案例的最后决策的看法。

案例 7-4　中石化物流供应链管理决策

主题词： 决策支持系统，物流调度决策体系，ERP 系统

中国石油化工集团公司（以下简称中石化，英文缩写为 Sinopec Group）是 1998 年 7 月国家在原中国石油化工总公司基础上重组成立的特大型石油石化企业集团，是国家独资设立的国有公司、国家授权投资的机构和国家控股公司。2018 年 8 月，经公司制改制为中国石油化工集团公司。公司是上下游、产供销、内外贸一体化特大型能源化工集团公司，注册资本 3265 亿元人民币，董事长为法定代表人，总部设在北京。目前，中石化是中国最大的成品油和石化产品供应商、世界第一大炼油公司、第二大化工公司，加油站总数位居世界第二，近年来，在《财富》世界 500 强企业排名中始终位居前列。

中石化对其全资企业、控股企业、参股企业的有关国有资产行使获得资产收益、进行重大决策和选择管理者等出资人的权利，对国有资产依法进行经营、管理和监督，并相应承担保值增值责任。中石化的主营业务范围包括：实业投资及投资管理；石油、天然气的勘探、开采、储运（含管道运输）、销售和综合利用；煤炭生产、销售、储存、运输；石油炼制；成品油储存、运输、批发和零售；石油化工、天然气化工、煤化工及其他化工产品的生产、销售、储存、运输；氢气、太阳能、风能、地热等新能源产品的生产、销售、储存、运输；新能源汽车充换电业务及相关服务；石油石化工程的勘探、设计、咨询、施工、安装；石油石化设备检修、维修；机电设备研发、制造与销售；电力、蒸汽、水务和工业气体的生产销售；技术、电子商务及信息、替代能源产品的研究、开发、应用、咨询服务；自营和代理有关商品和技术的进出口；对外工程承包、招标采购、劳务输出；国际化仓储与物流业务等。

中石化希望实现公司全国范围内的数据集中式管理，通过构建集中式决策支持平台，支持全国范围的业务决策多级扩展，使得公司内部的资源可以充分共享，总部可以更加关注诸如资源流向、调运计划、运力资源等有限关键资源，物流部可以实现对区域内的生产企业仓库、配送中心以及网点库的物流资源实行集中管理，最终达到总部可以全面控制供应链各环节的管理要求。

另外，中石化也希望建立以订单处理、业务协同为核心的管理机制，通过加强对物流业务协同的核心经营管理，实现外部单一物流订单向内部多个作业执行指令的转变，当订单处理结束下达以后，各协同机构都可以看到与某订单有关的作业指令单，及时安排本责任范围内的操作，同时实现对物流全过程的业务监控，对运输配送的订单和调拨订单进行全程跟踪，对订单执行过程中的业务异常情况进行实时反馈至调度中心，调度中心根据实际情况进行相应决策，并对业务进行及时调整。

中石化作为中国石油化工行业的龙头老大，其信息化发展一直走在行业的最前沿，它的 ERP 系统项目是由世界知名公司 SAP 完成的。此次选中上海博科资讯股份有限公司，主要基于其卓越的技术实力、深厚的行业积淀、成熟的项目管理及实施能力，尤其在物流供应链软件领域具备丰富的成功案例经验。

中石化对此次物流系统项目的要求极其严格，要求项目完成的时间仅有 3 个月。博科项目小组面对中石化庞大的营销网络和复杂的物流调度决策体系，在如此紧迫的时间和质量要求下刻苦工作，废寝忘食，仅仅两个多月就顺利完成项目调研和现场开发，中石化物流调度决策支持信息系统项目成功上线后，已在全国全面推广使用。项目实施所应用的软件平台为上海博科资讯股份有限公司自主开发的 Himalaya（喜马拉雅）软件平台，通过平台提供的开放 RIA 架构，结合 J2EE 和 .NET 双重体系的优点，实施人员可以充分保证应用的可扩展性。平台以业务逻辑为驱动，提供面向服务的架构和工具，从而可以达到深度灵活、满足动态需求的用户要求。

在本次项目实施过程中，项目组提出的项目目标为建立中石化国内统一的物流网，支持九个生产企业十一个省的化工销售业务。物流供应链管理决策支持项目范围包括基础信息系统、业务信息系统及管理信息系统三个子系统的构建。通过项目实施帮助中石化构建多级物流网络（生产企业、区域配送中心、网点库），并可以按照销售情况合理安排资源流向。以上项目目标均在本次项目中达成。

此次物流供应链管理决策支持项目上线后，中石化建立起了更加完备的现代化物流体系，通过现代化信息技术，企业优化了资源流向，保证了化工产品安全高效地运送，完全达到了项目建设初期提出的"稳定渠道、在途跟踪、提高效率、降低成本"的系统目标。从应用效果的层面看，该系统支撑了中石化全国业务近千亿元化工产品的销售和物流配送，支撑了中石化全国各地数百个信息点的同时在线操作，实现了中石化全国各分公司信息的充分共享，系统为中石化整个供应链各环节提供了数百个业务功能，通过系统的实际应用，中石化目前已节约了大量的巨额交通运输费用，平均每笔业务交货周期也缩短了数天。

由于中石化物流供应链管理决策支持系统的成功上线，中石化将在后续的业务操作中采用三种物流模式，具体包括：用户直接前往石化厂提取货物、用户从网点（区域代理商处）提货，以及由销售分公司直接送货上门至用户。三种物流模式对中石化而言，可谓开了先河，更是一种变革。此前数十年，中石化采用的都是用户到石化厂自行提货或用户到网点提货两种模式，而这种变革得益于中石化对于物流调度决策支持管理水平的提升。

物流知识小课堂

决策支持系统（Decision Support System，DSS）是辅助决策者通过数据、模型和知识，以人机交互方式进行半结构化或非结构化决策的计算机应用系统。它是管理信息系统（MIS）向更高一级发展而产生的先进信息管理系统。它为决策者提供分析问题、建立模型、模拟决策过程和方案的环境，调用各种信息资源和分析工具，帮助决策者提高决策水平和质量。

思考题

1. 中石化的物流供应链管理决策支持项目的优势有哪些？有哪些积极作用？
2. 中石化如何构建其物流供应链管理决策支持系统？包括哪些子系统？

案例 7-5　乐百氏快速建立物流体系

主题词： 配送中心，配送网络，运输联合体

在经历了产品的竞争、质量的竞争和品牌的竞争阶段后，乐百氏认为现在已开始进入销售和配送网络的竞争。1999 年年底，乐百氏总裁何伯权在谈到市场创新时首次提出了建设配送中心的设想，让产品更快地到达经销商、分销商甚至零售商手上。但目前国内整个大流通的商业不发达，没有理想的配送网络，而乐百氏发展到现阶段又很需要它，因此只好自己去建。从 2001 年开始，乐百氏在武汉、中山、华东、华北、西北的五大配送中心承担了公司约 80% 的货物的发送，配送网络覆盖区域达二十多个省。

初步规划很快完成，乐百氏准备在全国范围内建设十多个配送中心，包括一级配送中心和二级配送中心，一级配送中心辐射周边数省，二级配送中心主要服务本省，二者互为补充，覆盖全国市场。当这个配送网络建成时，产品直接发到配送中心，由配送中心发运到渠道终端（超市、商场批发商、零售商），如果终端有问题，可以直接反馈给配送中心，包括所有的信息和不良品，这样的网络对产品竞争力的提升无疑是有很大帮助的。

配送中心是指按客户要求配备产品并发送到客户的一个中介组织，均衡、合理地分布在全国各地的多个配送中心就形成一个配送网络。乐百氏决定根据各地的实际情况分别采取自己建设或由专业物流公司代理两种方式来建立配送中心。因此，乐百氏专门组成了配送中心项目工作小组，明确了销售部、储运部、销售计划科、市场财务部、信息技术中心、工厂管理科等相关部门的职责，其中，销售部负责全国配送中心建设的领导工作，储运部全权负责整个建设过程的跟踪、指导、协调及配送中心的管理。

乐百氏选择在武汉进行第一个配送中心试点的工作，武汉配送中心依托武汉分厂，在分厂储运部、成品仓的基础上建成。由于武汉分厂只生产水系列产品，因此，储运部在武汉火

车站附近设立了隶属配送中心的武汉市内仓，作为从别的工厂调入的其他系列产品的寄售库，方便对武汉市区的产品配送。配送中心的软件建设，也就是信息系统的建设，则由储运部与生产部的工厂管理科及行政总部的信息技术中心共同派员到现场进行配送中心 SAP 系统的建设，完成了系统配置、客户数据、成品数据、交易数据、报表开发到人员培训、编写操作指南等大量工作，终于实现了现场上线。

跟随武汉配送中心的步伐，中山配送中心也开始了试点工作。在武汉、中山两个配送中心的运作渐入佳境之后，乐百氏迈出了华东配送中心的建设步伐。华东配送中心下辖无锡、松江两个配送仓，依托无锡分厂和上海松江分厂而建，经过三个多月的磨合，已成功投入运作。随后乐百氏启动了华北、西北配送中心的建设，都已成功投入运作。

华北配送中心由两部分组成：一部分依托丰润分厂而建，以分厂储运部为基础，进行了适当的人员及业务调整；另一部分设在北京，与一家专业物流公司合作建立，这是公司首次与专业物流公司合作建立配送中心。此次合作储运部采用了将仓储与承运业务分开操作的方法，与物流公司共同物色仓库并签订原价转储合同，在仓储方面没有给物流公司留下利润空间，为乐百氏节约了物流费用。在承运方面，乐百氏看中的是物流公司掌控的运输联合体（会员制车队）所能达到的较高水准的服务，物流公司则希望借助乐百氏的销售网络拓展其业务。此次合作为乐百氏配送中心的管理向专业物流公司靠拢提供了一个很好的学习与借鉴机会。

乐百氏对配送中心的建设提出了两个要求：一是要面向市场，把服务放在第一位，让客户和分公司满意；二是要控制好费用，努力降低物流成本。这两个要求的明确，可以说是为配送中心解决了定位问题，因此，各配送中心都朝着这个方向进行不懈的努力。目前，配送中心所辐射区域的分公司仓库均已撤销，客户全部实现了直运直汇，物流资源得到了有效整合，乐百氏的物流费用在铁路运费取消 20% 的下浮优惠、公路限载、油价上升的情况下仍得到有效的控制。

在乐百氏配送中心建设规划中，不仅要在西南、东北等所有外设厂的地方都建起配送中心，而且要在特别需要配送中心支持的地区建设二级配送中心，如昆明和乌鲁木齐配送仓。他们希望逐步将华北、东北、华东、中南、华南、西南和西北七大配送中心建立起来，形成一张覆盖全国大部分地区的配送网络；对已经投入运作的配送中心，要进一步完善其内部管理体系和配送功能，要从高标准、规范性、可操作性、可检验性和服务意识等方面去提高和完善；下半年开始选择部分配送中心所在城市进行直销配送试点，直销配送是产品配送的高级形式，不仅涉及物流，还涉及价格、收款方式、电子商务等；同时，要摸索出一套适合配送中心特点的目标管理模式，要建设一支高素质的专业队伍，要建立一套培训制度，加强对员工业务技能和服务意识的培训、对供应商的培训、对经销客户的培训等。此外，储运部也正在酝酿一场科室架构的改革，准备在经理下面建起运营、资讯和项目主管三个管理系统，以加强对全国配送网络建设的指导和对各配送中心的管理。

食品行业的竞争已经从质量、品牌竞争过渡到供应链物流的竞争。乐百氏以配送中心为基础，建立完善的物流体系，以物流战略为主导，采用目标管理模式，以个性化服务为特色，构筑了企业独具特色的核心竞争力。

物流知识小课堂

配送中心是指接受供应者所提供的多品种、小批量的货物，通过储存、保管、分拣、配货以及流通加工、信息处理等作业后，将按需要者订货要求配齐的货物送交客户的组织机构和物流设施。《中华人民共和国国家标准：物流术语》中规定，配送中心是从事配送业务的物流场所和组织，应符合如下条件：主要为特定的用户服务；配送功能健全；完善的信息网络；辐射范围小；多品种，小批量；以配送为主，储存为辅。

思考题

1. 简述乐百氏快速构建物流体系的具体步骤。
2. 乐百氏对其配送中心的建设有哪些特殊要求？
3. 简述乐百氏武汉配送中心和华北配送中心各自的特点。

Chapter 8

第8篇　物流信息管理

"隧道视野效应"

隧道视野效应：一个人若身处隧道，他看到的就只是前后非常狭窄的视野。拥有远见和洞察力，视野开阔，方能看得高远。一件事情，重要的不是现在怎样，而是将来会怎样。要有高远的眼光，看清它的将来，坚定不移地去做，事业就已经成功了一半。明智的人总会在放弃微小利益的同时，获得更大的利益。

物流讲堂

物流信息管理

现代物流作为一个复杂的社会大系统工程，需要物流信息管理系统的支持。信息系统构建了现代物流的中枢神经，通过信息在物流系统中快速、准确和实时的流动，可使企业能动地对市场做出积极的反应，从而实现商流、信息流、资金流的良性循环。

1. 物流信息管理系统的基本功能

物流信息管理系统在物流活动中起着重要的作用，其基本功能包括：（1）市场交易活动功能；（2）业务控制功能；（3）工作协调功能；（4）支持决策和战略功能。

2. 物流信息化的意义

物流信息化的意义主要体现在以下四个方面：（1）物流信息资源的整合与共享；（2）物流资源的整合；（3）物流系统运行的优化；（4）物流服务水平的提升。

3. 物流信息化的基本要求

物流信息化的基本要求是要保证信息的可得性、精确性、及时性和灵活性。

4. 物流信息管理系统建立的基本原则

物流信息管理是对物流信息进行收集、整理、存储、传播和利用的过程，是将物流信息从分散到集中，从无序到有序，从产生、传播到利用的过程，对涉及物流信息活动的各种要素，包括人员、技术、工具等进行管理，实现资源的合理配置，强调信息的准确性、有效性、及时性、集成性、共享性。设计物流信息管理系统时必须遵循的原则有：（1）完整性原则；（2）可靠性原则；（3）经济性原则。

5. 物流信息管理系统的结构层次

一个完善的物流信息管理系统主要有以下四个层次。

（1）数据层：将收集、加工的物流信息以数据库的形式加以存储。

（2）业务层：对合同、票据、报表等业务表现方式进行日常处理。

（3）运用层：仓库作业计划、最优路线选择、控制与评价模型的建立，根据运行信息检测物流系统的状况。

（4）计划层：建立各种物流系统分析模型，辅助管理人员制订物流战略计划。

6. 现代物流信息管理系统的技术支持

目前已在物流领域中得到广泛应用的技术主要包括电子数据交换（EDI）、计算机、人工智能专家系统、互联网、通信以及条码和扫描仪等。通信技术在物流领域中最重要的应用包括全球卫星定位系统（GPS）、地理信息系统（GIS）和射频技术（RF）。通过条码技术能够快速提高物流效率和物流的准确性，条码是实现POS系统（销售时点信息系统）、EDI、电子商务、供应链管理的技术基础，是物流管理现代化、提高企业管理水平和竞争能力的重要技术手段。

案例 8-1　华为供应链的数字化转型之路

华为成立于 1987 年，是全球领先的信息与通信技术（ICT）解决方案供应商。为了适应数字化时代的需求，并在竞争激烈的市场中保持竞争力，华为于 2015 年启动了供应链数字化转型的 ISC+（Integrated Supply Chain，集成供应链）变革，聚焦于提升客户体验和创造价值，并以 ISC+ 愿景为牵引，打造数字化主动型供应链。2024 年，华为发布智慧物流 1+N 解决方案，旨在以人工智能、大数据、云计算和物联网等为技术支撑，完成供应链数智化升级，提升产业链、供应链韧性和安全水平，降低社会物流成本。

1. 供应链转型：从数字化到数智化

从 ISC+ 变革启动到现在，华为供应链的数字化转型主要经历了数字化和数智化两个阶段。数字化，即构建数字化能力基础，包括数据底座和流程 /IT 服务化。数智化，即在数字化的基础上，通过算法和场景建设，让业务变得更加智能。

1）构建实时、可信、一致、完整的数据底座

数据是数字时代新的生产要素。只有获取和掌握更多的数据资源，才能在新一轮的全球话语权竞争中占据主导地位。华为供应链充分认识到数据在生产过程中的重要价值，并从三个方面推动业务数字化，构建供应链的数据底座：一是业务对象数字化，即建立对象本体在数字世界中的映射，如合同、产品等；二是业务过程数字化，即实现业务流程上线、作业过程的自记录，如对货物运输过程进行自记录；三是业务规则数字化，即使用数字化的手段管理复杂场景下的规则，实现业务规则与应用逻辑解耦，使规则可配置，如存货成本核算规则、订单拆分规则等。

2）通过流程 /IT 服务化支撑业务能力的灵活编排

传统的供应链 IT 系统是"烟囱式"的，随着业务增长、需求变化加快，会出现客户体验差、重复建设、响应周期长等问题，不能适应业务发展的需要。通过对复杂的单体大系统进行服务化改造，让服务化子系统融合业务要素、应用要素和数据要素，可以实现业务、数据与系统功能的衔接。通过将业务能力封装为服务并按场景调用和编排，可以快速响应业务的需求。

例如，华为进入智能汽车解决方案领域后，供应链快速匹配新商业模式，按照价值流重新编排和改造服务化业务能力，快速搭建流程和系统，大幅度缩短新业务上线时间。

3）场景和算法赋能供应链智能化

信息流、实物流和资金流是企业经营的核心，而供应链是信息流、实物流和资金流的集成。供应链管理通过聚合信息流，指挥实物流高效运作，驱动资金流高效流转，实现公司的价值创造。在数字时代，处理海量的信息依赖算法。华为供应链利用组合优化、统计预测、模拟仿真等技术，构建供应链核心算法模型，并应用到资源准备、供应履行、供应网络和智

能运营四大核心场景中，大幅度提升了供应链运作的智能化水平。

例如，在资源准备的场景中，华为供应链面临着千万级数据规模、亿级计算规模的复杂业务场景。华为基于线性规划、混合整数规划、启发式算法等求解方法的组合，构建了从器件、单板到产品、订单之间的双向模拟引擎。在错综复杂的产品结构树和供应网络节点中，快速找到资源准备的最优解，在供应能力最大化的同时实现存货可控。

2. 供应链业务重构：构建两层智能业务体系

在数据底座、流程/IT 服务化改造和算法建设的基础上，华为供应链进行了业务重构，形成了两层智能业务体系，即基于"灵鲲"数智云脑的供应链智能决策和基于"灵蜂"智能引擎的敏捷作业。其中，"灵鲲"数智云脑是供应链的业务型大脑，在两层智能业务体系中负责全局性的数据分析、模拟仿真、预案生成和决策指挥。"灵蜂"智能引擎则是面向作业现场和业务履行的智能作业单元，可以实现敏捷高效、即插即用和蜂群式的现场作业。

1）"灵鲲"数智云脑使能供应链运营智能化

智能运营中心（IOC）是供应链"灵鲲"数智云脑的重要组成部分，致力于从三个维度推进供应链运营的智能化升级。

在业务运营层面，面向关键业务点，IOC 设置了 300+ 个探针，自动识别业务活动或指标异常，实现了从"人找异常"到"异常找人"，从"全量管理"到"变量管理"的转变。

在流程运营层面，首先，通过流程内嵌算法自动实现流程运作过程中的管理目标，减少管理动作。其次，在正向流程设计中考虑逆向业务产生的原因，减少逆向业务的发生。最后，通过流程挖掘技术识别流程的瓶颈和断点，再不断优化和合并同类项，实现流程简化。

在网络运营层面，通过接入供应网络数据，IOC 可以快速感知和分析风险事件的影响，并基于预案驱动供应网络的资源和能力，快速进行调配和部署，实现风险和需求实时感知、资源和能力实时可视、过程和结果实时可控，打造敏捷和韧性的供应网络。

以华为深圳供应中心订单履行异常管理为例，在变革前，订单履行异常管理是一项高能耗业务，需要 100 多名订单履行经理分别与统筹、计划、采购等角色沟通，再进行分析和处理；构建 IOC 后，系统可以自动发现异常、定位、分析原因并提供方案建议，从之前的人工操作变成了系统自动处理加人工辅助确认，作业效率提升了 31%。

2）"灵蜂"智能引擎使能供应节点内高效作业

"灵蜂"智能物流中心是"灵蜂"智能引擎的典型应用场景。其位于华为物流园区，占地 24000 平方米，是华为全球供应网络的订单履行节点之一。在节点内，"灵蜂"智能物流中心构建了库存分布、波次组建、AGV 调度等十二个算法模型，应用了 AGV、密集存储、自动测量、RFID 等九种自动化装备，实现了来料自动分流入库、存拣分离智能移库、智能调度、波次均衡排产、成品下线自动测量、自动扫描出库的高效作业，将现场作业模式从"人找料"转变为"料找人"。

在节点之间，当订单生成后，司机可以通过数字化平台预约提货时间，系统会自动完成提货路径规划和时间预估。同时，作业现场应用货量预估和装箱模拟等工具，自动确定拣料顺序和装车方案，根据司机到达的时间倒排理货时间，在车辆到达垛口的同时完成理货，实现下线即发。

应用数字化引擎建设的"灵蜂"智能物流中心使人、车、货、场、单等资源达到最优配置，使收、存、拣、理、发的作业实现集成调度。在业务量翻倍的情况下，保持人员和场地面积不变，持续提升客户体验和服务水平。

通过数字化变革，华为供应链基本完成了供应链数字孪生的构建，首先，通过业务数字化和流程/IT 服务化，实现从物理世界到数字世界的镜像；其次，通过场景和算法建设，从数据中提取信息，形成智能业务指令，指导物理世界作业；最后，基于智能业务指令对业务现场高效作业的驱动，实现数字世界到物理世界的闭环。

华为供应链实现数字化、数智化以后，华为的供应客户服务水平稳步提升，供货周期、全流程 ITO（信息技术服务外包）和供应成本率均改善了 50% 以上，成为华为的核心竞争力。

3. 打造 ERP+：迈向供应生态的数治化变革

网络时代社会连接的深度和广度不断拓展，连接的形式日趋丰富，供应链也从基于传统 SCOR 模型（供应链运作参考模型）的单维、单向、线性运作的供应链，演进成了多维、双向、相互作用的供应生态网络。实现供应生态编排的关键就在于从 ERP（Enterprise Resource Planning）走向 ERP+（Ecosystem Resource Planning），即供应生态资源计划。为此，华为在数字化和数智化的基础上，积极推进用数字化技术重构供应链业务模式，打造 ERP+，持续深化与生态伙伴的协同（即数治化），与供应伙伴共同打造"韧性＋极简"的供应生态网络，真正实现供应链生态的可持续发展。其重点是开展数据共享、流程对接、场景共建的变革。

通过数据共享，打通供应链上下游。华为通过与伙伴共享数据，整合了生态内此前处于离散状态的生产要素，通过外部数据对自身供应链效率实现提升，并预知各类风险，实现良好客户体验和运营效率提升。华为与生态中的多级供应商协同，共享产品结构和制程数据，寻找关键供应点（KSP）。如华为基于生态数据共享和分析发现，某模块 120 多种类型实际上共用 4 种核心器件，其备货周期占整个该模块供应周期的 80% 以上。为此，华为与多级供应商建立起基于核心器件 KSP 的协同预测机制，将预测对象数量从 120 多种减少到 4 种，复杂程度实现指数级下降。同时基于核心器件协同供应商规划产能，提前准备产能资源及物料储备，按照客户需求灵活调整加工节奏，实现存货成本和供货周期的综合最优。

通过流程对接，推进协同管理，提升可见度。此前的 ERP 主要面向公司内部资源进行管理和提升，华为实践打通上下游数据，与供应链上的生态伙伴实现双方流程对接打开。面向供应商和客户通过数据和流程对接，实现供应、履约、风险、合同等多重对齐，提升供应链可见度，降低供应风险。以华为某客户为例，从签署《数字化服务领域战略合作框架协议》开始，双方协同推进"高效供应链"的建设。通过开放各自 P2P（个人对个人）和 LTC（销售或交付）流程，基于业务痛点分析，制定了包括计划协同、电子 PO（采购订单）、履约可视、包装协同、报账协同和配置协同六个流程的对接方案包。经过 3 年的建设和推广，供应周期缩短了 35%，双方运作成本降低达到千万级，间接支撑了数亿元的客户营业收入。

通过场景共建，融合创新技术。业务复杂度提高，对应的业务场景更加多元和复杂，华为基于区块链、AI 等新技术，共建新的业务场景。通过与生态链中的伙伴共建业务场景，发掘可能的创新模式，优化合作方式，更大限度地提升效率。如华为协同某客户和物流承运商进行共建共享的业务模式创新：首先，应用智能手机及其 GIS 功能进行身份及地址位置鉴权和签收；其次，利用区块链技术带时间戳且不可篡改的技术特征来实现实物流可验证、可追溯；最后，使用区块链技术和手机签收成功替代原纸件签收单，实现物流交付的电子化签收，并自动触发华为内部的收入确认和三方之间的开票与对账。通过融合区块链技术，将"对账开票"的流程从 7 步缩减至 3 步，平均时长从 1.4 天缩短至秒级，同时带来的还有纸张节省材料归档成本的下降。

华为秉承"平台＋生态"的战略，以"人悦其行、物优其流、数智其赢"为愿景，致力于在物流基础设施、多式联运、铁路物流、航空物流等领域持续开发场景化解决方案，联合客户与伙伴共同构建围绕供应链、产业链高效安全运转的大交通大物流数智底座。2024 年，华为面向物流企业提供智慧物流 1+N 解决方案，助力实现"拓业务""降成本""促经营"。拓业务："1"朵物流云，协同 N 个物流园区，将地理上分散的园区按业务逻辑连接成物流服务网络，云上整合供应链资源，打通"堵点、断点"，帮助企业从仅能提供园区粗放租赁、单一货场作业，升级为提供高附加值的供应链与物流服务，拓展业务，增加收入。降成本：华为联合行业头部伙伴，打造高标仓型、冷链型以及多式联运型智慧物流园区，从货物入园、入库、存储、出库、运输全环节设计物流智慧场景，融合园区光网、云计算、AI 感知等产品。促经营：多园区智慧化统一规划、运营和运维，降低多园区重复建设成本，新园区上线周期缩短一半。

华为供应链数字化经过 ISC+ 建设、运营及场景化能力的夯实，已经完成了对象数字化、过程数字化、规则数字化，以及原有供应链系统的服务化改造，即数字化阶段。同时，基于算法和场景化业务模型构建供应链"灵鲲""灵蜂"两层智能业务架构，初步完成了数智化建设。随着供应链管理从单一企业拓展到供应生态，华为持续推进 ERP 到 ERP+ 的升维，打造"韧性＋极简"的供应生态网络，重构供应生态治理，致力于实现生态伙伴的共生共赢。数字化转型是一场没有终点的旅程，华为供应链一直在路上。

物流知识小课堂

集成供应链（Integrated Supply Chain，ISC）是指企业通过整合供应链上下游的各个环节和参与方，实现信息、物流、资金的高效流动和协同工作，以提升企业的竞争力和综合效益的一种供应链管理模式。集成供应链的目标是通过优化供应链中的各个环节，实现资源的优化配置和协同运作，从而提升企业的运营效率、降低成本、提升产品质量和服务水平，提升企业的市场竞争力。集成供应链具备系统化、协同性、高效性、灵活性和可视化的特征。实施集成供应链需要识别供应链环节、信息共享与整合、流程优化与协同决策以及运营监控与持续改进。

思考题

1. 华为供应链数字化转型的主要阶段和改革内容有哪些？
2. 华为是如何通过数字化加强与合作方协同的？
3. 根据上述案例，你认为数字化转型对供应链管理的作用和意义有哪些？

案例 8-2　阿里巴巴跨境供应链服务企业"数字化出海"

主题词： 跨境供应链，数智化，全链路

阿里巴巴集团成立于 1999 年，是全球领先的电子商务公司之一，提供一系列在线服务，包括 B2B（企业对企业）、B2C（企业对消费者）、C2C（消费者对消费者）平台，覆盖零售、批发、云计算和数字娱乐等多个领域。阿里巴巴通过其技术平台连接了全球的买卖双方，致力于通过数字化和智能化技术提升商业效率。

阿里巴巴国际站（简称 ICBU）是阿里巴巴集团在 1999 年创立时的第一个业务，现已成长为全球领先的 B2B 数字贸易平台。截至 2024 财年，阿里巴巴国际站覆盖 190 多个国家和地区，服务 4800 多万全球中小企业，为其提供采购、线上交易、数字营销、物流履约、售后保障等全链路贸易服务。阿里巴巴国际站运用最新的生成式 AI 技术，降低中小企业参与全球贸易的门槛，同时深度整合跨境供应链，服务企业"数字化出海"，为中小企业提供更多的、更简单的贸易方式。

1. 阿里巴巴"数字化出海"计划

2018 年 12 月，阿里巴巴国际站正式宣布启动"数字化出海"计划，帮助中小出口企业开源节流和获得更多订单。"数字化出海"计划是阿里巴巴国际站一项帮助中小出口企业开源节流和获得更多订单的计划。该计划是一站式的数字化产品、工具和服务，覆盖了跨境贸易所有环节。其中最核心的是围绕买卖双方精准匹配、品牌营销、信用担保、支付金融、基础物流和跨境供应链等环节，对现有产品和服务矩阵进行全面数字化升级，包括帮助出口企业实现数字化转型，以适应碎片化、个性化、定制化的新外贸时代。

阿里巴巴"数字化出海"计划，用数字化重构跨境贸易，帮助买卖双方精准匹配，高效交易履约，提高跨境贸易的效率，降低成本，提升体验，形成了以"数字化人货场"为内环、"数字化履约服务"为外环、"数字化信用体系"为连接纽带的矩阵布局，为企业打造外贸领域内的"商业操作系统"。数字化的人货场包括对买卖双方分层分场景精准匹配、全球化智能营销体系、商家赋能体系、实时视频翻译平台等。数字化交易履约系统包括支付场景、成本、时效的全面升级，外贸综合服务的生态化升级，跨境普惠物流服务网络的搭建，等等。数字化信用体系则包括信用保障服务、买卖赊销和供应链金融服务。

自 2018 年阿里巴巴启动"数字化出海 1.0"计划起，经过几年发展，"数字化出海"计划已经升级到 5.0 版本，功能涵盖跨境电子商务企业发展全链条：从企业初期的工商注册，到中期的拓展生意的数字化人货场、数字化履约以及数字化支付金融服务等，再到后期的增值服务、咨询顾问式服务，基本实现了一站式"保姆级"服务。这一计划仍在不断更新之中。

2023 年 8 月，阿里巴巴国际站发布首个 AI 外贸产品。该产品与数字外贸全链路紧密结合，包含生意助手和 OKKI AI 两大服务，拥有智能商品发布与管理、市场分析、客户接待、视频聊天实时翻译、企业管理等多项功能，覆盖外贸生意所有环节。这是 AI 在外贸产业中

的首次全面应用，将让 AI 真正成为每个出海企业的帮手。

2. 数字化支持下的阿里巴巴跨境供应链全链路服务

阿里巴巴跨境供应链全链路服务通常从订单洽谈开始，其中涉及支付结算、跨境物流、数智报关、财税服务等环节，直至货物送达买家手中，买卖双方完成交易。其中往往涉及多个参与主体，如供应商、货运代理公司等。阿里巴巴以全链路跨境电子商务平台为核心，建立衔接生产商、销售商、服务提供商及平台买家的生态系统，更好地服务平台客户。

（1）需求预测。在供应链的初始阶段，阿里巴巴国际站通过大数据分析和人工智能技术预测市场需求。平台会分析历史销售数据、市场趋势、季节性变化以及消费者行为，从而提供精准的需求预测。利用数据挖掘技术，平台能够深入分析来自全球交易和客户行为的数据，以识别潜在的需求变化。此外，应用机器学习算法能够帮助预测未来的销售趋势和客户需求，同时优化库存管理，确保产品供应的合理性与及时性。

（2）采购管理。在确定需求后，阿里巴巴国际站通过其平台连接全球供应商进行采购管理。本阶段借助多种技术提高采购过程的效率和透明度。例如，区块链技术的应用确保了采购过程的透明性和可追溯性，保障产品来源的真实性。同时，智能合约的使用使得采购流程自动化，增强了交易的安全性并减少了人为干预。借助电子采购平台，买家和卖家能够实时交流，进行价格谈判和订单确认，提升了交易的便利性。

（3）生产阶段。采购完成后，产品进入生产阶段。阿里巴巴国际站通过数字化技术提升生产效率和质量管理。借助工业互联网和物联网设备，生产线可以实时监控生产状态，收集数据以进行质量控制和生产流程优化。此外，制造执行系统（MES）的整合使得生产计划、调度和实时数据监控得以实现，大幅度提高了生产效率。

（4）物流管理。物流是供应链中至关重要的环节，阿里巴巴国际站通过多种技术手段优化物流管理，以确保产品的及时送达。智能物流系统利用人工智能算法优化运输路线，降低物流成本，同时提升运输效率。在某些地区，还引入了无人机和自动驾驶车辆，提高配送效率，缩短交货时间。此外，仓储管理系统（WMS）通过物联网技术实现智能化管理，对库存进行实时监控和管理，确保物流的顺畅。

（5）售后服务。供应链的最后阶段是售后服务，阿里巴巴国际站借助数字化手段提升客户体验和满意度。通过客户关系管理系统（CRM），平台能够分析客户反馈，优化售后服务流程，提供个性化的服务。同时，自动化客户服务系统利用聊天机器人和人工智能技术提供 24 小时在线支持，快速解决客户问题。数据分析的应用使得平台能够识别常见问题，并通过改进产品和服务流程，持续提升客户满意度。

3. 阿里巴巴跨境供应链的数字化转型策略

阿里巴巴跨境供应链的转型是融合创新与战略布局的发展之路，尤其强调数字化的实质性应用。在这一过程中，关键的一环便是实施跨境电子商务数字化人才培养战略，旨在构建一个充满活力的人才储备体系。通过与高等教育机构的紧密合作，吸纳新鲜血液，同时不断优化培训体系，提升员工在数字化贸易中的创新力和综合素质。

供应链协同效应的发挥是阿里巴巴跨境供应链转型的另一大支柱。利用先进的数字技术，如大数据和云计算，阿里巴巴国际站致力于打造一个无缝连接的数字网络信息系统，促进平台与上下游企业、合作伙伴以及政府间的沟通与协作。这不仅有助于打破"信息孤岛"，还能提升供应链的响应速度和服务品质，尤其对中小企业来说，意味着更多的市场机遇和可持续发展。例如，通过实时数据分析，阿里巴巴国际站能够预测需求变化，优化库存管理，减少物流成本，从而提升整体供应链的效率。

平台内部功能的优化同样至关重要。阿里巴巴跨境供应链通过精细化的数据管理和智能分析，利用机器学习算法为商家提供精准的市场洞察和选品建议。同时，对数据进行严格分类和安全处理，确保信息安全无虞。在展示功能上，平台通过丰富多元的产品信息展示，利用增强现实（AR）技术提升客户体验，打破时空限制，实现全球商品的快速流通。

技术创新是阿里巴巴跨境供应链持续进步的驱动力。平台致力于开发安全、智能的监测系统，保障客户交易安全，同时探索基于区块链技术的新型信息展示方式，以提升客户的购物体验。平台积极拥抱云计算、大数据等前沿技术，构建开放的协同创新平台，通过 API 接口（应用程序编程接口）实现与第三方服务的无缝对接，以快速适应市场和客户需求的变化。

构建全链路数字化运营的协同机制，是阿里巴巴跨境供应链转型的关键。通过多数据源的整合和标准化流程的建立，阿里巴巴跨境供应链能够实现更高效的运营协同，优化资源配置，提升整体运营效率。例如，利用人工智能技术进行客户行为分析，精准预测客户需求，从而个性化推荐商品，提升客户转化率。此举不仅提升了平台的实用性和响应速度，也为阿里巴巴跨境供应链的长远发展奠定了坚实的基础。

物流知识小课堂

全链路数字化供应链通过现代数字技术将供应链的各个环节紧密连接，以实现信息流、物流和资金流的高效协同。这一系统利用物联网、大数据分析、云计算、人工智能和区块链等关键技术，显著提升了供应链的效率、灵活性和客户满意度，同时降低了运营成本。具体而言，物联网通过传感器和设备的连接，实现实时监测与数据反馈；大数据分析则帮助识别趋势和优化需求预测；云计算平台促进信息共享，打破"信息孤岛"；人工智能提升决策能力，优化生产和物流流程；区块链技术确保数据透明和安全，增强信任。

❓ 思考题

1. 阿里巴巴跨境供应链在服务企业"数字化出海"过程中提供了哪些服务？
2. 阿里巴巴跨境供应链的数字化转型过程中主要应用了哪些技术？有哪些作用？
3. 结合本案例，谈谈企业"数字化出海"面临的挑战及未来发展趋势。

案例 8-3　中远海运推动供应链物流数字化转型

主题词：供应链物流，数字化，航运物流

中国远洋海运集团有限公司（以下简称中远海运）成立于2016年2月，由中国远洋运输（集团）总公司与中国海运（集团）总公司重组而成。中远海运服务全球贸易，经营全球网络，以航运、港口、物流等为基础和核心产业，以数字化创新、产融结合、装备制造和增值服务为产业赋能，聚焦数智赋能、绿色低碳，全力构建"航运＋港口＋物流"一体化服务体系，打造全球绿色数智化综合物流供应链服务生态，创建世界一流航运科技企业。面对国际贸易的复杂性和客户需求的多样化，中远海运深刻认识到传统的供应链物流模式已难以满足市场需求，必须通过数字化转型来提升服务质量和运营效率。

1. 打造数字化"航运＋港口＋物流"服务体系

1）以数字化推进航运变革

中远海运的数字化转型是基于信息技术和航运物流的深度融合，是基于电子信息产业和垂直行业的跨界融合。中远海运以"技术＋场景"为核心，围绕产业链持续推动数字化、智能化，将区块链和物联网技术应用到航运变革之中。

中远海运 SynCon Hub 平台整合中远海运物流供应链内部所有关务业务操作，以"互联网＋通关"的新模式，以集约管控为主线，建设了一套真实、准确、完整、有效的一站式统一在线关务服务平台，把业务功能和流程整合，实现内部关务信息化的统一性和一致性，并将关务服务统一管理，实现各业务模式的关务中心整合。系统还可通过内部大数据整合、人工智能（AI）应用、内部平台协同等方式，有目的地解决目前业务操作环节中的难点、痛点，提升内部操作效率，全面实现智能化、自动化操作，将报关业务中的报关、报检、海关申报集成在同一平台上，并且融入 NLP（自然语言处理）、OCR（光学字符识别）、RPA（机器人流程自动化）等高新智能技术，减少人工成本。

中远海运将客户需求与数字化技术有机结合，以价值为导向，以应用为引领，与整个产业链、供应链共同开展"共建、共治、共享"的数字化转型。中远海运与多家港航合作方共同组建并运营的 GSBN（全球航运商业网络），推出基于区块链电子提单的进口全程数字化、无接触放货方案，使得进口货物单证手续办理完成时间从 24 ～ 48 小时缩短到平均 4 小时以内，为客户提供无纸化、高效和透明的解决方案，在国内港口广泛应用，并推广至多个海外港口。同时，中远海运与多家银行共同推出 IQAX eBL 电子提单，通过将提单信息在区块链上实时全方位传递共享，确保信息准确、数据安全、流转高效、低碳节能，助力客户供应链规划和管理能力的提升。

中远海运 SynCon Hub 平台涵盖海运、陆运、报关、仓配四大产品板块，集成了在线询价、下单、订舱、改单、签单等多元化功能，为客户倾力提供了一站式、全流程的优质数字化服务体验。通过平台，客户可以实时、便捷地查看订单状态，精准跟踪物流信息，从而极大地提升了供应链的可视化程度与透明度。这使得客户能够更加清晰地了解货物的运输进程，增强了对供应链的掌控感，进一步提高了客户的满意度和信任度。同时，这种高度的可视化与透明度也有助于中远海运优化供应链管理，提高运营效率，降低潜在风险，为企业的可持续发展奠定坚实基础。

2）以数字化赋能港口升级

中远海运与中国移动、东风汽车集团等多方深度合作，充分应用 5G 技术、智能驾驶和物联网等新技术，结合中远海运自身的运营平台，通过整合多方的优势技术，积极推进智慧港口的建设。

中远海运先后在国内建成中国第一个自动化码头——厦门远海自动化码头和长江第一个

铁水联运自动化码头——中远海运港口武汉码头，共同在行业率先发布了《港口无人驾驶集装箱卡车性能和测试方法》企业联合标准、《5G 智慧港口全业务场景落地白皮书》、《5G 智慧港口实施方案和路线图》等 5G 智慧港口多项具体研究成果，并已实现商业化落地，率先在港口与 5G 技术的跨界融合中迈出实质性步伐。中远海运港口已形成成熟的智慧港口解决方案，持续打造绿色、低碳、高效的智慧港口。除了在国内港口进行建设，中远海运港口的实践也在海外产生诸多成果，包括建成中远海运港口阿布扎比自动化码头、升级改造希腊比雷埃夫斯码头、秘鲁钱凯港项目等。

2024 年，中远海运港口上线运行智能数据集成平台（Intelligence Data Platform，IDP），解决多年来 CSP 全球控股码头系统分散、数据标准不统一问题，打造企业层面数据服务通用平台。IDP 平台能够实现数据跨地域、跨部门、跨业务流通和互动，重点解决数据采集、数据存储、数据分析、数据互联四个层面问题，助力中远海运港口数字化转型升级。

3）以数字化引领物流转型

中远海运大力引入大数据、云计算、物联网等前沿技术，构建了高度智能化的物流管理系统。能够实时和高效地收集、精准地处理以及深入地分析供应链物流各个环节的数据，进而为决策提供强有力的支持。通过先进的智能预测与模拟技术，系统能够敏锐地提前识别出潜在的风险，并迅速制定出科学合理的应对策略。

中远海运为更好地满足客户在不同场景下的多样化物流需求，积极创新产品形态，推出了预打包和动态打包等独具特色的服务模式。例如，"泰"系列产品中的"泰鸿"，巧妙地集成了拖车、海运、报关等多种资源，为客户提供了一站式的一口价服务，极大地简化了物流流程，提高了服务效率；而"恒"系列产品，如专为跨境电子商务行业打造的"恒美达"以及针对冷鲜货物的"恒新鲜"，则针对特定行业和货类的特点，精心提供定制化解决方案，以确保货物能够得到最优质、最精准的运输服务。

中远海运推出的智能冷箱一站式前台"MY REEFER"，借助空天一体的网络和地理围栏＋物联网技术，通过实时感知、实时控制散布在全球 4 万多个智能冷箱的状态，为客户提供全程可视可控、冷链自主管理的数字化解决方案，实现了万物互联、数据智能。

中远海运还借助 AI 实现了 7×24 小时智能机器人自动客户受理；上线并升级了智能修箱洗箱、异地换箱、智能场站等数字化系统；依托先进的 WMS（仓储管理系统）、DMS（配送管理系统）、TMS（运输管理系统）等数字化管理系统，成功启动了多家海外仓业务的运营。

2. 中远海运供应链数字化转型的策略设计

中远海运加快推进科技创新和数字化转型，做好顶层设计和全局推动，系统性配置资源，促进产业链、创新链与科技链、人才链深度融合，厚植"数字土壤"，涵育"数字生态"，努力打造全球航运业数字新高地。其转型策略主要体现在以下三个方面。

（1）数据驱动决策。中远海运将数据视为核心资产，通过构建大数据分析平台，深入挖掘供应链各环节的数据价值。基于数据分析结果，企业能够精准把握市场需求变化，优化资源配置，提高运营效率。数据驱动的决策机制使中远海运在激烈的市场竞争中保持领先地位。

（2）智能化服务创新。中远海运不断创新服务模式，依托数字化平台推出了一系列智能化服务产品。如针对不同客户的"恒美达""恒新鲜""泰鸿"等产品，提供个性化、针对性服务。同时，中远海运还针对特定行业需求，定制化开发物流解决方案，满足不同客户的个性化需求。如发布的汽车行业数字化供应链平台，专门为汽车运输提供数智化、全程化、绿色化供应链解决方案。

（3）协同化生态构建。中远海运注重与供应链上下游企业的协同合作，通过数字化平台实现信息共享和资源整合。公司构建了双层客服体系，一站式客服全链统筹，团队高效响应客户需求。同时，中远海运还加速建设 SynCon Hub 全球统一门店，打破地理和信息壁垒，为客户提供更便捷、更清晰的全球购物体验。这种协同化的全球供应链生态不仅提升了供应链的响应速度，还降低了整体运营成本。

3. 中远海运的数字化供应链面临的挑战

中远海运的数字化供应链在发展过程中面临着一系列挑战，具体如下。

（1）技术更新压力，随着物流行业数字化变革的加速，为满足客户日益增长的智能化服务需求，中远海运需要不断投入研发资源，以保持技术领先性。然而，技术更新换代的快速步伐给企业带来了巨大压力，如何平衡技术投入与成本控制成为一大难题。中远海运凭借其强大的全球物流网络和先进的数字化平台，在应对技术挑战时具有一定的优势，但是需要更好地整合资源，推动技术创新与应用。

（2）国际贸易环境的不确定性给中远海运的数字化供应链稳定性带来威胁。全球经济形势的波动、贸易保护主义的抬头以及地缘政治冲突等因素，使得国际贸易环境充满诸多不确定性，可能导致供应链中断、成本上升等风险。但是，中远海运一直致力于构建全球化的供应链生态圈，加强与各方的合作与协同，这有助于增强其应对不确定性的能力。

（3）在全球对环境保护和可持续发展日益重视的背景下，中远海运需要加大在新能源、低碳燃料等方面的投入和研究力度，推动船舶和运输设备的绿色升级，优化运输路线和运输方式以减少碳排放并提升资源利用效率。尽管任务艰巨，但中远海运在可持续发展方面的积极努力将为其未来的发展奠定坚实基础。

总之，中远海运的数字化供应链在面对挑战的同时，也凭借自身的优势不断寻求突破和发展，努力提升供应链的稳定性、智能化和可持续性，以适应不断变化的市场环境和客户需求。

📖 物流知识小课堂

智慧航运是利用物联网、大数据、云服务等现代科技，以大数据中心建设为先导，以跨部门、跨区域信息资源整合为基础，集智能船舶、物流协同作业、通关监管支持、金融贸易服务、航运交易服务、增值信息服务于一体的航运服务体系。从航运三要素来看，智慧航运包含智能船舶、智能港口和智能物流。智能船舶解决了船与岸的有机结合，船更智能化，船岸的协同能力更强；智能港口解决了港口码头高效操作的问题，解决了"第一海里"和"最后一海里"的问题，大幅提升了操作效率；智能物流解决了需求和供应的平衡，使运输的效率更高、客户的体验度更好。三者结合缩短了运营周期，提高了运营效率，客户端、船端、岸端、管理部门之间实现了高效协同和融合。

思考题

1．中远海运是如何以数字化为客户提供更优质服务的？
2．在应对绿色低碳转型挑战方面，中远海运在数字化建设方面如何推进？
3．如何加强与供应链上下游企业的合作，共同应对国际贸易环境的不确定性？

案例 8-4　菜鸟推进物流园区智慧化升级

主题词： 智慧物流园区，物联网，人工智能

菜鸟网络科技有限公司（以下简称菜鸟网络）于 2013 年成立，专注于搭建四通八达的物流网络，打通物流骨干网和毛细血管，提供智慧供应链服务。菜鸟智慧物流园区是菜鸟网络在物流科技领域的重要布局，它通过整合先进的物流技术、物联网设备、自动化系统和大数据分析，实现了物流园区的智能化管理和运营。菜鸟智慧物流园区展示了菜鸟网络在物流科技和供应链管理方面的创新能力和领先地位，为整个物流行业树立了标杆。

1．菜鸟智慧物流园区解决方案

随着物联网、大数据、云计算、人工智能等技术的不断发展，物流行业正逐步向智慧化、自动化、信息化方向迈进。菜鸟智慧物流园区的目标是打造一个集仓储、分拣、包装、运输等功能于一体的智慧化物流体系，旨在通过引入先进的信息技术和管理手段，提高物流作业效率，降低运营成本，并为客户提供更加优质的服务。

（1）自动化仓储系统。菜鸟智慧物流园区的自动化仓储系统是其高效物流服务的核心组成部分，它通过集成先进的自动化技术和智能算法，实现了仓储操作的自动化和智能化。菜鸟智慧物流园区广泛采用 AS/RS（自动化立体仓库）、AGV（自动导引车）、机器人拣选系统等先进设备，实现了仓储作业的自动化和智能化。同时，通过 WMS（仓储管理系统）和 TMS（运输管理系统）等数字化工具，菜鸟网络实现了对园区内物流活动的实时监控和优化管理。另外，通过物联网技术和仓储管理系统的集成，仓库能够实时跟踪库存状态，自动完成入库、存储、拣选和出库等作业流程，大大提高了仓储效率和准确性。菜鸟网络的自动化仓储系统依托于大数据分析和实时数据监控，实现了对库存、订单流和作业状态的精准控制。菜鸟智慧物流园区的自动化仓储系统通过这些特点，不仅提升了自身的物流服务能力，也为全球商家和消费者提供了更加高效、可靠和绿色的物流服务。

（2）智能分拣系统。园区配备了高速、高效的智能分拣系统，能够自动识别包裹信息并进行快速分拣。该系统通过条码、RFID 等技术读取包裹信息，并结合先进的算法和机械臂等设备，能够准确识别包裹的尺寸、重量和目的地，进行自动分拣、理货和打包，实现了仓储和物流的智能化管理，这在推动物流行业的智能化发展方面发挥着重要作用。这种高效的物流处理方式不仅能够大幅度减少人工成本，还能够极大地提高订单的处理速度，增加客户的满意度。此外，菜鸟网络的智能分拣系统还包括托盘四向穿梭车、交叉带分拣机、窄带分拣机等自研硬件，以及 WES（自动化仓储执行系统）和 WCS（自动化仓储控制系统）等

自研软件，这些技术的应用进一步提升了分拣效率和准确性。通过这些技术，菜鸟网络能够为物流企业和企业的物流部门提供密集存储智能仓储方案和小件分拨智能分拣方案。

（3）数字化管理平台。菜鸟智慧物流园区构建了全面的数字化管理平台，集成了订单管理、库存管理、运输管理、客户服务等多个模块。该平台通过大数据分析和人工智能技术，如物联网、边缘计算和人工智能，实现了对物流全链条的实时监控和优化调度。平台运用多种技术进行自动化设备控制，能够控制多种类型的自动化设备，如 AGV 机器人、自动化立体仓库等，提高物流自动化应用的效率及质量。同时，平台还提供了丰富的数据报表和可视化工具，帮助管理者更好地了解园区运营状况并做出科学决策。

2. 菜鸟智慧物流园区建设策略

菜鸟智慧物流园区建设紧密围绕提升物流效率、降低成本和提升客户体验展开，通过以下几个方面的策略设计实现了这一目标。

（1）技术引领，创新驱动。菜鸟智慧物流园区在信息化建设中，始终将技术引领作为核心驱动力。园区积极引入并应用最新的物联网、自动化及人工智能技术，如智能仓储机器人、无人驾驶叉车以及 AI 算法驱动的自动分拣系统。这些技术的应用不仅显著提升了物流作业的自动化水平，还大幅度减少了人力成本，提高了作业效率。此外，园区还定期举办技术研讨会和创新大赛，邀请行业内外专家共同探讨物流技术发展趋势，鼓励内部团队进行技术创新和研发，确保园区技术始终保持在行业前沿。

（2）数据驱动，智能决策。园区建立了先进的数据采集和分析系统，能够实时收集并处理物流作业、设备状态、客户需求等多维度数据。通过运用数据挖掘和机器学习算法，系统能够自动发现运营中的瓶颈和问题，为管理者提供精准的数据支持。同时，园区还开发了智能决策平台，该平台能够根据实时数据和历史经验，通过对海量数据的处理和分析，发现运营中的潜在问题和优化空间，并据此制定科学的决策方案自动优化库存策略、运输路线和配送计划，从而提高物流作业的效率和准确性。这种数据驱动的管理方式不仅提高了决策效率和准确性，还促进了园区的持续改进和创新发展，使得菜鸟智慧物流园区在激烈的市场竞争中保持了领先地位。

（3）开放合作，共建生态。开放合作是菜鸟智慧物流园区信息化建设的重要策略之一。菜鸟智慧物流园区注重与合作伙伴的开放合作，共同推动物流行业的数字化转型。园区积极与电子商务平台、物流企业、科技公司等建立广泛的合作关系，通过资源共享和优势互补，共同打造智慧物流生态圈，共同推动物流行业的创新发展。例如，园区与阿里巴巴等电子商务平台合作，实现了订单信息的无缝对接和快速处理；与多家知名物流企业合作，共同开展跨境物流、冷链物流等特色服务；与科技公司合作，引入最新的智能设备和解决方案。此外，园区还积极参与行业协会和联盟的活动，与业界同仁共同探讨物流行业的未来发展趋势和挑战。通过这一系列开放合作的举措，菜鸟智慧物流园区成功构建了一个多方共赢的物流生态体系，为行业的可持续发展贡献了力量。不仅促进了园区自身的信息化建设和发展壮大，还推动了整个物流行业的进步和升级。

3. 菜鸟智慧物流园区建设应对的挑战

尽管菜鸟智慧物流园区在信息化建设中取得了显著成就，但仍面临诸多挑战，包括技术更新换代快、数据安全和隐私保护以及人才短缺等。

（1）技术更新换代快。随着信息技术的快速发展和物流行业的不断变革，菜鸟智慧物流园区需要不断跟进和应用新技术以保持竞争力。然而，这一过程犹如逆水行舟，要求巨大的时间与资金投入，同时伴随着技术不确定性及潜在风险。因此，园区需保持高度的市场敏锐度，灵活调整技术战略与投资布局，确保在技术浪潮中稳健前行。

（2）数据安全和隐私保护。在信息化建设中数据安全和隐私保护是至关重要的问题之一，是构筑信任基石的关键环节。菜鸟智慧物流园区作为信息流转的枢纽，承载着海量客户信息与交易数据的处理重任。这些数据的安全与隐私直接关系客户的切身利益与企业的声誉稳定。一旦数据泄露或被滥用将给客户带来财产损失与信任危机，企业也将面临法律诉讼与品牌贬值的双重打击。因此园区需要建立健全的数据安全管理体系加强数据加密和防护工作，以确保数据安全和隐私得到有效保护。

（3）人才短缺。菜鸟智慧物流园区在推动物流行业数字化转型的过程中，面临着日益凸显的人才短缺问题。随着智慧物流技术的不断革新与应用，园区对具备信息技术、物流管理、数据分析等交叉学科知识的复合型人才需求急剧增加。然而，当前市场上这类高素质、专业化的人才供给相对不足，难以满足园区的快速发展需求，因此园区需要加大人才培养和引进力度，建立完善的人才激励机制，吸引更多的优秀人才加入推动园区的持续健康发展。

物流知识小课堂

智慧物流园区基于大数据、物联网、云计算、人工智能等新一代信息技术的运用，以智能化设施设备为基础，通过人、物、系统、资源等多方数据传递和交换，实现物流园区管理、服务、运营的全面数字化和智慧化。智慧型物流园区的"智"即智能化，包括基础设施设备的智能化、管理系统的智能化；"慧"即"聪慧"化，实现全程智慧感知、智慧信息收集、智慧大数据分析、智慧决策。其内涵为通过操作自动化、管理智能化、服务便利化、运营智慧化，实现园区内物流业务运行的降本增效和物流园区价值提升。

思考题

1. 菜鸟智慧物流园区应用了哪些技术？
2. 在智慧物流园区建设中如何平衡技术创新与成本控制的关系？
3. 菜鸟智慧物流园区在提升客户体验和服务质量方面发挥了哪些作用？是如何实现的？

案例 8-5　湖北交投物流构筑数字经济新生态

主题词： 数字经济，供应链数字化，数字产融平台

湖北交投物流集团有限公司（以下简称湖北交投物流）成立于 2011 年，是国家 5A 级物流企业、中国物流企业 50 强。公司主营业务涵盖大宗商品集中采供、交通新材料、供应链一体化、现代物流与运输、园区运营管理。湖北交投物流以成熟的供应链集成服务，助力建设全

国统一大市场，畅通国内国际双循环，为促进产业链、供应链安全稳定做出积极贡献。面临数字经济转型发展浪潮，湖北交投物流以构筑数字经济新生态为愿景，自主开辟了与自身实际相契合的数字化转型道路。

1. 构建经营管理协同平台，强化内部管控数字化水平

经营管理协同平台基于公司内部管控相关问题和需求，建立标准化框架体系，从顶层强化内部管控数字化水平。平台以构建多模块、全渠道、共生态的数字化管理体系为核心目标，以"微服务架构＋中台技术"为技术支撑，提供"云、数、智"融合的一体化服务，驱动公司内部管控模式变革，加速推动数字化转型进程。从内控办公标准化、数据管理集成化和风控管理数字化的角度开展三大模块建设，构建统一标准化的数字化经营管理协同框架体系，打破"数据孤岛"，实现经营数据实时展示、可视化分析，推动实现数据集成化、办公数字化、业财一体化、风控智能化。

（1）办公协同。通过建设覆盖物流集团和子公司的办公自动化（OA）系统应用，并结合各单位实际需求进行定制化开发，实现合同、收发文、人资档案、固定资产、党建纪检、项目等流程和电子表单的统一管理。根据企业的流程和制度实现标准化与数字化管理，并支持用户个性化办公界面，展示各项事务的实时进展情况，提升日常办公的交互效率，实现办公的自动化和协同化。

（2）数据中台。数据中台打通"信息孤岛"，融合多源数据，帮助企业更好地利用数据资源，使企业能够更好地利用数据进行分析、决策和业务创新。通过建立双中台架构，从数据层面推动各业务系统融合，打通业务系统与财务系统的底层数据通路，实现信息的深度集成及统一应用，为实现业财一体化、风险管理智能化提供数据资源，提升数据的及时性、完整性、一致性，形成可视化的经营报表。

（3）风控管理。面向公司经营管理和业务拓展过程中的合同履约风险、资金风险、合规风险等因素，建立风险管理系统，包含客户和供应商准入、风险评级、流程合规判别、额度授信管理、黑白名单、逾期预警、决策报表等功能，为管理者决策提供一个基于数据驱动、智能分析的工具来管理和降低风险。

2. 打造"楚道智联"供应链数字产融平台，实施全流程数字化管理

"楚道智联"供应链数字产融平台是湖北交投物流以高质量发展为主题，以"数字化、一体化、平台化"为发展方向，打造集物流、商流、资金流、信息流、信用流"五流一体"的数字化供应链业务服务平台。平台建设目标是将大宗物资采购、运输、仓储、销售等过程实施全流程数字化管理，通过"国企信用＋数字信用＋产品价值"的叠加，为链上中小企业提供管理和金融赋能。重点打造四大系统："楚道智运""楚道云仓""楚道智贸""楚道智融"。

（1）"楚道智运"网络货运平台。通过物联网、大数据等技术，助力货主企业解决车辆调度、订单追踪、车辆管理、在途监管等问题，实现公路运输的信息化、智能化、数字化运营和管理。

（2）"楚道云仓"智慧仓储平台。以大宗建材物资实体仓储为场景，基于对作业层和物联层的研发与改造，提高仓库运作效率，实现仓储管理智慧作业、仓库信息互联互通统仓共配。

　　（3）"楚道智贸"大宗物资交易服务平台。通过整合供应链的各个环节和提供一系列的功能和服务，实现交易各方之间的信息共享、流程协同和资源优化，从而提高交易的效率和降低交易的成本。

　　（4）"楚道智融"供应链金融平台。获得多家银行平台授信，打通多平台与多银行互通的支付结算体系，构建全场景金融产品与多元化资金渠道，有效解决大宗物资贸易中普遍存在的融资难、融资贵等问题，以产融协同发展模式打造产业新引擎。

　　"楚道智联"供应链数字产融平台有效整合了企业信息、商品信息、物流信息、交易信息、历史信用信息五类资源，全面实现供应链条相关企业之间信息资源的汇聚整合和合理配置；有效整合了系统业务数据，实现对融资客户大宗商品采购、运输、仓储、交付等全环节监控，围绕供应链上下游客户融资需求，提供代理采购、仓单质押、商业保理等金融服务，搭建安全高效的融资通道。

　　经营管理协同平台和"楚道智联"供应链数字产融平台标志着湖北交投物流在管理数字化与业务数字化领域中取得了跨越式进展。通过对公司各类业务数据进行收集整理、深度挖掘、分析治理，多维度地洞察市场行情和发展趋势，为资源优化配置、经营战略决策提供依据，提升公司战略竞争力。通过数字化转型加快搭建供应链一体化体系，有效盘活链上资源，为链上企业解决资金、物流、仓储等一系列问题，全面带动了产业链协同发展，助力构建现代化产业体系。

物流知识小课堂

> 　　产融协同是指金融业和实体产业的协同发展，旨在实现金融业和实体产业之间的相互依存、互相配合，以促进均衡、协调和可持续的共同发展。数字化产融协同平台是运用数字技术促进产业与金融深度融合的综合服务平台。该平台通过整合产业链上下游资源，提供融资、支付、结算、风险管理等金融服务，旨在推动产业链协同发展，提升整体竞争力。一般包括数字化集销系统、智能集采系统、智慧物流系统、供应链金融系统等多个板块。

思考题

1．湖北交投物流的全流程数字化管理主要体现在哪些方面？

2．湖北交投物流是如何为企业提供供应链金融服务的？

3．结合本案例，谈谈数字经济发展对供应链物流数字化转型提出哪些要求，如何推进。

Chapter 9

第9篇　物流运输

　　工业文明时代，全球最大规模的"中国制造"得益于物流的发展，而物流的能力在很大程度上取决于物流运输载体和基于运输载体通道的建设。

——刘大成

"木桶原理"

- "木桶原理"又称为短板理论、木桶短板管理理论。一只木桶盛水的多少，取决于桶壁上最短的那块板。只要这个木桶里有一块板不够高度，木桶里的水就不可能是满的。
- "新木桶原则"强调的是木桶的无缝性，以保证其盛水量。同时还需要重视木桶的长板，将长板的作用发挥到极致。"新木桶原则"提出的是一个多维的新木桶模型，强调全方位的平衡发展。

物流讲堂

物流运输

运输是指运输主体（人或货物）通过运输工具（或交通工具与运输路径）由甲地移动到乙地，完成某个经济目的的行为。它是一种"派生经济行为"。

1. 物流运输的地位

运输在物流中起着重要的作用。一般认为，运输的费用占了物流总费用的 40% ～ 60%。

（1）运输是物流的主要功能要素之一。

（2）运输是社会物质生产的必要条件之一。

（3）运输创造"场所效用"。

（4）运输是"第三利润源"的主要源泉。

2. 运输的分类

（1）按其范畴，运输可分为：① 干线运输；② 支线运输；③ 二次运输；④ 厂内运输。

（2）按照作用的不同，运输可分为：① 集货运输；② 配送运输。

（3）按运输的协作程度分类，可分为：① 一般运输；② 联合运输。

（4）按运输中途是否换载分类，可分为：① 直达运输；② 中转运输。

（5）按运输设备分类，可分为：① 公路运输；② 铁路运输；③ 水路运输；④ 航空运输；⑤ 管道运输。

3. 运输合理化的有效措施

（1）提高运输工具实载率。

（2）采取减少动力投入、增加运输能力的有效措施求得合理化。

（3）发展社会化的运输体系。

（4）开展中短距离铁路与公路分流，"以公代铁"的运输。

（5）尽量发展直达运输。

（6）配载运输。

（7）"四就"直拨运输。即商品运输中"就厂直拨、就车站（码头）直拨、就仓库直拨、就船过载"的简称。

（8）发展特殊运输技术和运输工具。

（9）通过流通加工使运输合理化。

4. 物流运输的研究重点

物流运输的研究重点主要在于以下七个方面。

（1）交通特性的调查研究。

（2）交通规划的制订。

（3）交通流的研究。

（4）道路线形设计的研究。

（5）交通管理的研究。

（6）交通安全的研究。

（7）交通公害的研究。

案例 9-1　Nike 用物流缔造 "运动商品王国"

主题词： 货物配送，高效，运输

作为世界级品牌，Nike（耐克）深谙竞争环境已变，必须以世界级物流体系响应市场需求。在季节性极强的服装行业，物流的关键作用日益凸显。Nike 通过对物流系统的改造，创造了一个 "运动商品王国"。

1. 物流遍布全球，Nike 快速响应市场需求

Nike 高度重视物流体系构建，持续追踪国际前沿物流技术动向并推动系统迭代升级。近年来，其物流系统实现跨越式发展，已建成全球领先的高效供应链配送网络。Nike 在全球布局物流网络，以提高吞吐量和库存控制为目标，在不同地区设有多个配送中心。例如，Nike 在美国设有多个配送中心，其中孟菲斯配送中心是其最大的自有配送中心之一。该配送中心使用最先进的仓储技术，包括自动补货系统、实时仓库管理系统等，确保商品能够快速、准确地送达消费者手中。在欧洲，Nike 的物流系统也非常完善。最初，Nike 在欧洲设有 20 多个仓库，但为了提高客户服务水平和供货灵活性，Nike 决定关闭这些仓库，只在比利时 Meerhout 建造一个配送中心，负责整个欧洲和中东的配送供给。该配送中心拥有一流的物流设施、物流软件和 RF 数据通信设备，能够迅速将产品运往欧洲各地。Nike 在加拿大也设有配送中心，并计划更新所有设备，采用更有效的物料搬运系统（MRP）和仓库管理系统（WMS），以应对销售增长。

Nike 的标志已成为全球认知度最高的品牌符号之一。凭借卓越的营销策略与顶级运动员的深度合作，Nike 始终稳居运动品类的商业标杆地位。面对物流环境的结构性变革，这一世界级品牌正通过战术与战略的双轨调整，持续强化竞争优势。当孟菲斯配送中心的业务量激增超出设计吞吐能力时，Nike 迅速制定系统性升级策略，通过基础设施扩建与技术迭代实现产能跃升。

孟菲斯配送中心增加了 4 个存储区，使得总的存储面积达到了 125 万平方英尺（1 平方英尺 ≈ 0.093 平方米）；增加了一个新的收货系统和另外 13 英里（1 英里 ≈ 1.61 千米）长的传送带，为了适用大件较重货箱，还增加了一个翻板式分拣机。采用了实时的仓库管理系统，并使用手持式和车载式无线数据交换器，使得无纸化分拣作业现在成为可能。吞吐能力提高了一倍多，从每 8 小时的 10 万件提高到了 25 万件，设计最高日工作量为 75 万件。

为应对持续扩张的市场需求，Nike 同步升级亚太区核心物流节点：在日本选址建设前瞻性配送中心，采用高密度立体仓储设计以适配 ASRS（自动化仓储系统），满足未来 7 年的销售增长需求。同时 Nike 强化韩国枢纽功能，全面支撑区域市场服务能力。

2. 使用电子商务物流方案：部分物流业务外包

Nike 开始在其电子商务网站上进行直接到消费者的产品销售，并且扩展了提供产品详细信息和店铺位置的功能。为支持此项新业务，UPS 环球物流实现 Nike 从虚拟世界到消费者家中的快速服务。

Nike 的部分物流业务外包，除了 UPS，还包括 FedEx、DHL、Prologis 等业内领先的物流合作伙伴。其中的一个物流合作伙伴是 Menlo Logistics 公司。该公司是美国一家从事全方位合同物流服务的大型公司，其业务范围包括货物运输、仓储、分拨及综合物流的策划与管理，业务足迹遍布北美洲、亚洲、欧洲、南美洲和澳大利亚等多个地区，其在美国的业务包括为 Nike 等企业提供仓储、分拨和配送服务。除了 Nike，Menlo Logistics 还与众多知名企业建立了长期稳定的合作关系，这些客户遍布各行各业，包括制造业、零售业、电子商务等，如 IBM、NCR、惠普、陶氏化学、AT&T、Sears 等。其目标是在全世界建立综合高效的供应链。

Nike 在日本物流合作方面的举措主要体现在与日本零售仓库开发商 Daiwa House 的合作上。为了提升直营渠道的配送效率，Nike 选择与 Daiwa House 进行合作，在临近东京的千叶县共同打造机器人物流分销中心。该分销中心内部包含 6000 个货柜架，可容纳 100 万件商品，由机器人完成拣货和搬运工作。在 ACCA International 数据分析的支持下，物流分销中心会根据销售数据和购买习惯，将组合搭配购买的商品放在同一货柜架中，进一步提高拣货和配送效率。通过优化物流流程和引入先进技术，Nike 电商在日本市场实现了商品当日送达的服务。这一服务提升了 Nike 在日本市场的竞争力，满足了消费者对快速配送的需求。

对于原来就比较注重物流，且物流基础设施完善的企业——Nike，对其原有的物流系统进行改造，以适应新的业务需求，而对于 adidas，则主要将其物流业务外包给第三方物流公司。采取何种战略，主要取决于改造和外包二者分别的运营成本和服务水平对公司的长期影响。但对于新型商业模式，如 B2C，由于其物流作业复杂、琐碎等原因，他们都选择了外包的形式，以降低服务成本并获得良好的客户服务。

无论是从工作效率还是从服务水平上说，Nike 的物流系统都是非常先进高效的。其战略出发点是一个消费地域由一个大型配送中心来服务，尽量取得规模化效益。Nike 还非常注意物流技术的进步，积极采用新的高效的科技、新的科学的管理方法来降低成本和提高工作效率。

国外先进的企业物流系统，只有基于其良好的社会物流环境，才能得到很好的应用和发展。而我国由于社会物流环境的不健全，制约了企业物流的发展。"物流"概念的贫乏，使国内大部分企业根本没有意识到要建立物流竞争优势的战略计划，如 Baleno 和 JeansWest，采用的依然是原来的"仓库加汽车"的模式；即使认识到了物流的重要性，由于缺乏社会物流环境的支持，也只能在现有基础上进行适当的改造。这些公司的物流模式同 Nike 等跨国公司的物流模式根本无法相提并论。但还应看到的是，即使是 Nike、adidas 这样的公司到了中国，由于社会物流环境的束缚，也只能采取适合中国物流现状的对策。中国加快物流发展势在必行。

Nike 在中国的运输方式主要是公路运输，还有少部分涉及航空运输。境外生产的产品委托第三方物流公司通过航空运输直接运往设在中国主要城市的 Nike 公司办事处的仓库，如北京、上海。在中国境内生产的产品也同样委托第三方物流公司以公路货运的方式运往设在中国主要城市的 Nike 公司办事处的仓库。这部分运输、仓储费用是由 Nike 公司承担的。

对于 Nike 公司来讲，自己不做运输，运输环节是由第三方物流公司完成的，运输费用只承担从产地到地区性办事处仓库这个环节，仓储是办事处自行管理的。仓库的主要功能是，作为总公司直属店的仓库，并不是每一家代理公司的仓库；另一个重要功能是中转仓库，产品从产地运到区域仓库后，代理公司马上会来提货运往自己的仓库，所以是做中转库使用的。

各个代理公司自备车辆，到 Nike 公司当地的办事处仓库提货，运往自己的仓库，再运往代理公司的各个店铺。这部分运输、仓储是代理公司自行完成的，运输、仓储费用是代理公司承担的。

物流知识小课堂

现代物流系统的目标可归纳为"6S"，即服务（Service）、高效（Speed）、节约（Savings）、安全（Safety）、规模效益（Scale Benefit）和库存调节（Stock Control）。现代物流系统必须以高标准的服务、及时快速的配送方式、平衡的成本——效益的最终目标、安全可靠的运用模式、集成化和规模化的模式以及科学的库存控制来进行运作，使物流成为商品从生产到消费过程中的重要一环。

思考题

1. Nike 在全球不同地区如何选择其物流合作伙伴？
2. 当今我国的服装行业一般采用哪些方式进行货物配送？
3. 对比 Nike 在国外和我国的物流策略，为我们带来哪些启示？

案例 9-2　法国 STVA 用火车运汽车的旗舰

主题词：汽车运输，铁路运输，物流服务

法国汽车运输公司 STVA 成立于 1959 年，从那时起，STVA 就抓住转瞬即逝的机遇，征服种种挑战，发展至今，成为欧洲乃至世界上最著名的汽车物流集团之一。从 2009 年开始，STVA 集团直接或间接运输货物的汽车就达到了 400 万辆，相当于整个欧洲市场的三分之一。

尽管公路运输与铁路运输是激烈的竞争对手，然而在新车的运输方面，一直保持着和平共处的合作关系。如今，在欧洲的土地上，整齐排列在火车车厢或者大型半拖挂车中的汽车被运往各个下游经销商那里，送到消费者的手中，已经不是什么罕见的景观了。而在车厢上印着的不同公司标志中，STVA 无疑是其中最抢眼的一个。

20 世纪早期，把汽车一层一层摞起来运输的想法就已经出现了。20 世纪 20 年代，在南非人们开始把本来只能装一层货物的车厢顶部掀开装进两层东西。在战后的美国，双层半拖挂车运输汽车成为相当常见的运输方式。尽管如此，由于需要运输的车辆尺寸与货车不符，这种方法在欧洲并没有得到广泛应用，直到 1949 年法国国营铁路公司着手双层货车车厢的设计，才改变了这种情况。

20 世纪 50 年代开始，汽车运输开始成熟。法国汽车运输公司 STVA 成立于 1959 年 10 月 20 日，两年之后就拥有了 40 节双轴双层货车厢，每年运输 1.2 万辆车辆。20 世纪 60 年代，STVA 的车厢猛增到 2220 节，年运输量为 96.5 万辆汽车。

1965 年，一群投资者决定把资金投入汽车运载车厢的生产上，由此诞生了 STVA 合资公司。与此同时，法国的铁路系统也得到了快速发展。

从那时起，几乎整个法国的汽车运输都开始使用双层运输货车服务。汽车物流在以后几十年的发展中高潮迭起、不断完善。今天，为客户量身定制的服务已成为市场发展的需求，对物流服务商的要求也越来越高，物流服务商之间的竞争也愈演愈烈。而 STVA 集团现在已经稳当地坐在法国乃至欧洲汽车运输服务市场的头把交椅上，每年直接或间接运输的汽车达到了 400 万辆，相当于整个欧洲市场的三分之一。

STVA 集团之所以能迅速壮大，与在技术革新方面毫不吝惜人力、物力、财力的投入是分不开的。尤其是在研发领域的四项主要革新，保证了 STVA 集团铁路运输的竞争力。

1987 年，连接英国和欧洲大陆的海底隧道得以开通，从欧洲铁路直接向英国运输成为可能。但是与欧洲其他国家相比，英国的铁路规格要略小一些，不适应欧洲大陆的火车。STVA 预见到了这个问题，抢先开发出了适合英国铁道规格的货运车厢，为进军英国市场赢得了时间。

1993 年年底，STVA 设计了一种新式的双层货车保护措施。有大约 2400 节货车安装了这种被称为 "Wincar" 的设施。这种设施在提供全面防护的情况下，也保证了装货和卸货的方便快捷。到 1998 年，经过可行性验证之后，STVA 所有的双层货车都安装了这种设施。

Wincar 最主要的好处是以较低的花费为货物提供了绝佳的保护，避免了可能从侧面对所运车辆造成破坏。从前人们通常认为，最好的保证安全的方法就是将汽车装载在封闭的车厢内运输。Wincar 降低了双层货车的改造成本，使开放式车厢能运输原本需封闭车厢保护的车型。Wincar 的使用使 STVA 集团为安全措施投入的成本一直保持一个最佳的水平。

1996 年，一种能将待运车辆牢牢固定住的横杆系统被用来保护在运输和装货卸货过程中的安全。这种系统主要包括一根电镀的铁棒，它能将汽车的车轮牢牢固定，人体工程学在其中的应用使操作十分简单方便。同年，一种新型的货运车厢开发成功。这种车厢专门用来运输像雷诺汽车那样等宽的汽车，这个设计又为 STVA 抢占市场、降低成本创造了条件。

近年来，STVA 致力于开发一种为客户量身定做的终端服务。这种适应性很强的服务包括一系列内容：准备工作、定制、标准和附加价值服务，如安装空气调节装置、安装液化石油气的转化装置等。

Ekinox 是 STVA 集团的一个商标，主要为汽车经销商和租赁商服务。Logicar 也是 STVA 的一个商标，它为汽车经销商和租赁公司提供完整的准备工作和运前服务。

Logicar 的服务清单很长，有终端管理，包括安全的仓储、管理、无纸化贸易和商品追踪，有重新设计与修复，还有车载音响、汽车警报器、汽车附件等其他选项，以及运前准备等。

STVA 在信息管理方面也投入了大量的精力。Kheira 是 STVA 的 IT 部门自己开发的软件，如今成了一个公司与客户之间沟通的窗口，使他们的服务更加透明化。Kheira 主要用于提供互联网上的跟踪服务，并且使汽车租赁商和经销商能够方便地了解整个物流服务过程。

📖 物流知识小课堂 -

物流服务是指对在供应链中商品要在企业和供应商 / 客户之间移动，与每笔交易相关的资金和信息移动相关的业务流程进行管理。物流职能可以划分为以下子流程：订单管理，退货管理，运输管理，仓库、库存和订单履行管理，以及客户管理。

思考题

1. 法国 STVA 在技术革新方面投入巨资，对原有的安全防护做了哪些改进？
2. 简述法国 STVA 公司得以迅速壮大的原因。
3. 比较汽车运输与铁路运输各自的优缺点。

案例 9-3　UPS"互联网 +"下的高效运输

主题词： 配送，互联网 +，信息技术

UPS（国际快递）成立于 1907 年，总部位于美国佐治亚州的亚特兰大，是全球领先的物流企业，提供包裹和货物运输、国际贸易便利化、先进技术部署等多种服务，旨在提升全球客户的物流运营效率。UPS 国际快递服务覆盖全球 220 多个国家和地区，拥有超过 53 万名员工，支持多种货物类型和运输方式，为企业和个人提供便捷的跨国邮寄解决方案。2022年，UPS 的年营业额为 935.12 亿美元，2023 年名列《财富》世界 500 强第 101 名。

UPS 提供包裹和货物运输服务，业务范围涵盖国际货物运输代理、陆路国际货物运输代理、航空国际货物运输代理、海上国际货物运输代理等。公司致力于通过先进技术和全球化网络为客户提供高效、可靠的物流解决方案。其在全球范围内的广泛覆盖和强大的物流能力使其在行业中保持领先地位。

UPS 不断开发供应链管理、物流和电子商务新领域，提供快捷优质的运输、代理通关服务，及时追踪、无纸化包裹服务，以及包装检验与设计服务。这些高质量服务的提供与信息化战略密不可分。20 世纪 80 年代，UPS 采用货物信息收集器、条码系统、大规模数据中心等一系列领先技术，建立网站，实现了客户对货物运输进程的实时查询，开启独有的电子商务业务。目前 UPS 的固定资产约有 413 亿美元，在全球快递业中可谓独占鳌头。之所以能取得巨大的经营成功，与 UPS 富有特色的物流服务是密切相关的。它的物流服务特色主要可以概括为以下几个方面。

1. 货物递送快捷

UPS 规定：国际快件在 3 个工作日内送达目的地；国内快件保证在次日上午 8:30 以前送达。为了测试 UPS 的快递究竟快不快，UPS 总裁曾于星期三在北京向美国给自己寄了一个包裹，当他星期五回到亚特兰大公司总部上班时，包裹已经出现在他的办公桌上。而在美国国内接到客户电话后，UPS 可在 1 小时内上门取件，并当场用微型计算机办理好托运手续。此外，UPS 拥有超过 250 架自营飞机和 290 多架租赁飞机，每日 1180 个国际航段在400 多个国际机场间提供服务。UPS 在全球有 12.3 万多辆包括货车和摩托车在内的运输车辆、1800 多个运营设施、30000 多个 UPS Access Points（快递取寄件服务点）和 800 多个全场现场库存点保证货物顺利送达。UPS 还有 500 多个供应链设施遍及超过 125 个国家和地区。如今，日均 2190 万件包裹正通过 UPS 全球智慧物流网络在全世界流转。

2. 报关代理和信息服务

自 20 世纪 80 年代末起，UPS 持续投入数亿美元构建全球网络与技术基础设施，为客户提供保管代理服务。UPS 是全球最大的报关代理之一，拥有超过 110 年的报关经验。UPS 建立的"报关代理自动化系统"，使其承运的国际包裹的所有资料都进入这个系统，这样清关手续在货物到达海关之前就已办完。UPS 的计算机化清关为企业节省了时间，提高了效益。UPS 提供一站式清关服务，清关时效通常在 1 ~ 3 个工作日内完成，且所有清关资料由专业人士处理，省心省事。同时，UPS 利用物流自动化、智能化设备及大数据分析等技术，提高运输效率和准确性，并通过 Easy Clear 智能报关管理系统提升清关效率。

3. 货物即时追踪服务

UPS 的即时追踪系统是目前世界快递业中最大、最先进的信息追踪系统。所有交付货物都能获得一个追踪条码，货物走到哪里，系统就跟到哪里。这个追踪系统已经进入全球互联网络，UPS 每天约要处理 6.711 亿次的线上跟踪请求。非计算机网络客户可以用电话询问"客户服务中心"，路易斯维尔的服务中心昼夜服务，200 多名职员每天用 11 种语言回答世界各地的客户大约 2 万次电话询问。

4. 先进的包裹管理服务

UPS 建立的亚特兰大"信息数据中心"可将 UPS 系统的包裹档案资料从世界各地汇总到这里。包裹送达时，物流员工借助一个类似笔记本电脑的"传递信息读取装置"摄取客户的签字，再通过邮车上的转换器将签名直接输送到"信息数据中心"，投递实现了无纸化操作。送达后，有关资料将在数据中心保存 18 个月。这项工作使包裹的管理工作更加科学化，也提高了 UPS 服务的可靠性。

5. 包装检验与设计服务

UPS 设在芝加哥的"服务中心"数据库中，抗震的、抗挤压的、防泄漏的等各种包装案例应有尽有。服务中心还曾设计水晶隔热层的包装方式，为糖果、巧克力的运输提供恒温保护；用坚韧编织袋包装，为 16 万台转换机提供了经得起双程磨损的材料。这类服务为企业节省了材料费和运输费，被誉为"超值服务"。

此外，UPS 认为电子供应链改变了传统供应链的运行方向。推式的传统供应链需要在仓库里储存货物，这种做法在经济上不合算；电子供应链主张及时生产客户所需的产品，不需要在仓储上耗费巨资。UPS 积极拥抱电子供应链时代，更好地将互联网与运输服务相结合，提高客户的满意度，获得最大的效益。

UPS 每年在全球范围内的科技投资约为 10 亿美元，主要集中在网络优化、线路优化、递送优化、设施优化等方面，如智能调度系统、无人机配送、自动化仓库、智能分拣系统等。2020 年 UPS 的信息技术投入金额为 8.05 亿美元，占其年营业收入的 0.95%。虽然这一比例在快递行业中并非最高，但考虑到 UPS 的庞大营业收入规模，其信息技术投入的实际金额仍然非常可观。这种投入实现了公司对每件货物实时运输状况的掌握。通过网络提供产品及供求信息，实时追踪运输进程，为企业后勤提供咨询服务，降低运输成本。通过技术手段建立电子商务信息系统，应用互联网确切掌握货物的实时运输状况，在降低企业运输成本的同时提升了运输效率、客户满意度，实现了运输企业的效益最大化。

📖 **物流知识小课堂**

报关代理服务是物流行业中的一个重要环节，尤其是在国际快递和贸易中。这项服务由专业的报关代理公司/部门提供，它们代表客户处理货物进出口时所需的海关申报和清关手续。报关代理通常深入了解关于不同国家海关的规定和流程，能够确保货物顺利、快速地通过海关。此外，由于报关代理专门处理这些事务，企业可以专注于其核心业务，而不必担心复杂的清关程序。通过优化申报内容和流程，最终可以帮助企业减少可能避免的罚款和延误，从而节约成本。

❓ **思考题**

1. UPS 如何通过信息化技术提升其国际快递服务的效率？
2. 讨论 UPS 的包装技术如何帮助企业降低运输成本并提高服务质量。
3. 电子供应链对传统物流模式产生了哪些影响？结合 UPS 的实践，解释这种模式为何受到欢迎。

案例 9-4 宜家家居全球化的外包物流系统

主题词： 物流外包，密集运输，物流成本

宜家家居（IKEA）以其质量可靠、价格适中、服务周到而享誉全球。从 1943 年创始，宜家家居发展到如今在全球 29 个国家和地区拥有 356 个商场，有约 17.7 万名员工，成为国际知名的家居公司。

宜家家居目前在全球 55 个国家拥有约 2000 家供应商。2000 家供应商为宜家家居生产宜家家居目录册和宜家家居商场内的所有产品。其中，大部分产品及其生产厂商来自环境工作发展水平较高的国家和地区。同时，宜家家居也在一些环境工作尚处于起始阶段的国家进行部分产品的采购。在 2000—2003 年，宜家家居环境工作的一项主要任务就是帮助改善部分供应商的生产环境条件。目前，这些供应商的生产活动对环境造成的影响是急需降低和改善的。具体措施是宜家家居向他们提供有关基本要求的文件材料，然后对于要求执行情况进行后续的跟踪检查。宜家家居供应商的数量在不断增加，主要在欧洲，一部分在亚洲。生产厂家对于制作材料和生产工艺的选择在相当大程度上取决于宜家家居提供的产品规格文件。文件内容包含了所有有关限制性规定，例如，对于某种化学成分、金属材料或其他原材料的指定使用。此外，宜家家居对环境管理制度做了简化修订。宜家家居具有鲜明的产品物流特色，如全面采用平板包装和组装分开计价等。

宜家家居在降低物流成本方面采用新的物流理念，可以分为以下三个方面。

1. 减少仓储设备

宜家家居要求供应商把大多数的货物直接送到自选商场，省略中间的仓储存放和搬运任

务，目前这个比例已经达到了 60%～70%，未来的一年里将达到 90%。针对必须转运的货物，宜家家居也实施了许多改进措施，例如，减少货物转运次数：目前 1 立方米的货物，处理次数可以达到 8 次，目标是降低到 2.5 次。同时，加大力度提高商场销售面积，降低仓储面积占比。

2. 采用密集运输以降低成本

2000 年，宜家家居货物运输量达到 2100 万立方米，船舶运输占 20%，铁路运输占 20%，公路运输占 60%。宜家家居经过考察后发现改变送货方式可以降低物流成本。以德国境内的宜家家居为例，它共有 1600 个供应商，其中 1500 个供应商分布在远东、北美、北欧和东欧，这些供应商将货物直接送到 Werne 和 Erfurt 的集中仓库，其余 100 个供应商把货物直接送到展销中心。按照货物的体积计算，约有 50% 的货物由供应商送到集中仓储中心，从那里每星期再分送到展销中心；另外 50% 的货物由供应商直接送到展销中心，例如大型床垫，长木条等体积较大的货物。主要的送货方式有以下三种。

（1）快速反应。根据展销中心的需要，直接在计算机上向供应商下订单，货物会在 1～2 周内由集中仓储中心送到展销场地。

（2）卖方管理存货。供应商每天收到其所生产的货物的存货情况，决定补货时间、种类和数量。

（3）直接通过计算机网络向国外的供应商订货，用 40 英寸的集装箱集中海运到汉堡，然后由码头运输到各展销中心。

宜家家居所有产品都采用平板包装，可以最大限度地降低货运量，增加装货能力。目前，宜家家居不仅关注货品的单位包装数量，同时还竭力多采用船舶和火车作为货运方式。因此，所有宜家家居仓库现在已连接直通铁路网或货运港口。

3. 降低整体运作成本

宜家家居针对特殊订单，成立地方性的服务中心。货物集中到离顾客最近的服务中心，然后再送到顾客手中。宜家家居没有自营车队，其运输业务全部外包给外部承运商。所有宜家家居承运代理必须遵从环境标准和多项检查，如环境政策与行动计划、机动车尾气排放安全指数等，必须符合宜家家居设定的严格标准。为了减少公路运输产生的二氧化碳排放，宜家家居设法增加了产品的单位包装数量，并采用二氧化碳排放量少的货运方式。目前，宜家家居已建立铁路公司以确保铁路承运能力，提高铁路货运比例。持续提升产品单位包装数量是宜家家居的一项长期工作，不仅是在集装箱内增加单位装箱数量，同时要考虑提高产品集合包装的数量。高效的外包物流系统和不断优化的运输方式使宜家家居的物流能够顺应业务的发展，从而使得宜家家居的发展欣欣向荣。

📖 **物流知识小课堂** -

　　物流外包，是指制造企业或销售企业为集中资源、节省管理费用、增强核心竞争力，将其物流业务以合同的方式委托给专业的物流公司运作的一种经营模式，是一种长期的、战略的、相互渗透的、互利互惠的业务委托和合约执行方式。

实施物流外包的好处在于：（1）企业可将有限的资源集中用于发展主业；（2）企业可节省费用，增加收益；（3）加速商品周转，减少库存，降低经营风险；（4）可以提升企业形象；（5）降低管理难度，提高管理效率。

建立物流外包关系的步骤一般包括：（1）拟定外包战略；（2）制定严格的物流服务提供商选择程序；（3）明确定义自己的期望；（4）签订有效的合同；（5）制定良好的规范与流程；（6）发现并避免潜在的冲突点；（7）与物流伙伴保持有效沟通；（8）衡量绩效、沟通结果；（9）激励与奖励物流服务提供商；（10）成为一个好的伙伴。

企业在选择物流外包时，需要注意以下几点：（1）制定具体的、详细的、具有可操作性的工作范围；（2）协助第三方物流服务提供商了解企业；（3）建立冲突处理方案；（4）不断进行调整；（5）保持弹性，以最灵活的方式为公司提供最佳的服务。

思考题

1. 宜家家居是采用什么方式来降低成本的？
2. 宜家家居在发展中注重对环境的影响，分析其物流中的环境保护因素。
3. 如何实施物流外包？

案例 9-5　DHL 运输路线规划

主题词： 国际快递，数据驱动，运输路线优化

DHL（DHL Express）是全球领先的国际快递和物流服务提供商，隶属于德国邮政集团（Deutsche Post DHL Group）。作为一家全球性的物流巨头，DHL 在全球超过 220 个国家和地区提供服务，每天处理数以百万计的包裹和货物，服务涵盖国际快递、国内和国际物流解决方案、电子商务物流等领域。

DHL 在运输路线规划上具有多方面优势，这些优势不仅提升了运输效率，还带来了显著的经济效益，具体如下。

（1）先进的技术和数据驱动的路线优化。DHL 利用先进的技术和大数据分析来优化运输路线。他们开发和采用了多种智能化工具和系统，如实时路线优化系统和智能算法，这些系统可以实时监控交通状况、天气情况以及客户需求变化，从而动态调整司机的路线和配送计划。这种数据驱动的运输路线优化不仅提高了交付效率，还减少了燃料消耗和运营成本。

（2）灵活的网络和综合的运输模式。DHL 拥有覆盖全球的综合性运输网络，包括空运、陆运和海运等多种运输模式。他们能够根据货物的特性和目的地的具体情况，选择最佳的运输方式和路线，以最大限度地满足客户的需求并优化成本效益。例如，对于紧急交付的货物，DHL 可以选择航空运输，而对于更大批量的货物，则可以通过海运来降低运输成本。

（3）高效的配送网络和战略位置。DHL 在全球范围内建立了高效的配送网络和位于战略位置的仓储和分拣中心。这些设施不仅能够实现货物的快速集中和分拣，还能够在物流供应链中实现最优的路线规划和配送策略。通过合理配置其位置，DHL 能够最大化地缩短货物

的运输距离和时间，从而提高运输效率并降低运营成本。

DHL 在运输路线规划上的优势主要体现在其技术创新、数据驱动的优化和全球性的综合运输网络上。相比之下，其他竞争对手可能在以下几个方面存在差距。

（1）技术和系统的落后。一些竞争对手可能没有像 DHL 那样先进和智能化的路线优化系统与数据分析工具。他们可能依赖传统的运输管理方法，如人工调度和简单的路线规划，这在面对复杂的市场需求和变化时效率和灵活性较低。

（2）网络和资源的局限性。其他公司可能没有像 DHL 那样全球性的综合运输网络和战略位置的仓储与分拣中心。这可能导致他们在跨国或大范围运输中面临更大的物流挑战和成本压力，难以实现与 DHL 相同的运输效率和经济效益。

（3）客户定制化和服务水平。DHL 在运输路线规划中注重客户需求的定制化和服务水平，通过多样化的运输模式和灵活的路线选择来满足不同客户的需求。其他公司可能没有同样程度的客户关怀和定制化服务，这可能影响他们在市场竞争中的表现和客户满意度。

DHL 在运输路线规划上取得的经济效益主要体现在以下几个方面。

（1）成本效益。通过优化的运输路线和选择最佳的运输模式，DHL 能够显著降低运输成本。例如，通过合理利用航空运输和海运，根据货物的紧急程度和成本考量选择最优的方式，从而降低了整体的运营成本。

（2）提高运输效率。DHL 的优化路线规划和灵活的配送网络显著提高了运输效率。他们能够更快速、更精准地将货物送达目的地，减少了运输时间和交付延误的风险，从而提升了客户满意度。

（3）提升市场竞争力。通过优化路线规划和提高运输效率，DHL 不仅增强了在市场上的竞争力，还能够吸引更多的客户和合作伙伴。他们能够为客户提供更优质、更快速的物流服务，从而在全球物流市场中占据领先地位。

DHL 作为全球物流和快递服务的领导者，其在运输路线规划方面的优势主要体现在技术创新、数据驱动的路线优化和全球性的综合运输网络上。通过这些优势，DHL 实现了显著的经济效益，包括降低运营成本、提高运输效率和增强市场竞争力。未来，随着技术的进一步发展和全球物流需求的增加，DHL 将继续在运输路线规划方面发挥领导作用，为客户和合作伙伴提供更优质的物流解决方案与服务。

物流知识小课堂

数据挖掘是从大量的数据中提取潜在模式和知识的过程，以帮助人们做出决策和预测。数据挖掘涉及多个领域的知识，包括统计学、机器学习、数据库等。数据挖掘的基本步骤包括数据预处理、特征选择、模型构建、模型评估等。

数据挖掘模型可以应用在预测、风险评估、分组、序列分析等。

❓思考题

1．大数据分析方法如何应用在运输管理中？
2．相比其他国际快递企业，DHL 的竞争优势有哪些？
3．DHL 可以为客户提供哪些个性化服务？

Chapter **10**

第 10 篇　物流配送

"蚁群效应"

　　蚂蚁的组织体系和快速灵活的运转能力始终是人类学习的楷模。蚂蚁有严格的组织分工和由此形成的组织框架，但它们的组织框架在具体的工作情境中有相当大的弹性，它们在工作场合中的自我组织能力特别强，不需要任何监督就可以形成一个很好的团队，有条不紊地完成工作任务。

物流配送

配送是指在经济合理区域范围内，根据顾客要求对物品进行拣选、加工、包装、分割、组配等作业，并按时送达指定地点的物流活动。配送是物流中一种特殊的、综合的活动形式，是商流与物流紧密结合，包含了商流活动和物流活动，也包含了物流中若干功能要素的一种形式。

配送几乎包含了所有的物流功能要素，是物流的一个缩影或在某小范围中物流全部活动的体现。配送和物流的不同之处在于，物流是商物分离的产物，而配送则是商物合一的产物，配送本身就是一种商业形式。

1. 配送的内涵

配送的内涵主要体现在以下三个方面。

（1）配送提供的是物流服务，因此满足顾客对物流服务的需求是配送的前提。

在买方市场条件下，顾客的需求是灵活多变的，消费特点是多品种、小批量的，配送活动不是简单的送货活动，而是建立在市场营销策划基础上的企业经营活动，是多项物流活动的统一体。

（2）配送是"配"与"送"的有机结合。

所谓"合理地配"是指在送货活动之前必须依据顾客需求对其进行合理的组织与计划，以实现现代物流管理中所谓的"低成本、快速度"地"送"，有效满足顾客的需求。

（3）配送是在经济合理区域范围内的送货。

配送不宜在大范围内实施，通常仅局限在一个城市或地区范围内进行。

2. 配送的要素

配送的要素有七个：（1）集货；（2）分拣；（3）配货；（4）配装；（5）配送运输；（6）送达服务；（7）配送加工。

3. 配送的作用

配送的作用主要有以下七个方面。

（1）推行配送有利于物流运动实现合理化。

（2）完善了运输和整个物流系统。

（3）提高了末端物流的效益。

（4）通过集中库存使企业实现低库存或零库存。

（5）简化事务，方便顾客。

（6）提高供应保证程度。

（7）配送为电子商务的发展提供了基础和支持。

案例 10-1　农夫山泉的业务体系

根据农夫山泉招股书，弗若斯特沙利文咨询公司的行业研究报告数据显示，按照零售额计算，2023 年中国软饮料市场规模约 9092 亿元。其中，十大软饮料品类（包装饮用水、蛋白饮料、果汁饮料、功能饮料、固体饮料、碳酸饮料、茶饮料、植物饮料、风味饮料和咖啡饮料）中包装饮用水品类占比最高，占比达到 23.65%，市场规模约为 2150 亿元。

根据弗若斯特沙利文咨询公司报告，2012—2023 年，农夫山泉已经连续 12 年保持了我国包装饮用水市场占有率第一的位置。2023 年，农夫山泉在包装饮用水市场中的零售额达到了 507 亿元，市场占有率高达 23.6%，稳居行业第一。其后依次是怡宝、景田、娃哈哈、康师傅等。前五名参与者市场占有率共超过 58.6%，我国包装饮用水市场集中度较高。

1. 农夫山泉的现状

2023 年，农夫山泉的营业收入达到 426.67 亿元人民币，同比增长 28.36%，毛利润为 254.07 亿元人民币，毛利率高达 59.55%；净利润则为 120.79 亿元人民币，同比增长 42.19%，净利润率约为 28.31%。

农夫山泉的主要产品覆盖包装饮用水、茶饮料、功能饮料、果汁饮料以及其他产品（主要包括咖啡饮料、苏打水饮料、植物酸奶产品及农产品）等类别，以 2023 年销售额计，其在包装饮用水市场中的占有率第一，茶饮料、功能饮料及果汁饮料的市场份额上也均占据国内市场前五位。

2. 农夫山泉的供应链布局

农夫山泉的供应链是一个复杂而高效的系统，涵盖了从原材料采购、生产制造、物流配送到终端销售等多个环节。

农夫山泉的原材料主要包括水源、包装材料（如 PET 瓶、瓶盖、标签等）以及生产所需的辅助材料。其中，水源是农夫山泉产品的核心原材料，公司严格筛选优质水源地，确保水源的纯净度和安全性。包装材料则通过与供应商建立长期稳定的合作关系，确保供应的及时性和质量稳定性。

农夫山泉在全国多个水源地设有生产基地，使得其不仅能全面覆盖国内的市场供应，还能有效缩短运输半径，减少产品从生产线运送至货架的时间，控制物料开支，保障利润水平。这些基地均采用了现代化的生产设备和工艺，确保产品的质量和口感。在生产过程中，农夫山泉注重节能减排和环保措施，努力实现绿色生产。同时，农夫山泉还通过持续改进和创新，提高生产效率和产品质量。例如，千岛湖生产基地位于风光秀丽的千岛湖畔，是一个集科研、开发、生产、营销为一体的饮料深加工企业。该基地环境优美，被誉为花园式工厂，拥有现代化的高科技设备和全自动化的生产流程。此外，该基地还设有全透明的旅游观光通道，游客可以欣赏到农夫山泉的整个生产过程。都江堰生产基地的建设工期为 2024 年

3 月至 2026 年 5 月，将建设 5 条饮用天然水生产线、2 条无菌线饮料生产线，并配套建设瓶坯、瓶盖注塑系统。预计年产 45.12 万吨饮料、129.47 万吨包装饮用水、60.8 万吨桶装水。黄山生产基地 2024 年一期工程投资额高达 8.5 亿元，约 11.13 万平方米，专注于天然水生产线的建设。全面投产后，预计年产饮用天然水可达到 160 万吨，实现产值 15 亿元。峨眉山基地为农夫山泉全国单体规模最大项目，覆盖消费者近 2 亿人。

农夫山泉的物流配送体系是其供应链中的重要环节。农夫山泉建立了完善的物流网络，包括干线运输、城市配送等多个环节。为了确保产品的及时送达和降低运输成本，农夫山泉与多家物流公司建立了合作关系，并不断优化运输路线和配送方案。此外，农夫山泉还采用了先进的物流管理系统，实现了对物流过程的实时监控和跟踪。

3. 传统销售渠道与新渠道

传统软饮料销售渠道依靠各级经销商多级分销模式来触达消费群体。整个销售渠道链条冗长散乱，而各个环节的经销商都需要承担库存、销售和资金的压力。他们上游连接品牌商，下游连接销售终端，帮助软饮品牌商完成商品从出厂之后到当地零售服务商之间的仓储和配送过程；同时，还要负责商品淡旺季蓄水、产品营销、资金垫付等相关工作。

随着京东、天猫超市、新零售 B2B 等互联网平台的兴起，新型的渠道产生。例如 B2B 平台渠道通路及以自动贩卖机为代表的新零售渠道等，都慢慢占据一定的市场渠道份额，有统计数据显示，这一占比约达到 20%。

农夫山泉积极拓展直营渠道，与全国性或区域性的超市、连锁便利店、电子商务平台等建立合作关系，直面一线消费者，洞察市场动向。目前，农夫山泉在全国范围内投放了大量的自动贩卖机等智能终端零售设备，如"农夫山泉芝麻店"，这些设备能够覆盖更多的消费场景，提升品牌曝光度和市场份额。

这类渠道的优势是缩短了物流链条，能够快速高效地获取商品的市场销量情况，调整销售策略；能够减少最末端销售小店的仓储压力，减少囤积，降低库存。与此同时，能够将店主从辛苦的自主进货流程中解脱出来，把更多的精力放在服务消费者上。农夫山泉推动供应链前端渗透，通过优化供应链计划流程、提升供应链整合能力等举措，进一步提升供应链效率和市场响应速度。

4. 销售物流

软饮料的销售物流是指产品从生产基地仓到消费者的过程，整体可以分为前端与后端两大环节。前端为厂家 To B（面向企业），基地仓到经销商仓库或者大客户仓库的整车运输，费用由厂家承担，物流外包第三方车队企业。后端为 B2B、To C（面向消费者），从经销商到便利店的城市配送，这段费用都由各级经销商自己负责，物流自营或寻找外部个体司机。

To B 端的环节主要是从生产仓到经销商或者大客户仓库的整车运输，物流距离一般在300 千米以内，使用车型多用厢货半挂车或者少量 9.6 米厢车运输；商品整托装卸，机械化操作，高效快捷。这段物流运输多由品牌商分区域招标，签订 1 ～ 2 年的短期合同。因此，运输企业一般多由车队组成，发展局限较为明显。例如，运输车辆需要是定制化的改装车（如水饮的侧帘门），跨行业不通用，导致车队只有单边货源，毛利润较低。

目前的玩家主要为区域型玩家，如安广物流、汤氏物流等。

后端主要是 B2B、To C 模式，即从一级代理商、电子商务平台到终端小店再到消费者。

其中的运力组成方式主要是由代理商自购车辆，或者从社会上寻找个体司机。车辆多为 4.2 米厢货及以下轻卡车辆，统一由调度管理部门调度使用。这类城市配送企业，如凯东源城配、江苏华商等。

从整体上讲，由于各个经销商所代理的软饮料品类有限，所以配送上大多都是单品牌配送。为了满足品牌零售门店的采购需求，各个不同代理经销商都在进行门店的重复配送和拜访，大部分车辆都是单程业务，资源利用率较低。

5. 供应链网络规划

农夫山泉在供应链网络规划方面展现出了卓越的战略眼光和执行力，具体如下。

（1）水源地布局：农夫山泉深知水源地对于瓶装水生产的重要性，因此早在 1996 年便开始了全国圈地布局找水的战略。目前，农夫山泉已形成包含千岛湖、长白山、丹江口、武夷山等在内的十一大水源供应基地。这些水源地不仅水质优良，而且地理位置优越，能够覆盖广大的消费市场。其中，万绿湖、千岛湖、峨眉山、丹江口、雾灵山正好位于珠三角、长三角、成渝、湖北、京津冀五大消费腹地，实现了分布式产能就近区域供应。

（2）供应链管理系统：农夫山泉引入了网络规划和供应链方案系统，如 LLamasoft 和 JDA，用于优化供应链网络。这些系统能够精确预测销售数据，优化运输路径，实现成本最小化。同时，农夫山泉积极推动数字化供应链建设，通过数字化手段提升供应链效率。例如，参与京东的"物竞天择"项目，利用算法确定最优配送路径，缩短配送时间。

早在 2010 年，农夫山泉便运用供应链网络规划工具 LLamasoft，对其当时的 13 个工厂、40 个仓库、290 个代表处和 20000 个配送点的供应链网络进行产能规划、仓储布点规划和发货路径优化；系统设立了销售路径资源池（从配送中心或工厂发到经销商所有潜在的运输路径）和调拨资源池（从工厂到配送中心所有潜在的调拨路径），在两个资源池中分别对每一条运输路径配置包括起点、终点和价格的信息，并预设好货龄、库存等指标，附加了产能、运能、车型等约束条件。每月月底，供应链管理部门把销售预测的数据导入 LLamasoft 系统，通过系统对不同运输路径下的总成本进行叠加，最优的路径选择结果就会直接输出到执行系统。2011 年，农夫山泉又引入民企极少关注的供应链计划系统 JDA，实现需求预测、协同计划、主生产计划、补货计划等业务信息化。

在使用了网络规划工具和计划系统后，农夫山泉的配送中心从 20 多个减少到 5 个，产销预测由生产管理部与办事处协同进行，农夫山泉可以更为准确地预测季节性需求波动，并在需求发生变化时更好地管理供应链库存。

起初，在推行供应链计划管理系统时，农夫山泉没有全职专业的需求计划经理，没有集成的供应链管理职能。系统的规范化业务逻辑与现实的灵活流程产生了剧烈的冲突。为找到合适的角色推动项目的实施，农夫山泉进行了多次供应链管理职能的变革探索，从首席信息官（CIO）到物流部总监，再到成立全新的供应链市场统筹部。该部门的职能包括原销售部门的需求计划职能、原生管部门的供应计划职能、原物流部门的补货计划职能，整合了原来散落在各职能部门中的所有计划职能。为了强化其对前端的整合要求，该职能还特地强调"市场"两字，主要希望不仅是供应链计划能力的整合，同时要关注前后端的协同。这种职能架构将计划职能与执行职能分离，并整合了所有的计划职能，让供应链市场统筹部总监更加专注整体而前瞻性的规划，而不是事后的响应调整。

物流知识小课堂

供应链网络规划是物流管理中的关键环节，它旨在构建一个高效、协同、灵活的供应链体系。这一过程涉及对供应商、制造商、分销商及最终客户的全面考量，通过优化资源配置、降低物流成本、提高响应速度，实现供应链整体效能的最大化。

在规划过程中，需深入分析市场需求、产能布局、运输能力、仓储资源等多维度因素，利用现代信息技术手段，如大数据分析、云计算等，进行精准预测与决策。同时，还需考虑供应链风险，如自然灾害、政策变动等，制定应对策略，确保供应链的韧性与稳定性。最终，供应链网络规划将助力企业构建一个高效协同、快速响应、风险可控的供应链生态系统，为企业的持续发展与市场竞争力的提升奠定坚实基础。

？思考题

1. 农夫山泉如何持续优化其供应链布局以提升竞争力？
2. 农夫山泉如何在新兴渠道中保持并扩大市场份额？
3. 农夫山泉如何进一步拓展产品线，实现多元化发展？

案例 10-2　美团的物流配送业务体系

主题词： 即时零售，集约配送

2022 年，在中国民营物流企业 50 强名单新排位中，上海三快智送科技有限公司以 619.26 亿元的营业收入冲入前三甲，成为仅次于顺丰和京邦达的第三大民营物流企业。其中，上海三快智送科技有限公司是美团旗下的即时物流平台。这也是美团首次入围该榜单。围绕本地生活服务，美团建立了庞大的即时配送网络，即时物流已经成为美团手中的一张王牌。美团跑腿、食杂生鲜、非餐饮外卖、服装配送、快驴进货等业务，绝大部分都是由美团物流来完成的。

1. 即时物流综合服务提供商

美团手里有两张网：一张是美团优选和美团买菜背后的仓配网；另一张是美团闪购和美团外卖背后的即配网。其中，美团优选打造的三级仓配物流网络体系，通过干线、支线、城配三级集约配送，已经覆盖全国 30 个省份的大部分社区和农村。美团外卖也拥有行业履约能力领先的骑手团队，遍及全国各地。在此期间，美团还投资了 10 多个物流领域的企业，包括农产品物流、自动驾驶技术、同城配送和物流机器人等。

关于仓配网，年报表示，美团优选打造的"次日提货"三级仓配物流网络体系，现已覆盖全国 30 个省份的大部分社区和农村。截至目前，美团优选"今日下单、次日自提"服务模式已覆盖全国 2000 余市县。

关于即配网，由日均超过百万的活跃骑手（总数量超过 500 万人）打造的、覆盖全国的外卖配送网络，可以说是当下最强大的终端履约体系，配送时效与上门交付的能力都极具优势。美团外卖单日峰值订单量已突破 5000 万单。这个体量基本上与同期的中通快递相当，但在配送效率与体验度上，美团配送显然更胜一筹。

背靠这两张网，从送同城到送全国，从送外卖到送万物，"美团快递"的边界越大，物流版图也就越清晰。

据此前媒体报道，2023 年 6 月，美团优选管理层召开了一次夏季会议，宣布发起"夏季战役"。这标志着美团优选的重心从持续一年多的"降本"重新回到"抢增长"上。而作为行业最重要的参与者之一，美团优选的转向在某种程度上成为社区团购新一轮竞争的导火索。

2023 年 8 月 30 日官宣的配送信息，由次日"下午到"提前为"上午到"，是美团优选本次夏季战役的亮点之一。为了保证高准时率，美团优选对业务链条上的各个指标进行了详细拆解，并提出了系统化的提升方案。这不是美团优选第一次为了"快"做投入。其实自 2020 年成立以来，在构建了"中心仓—网格仓—自提点"的仓配体系基础上，针对下沉市场基础设施不完善的现状，美团优选就投入了大量资源。

2. 智能物流运营商

自 2020 年成立以来，在构建了"中心仓—网格仓—自提点"的仓配体系基础上，针对下沉市场基础设施不完善的现状，美团优选就投入了大量资源。例如在多个城市建设冷链仓储，开发千余条运输路线，不遗余力地提升冷链基础设施水平。同时采取农产品生鲜源头直采模式，中心仓通过运输路线和同城运力连接农产品主产区，砍掉运输中的冗余环节，降低成本，提升品质。帮助优质特色农产品在美团修好的"冷链路"上销往全国。以持续不断的基础设施投入，配合联通源头和餐桌的链路，打通"农产品进城"和"工业品下乡"的"最后一公里"。

3. 美团物流

撕掉外卖标签，美团很明显进入了一个新的发展阶段。在第二季度财报中，美团闪购和餐饮外卖、到家以及酒旅业务一起被纳入核心本地商业。2021 年 9 月，美团的发展战略也升级为"零售＋科技"。这些无不说明美团全力押注即时零售的这一天终于来了。

把即时零售作为未来发展的重要战略之一，美团也是基于自身即时配送能力的考虑。王兴曾经表示，美团闪购作为外卖业务的延伸，充分利用了公司外卖业务的用户规模和即时配送网络。

美团为进军快递物流已是"早有准备"。2020 年，美团上线了"快递发货"的同城配送新业务，紧接着 2021 年，美团又获得首个城市低空物流运营示范中心，再加上美团在无人配送上的持续加码，或许美团距离快递物流仅一步之遥。换句话说，若想真正从人力、数据、电子商务等各方面完成供应链的生态闭环，对于美团来说并非难事。

（1）人力资源。庞大的骑手数量是促使美团在同城配送行业站稳脚跟不可忽视的力量。从 2018 年的 270 万人、2019 年的 399 万人、2020 年的 470 万人，到 2023 年，美团的骑手数量约为 745 万人。所以说，美团若进军快递，是否借助灵活用工发力？骑手的配送费与快递行业的配送费相比，前者远高于后者，对于美团来说或许可以节省部分人力成本。

（2）客户黏性。美团一直以来的长期积淀，不仅积累了众多的人力资源，也沉淀了相对丰富的客户资源，拥有较高的客户黏性。相关数据显示，截至 2023 年 12 月 31 日，美团平台活跃商家数达到 980 万户，同比增长 6.3%，年度交易用户数达到 7.4 亿户，同比增长 5.3%，创下历史新高。这意味着美团在市场上保持较高的认可度和竞争力，为其发力快递物流奠定不错的客户基础。

（3）电子商务加持。美团悄悄地将电子商务业务入口升级到 App 的一级入口，足以见证美团积极在电子商务业务上开拓新增长曲线的决心。并且，内部产品品类齐全，且价格较低，主打下沉市场的意图明显。随着一线城市新增流量接近天花板，下沉市场开始逐渐成为大众的焦点，美团或许也准备力拓下沉市场这一新增长极，将其作为进军快递的"跳板"，由此形成其向综合物流迈进的供应链闭环。

美团经过自我升级，在外卖订单增量处于平缓、非外卖业务订单占比逐年增加的背景下，选择开拓电子商务、医药配送覆盖全国等新的业务布局，似乎苗头都在指向快递物流，也不免猜想美团正在依托自身沉淀的优势力量为进军快递做准备，但能否胜任还需要经受市场的考验。

（4）科技助力。近年来，科技助力智慧物流发展已不再稀奇，如顺丰的无人机、京东物流的无人配送车。作为外卖行业"领头羊"的美团也在科技助力下谋篇布局，数字化程度不断加深。其中包括投入 1.5 亿元资金，为商家提供一系列数字化运营服务，为配送端进行技术升级。

另外，美团也驶入无人配送快车道。相关数据显示，截至 2023 年 6 月底，美团无人机已累计完成订单超 30 万单。由此看来，若美团进军快递发展智慧物流，压力不大。

物流知识小课堂

集约配送是指由几个物流据点共同协作制订的计划，共同组织车辆设备，对某一地区的用户进行配送。这种配送方式通过共同使用配送车辆，提高车辆实载率，从而提高配送的经济效益和效率。

集约配送的主要优点是降低配送成本。通过共同使用配送车辆，可以提高车辆实载率，从而降低单位配送成本，提高经济效益和效率。

思考题

1．美团如何构建其物流网络体系？其仓配网和即配网的特点与优势有哪些？

2．美团在物流领域中进行了哪些投资？这些投资如何支持其物流战略的发展？

3．美团在农产品物流方面有哪些创新举措？这些创新举措如何促进"农产品进城"和"工业品下乡"？

案例 10-3　中百仓储的仓储与配送系统

主题词： 连锁超市，库存管理，配送

武汉中百连锁仓储超市有限公司（以下简称中百仓储）是中百集团全资子公司。自 1997 年

以来，公司借鉴国外商业发展道路，大力拓展连锁经营模式，重点发展综合大卖场，至今已开办 5000 ～ 12000 平方米仓储式大卖场百余家。

中百仓储以"低价无假货"为经营宗旨，已经成为武汉市连锁规模最大、最具有特色的仓储式购物场所，被看作民族超市的品牌象征。

中百仓储超市主要经营食品、日用百货、家用电器、家居用品、文体用品、服装鞋帽等大类商品，围绕与消费者息息相关的"饭桌子、米袋子、菜篮子"，突出"放心肉、放心米、放心鱼、放心油、无公害蔬菜"的经营，并以现代化物流配送中心为支撑，将城市工业品送下乡，把农村土特产带进城，促进城乡互动、产品互通的大流通格局。

1. 企业经营的 SWOT 分析

企业针对调研中发现的员工素质不够高、业务操作不够规范、信息系统利用率低、工作效率较低，存在仓库器具损失现象，以及配送效率不够高等问题，进行了全面的分析与改进。中百仓储的 SWOT 分析如表 10-1 所示。

表 10-1　中百仓储的 SWOT 分析

中百仓储的 SWOT 分析	优势（S） 创造性的"农转超"模式； 单体面积最大的物流配送中心； 地毯式的社区入驻； 本土化的区域竞争优势	劣势（W） 自有品牌开发不力； 管理效率不够高； 存在资源浪费现象； 未形成集聚式经济链
机会（O） 自媒体的成功助阵； 二三线城市的铺开； 高端产品引进； 抢占更大本土市场份额	SO 战略： 保持并扩大本土市场的份额； 建设完善的物流配送系统； 借助自媒体不断扩大影响	WO 战略： 选择有竞争力的产品品牌； 建设集聚式经济链； 借助自媒体不断扩大影响； 提高管理效率
威胁（T） 购物环境相对较差； 购买力相对较弱； 产品价格无明显优势； 管理体系不够先进	ST 战略： 改善购物环境； 适当加大促销力度； 保持并扩大本土市场的份额	WT 战略： 开发质优价廉的产品； 完善管理体系； 深入细查，杜绝浪费； 建设先进的管理体系

采用相应的发展战略，可以解决企业现存的问题，寻找更好的发展途径。

2. 连锁超市的库存管理模式

连锁超市通常采用的库存管理模式有两种：联合库存管理（Jointly Managed Inventory，JMI）和供应商管理库存（Vendor Managed Inventory，VMI）。

联合库存管理（JMI）是一种上游企业和下游企业权利责任平衡与风险共担的库存管理模式。它把供应链系统管理集成为上游链和下游链两个协调管理中心，库存连接的供需双方从供应链整体的观念出发，同时参与、共同制订库存计划，实现了供应链的同步化运作，从而部分消除了由供应链环节之间的不确定性和需求信息扭曲现象导致的供应链库存波动。

供应商管理库存（VMI）是一种以用户和供应商双方都获得最低成本为目的，在一个共同的协议下由供应商管理库存，并不断监督协议执行情况和修正协议内容，使库存管理得到持续改进的合作性策略。这种库存管理策略打破了传统的各自为政的库存管理模式。

中百仓储的库存管理模式为 JMI，采用这种模式使供应链过程中的每个库存管理者都从相互之间的协调性考虑，保持供应链各个节点之间的库存管理者对需求的预期保持一致，从而消除了需求变异放大现象。

3.　中百仓储的物流配送体系

武汉中百物流配送有限公司是中百集团下属子公司，它拥有自己的大型商品配送中心和农产品加工配送基地；有自己的大型仓储基地和现代化的机械设备；运用了先进的管理信息系统和智能化仓库技术，从而优化了企业的供应链，形成了较为完善的物流配送体系。作为中百集团的另外两个子公司，中百仓储的生鲜食品卖场成功实现了"清洁、环保、绿色散场"的经营理念，向顾客保证"天天新鲜"的产品质量；中百便民超市则每天向各个社区的居民提供多品种的优质生鲜食品，已成为大多数武汉居民的"生活之友"。这一切都离不开武汉中百物流配送有限公司强大的后勤保障。

武汉中百物流配送有限公司下属东西湖区吴家山常温配送中心、汉口生鲜配送中心、汉阳低温冷藏配送中心三大部门。在中百仓储的生鲜物流运营中，订单处理和货物配送都有严格的时间限制。不同的货品具体送货时间各有差异，但供应商在规定时间之外送达的货品，配送中心是拒收的。为了进一步缩短货品在冷藏中心的停留时间，冷藏中心在选择供应商时更加注重其专业性，更加强调货品的质量，以简化检验程序，加快货品流动的速度。

物流公司内部建有自己的内部网，各门店及供应商的资料全部由该系统处理。物流公司与集团门店之间有一套订货管理系统，各门店通过内部网向公司请货。公司使用管理软件将接到的订单整合，形成采购单，然后向供应商下订单，订单内容包括采购部门、订货时间、指定收货地点、数量、供应商等。业务尚未联网的供应商，公司则将订单传真过去。供应商接单后，会及时向配送中心回馈商品信息，并按指定时间将货品送到配送中心。配送中心验货后，将到货信息输入计算机，形成配送单，经审核后打印出配送单，交给作业部门配货、送货。

武汉中百物流配送有限公司运用微波通信技术对三大百货商场的销售系统进行实时联网和统一管理，建立公司与中百仓储连锁经营信息系统；采用缆带和专线相结合的方式广泛搭建各门店与便民总部快速有效的通信平台。

物流知识小课堂

连锁超市是指经营同一类别的商品和售后服务的若干超市以一定的形式合并成统一的整体，通过企业形象的标准化、经营管理活动的专业化、组织人事规范化以及内部管理手段的现代化，做到使复杂的商业活动实现相对的简单化，从而达到规模效应。

连锁超市在价格体系上实行低价格、低利润、高周转经营；在销售方式上采取开架售货、顾客自选的方式，适应大量消费、大量销售、大量流通的新型零售流通手段。这正是促进零售商业和流通机构现代化、体系化的"流通革命"。

思考题

1.　中百仓储最主要的成功因素是什么？

2．JMI 和 VMI 各有哪些优缺点？中百仓储是如何进行库存管理策略选择的？

3．中百仓储还应从哪些方面入手，不断提高企业的经营效率和服务水平？

案例 10-4　李宁公司的物流配送体系

主题词： 配送，供应链管理，物流信息化

李宁体育用品集团（原广东李宁体育用品有限公司，以下简称"李宁公司"）由世界著名的体操王子李宁出任董事长、总经理。李宁公司的使命就是：以体育激发人们突破的渴望和力量。致力于专业体育用品的创造，让运动改变生活，追求更高境界的突破！李宁公司的产品以其独特的风格、新颖的款式、优良的品质、合理的价位、良好的售后服务以及科学的经营策略，获得了广大经营者和消费者的青睐。李宁公司有志建成中国最大的体育用品分销网络，并实现国际化。

每一个冠军团队的背后，必然有一套卓有成效的管理方法。李宁公司将物流领域作为企业信息化的重点。目前，李宁公司正在全国范围内建立以 ERP 为起点的信息系统，全面整合产品设计、供应链、渠道、零售等资源，发展电子商务，进一步提高运作效率和品牌形象，形成了一套适合自身的战略规划模式和管理体系，使公司组织运作顺畅无阻，战略执行果断快速。

1．仓储

李宁公司在全国共有两个一级仓储中心。全国共十三个分公司，各自下辖的仓库是二、三级配送中心。集中起来，李宁公司的仓储面积共有 50000 平方米左右。为了集中网络优势促进销售，李宁公司一边把全国十三个分公司的物流储运部整合起来，并由物流中心进行统一管理，一边推行按"销售地入仓"的做法。进仓的产品都要"验明正身"，若是符合收货要求，便根据一个事先输入的采购订单在 SAP 系统中确认。产品出厂后直接送到相应销售地的配送中心，然后通过分拣，再分销出去。仓库里的货架应选择最适合企业发展的，李宁公司先对货物进行了 EIQ（属性分析），根据货品属性做出不同的方案，货物被打开包装箱放置于不同的货架上。货架在仓库里按照不同的发货需求和货品属性依次排开，为产品出库节省了很多时间。

2．配送

李宁公司在全国有三个生产基地，分别位于北京、上海、广州，而三个配送中心（DC）也相应地设在长三角、珠三角和北京周边三个大区。产品生产出来后，李宁公司的物流部门在 2 小时内就能将产品放入本大区的 DC，由 DC 进行货物的检配，然后根据经销商的需求，由区域的物流公司进行配送。李宁公司逐步收集现有物流体系的数据，以作为将来供应链管理的依据。

3．运输

与李宁公司合作的主要承运商有 10 家左右，分为两类：一类是专线承运商；另一类是物流公司。货量大的地区，由李宁公司自己管理指挥承运商；如果货量不大或者承运商的能

力不够，就会找一个专业物流公司做代理，代理商下面还会有一些承运商，以此应对李宁公司不同的市场。李宁公司在招标选择承运商时，非常重视招标的流程合理性，注重能够真正控制住招标的过程。其次是重视招标上的专线承运商，李宁公司物流部会亲自监控每一个指标的完成，对承运商实行动态管理——连续进行绩效考核、末位淘汰与追踪控制。所有物流承运商的信息管理系统与李宁公司物流部进行对接，及时反馈运输监控信息。每天都会报报表，包括货单号、提货时间、发货时间、在途时间、长途运输中不同地点的报告和事故分析原因。与此同时，李宁公司物流部有运输追踪部专门负责电话追踪经销商、专卖店，把自己得到的信息与承运商反馈的数据统一整合成一个文件，形成承运商月度 KPI 报告。通过这些报告打分，通过数据分析将各项数据以及李宁公司在客户中的排名等各项指标的关键绩效指标（Key Performance Indicator，KPI）都列出来，与供应商进行协商对比，在达成共识后就启动退出程序。李宁公司选择的物流公司都是中等规模的，无论在什么情况下，李宁公司的货物优先发送。而对于代理公司，李宁公司对其进行整体考评。

4. 供应链管理

对李宁公司来说，供应链的管理其实就是对需求的管理。公司认识到只有将供应链建设成为能够有力支撑品牌发展的基础，才能从容应对细分的专业体育用品的市场需求。李宁公司一直以来都是外包（Outsourcing）型企业，原材料通过合作伙伴生产成成品后再由李宁公司销售出去。李宁公司在可控范围内压缩时间和库存，以即时生产、没有原料库和成品库为目标，还把自有的加工厂也分拆出去，将主要工作方向完全集中到管理性工作上，对供应链上的所有资源进行管理和分配。李宁公司与汉普咨询公司合作，由汉普咨询公司提供了供应链渠道规划和物流评估设计的管理咨询，进而分阶段、渐进式推进企业的全程供应链管理水平。汉普咨询公司成功完成了李宁公司营销渠道规划、物流运作评估分析及物流网络建设规划的工作，在此基础上，汉普咨询公司又进一步从全程供应链角度提出了供应链管理的 23 条建议，协助李宁公司建立快速响应的供应链协同体系。

在现有的系统基础上，李宁公司正在寻求一种新的供应链的管理系统（SCM）思路，实现包括原材料供应商、OEM（Original Equipment Manufacturer，贴牌，代工）工厂、辅料工厂以及物流供应商在同一个网络平台上交流信息的构想。该系统可以提高李宁公司客户的满意度和对市场需求的响应速度，降低供应链业务运作成本。

5. 物流信息化

此前，李宁公司已采用全球化的 ERP 软件 SAP 系统，整个公司在信息系统的支持下，将物流水平提高到一个很高的层次。李宁公司有产供销各部门，实行的是 OEM 生产，要把各部门整合在一起，是公司采用 ERP 系统最主要的目的。公司所有的关键业务系统化，是公司数据集中处理战略的关键步骤——把企业的各种资源、各部门关系整合在一起。但唯一的不足就是缺乏对零售数据的支持，因此，李宁公司自主开发了管理系统 MIS/POS，用来进行店面管理，前台 POS 用于店面管理，后台 MIS 则处理相关业务，如退货、配货等基础功能，还有库存、销售的管理等。ERP 与 MIS/POS 两套系统之间已经建立起了接口，全国各地所有零售商的资料都收集到 ERP 中。2010 年建立 SAP 新的 BW（Business Warehouse）系统，所有的零售数据都可以通过它导入。

6. 包装

李宁公司开发不同的产品，则会有不同的包装袋设计即时更新，而不是一成不变的风格。李宁公司的包装袋有中低档品的塑料袋、专门的衣袋，颜色和外形不同。还有各式鞋盒，如中国风、流行元素等。

根据统计，在中国，商品的物流成本平均占商品总成本的约 50%，许多企业已认识到这个问题，并着手建立高效的物流配送系统，物流正在成为企业的"第三利润源泉"。而且在我国物流公司普遍缺乏国际物流公司流行的物流网络设计、商业智能预测、远程订货管理、存货管理等服务，如果有的话，也只有少数企业可以提供。专业仓储、专业运输及第三方物流企业还需要进一步发展。这样才能促进更多大公司与真正信息化型的物流企业相结合，创造更大的效益。

任何企业都要不停地创新和改革，这是建立在充分理解、分析和评估公司实际业务状况的基础上。李宁公司打造精细物流体系，从企业的切身利益出发，采取物流组合拳方式优化企业资源。撤销运输车队，改造仓库，实施 ERP 系统，进行系统持续更新等举措都是李宁公司挖掘更多利润的实施过程。在挑选物流公司时，尽管国内的很多货主企业总是相信大型物流公司，李宁公司却不找最大的物流公司，只找最适合的物流公司，即只选最适合的，不选最好的。

物流知识小课堂

无论是制造企业还是物流企业，选址问题都是需要高度重视并正确解决的。选址是指在建筑之前对地址进行论证和决策的过程。它是一项长期性投资，将显著影响实际运营的效益、成本以及日后企业规模的扩充与发展。相对于制造型企业而言，物流企业的选址更为重要，其位置的好坏在很大程度上直接决定了企业的营业收入，甚至决定了企业的存亡。选址是企业制定经营目标和经营战略的重要依据，需要考虑的主要因素包括地区经济、区域规划、文化环境、消费时尚，以及可见度和形象特征。

思考题

1. 为了更及时地进行货物配送，李宁公司的三个生产地是依据什么进行选址的？
2. 李宁公司根据什么原则选择供应商进行运输？
3. 李宁公司采用的 ERP 系统是如何改善物流信息化的？

案例 10-5　德邦快递专注于大件快递服务

主题词： 大件快递，高效配送，一体化服务

德邦快递成立于 1996 年，是中国 500 强企业，国内首家 IPO（首次公开募股）上市的快递企业。德邦快递贯彻直营模式为主，结合事业合伙人的管理模式，以"3 千克以上大件快递"为主力，包含全千克段快递、零担、整拼车、空运、跨境、仓储与供应链，为客户提

供多样化的综合性物流服务。

一般情况下认为，单件超过 30 千克、单边长度超过 160 厘米的包裹就属于大件快递。易观在 2018 年年底发布的《2018 中国大件快递白皮书》中关于快递的分析，对大件快递进行了完整定义。大件快递是利用包接包送和免费上楼的服务方式，将重量在 3 千克以上的运输物品送达收件人的服务。大件商品的快递是快递行业的一个小分支，根据中国物流与采购联合会发布的消息来看，中国大件快递 2017 年的规模已达到 12146 亿元，2017 年 B2C 电子商务大件快递总费用为 1809 亿元，年复合增长率超过 65%，成为继快递之后物流市场新的战略增长点。

1. 战略定位

2018 年 7 月 2 日，"大件快递，大有可为"德邦快递 2018 战略发布会在"水立方"北京国家游泳中心举行。德邦快递也正式推出了快递行业内第一款真正意义上的大件快递产品——"大件快递 3～60 千克"。"大件快递 3～60 千克"围绕两项核心服务："上至 40 千克，100% 免费上楼"和"上至 60 千克，包接包送"，将为所有客户提供一体化的大件快递解决方案，真正消除"大件歧视"。同时，依托独特的官方直营模式，德邦快递以统一经营、统一管理保证服务质量，延伸运输网络，有效引领行业从散乱格局走向标准化管理模式，切实做到大件快递可接可送。

2. 基础保障

截至目前，德邦快递直营网点已达 3 万多个，自有车辆 1.5 万余辆。从业务定位到管理模式，再到数字化转型，德邦快递以"大件快递"为核心，正逐步构建起一整套特色化、精细化的高效运作体系。早在德邦快递成立之前，德邦物流已经是中国汽运龙头，具有自主研发的物流系统与先进的电子地图系统。说起寄大件物流，人们的第一反应就是德邦物流，德邦快递是在原有认知基础上对自我产品服务的升级。

3. 深入细分市场

与小件不同，大件快递对包装和运输的要求更严格，企业客户占比较高，这也就对快递运输方案提出了更专业且多元化的需求。为此，德邦快递与家具家电、汽配、精密仪器、服装、农产品、雪具等多领域客户展开合作的同时，也打造了一系列定制化运输方案。例如，在农产品运输上，为云南松茸、仙居杨梅、昆明鲜花等特色农产品定制包装和运输方案，助力农产品新鲜进城；在服装供应链方面，推出了"德邦快递服装行业解决方案"，高效提升服装企业客户的寄递体验。值得一提的是，德邦快递还在业内创新推出了"雪具达"专业雪具寄递服务，主打"安全包装、雪场直达"两大优势。

事实上，为了充分实践大件快递的服务愿景，德邦快递很早便开始布局大件快递运营的各个环节，积极构建与大件快递市场需求相匹配的"大件体系"。目前，德邦快递已成功打造三大系统和六大支撑，为"大件快递 3～60 千克"实现"零距离"的服务提供了强有力的体系保障。其中，依托数字化双胞胎应用的智慧场站、智慧运力和智慧末端三大系统，实现了中转、运输和末端的高效有序；而大件服务基因、全链匹配的专业化设备、雾化覆盖的服务网络、高效的运输网络、全方位的安全保证以及领先行业的员工素养和激励机制则内外兼顾，充分保障大件快递服务体验。

截至 2023 年年底，德邦快递共有网点 9194 个，其中直营网点 5814 个，合伙人网点 3380 个，分拨中心 153 个，覆盖全国 90% 以上的乡镇，基础设施相对完善。针对大件快递产品属性的特点，德邦快递建立了自己的家装平台，末端覆盖了全国 70% 的城市。

物流知识小课堂

大件快递的挑战有以下几个方面。

（1）包装问题：由于大件快递的体积和重量较大，需要特别坚固的包装来防止运输过程中的损伤。

（2）运输工具：大件物品可能需要特殊的运输工具，如更大的卡车或者特殊的集装箱。

（3）配送效率：由于物品体积较大，可能需要更长的配送时间和更多的劳动力。

（4）成本控制：由于大件快递的特殊性，成本往往较高，如何在控制成本的同时保证服务质量是一个挑战。

思考题

1. 大件快递与普通快递在服务模式上有哪些不同？

2. 德邦快递如何通过其"大件快递 3 ～ 60 千克"产品解决传统大件快递的痛点？

3. 对于大件快递，德邦快递在未来可能面临的挑战是什么？它应该如何应对？

第 11 篇　仓储与库存管理

名人一言堂

　　在供应链管理中，库存管理模式的优化将成为制约供应链性能的关键环节。企业需要精确计划其库存。如果库存管理得当，可以降低库存成本，提高库存周转率，避免因过多或过少的进货影响运营效率。

——赵林度

"80/20 法则"

- 按事情的重要程度编排行事优先次序的准则是建立在"重要的少数与琐碎的多数"原理的基础上的。这个原理的大意是：在任何特定群体中，重要的因子通常只占少数，而不重要的因子则占多数，因此只要能控制具有重要性的少数因子即能控制全局。
- "80/20 法则"用于库存管理：大约 80% 的存货仅仅占据所有销售额的 20%。

物流讲堂

仓储与库存管理

1. 仓储的基本含义

仓储就是通过仓库对商品与物品进行储存与保管的行为。

"仓"即仓库，为存放、保管、储存物品的建筑物和场地的总称，可以是房屋建筑、洞穴、大型容器或特定的场地等，具有存放和保护物品的功能。"储"即储存、储备，表示收存以备使用，具有收存、保管、交付使用的意思。

2. 仓储的基本经济功能

仓储的基本经济功能主要包含以下四个方面。

（1）整合。

（2）分类和交叉站台。

（3）加工/延期。

（4）堆存。

3. 库存管理的定义

库存管理可定义为：根据外界对库存的要求及企业订购的特点，预测、计划和执行一种补充库存的行为，并对这种行为进行控制，重点在于确定如何订货、订购多少、何时订货。

4. 库存管理面临的难题

现今的库存管理面临诸多难题，主要表现在以下七个方面。

（1）分支结构多仓库的库存管理。

（2）库存的盘点管理。

（3）库存的借出和归还管理。

（4）库存样品管理。

（5）库存占用资金管理。

（6）准时采购管理。

（7）准时库存管理。

5. 库存管理的发展趋势

对物流企业进行库存管理，其实就是降低其成本。随着信息技术的高速发展和国外大型物流企业的纷纷涌入中国，作为现代企业物流管理的核心部分——库存管理，也要适应时代的要求，向信息化、网络化和高度集成化的方向发展。

以前，库存管理多以表格形式进行，报表不及时，统计也非常不方便。现在，ERP和进销存软件不断被企业主所采用，成为企业信息化的一个重要趋势。

案例 11-1　BMW 物流的"葵花宝典"

主题词：仓储，供应链，库存成本

汽车制造工业对物流供应有着相当高的要求，其中最难的地方在于有效提供生产所需的千万种零部件器材。居世界汽车领导地位的德国 BMW 公司，需按顾客个别需求生产多样车型，因而让难度已经颇高的汽车制造物流更加复杂。

1. 在订单方面，BMW 已在挖掘"当日需求量"潜力

在汽车组装零部件的送货控制中，最重要的是提出订货需求，也就是把货物的需求量和日期通知物流采购中心。BMW 在生产规划过程中，可以针对十个月后所需提出订货需求，供货商也可借此预估对上游供货商所需提出货物的种类及数量。但是，随着生产日期的接近，双方才会更明确地知道需求量。

针对送货控制而言，一般可分为两种不同形式：一种是根据生产步骤所需提出订单；另一种是视当日需求量提出需求。前者是由生产顺序决定需求量，其零部件大多在极短时间内多次运送，由于此种提出订单方式对整个送货链的控制及时间要求相当严格，因此适用于大量、高价值或是变化大的零部件。

对于大多数的组装程序而言，只要确定当天需求量就足够了，区域性货运公司在前一天从供货商处取货，把这些货物储放在转运点，大多数只停放一晚，隔天就送抵 BMW 组装工厂。在送抵 BMW 工厂前取货并停放在转运点的过程称为"前置运送"，而第二阶段送达 BMW 工厂的步骤称为"主要运送"。

在过去几年里，BMW 公司已把根据生产顺序所需的订货方式最佳化。视当日需求量提出订单方式仍有极大发展潜能，所以 BMW 公司目前积极对此项最佳化进行研究。

2. 在仓储方面，BMW 已在处理低存货带来的运输成本

为了降低 BMW 的仓储设备成本，该公司向来积极减少本身存货数量，因此导致供货商送货频率的提高，例如每周多次送货，甚至达到必须每天送货，造成货运成本提高。"前置运送"与"主要运送"的费用计算有所不同，前者的费用计算是把转运点到供货商的路程、等待及装载时间都列入计算，与运送次数成正比，但与装载数量的多寡无关；而后者的费用是与货物量成正比的，不受送货次数影响。

基本上，"前置运送"成本与仓储设备成本是互相抵触的，因为为了降低仓储成本而减少仓储设备，会造成运送频率及其成本的提高。为降低"前置运送"成本，尽量一次满载，囤积存货，势必造成仓储成本的提高。因此，两者之间取得平衡，降低整体成本，达到最佳化的策略势在必行。

大多数供货商接到 BMW 不同工厂的订单，可由同一个货运公司把货物集中到统一的转运站，然后由此再配送到各所需工厂，这样可以有效地安排取货路径，降低"前置运送"所需成本。同时也考虑各工厂间整合性仓储设备及运送的供应链管理、各个价值创造的部分程序及次系统，使其产生互动影响，着眼点不再只限于局部最佳化，而是以整体成本为决定的

依归。

3. 在供应链方面，BMW 已把合作伙伴纳入成本考量因子

BMW 公司把其供应链上的合作伙伴（如运输公司等）纳入成本节约的考量因子，这也是物流链管理的意义所在。在此基础上，他们建立成本方程式，并且其中也考虑不同取货方式，例如在一次的"前置运送"中，安排为几个 BMW 工厂同时取货。这个成本方程是建立在最佳化计算法的基础上的，考虑因素为对供货商成本最低化的送货频率、其他与实务有关的不同附带条件，例如尽可能让运输工具满载、每周固定时间送货等。如果同一货运公司替多个 BMW 工厂送货，则必须安排送货先后次序，以达到成本最佳化。此外，运送货量最好一星期内平均分配，让运输工具及仓储达到最高使用率，不致延长等待进货时间。

事实上，在此案例中，其他部分也具有最佳化潜能，例如供货商的处理程序及成本，更进一步的是考虑供货商的制造及库存状况。如此，可以降低整个价值创造链上的库存成本，这也是整个物流供应链中增强竞争力的最佳利器。

物流知识小课堂

仓库是物流的一个中心环节，是物流网络中的节点，也是许多货运站、货运中转站中不可缺少的重要组成部分。在货物运输（配送）网络中也是一种典型的节点类型。仓库是物流活动不可缺少的基地。仓储子系统的设计目标是确保物流安全和生产销售需要，减少物流费用。

思考题

1. BMW 采用哪些方法制定订单需求？各适用于什么情况？
2. BMW 是怎样降低库存成本的？
3. BMW 是怎样量化成本的？

案例 11-2　海尔零距离 零库存 零营运资本

主题词： 零库存，信息化管理，JIT

借助全面的信息化管理手段，海尔集团（以下简称海尔）创造了中国制造业企业的一个奇迹，通过整合全球供应链资源，快速响应市场，海尔取得了极大成功，其经验值得借鉴。

海尔取得今天的业绩，和实行全面的信息化管理是分不开的。借助先进的信息技术，海尔发动了一场管理革命：以市场链为纽带，以订单信息流为中心，带动物流和资金流的运动。通过整合全球供应链资源和用户资源，逐步向"零库存、零营运资本和（与用户）零距离"的终极目标迈进。

1. 以市场链为纽带重构业务流程

2000 年，海尔有 10800 多个产品品种，平均每天开发 1.3 个新产品，每天有 5 万台产品

出库；一年的资金运作进出达到 996 亿元，平均每天需做 2.76 亿元结算，1800 多笔账；在全球有近 1000 家供货方（其中世界 500 强企业 44 个），营销网络 53000 多个；拥有 15 个设计中心和 3000 多名海外经理人。在当时，如此庞大的业务体系，依靠传统的"金字塔式"管理架构或者矩阵式模式，很难维持正常运转，业务流程重组势在必行。

总结多年管理经验，海尔探索出一套市场链管理模式。简单地说，市场链就是把外部市场效益内部化。过去，企业和市场之间有条鸿沟，在企业内部，人员相互之间的关系也只是上下级或是同事。如果产品被市场投诉了，或者滞销了，最着急的是企业领导人。下面的员工可能也很着急，但是使不上劲儿。海尔不仅让整个企业面对市场，而且让企业里的每一个员工都去面对市场，把市场机制成功地导入企业的内部管理，把员工相互之间的同事和上下级关系变为市场关系，形成内部的市场链机制。员工之间实施 SST，即索赔、索酬、跳闸，如果你的产品和服务好，下道工序给你报酬，否则会向你索赔或者"亮红牌"。

结合市场链模式，海尔对组织机构和业务流程进行了调整，把原来各事业部的财务、采购、销售业务全部分离出来，整合成商流推进本部、物流推进本部、资金流推进本部，实行全集团统一营销、采购、结算；把原来的职能管理资源整合成创新订单支持流程 3R（研发、人力资源、客户管理）和基础支持流程 3T（全面预算、全面设备管理、全面质量管理），3R 和 3T 流程相应成立独立经营的服务公司。

整合后，海尔商流本部和海外推进本部负责搭建全球的营销网络，从全球的用户资源中获取订单；产品本部在 3R 支持流程的支持下不断创造新的产品满足用户需求；产品事业部将商流获取的订单和产品本部创造的订单执行实施；物流本部利用全球供应链资源搭建全球采购配送网络，实现 JIT 订单加速流；资金流本部搭建全面预算系统，这样就形成了直接面对市场的、完整的核心流程体系和 3R、3T 等支持体系。

商流本部、海外推进本部从全球营销网络中获得的订单形成订单信息流，传递到产品本部、事业部和物流本部，物流本部按照订单安排采购配送，产品事业部组织安排生产；生产的产品通过物流的配送系统送到用户手中，而用户的货款也通过资金流依次传递到商流本部、产品本部、物流本部和供方手中，这样就形成了横向网络化的同步的业务流程。

2. ERP+CRM：快速响应客户需求

在业务流程再造的基础上，海尔形成了"前台一张网，后台一条链"（前台的一张网是海尔客户关系管理网站，后台的一条链是海尔的市场链）的闭环系统，构筑了企业内部供应链系统、ERP 系统、物流配送系统、资金流管理结算系统和遍布全国的分销管理系统及客户服务响应 Call-Center 系统，并形成了以订单信息流为核心的各子系统之间无缝连接的系统集成。

海尔 ERP 系统和 CRM 系统的目的是一致的，都是为了快速响应市场和客户的需求。前台的 CRM 网站作为与客户快速沟通的桥梁，将客户的需求快速收集、反馈，实现与客户的零距离；后台的 ERP 系统可以将客户需求快速触发到供应链系统、物流配送系统、财务结算系统、客户服务系统等流程系统，实现对客户需求的协同服务，大大缩短对客户需求的响应时间。

海尔于 2000 年 3 月 10 日投资成立海尔电子商务有限公司，全面开展面向供应商的 B2B 业务和针对消费者个性化需求的 B2C 业务。通过电子商务采购平台和定制平台与供应商和销售终端建立紧密的互联网关系，建立起动态企业联盟，达到双赢的目标，提高双方的市场竞争力。在海尔搭建的电子商务平台上，企业和供应商、消费者实现互动沟通，使信息增值。

面对个人消费者，海尔可以实现全国范围内网上销售业务。消费者可以在海尔的网站上浏览、选购、支付，然后可以在家里静候海尔的快捷配送及安装服务。

3. CIMS+JIT：海尔 e 制造

海尔的 e 制造是根据订单进行的大批量定制。海尔 ERP 系统每天准确自动地生成向生产线配送物料的 BOM，通过无线扫描、红外传输等现代物流技术的支持，实现定时、定量、定点的三定配送；海尔独创的过站式物流，实现了从大批量生产到大批量定制的转化。

实现 e 制造还需要柔性制造系统。在满足用户个性化需求的过程中，海尔采用计算机辅助设计与制造（CAD/CAM），建立计算机集成制造系统（CIMS）。在开发决策支持系统（DSS）的基础上，通过人机对话实施计划与控制，从物料资源规划（MRP）发展到制造资源规划（MRP-Ⅱ）和企业资源规划（ERP），还有集开发、生产和实物分销于一体的适时生产（JIT），供应链管理中的快速响应和柔性制造（Agile Manufacturing），以及通过网络协调设计与生产的并行工程（Concurrent Engineering）等。这些新的生产方式把信息技术革命和管理进步融为一体。

现在海尔在全集团范围内已经实施 CIMS（计算机集成制造系统），生产线可以实现不同型号产品的混流生产。为了使生产线的生产模式更加灵活，海尔有针对性地开发了 EOS 系统（电子订货系统）、ERP 系统、JIT 三定配送系统等六大辅助系统。正是因为采用了这种柔性制造系统（FIMS），海尔不但能够实现单台计算机客户定制，还能够同时生产千余种配置的计算机，而且还可以实现 36 小时快速交货。

4. 订单信息流驱动：同步并行工程

海尔的企业全面信息化管理是以订单信息流为中心，带动物流、资金流的运动，所以，在海尔的信息化管理中，同步并行工程非常重要。

例如美国海尔销售公司在网上下达 1 万台的订单。订单在网上发布的同时，所有的部门都可以看到，并同时开始准备，相关工作并行推进。不用召开会议，每个部门只要知道与订单有关的数据，做好自己应该做的事情就行了。如采购部门一看订单就会做出采购计划，设计部门也会按订单要求把图纸设计好。河北华联通过海尔网站的电子商务平台下达了 5 台商用空调的订单，订单号为 5000541，海尔物流采购部门和生产制造部门同时接到订单信息，在计算机系统上马上显示出负责生产制造的海尔商用空调事业部的缺料情况，采购部门与压缩机供应商在网上实现招投标工作，配送部门根据网上显示的配送清单 4 小时以内及时送料到工位。一周后，海尔商用空调已经完成定制产品生产，5 台商用空调室外机组已经入库。

海尔电子事业部的美高美彩电也是海尔实施信息化管理、采用并行工程的典型案例。传统的开发过程是串行过程，部门之间相互隔离，工作界限分明，产品开发按阶段顺序进行，导致开发周期长、成本高，这个过程需要 4～6 个月的时间。

为使美高美彩电在既定时间面市，海尔电子事业部依据市场动态，将产品开发周期由原先的 6 个月压缩到两个月。以两个月时间为总目标，美高美彩电开发项目组建立开发市场链，按信息化管理的思路组建了两个网络：一个是由各部门参与的、以产品为主线的多功能集成产品开发团队；另一个是以采购供应链为主线的外部协作网络。

在产品设计方面，美高美彩电就是通过技术人员到市场上获得用户需求信息，并把信息转化为产品开发概念。在流程设计方面，通过内部流程的再造和优化，整合外部的优势资源网络，在最短的时间内以最低的成本满足了订单需求。在设计过程中，一个零部件设计出来后，物流就可以组织采购，而且物流参与到设计中，提高产品质量。

最终海尔美高美彩电从获得订单到产品上市只用了两个半月的时间，创造了产品开发的一个奇迹。

5. 零距离、零库存、零营运资本

海尔认为，企业之间的竞争已经从过去直接的市场竞争转向客户的竞争。海尔 CRM 联网系统就是要实现端对端的零距离销售。海尔已经实施的 ERP 系统和正在实施的 CRM 系统，都是要拆除影响信息同步沟通和准确传递的阻隔。ERP 是拆除企业内部各部门的"墙"，CRM 是拆除企业与客户之间的"墙"，从而达到快速获取客户订单，快速满足用户需求的目的。

传统管理模式下的企业根据生产计划进行采购，由于不知道市场在哪里，所以是为库存采购，企业里有许多"水库"。海尔现在实施信息化管理，通过三个 JIT 打通这些"水库"，把它变成一条流动的河，不断地流动。JIT 采购就是按照计算机系统的采购计划，需要多少，采购多少。JIT 送料指各种零部件暂时存放在海尔立体库中，然后由计算机进行配套，把配置好的零部件直接送到生产线。海尔在全国建有物流中心系统，无论在全国什么地方，海尔都可以快速送货，实现 JIT 配送。

库存不仅是资金占用的问题，最主要的是会形成很多的呆账、坏账。现在电子产品更新很快，一旦产品换代，原材料和产成品价格跌幅均较大，产成品积压的最后出路就只有降价，所以会形成现在市场上的价格战。无论企业说得多么好听，降价的压力就来自库存。海尔用及时配送的时间来满足用户的要求，最终消灭库存的空间。

营运资本，国内把它叫作流动资产，国外把它叫作营运资本。流动资产减去流动负债等于零，就是零营运资本。简单地说，就是应该做到现款现货。要做到现款现货，就必须按订单生产。

海尔有一个观念："现金流第一，利润第二"。"现金流第一"是说企业一定要有现金流的支持，因为利润是从损益表中看出的，但是资产负债表和损益表编制的原则都是权责发生制。产品出去以后就产生了销售，但资金并没有回来。虽然可以计算成销售收入，也可以计算利润或者是税收，但没有现金支持。所以，国家有关部门提出，上市公司必须编制第三张表：现金流量表。

随着世界经济的发展，中国企业将面临更加激烈的竞争。海尔将保持 CRM 精神，优化 SCM 效果，推广 ERP 应用，支持海尔的第三方商流和第三方物流的发展要求，成为第三方的信息应用平台，使海尔融入经济全球化的大潮。

物流知识小课堂

零库存（In-Time Inventory），是指物料（包括原材料、半成品和产成品等）在采购、生产、销售、配送等一个或几个经营环节中，不以仓库存储的形式存在，而均是处于周转的状态。"零库存"概念可以追溯到 20 世纪 60 年代，日本丰田汽车公司实施全新的生产模式——JIT 生产制，具体的管理手段包括：看板管理、单元化生产等技术，最终在生产过程中实现原材料和半成品的"零"积压，生产效率得到很大的提高。此后，在其他国家，"零库存"的概念逐渐延伸到原料供应、物流配送、产品销售等领域，成为企业降低库存成本的最佳策略。

思考题

1. 什么是市场链？海尔如何结合市场链对组织机构进行调整？
2. 海尔是怎样实现"零库存"的？
3. 海尔如何利用现代信息技术提高客户满意度？

案例 11-3　西门子威迪欧汽车股份公司的自动化物流中心

主题词： 仓储，仓库管理系统，物流中心

西门子威迪欧汽车股份公司位于雷根斯堡，为全球领先的汽车制造商提供可应用于不同领域的电子开关设备、安全气囊和防抱死制动系统的控制装置、发动机、变速箱和导航系统。从目前物流中心的日作业能力来看，为了确保生产需要，日入库量达到 1300 个料箱和 180 个托盘的原辅料（相当于每天 90 辆车），为了确保下游客户的订单能及时处理，日出库量为 380 个托盘，包括 1500 个料箱，约 80 辆载重汽车的货量。

西门子威迪欧汽车股份公司快速发展急需扩充产能，增强仓储能力，公司决定新建一座功能齐全的物流中心，提升各环节的效率，涵盖从仓库即时交货到成品发运，从生产原料和辅料的即时供应到废料清除，以及从信息技术的整合到与质保部共享信息。经过一番仔细考察与评定，西门子威迪欧汽车股份公司选用德马泰克为该项目的集成商，德马泰克（DEMATIC）除了提供料箱、托盘输送设备的全部货架和输送平台钢结构，还提供完整的物流设施和信息技术。

1. 项目目标

新建物流中心方案集中于新增仓储能力，与生产线紧密相连，实现仓储和输送全自动功能：原来的仓库用地划归生产用地，生产场地有所扩充；新建的高度自动化的物流中心既能实现客户交货的即时性与稳定性，也能满足生产供给稳定性的要求。

在总体设计上需要从实际情况出发，首先，考虑到生产场地扩充后场地仍然有限，原材料的供给量和清运量必须最小化，并确保物流中心内的原材料供给和清运的时间不得超过 1 小时；其次，如果产能继续扩充，高层货架和料箱货架应具备扩展能力以满足未来需求，所有软件技术的整合也需要随之调整，主要是与 SAP 系统进行连接；最后，由于客户和供货商的料箱使用各种特制的底面，托盘输送机必须能运送木制和塑料制成的欧洲标准工业托盘、危险品托盘和网格式料箱托盘。

2. 系统组成和作业流程——一个面向未来需求的生产发货仓库

新建物流设施由两部分组成：一个 3 巷道的托盘高架库和一个 10 巷道的双层的自动化料箱库。

从标准流程看，入库工位首先收到料箱和托盘，将它们分别放入托盘库或料箱库的货位。

根据质检工位的要求，料箱出库并被自动地直接送到工位上，托盘用手动叉车集中送到工位上。根据操作员向仓库管理终端发出的指令，料箱由 170 米长的输送线送往生产车间，通过一个桥头配送装置、悬挂式输送机和"输送塔"送到生产车间工位，最后直接送到生产线上。

托盘通过运输桥的电动运输轨道和桥头配送实现双层运输，然后通过起重机和手动叉车配送到生产线上。成品、空料箱和空托盘采取同样方式运回。运回时，空料箱叠放在一起，到仓库前会被自动平放，并由一个摄像系统检查是否确实是空箱。接着料箱进入料箱库，料箱库可灵活调整，起到空料箱缓冲区的作用。需清洁的、多余的和有问题的料箱被自动送往空料箱回收处。成品根据质检工位的指令会自动出库和重新入库。最后，拣选员根据发运任务单将料箱集中起来并送到发运工位的托盘上。拣选时的物料输送可以自由选择是用料箱运输还是用托盘运输。通过"输送塔"和悬挂式输送机将扁平组件的存储输送与生产环节串联起来。

为了提高单位面积的生产率，车间面积几乎都用于生产。生产车间里没有多余的输送场所，因此整个输送系统贯穿整个仓库顶部。18 座"运输塔"将输送机上的料箱送到生产线上，同时起到物料缓冲和人机衔接点的作用。"运输塔"是特殊的垂直悬挂运输装置，它由德马泰克研制而成并获得专利授权，首次被西门子威迪欧汽车股份公司的物流中心采用。"塔"里面分布着形状可设置的储存隔层，起到节省空间的缓冲作用，并使供给时间控制在 1 小时以内，目前实测的供给时间是 30 分钟。在生产布局发生变化后，"塔"也可以被灵活地移动和设置。

来自世界各地客户和供应商的料箱由料箱托盘完成输送工作。特制的双层焊接底面料箱托盘能满足耐用性和防折、防弯要求，条码应用使托盘管理更简便。最多可以叠放 5 个料箱托盘，这样节省了运输工作量和储存货位。

3. 多合一功能的仓库管理系统

集成的仓库管理系统是供应链中重要的环节，内部供应链是指到货、入库、原材料和成品的质检、拣选配送、生产供给、出库和发运拣选。此外，系统还管理着托盘库和料箱库、人工仓库，如冷藏库和氮气库，以及"输送塔"里的料箱缓冲库。系统能打印发运单、生成生产供给目的单、整合进货检验和成品质量检验的电子数据，还可以进行料箱和单件物料的拣选。

4. 物流中心规划的重点

物流中心规划的重点是确保生产供给和汽车工业客户供应的稳定性。为达到这个目标，进行重复规划以覆盖大部分功能，如物料在仓库巷道的均匀分布、带独立库前区域的双层料箱库和一个"暖待机"的双微机系统。整个设施的设计具有很强的防干扰性，操作人员可随时启动备用的输送设施和工位，并可以自动化运行。

5. 新物流中心带来的优势——快速供给和稳定性强

系统一系列的设计亮点为西门子威迪欧汽车股份公司带来巨大的收获：第一，所有仓库区域，包括生产区域的物料流和信息流，随时更新并为各个所需部门共享；原料和辅料自动送到生产线上，短暂的供给时间有效降低了生产车间的零部件存量场所，从而提高了单位面积生产率，这样可以立即执行特快发运任务。第二，成品和未用完的原料马上可以从生产线上运走，不需要为成品规划专门的暂存区域。第三，空料箱回收和进货、拣选、生产流程连接起来。发运处得到的物料装在料箱里，省去了人工扫描单件物料包装条码的工作。进货检验和成品质检的数据流与物料流的整合提高了质量标准，所有的这些都确保了生产和客户供给的快速与稳定。

📖 **物流知识小课堂**

仓库的基本操作包括以下内容。

1. 物料的搬运

物料的搬运包括：接收货物运入仓库；运到仓库指定位置；按客户要求组合货物或备好原料；货物装车，送往客户。

2. 存储与保管

在流通仓库（物流中心或配送中心）中，一些货物一般24小时或48小时内被转运；在生产领域仓库中，公司长期储存原材料或半成品（90天以上），价值较低，大量采购可享受优惠。

3. 季节性需求的调整

公司通过延长产品流通时间和减少加班时间，通常能够降低制造成本来抵消储存成本的升高，如贺卡、换季服装等。

❓ **思考题**

1. 西门子威迪欧汽车股份公司是如何实现仓储和输送的全自动功能的？
2. 西门子威迪欧汽车股份公司是如何解决生产车间的输送问题的？
3. 西门子威迪欧汽车股份公司的新物流中心有哪些设计亮点？为该公司带来什么收获？

📚 案例 11-4　伊利的 MRP Ⅱ 系统

主题词： MRP Ⅱ 系统，库存，分销

传统企业"e"化一直是一个热点问题，政府在谈，媒体在谈，IT厂商们更在谈，而唯一保持着沉默的只有传统企业本身。有人提出了企业信息化是"黑洞"的观点：一些企业把钱投到了信息化建设中，但得到的效果并不理想，没有人知道钱投进去到底会有什么样的回报，收到多少效益，提高多少效率，这显然和传统企业一直遵循的"有投入就要有预期产出"的原则背道而驰。

深入分析传统企业为什么要采用信息化的手段进行管理和业务流程改造，该如何"e"化，可以看出，像伊利这样处在传统得不能再传统的行业中的企业，在其信息化建设过程中遇到的许多问题是带有共性的问题。

1. "城市农民"

从大街小巷随处可见的伊利冰激凌、牛奶、酸奶广告贴纸到大小超市里摆满货架的伊利雪糕、鲜奶等系列乳制品，伊利的品牌几乎尽人皆知。虽然处在乳品加工制造的传统行业，伊利领导者的管理思想和观念并非像传统企业给人们的印象那样落后，这从伊利1996年安

装 MRP II 系统便可看出。

1992—1996 年，伊利的产品以雪糕为主，雪糕的生产占到整个集团业务的 85%。因为雪糕这种商品具有十分明显的季节性，淡季和旺季分明，所以，伊利是一个不具备"缓冲力"的企业。那时集团内部流行一副对联：上联是"刮风减半"，下联是"下雨全无"，横批是"城市农民"。伊利的员工虽然是在城里以机械生产方式劳动，但仍然要像农民一样靠天吃饭。这充分暴露了伊利产品线单一、企业缺乏抗风险能力的弱点。于是，1996 年上市融资后，伊利投资建设了当时全国最大的冷饮生产线，开始迅速扩大企业规模，把企业做强。伊利在中央电视台打广告，品牌被迅速推广开来，冷饮产品销量也逐渐增长。凭借全国各地不同的淡旺季销售产品和伊利建立起来的冷饮、奶粉几大业务块，伊利摆脱了"城市农民"的帽子，企业也有了相应的"缓冲力"。

随着伊利业务的增长和企业规模的扩大，职工人数大量增多，伊利成为一个完全的劳动密集型企业。上市以后，伊利开始考虑向高科技企业迈进，从提高生产效率、节省资源的角度出发，引进并安装了一套 MRP II（生产资源计划系统），帮助伊利实现进销存的信息化管理，解决供应管理问题。这套系统从安装到现在一直在使用，但也存在各种各样的问题，包括软件适应性的问题和企业自身的问题。这套系统花费 200 万元，解决了一些原料进货和库存的问题，但它并没有完全达到预期的目标。

伊利在 1996 年实施这套具有 ERP 性质的 MRP II 系统，表现出了伊利领导层在企业信息化建设方面的"先知"与"先行"，但在当时管理层的认识并没有真正达到企业信息化建设的高度，而只是想提高工作效率、减少劳动力。它可以看作伊利信息化建设的一次演习。

2. 从库存和分销开刀

伊利从自身的业务特点出发，选择了分销及库存管理环节入手，开始整合销售业务流程，拟建立一个面向全国的、基于互联网的集中式管理信息系统。

伊利目前下辖三大事业部，每个事业部在全国都有近百家分支机构和销售办事处，生产厂有近 30 家，全国约有仓库近 60 座。伊利的设想是从销售管理网络化开始，建立起一套面向全国的、基于互联网的集中式管理信息系统，将各个事业部、各个分子公司、各个经销商以及各级代理、各个商品仓库、各个生产厂的产成品库存有机地、顺畅地衔接起来，以使得企业各个方面的运营信息传递得更快、资金流更加通畅、业务管理更加规范和便捷。这是十分庞大的工程，对于一个传统产业的企业来说，要想自己独立完成开发、实施、应用这样的系统，所要面对的难题实在是太多，人才、时间就是其中最关键的两个难题。伊利决定采用伟库网提供的 ASP 平台产品及服务，实施并运用分销系统及库存管理系统。

运用这套系统以后，伊利各大区事业部直接面对其大客户、分销商、分子公司。例如，这些大客户的大量订单直接下到大区事业部，然后又从区总部根据订单的内容决定应该分配到具体的相应的分子公司，并且根据各分子公司各地的库存情况来调配。然后再由这些具体的分子公司实现为客户配送和服务等环节。在实现了新系统的应用之后，北京奶粉的郊区业务、市区业务的订单都将放到网上接受区域经理审批，并报送大区经理批准后发送到总部；随时有单随时处理，不受时空限制，完全避免了人为因素可能造成的延误等后果。

这样从一定程度上解决了几个问题：其一，避免了以前客户需要和不同的伊利事业部的分子公司打交道的比较混乱的局面，而中间的各个环节也自然相对简单明了了。其二，从资金上解决了三个独立的事业部为应收账款如何收而"争斗"的问题，从系统中自然很清楚地标明了每家应收的具体数字。

库存管理实时网络化保证产品运行周期大大下降，尤其保证牛奶这种特殊产品的新鲜。采用伟库网上管理软件的库存系统模块，伊利运营链上的各单位均可通过系统的运行中心，根据不同的权限了解随时的销售和产品库存情况。例如液态奶，有些日配产品由于保质期只有两天，基本上在从产品下线就不进入企业的生产仓库，而直接进入物流配送中的仓库，或在非常短的储存后就进入流通领域。对于伊利的冷饮及液态奶产品有很明显的淡、旺季之分，因而能在旺季来临前有足够数量的产品储备以及淡季确定合理的储备量都显得非常重要。软件的功能在于理顺流程，支持数据处理和查询。这套系统是伊利市场信息化和电子商务平台的起点，通过它实现工作流的整合和完善。伊利希望通过这套系统建造一个全国性的一体化仓库，将全国仓库统一管理，并实现仓储商品的合理调配。

3. 技术保障

伊利在实施这套库存销售管理网络系统过程中遇到了许多问题，主要来自原先各个不同地区的销售经营模式的差异，而现在都要整合成相对统一和固定的模式。在实施了这个系统之后，原先一些不规范的操作根本不能运行，个别销售人员的"黑箱"问题、货到付款的兑现问题等，都在透明的销售管理系统中被规范。在技术上具备了足够的保障之后，管理者需要很好地协调关系，让所有的人都按照制定好的统一的规范的模式和流程来操作。

采用这套系统以后，伊利分布于全国 20 多个市的分公司都可通过网络进行业务运作。伊利的管理者可从系统中看到全国各个事业部销售的情况、库存的总金额和各个商品的数量分布、各个地区每种商品的存量 ABC 分类、全国每种商品的存量 ABC 分类、每种商品的安全存量以及每种商品批次的保质期管理等所有内容。

物流知识小课堂

制造资源计划简称为 MRP II，它是 Manufacturing Resource Planning 的英文缩写，它是以物料需求计划（Materials Requirements Planning，MRP）为核心、覆盖企业生产活动所有领域、有效利用资源的生产管理思想和方法的人—机应用系统。自 18 世纪产业革命以来，手工业作坊迅速向工厂生产的方向发展，出现了制造业。随后，几乎所有的企业所追求的基本运营目标都是要以最少的资金投入而获得最大的利润。追求这一目标的结果使制造业产生了诸多的问题，为了解决这些问题，20 世纪 60 年代，人们在计算机上实现了"物料需求计划"，它主要用于库存控制。可在数周内拟定零部件需求的详细报告，可用来补充订货及调整原有的订货，以满足生产变化的需求；到了 20 世纪 70 年代，为了及时调整需求和计划，出现了具有反馈功能的闭环 MRP（Close MRP），把财务子系统和生产子系统结合为一体，采用计划—执行—反馈的管理逻辑，有效地对生产各项资源进行规划和控制；20 世纪 80 年代末，人们又将生产活动中的主要环节，如销售、财务、成本、工程技术等与闭环 MRP 集成为一个系统，成为管理整个企业的一种综合性的制订计划的工具。

思考题

1. 伊利实施 MRP II 系统给他们带来了怎样的教训？

2．伊利是怎样进行分销及库存管理的？

3．MRP II 与 MRP 有哪些联系？有哪些区别？

案例 11-5　安踏库存优化策略

主题词：库存优化，联合库存管理

安踏体育用品有限公司（以下简称安踏）作为中国体育用品市场的领军企业，通过不断优化其供应链体系，以提高市场竞争力并适应瞬息万变的市场需求。近年来，随着竞争的加剧，传统的库存管理模式已无法有效应对复杂多变的市场环境和供应链波动。为了应对这些挑战，安踏引入了联合库存管理（Jointly Managed Inventory，JMI）模式，在库存优化和供应链效率提升方面取得了显著成效。本案例将详细探讨安踏在供应链优化中的实际措施以及其联合库存管理的实施效果。

1．安踏供应链的整体结构

安踏的供应链涵盖从设计、生产、物流到销售的全环节。作为一家快速发展的企业，安踏的业务扩展迅速，如何高效管理庞大的库存成为其供应链优化的核心挑战。传统的库存管理模式存在分散管理的局限性，供应链中各环节的库存信息往往不能实现实时共享，导致信息不对称、库存积压及供应链效率低下等问题。安踏通过采用 JMI 模式，使供应链各环节的库存数据实现了整合与共享，从而显著提升了供应链的运作效率。

1）传统库存管理模式的局限性

在传统库存管理模式中，供应链的各个环节（如生产商、分销商、零售商）各自独立管理自己的库存，彼此之间缺乏透明的库存信息共享机制。这种管理模式虽然在企业早期扩展时能够满足基本需求，但随着安踏业务规模的快速增长，库存管理的挑战日益显现。例如，分销商为了避免断货，经常会超量订货，而零售商则因需求预测不准确而可能订购不足。这些问题导致了供应链中库存积压与缺货现象并存，严重影响了供应链的效率和整体市场响应速度。

2）引入联合库存管理（JMI）模式

为了应对传统库存管理模式的局限性，安踏引入了 JMI 模式。JMI 的核心在于通过整合供应链中各环节的库存信息，创建一个信息共享平台，使各环节能够实时获取库存数据，快速响应市场需求的变化。例如，分销商和零售商的库存数据通过系统与安踏总部实现实时同步，这使得安踏能够依据市场需求波动调整生产和补货计划，减少了断货和库存积压的风险。通过该模式，安踏实现了库存的集中管理，优化了供应链中的库存控制，提高了整个供应链的协同效率。

2．安踏的供应链策略设计

安踏的供应链策略旨在通过灵活应对不同的市场需求来实现库存优化。该策略不仅涉及供应链结构的改进，还涵盖了差异化管理和产品生命周期管理等方面，以确保供应链在不同阶段的高效运作。

1）差异化供应链管理策略

安踏的产品线丰富，包括运动鞋、运动服装及各种配饰。不同产品类别的市场需求及库存管理需求各异。针对需求相对稳定的产品（如运动鞋类），安踏采用了小批量高频次的生产模式，以便及时响应市场需求的波动。而对于季节性较强的产品（如冬季户外运动服装），安踏则提前预测市场需求，并根据需求变化调整库存补充计划。通过差异化的供应链管理策略，安踏能够灵活应对各类产品的需求变化，实现供应链的高效运作。

2）基于产品生命周期的供应链动态调整

产品的生命周期对供应链管理有着深远的影响。安踏在不同产品的生命周期阶段采用了不同的库存管理策略。在新品导入期，安踏注重供应链的快速反应能力，缩短从设计到生产的周期，确保新品能够快速进入市场。当产品进入成熟期时，供应链的重点转向库存的稳定性，通过精准的需求预测来保持库存与市场需求的平衡。例如，安踏在新款产品推广初期，通过快速的市场反馈机制，能够及时调整生产和供应链计划，确保市场供应的及时性。而当产品进入衰退期时，安踏则逐步减少库存，避免库存积压，并将生产资源转移到新产品的生产上。

3. 安踏供应链优化的具体实施

为了确保供应链的优化与高效运作，安踏不仅在战略设计上做出了显著调整，还借助技术手段和管理工具进一步优化供应链管理。

1）实时数据共享与库存监控

安踏通过引入先进的企业资源规划系统（ERP），实现了供应链中各环节的实时数据共享。ERP 系统帮助安踏实时掌握全球市场的库存情况及销售数据，并根据市场需求的变化动态调整生产计划与补货策略。该系统的应用使得安踏能够快速响应市场需求，避免了因需求预测不准确导致的库存问题。例如，当某一地区某款产品销售表现优异时，ERP 系统能够及时将该区域的需求数据反馈至安踏总部，并推动生产与物流部门迅速做出反应，加快补货。这种实时数据监控机制极大提高了供应链的反应速度，减少了断货现象的发生。

2）柔性生产与供应链响应

安踏还通过柔性生产模式提升了供应链的灵活性和应变能力。柔性生产允许安踏在市场需求发生变化时迅速调整生产规模，从而确保供应链的高效运作。例如，当某款产品的市场需求突然增加时，安踏能够迅速调动生产资源，确保市场供应不受影响。此外，安踏还通过与供应商建立长期战略合作关系，确保原材料的稳定供应，并提升生产环节的协调性。这种合作模式不仅减少了供应链的不确定性，还增强了安踏应对市场变化的能力。

4. 安踏供应链优化的优势与挑战

1）优势：库存管理效率的显著提升

通过引入 JMI 模式，安踏显著提升了库存管理效率。实时数据共享和柔性生产的结合，使得安踏能够更为准确地预测市场需求，并根据需求变化灵活调整库存水平。这一模式减少了供应链中的冗余库存，提升了资金周转效率，优化了供应链的运营能力。

2）挑战：全球化供应链的复杂性

尽管安踏在库存优化上取得了显著成效，但随着其业务的全球扩展，供应链管理的复杂性也随之增加。例如，安踏在海外市场的拓展过程中，需要应对不同国家和地区的物流与库存管理标准。此外，全球市场的不确定性也为库存管理带来了新的挑战。面对这些问题，安踏需要进一步加强全球供应链的协调与管理，以确保供应链的高效、稳定运行。

5. 技术赋能供应链创新

除了 JMI 模式的实施，安踏还通过技术创新进一步推动供应链的现代化和数字化。安踏利用大数据分析、人工智能等技术优化库存管理流程，并实现供应链的智能化和自动化。通过技术赋能，安踏能够更精确地进行需求预测、库存管理和供应链协同，进一步提升供应链的整体效率。例如，安踏通过数据驱动的决策系统实现了自动化补货功能，系统能够根据实时市场数据自动调整库存补充计划，确保各地的库存始终处于最佳状态。同时，安踏还在供应链的末端引入了智能物流系统，通过与物流企业的深度合作，确保产品能够在最短时间内到达消费者手中。

6. 展望与未来挑战

安踏在供应链优化上取得的成就为其在全球市场中的竞争力提供了有力支撑。然而，随着市场的不断变化和供应链全球化的深入，安踏仍将面临更多的挑战。未来，安踏需要继续深化供应链的数字化转型，通过技术手段提升供应链的韧性和灵活性，以应对全球市场的不确定性。

安踏通过引入 JMI 模式，有效提升了库存管理的效率和供应链的协同能力。在未来的发展中，安踏可以进一步加强全球供应链的协调与技术创新，继续保持其在市场中的竞争优势。

📖 物流知识小课堂

联合库存管理（Jointly Managed Inventory，JMI）是一种通过供应链各方协同进行库存管理的模式，旨在减少供应链中的库存冗余和不确定性。JMI 模式的关键在于各方通过实时共享库存数据，共同制订库存管理计划，减少由于信息不对称引起的供需错配问题。在 JMI 模式下，供应链各环节能够根据实际需求快速调整生产和供应计划，从而提高供应链整体的响应速度和效率。

柔性供应链（Flexible Supply Chain）指的是供应链能够根据外部市场环境或需求变化，迅速调整其结构或运作方式，以应对不确定性。通过灵活的生产方式和供应链管理，企业能够及时应对市场需求的波动，避免库存积压和资源浪费。柔性供应链不仅能提高企业应对市场变化的能力，还能提升整体运营效率。

❓ 思考题

1. 安踏通过 JMI 模式在供应链优化中取得了哪些具体成效？该模式如何帮助安踏应对市场变化？

2. 在全球供应链扩展过程中，安踏可能面临哪些库存管理的挑战？如何通过技术手段优化全球供应链的管理？

3. 柔性生产模式如何提高供应链的响应能力？结合安踏的柔性供应链实践，谈谈该模式对企业的意义和挑战。

案例 11-6 动态库位管理在汽车零部件仓储中的应用

主题词：动态库位管理，网格化零部件库位

随着市场竞争日益激烈和消费者需求日益多元化，传统仓储管理模式面临着诸多挑战。库位利用率低、人工成本高、库存管理困难等问题逐渐凸显，成为制约企业发展的因素。为了应对这些挑战，动态化仓储管理应运而生。动态化仓储管理，顾名思义，是一种灵活高效的管理模式，它打破了传统"一物一位"的固定库位模式，通过系统化、信息化的手段，实现库位的动态调整和优化。这种模式能够根据实际需求灵活分配库位，提高库位利用率，降低人工成本，并有效解决库存管理难题，从而提升仓储管理的效率和效益。

1. 订单物料动态库位管理系统

随着汽车市场多元化和用户需求个性化的趋势，汽车主机厂面临着订单物料种类繁多、需求不稳定等挑战。传统的"一物一位"仓储管理模式已无法满足这种动态变化，动态库位管理应运而生，成为汽车物流行业的新潮流。动态库位管理，即网格化零部件库位，物料与库位随机绑定，并通过目视化板及零部件汇总清单进行动态管理。然而，当物料规模庞大时，传统动态库位管理方法存在物料寻找效率低、目视及清单更新操作烦琐等问题。为解决这些问题，上汽通用五菱汽车股份有限公司重庆分公司搭建了订单物料动态库位管理系统，借助简道云平台实现了高效的动态库位管理。

该订单物料动态库位管理系统由物料入库管理模块、物料出库管理模块、物料库存报表查询模块和基础信息管理模块四个模块组成，协同工作，实现了高效的仓储管理。物料入库管理模块通过系统内置零部件基础信息和手机端扫描功能，简化了入库操作，提高效率。物料出库管理模块记录出库信息并与入库信息关联，确保账目清晰。物料库存报表查询模块提供线上报表，方便实时掌握库存情况。基础信息管理模块则负责管理零部件基础信息，为其他模块提供数据支持。系统优势显著，不仅提高了物料寻找效率，简化了目视及清单更新操作，还实现了先进先出管理，避免了物料积压，并通过线上报表查询功能，方便管理人员及时调整库存策略，全面提升仓储管理效率。

2. 溢库物料动态库位管理系统

在汽车制造工厂中，溢库现象时有发生，大量流动性大的物料无法像其他物料那样进行"一物一位"的固定存储管理，给工厂的物料管理带来了诸多难题。为了解决这一问题，溢库物料动态库位管理系统应运而生。

该系统通过信息化手段，实现了对溢库物料的动态管理，有效地解决了传统管理模式的弊端。系统记录了溢库物料的入库和出库信息，确保物料流向清晰可追溯，同时实时监控溢库物料的库存情况，避免物料积压或缺货。更重要的是，系统自动识别并推荐使用最早入库的物料，防止物料过期或变质，实现了先进先出管理。

此外，溢库物料动态库位管理系统还具备推送及查询功能。系统将溢库信息及时推送给相关人员，方便其快速处理，并支持在线查询，方便管理人员掌握物料动态。这些功能的实现极大地提高了溢库物料的管理效率，有效减少了物料积压，优化了库房空间。

3. 板料、卷材动态库位管理系统

随着汽车行业的发展，车型多样化、订单个性化趋势日益明显，传统的仓储管理模式已经无法满足日益增长的物料管理需求。特别是冲压车间，板料和卷料种类繁多，占用空间大，且无法实现"一物一位"的存储模式。传统的动态库位目视板管理方式存在信息更新延迟、Min/Max 控制有效性差等问题，难以满足现代生产的需求。而板料、卷材动态库位管理系统基于动态库位管理理念，通过信息化手段实现了库位动态化、系统控制先进先出、系统约束Min/Max 管理以及溢库预警设置等功能，有效提升了板料、卷材管理的效率和准确性。

系统根据实际库存情况动态调整库位分配，实现物料的灵活存储。这意味着系统可以根据不同时期不同物料的库存情况，将物料存放在最合适的位置，有效利用有限的空间，避免空间浪费。例如，在库存高峰期，系统可以将物料存放在靠近出入口的位置，方便取用；在库存低谷期，系统可以将物料存放在远离出入口的位置，节省空间。此外，系统自动记录物料的入库时间，并根据先进先出的原则进行出库，确保物料按照入库时间的先后顺序进行使用，避免物料过期或变质。这对于冲压车间来说尤为重要，因为板料和卷材一旦过期或变质，将会造成严重的经济损失。系统还根据预设的 Min/Max 库存水平，自动进行库存预警和控制，确保物料库存处于合理范围，避免库存积压或缺货。当库存低于最低库存水平时，系统会自动发出预警，提醒管理人员及时补充库存；当库存超过最高库存水平时，系统会自动发出预警，提醒管理人员及时处理，避免库存积压。此外，系统可以设置溢库预警阈值，一旦库存超过阈值，系统将自动发出预警，提醒管理人员及时处理，避免库存积压。

动态化仓储管理为汽车制造企业带来了显著的优势。其灵活性、场地节约、无须频繁调整库位以及便捷的系统操作，都极大地提高了仓储效率和运营成本。更重要的是，动态库位管理能够有效应对车型波动和库存需求变化带来的挑战，为企业在激烈的市场竞争中保持敏捷性和竞争力提供了有力支撑。随着技术的不断发展，相信动态化仓储管理将会在更多领域中发挥重要作用，为企业创造更大的价值。

📖 物流知识小课堂

> 动态库位管理是一种根据实际情况灵活调整存放位置的仓库管理方法。它允许在货物入库、出库或库存变动时，实时调整货物的存储位置，以提高仓库的使用效率和灵活性。这种管理方式能够充分利用仓库存储空间，避免固定存储模式下可能出现的存储空间浪费问题。动态库位管理通常结合先进的信息技术手段，通过自动化和智能化工具实现对库位分配和管理的优化。动态库位管理还可以与其他物流技术结合，如自动化立体仓库系统，进一步提升仓储运作的效率和精确度。

❓ 思考题

1. 动态库位管理相较于传统库位管理有哪些优势？
2. 如何应对汽车零部件种类繁多、需求多变的特点？
3. 动态库位管理在其他行业中有哪些应用案例？

Chapter **12**

第12篇　汽车物流

"鱼缸理论"

- 提出者：日本全面质量管理（TQM）专家司马正次。
- 内涵：发现客户最本质的需求。
- 大意为：鱼缸象征着企业的经营环境，而鱼就是目标客户。经营者需要先跳进鱼缸，学着和鱼儿一起游泳，了解他们所处的环境和他们真正体验作为一个客户对产品的需求。然后，站到一个更高、更广的环境中，重新审视、分析客户状况，以发现他们最本质的需求。

物流讲堂

汽车物流

汽车物流是指汽车供应链上的原材料、零部件、整车以及售后配件在各个环节之间的实体流动过程。广义的汽车物流还包括废旧汽车的回收环节。汽车物流在汽车产业链中起到桥梁和纽带的作用，是实现汽车产业价值流顺畅流动的根本保障。

汽车物流是物流领域的重要组成部分，具有与其他物流种类所不同的特点，是一种复杂程度极高的物流活动。随着我国汽车工业的飞速发展，在成本控制变得越来越重要的今天，汽车物流的成本控制也日益成为人们关注的焦点，通过资源整合来降低物流成本已经成为汽车企业所必须面对和亟待解决的问题。

1. 汽车物流的特点

汽车物流的特点主要表现在以下三个方面。

（1）技术复杂性。

（2）服务专业性。

（3）高度的资本、技术和知识密集性。

2. 汽车物流建立的关键

（1）树立现代物流理念，健全企业物流管理体制。

（2）借助外部资源，利用第三方物流服务。

（3）构建高水平的物流信息系统。

（4）强化供应链管理，整合资源。

3. 我国汽车物流发展的对策

（1）改善行业监管环境。

（2）标准化工作的推行势在必行。

（3）加快物流基础设施的建设。

（4）培育高水平的物流人才队伍。

（5）利用信息网络技术发展现代物流。

（6）建立公平、有序的市场竞争环境。

案例 12-1　丰田公司的实时物流

21 世纪初期，日本丰田公司汽车销售量就达到 600 多万辆，仅次于美国通用汽车公司，超过美国福特汽车公司，成为世界第二大汽车制造商。这些成就的取得得益于丰田公司生产方式的成功，而其中实时物流是成功的关键之一。实时物流是伴随着实时生产（JIT）而产生的，随着实时生产的发展与普及，实时物流也得到了迅速发展和广泛应用。丰田的实时物流主要包括以下三个方面。

1.　实时采购

实时采购的基本思想是把合适数量、合适质量的零部件，在合适的时间供应到合适的地点，既满足生产的需要，又最大限度地压缩库存，尽可能达到零库存。

首先，丰田公司以整车厂为中心，吸引零部件供应商集聚，与周围地区形成具有"集聚效应"的工业园区模式。在日本本部，丰田公司所有大大小小的零部件厂与整车厂车程不超过 20 分钟。这样可减少零部件采购中的运输成本，使运输过程中的损耗降低到最低程度，更重要的是，可以减少运输时间上的浪费，满足整车厂的需要，为实时物流系统的建立创造必要的条件。

其次，促进信息共享，根据整车厂的实时需要进行实时采购。丰田公司根据销售部门反映的市场需求信息，确定汽车生产的型号和数量，采用 CAD 技术设计并用计算机分解画面，并根据此资料设计车体的各部分构造，再用 CAM 生产出样机模型，然后分派给各零部件厂商，以严格规定零部件厂商的生产要求，并根据整车厂准时生产的需要要求零部件厂商把质量合格的零部件在合适的工序阶段按时送达。

最后，与零部件厂商建立长期的战略合作伙伴关系，共同实现丰田公司生产方式（TPS）。在整个生产体系中处于核心位置的丰田公司，一般采取在零部件厂入股或者提供资金、技术支持等一系列手段影响并改善零部件厂商的生产经营，并向它们推行丰田生产方式，改善其生产运营，以期为整车厂提供适时、适量、适合的零部件；同时，丰田公司和其零部件厂商的长期战略合作伙伴关系促使其零部件厂商积极响应丰田公司生产方式的推行，这种"一荣俱荣，一损俱损"的休戚相关的关系从利益的角度保证了整个生产体系中生产的均衡化和协调化。

2.　实时生产

实时生产也即准时生产（Just In Time，JIT）是丰田公司的副总裁大野耐一综合了单件生产和批量生产的特点与优点，创造的一种在多品种小批量混合生产条件下高质量、低消耗的生产方式。

在准时制的生产模式中，具体的做法是以订单驱动，通过看板，采用拉动方式把供、产、销紧密地衔接起来，使物资储备、成本库存和在制品大为减少，以此提高生产效率，减少浪费，保证时间上的相互衔接，构成了企业内部实时物流系统的基础，具体做法如下。

1）生产流程化和拉式生产

丰田公司采用拉式生产的方式来安排生产流程，从生产汽车的最后一道工序开始往前推，确定前面一道工序的类别和数量，并根据时间的先后来安排和组织物流。同时，为提高生产效率，降低库存，丰田公司在各个工序间不设置仓库，只设置场地，前一道工序的加工结束后，立即转到下一道工序，装配线与机械加工几乎同时进行，真正实现同步化生产。

拉式生产和生产的流程化极大地降低了库存，减少了各道工序在时间上的浪费，但是要保证实时物流的顺利进行，还必须平衡各道生产工序的生产，促进各道工序之间的协调，这就是丰田公司的成功之处。

2）生产均衡化和看板方式

生产均衡化是实现适时、适量生产的前提条件。所谓生产均衡化是指总装配线在向前道工序领取零部件时应均衡地使用各种零部件，均衡生产各种产品。

丰田公司的做法是按照生产定额均衡地组织物资的供应、安排和物品的流动。在生产中，丰田公司把一周或一日的生产量按分、秒时间进行平均，给各道工序的生产确定标准定额，以确定流水线上的每个作业环节在单位时间内必须完成的作业数量和作业种类，保证每一道工序的生产正好适时、适量地满足下一道工序生产的需要。

领取看板是用来指示后道工序应领取物品的种类和数量的看板，主要是指挥零部件在前后两道工序之间移动。因此，领取看板通过这种在上下两道工序之间的往返移动就给后道工序提供了准确的领取信息。生产看板是用来指示前道工序应生产物品的种类和数量的看板，主要是指挥各个工作地的生产。因此，生产看板通过这种在工作地和它的出口存放处之间的往返就给前道工序提供了准确的生产信息。

通过领取看板和生产看板的方式，丰田公司就为汽车生产的各道工序提供了准确的领用和生产信息，以此来配合生产均衡化的实现。

3）全面质量管理

在准时制的生产中，质量是生产顺利进行的保证，一旦某道工序的生产存在质量问题，则依托于"零库存"的实时生产便会土崩瓦解。在丰田公司，质量被认为是生产出来的而非检验出来的，丰田公司坚持贯彻"不生产不合格的产品"的原则，把质量管理贯穿于每一道工序的生产过程中。在准时生产中，质量管理通过后道工序对前道工序生产的零部件采取100%的全面检验，借以保证存在质量问题的零部件完全退出生产领域，防止继续生产废品，满足最终消费用户对产品质量的要求。

3. 实时经销

在日本国内，丰田公司将本公司的计算机与全国经销商的计算机联网，及时掌握经销商的客户订货信息，并迅速使之转化为本公司的生产信息，实时传达给生产线进行生产。这一大规模的信息系统使全国各地的订货信息当天就可以传给生产线，以最快的生产速度进行生产，仅交货时间就可以缩短10天左右，而且经销商的库存也减少了70%～80%，大幅度降低了存货成本。这种"灵活销售体系"的建立，使产品分成小批量，以最快的速度销售出去。

对于海外出口的产品，丰田公司所在的地理位置显示出了很大的优越性。丰田公司所在的丰田市距海岸只有50千米，汽车可以一直由生产线开到码头，而远洋轮也实时地等待装船。到岸以后，再由计算机分配，直接交至各经销商手中，中间不需要存储。这种高效的实时运输不但消除了由于必须凑齐一定数量的汽车才能装船的库存费用，而且大大缩短了汽车从丰田公司流通到各地经销商手中的时间。

另外，丰田公司实施以人为本的实时物流战略，对全体经销商进行教育培训，根据市场反馈的信息，对经销商的促销政策和经营上的问题给予适当的指导，以提高销售效率，并从人员和技术上协助他们进行销售和售后服务。不景气的时期，通过协商，共同承担利润减少带来的负面影响，形成一种风险共担、利益共享的战略伙伴关系。这也大大激励了经销商配合丰田公司实施实时物流系统的积极性，为实时物流系统的成功建立创造了必要的外部条件。

📖 物流知识小课堂

实时物流（Real Time Logistics，RTL），是指通过使用最新信息技术与现代物流技术来积极地消除物流业务流程中的管理与执行的延迟，从而提高企业反应速度与竞争力，提升物流企业服务水平的当代物流理念。它体现了企业的物流业务能力。实时物流是顺应新经济变革的当代物流理念，与现代物流理念的区别在于，实时物流不仅关注物流系统成本，更关注整体商务系统的反应速度与价值；不仅是简单地追求生产、采购、营销系统中的物流管理和执行的协同与一体化运作，更强调的是与企业商务系统的融合，形成以供应链为核心的商务大系统中的物流反应与执行速度，使商流、信息流、物流、资金流四流合一，真正实现企业追求"实时"的理想目标。

❓ 思考题

1. 什么是实时物流？通过这个案例，你认为一个实时高效的物流系统应具备哪些条件？
2. 丰田公司为什么要实施实时物流？
3. 什么是看板管理？有什么作用？

📚 案例 12-2　东风汽车的物流网络信息化

主题词：网络信息化，ES/1 系统，全线追踪

东风汽车集团有限公司（以下简称东风汽车）以汽车产业的核心——"整车与动力"为主业，主要从事东风系列轻型商用车、东风康明斯系列柴油发动机的开发、设计、制造和销售业务。

在日常的生产、经营和管理活动中，东风汽车面临的最大挑战是运营管理，这是因为整个管理过程涉及许多因素，主要包括整车的物流运输生产计划（从生产入库、库存管理、销售出库、运输、经销商到最终客户接车）、生产计划的分解、生产过程中的 JIT 控制、原材料和半成品的准时供应等。为统筹上述所有因素以及管理好 5 家子公司的生产运营，东风汽

车必须采取科学的解决方案，以使整个公司实现无缝运营。

东风汽车的整车物流管理，由于客户服务要求高、周转速度快、流程复杂以及整车管理本身要求单车各种数据完整、及时和准确，因而包含了极其复杂和灵活的管理内容，中软冠群在 ES/1 系统（企业资源计划管理系统）的基础上开发出整车物流管理系统，并采用条码管理对数据进行实时收集，对东风汽车的汽车生产入库、整车平面仓储、销售流程控制、整车运输、整车各种改装、退换流程提供了有效的实时管理控制，以及内容丰富翔实、形式生动的水晶数据报表，大幅度提高了东风汽车的整车管理水平，为客户带来了切实的经济效益和社会效益。

1. 整车物流管理

1）条码管理

采用 ES/1 Super Logistics 系统，东风汽车能通过条码扫描管理所有车辆，包括车辆入库、移库和出库。车辆经过入库扫描后，系统依据设定的规则，会自动产生并打印入库建议单，司机依据入库建议单指定的库位即可入库，无须人工干预。

2）全线追踪功能

采用 ES/1 Super Logistics 系统，东风汽车能够对车辆进行单件管理，并可通过底盘号查询车辆的来源（包括生产批号、生产日期、入库日期、发动机号码、发动机厂家、车身型号、车架型号、车厢型号等）和去向（车辆流向的经销商、最终客户姓名、电话等）。

3）智能的运输分配和运输跟踪管理

采用 ES/1 Super Logistics 系统，东风汽车可通过预先设定的规则，优化运输路径和车辆编组，并根据承运商的运输情况以及对承运商的考核，对承运商的运费进行平衡，实现了以往手工操作无法实现的功能，既提高了效率，又减少了运输费用，同时也提高了运输分票的科学性，固化了运输分票的规则。具体而言，主要包括：① 根据运输分票的结果，系统可自动生成运单，避免了重复录入带来的工作量和可能出现的错误。系统还可根据运输的路线和编组方式自动计算车辆的运输费用，增强了运费计算的准确性和科学性。② 系统可跟踪每辆车的在途情况，自动计算出车辆运输所限定的到达日期和返回日期，并可对未返回的车辆进行预警，保证在第一时间发现问题并解决问题。③ 可对承运商的运输情况（按时返回率、经销商验收意见、运输质量等）进行考核，考核结果作为承运商运费平衡的依据。

4）库存管理

采用 ES/1 Super Logistics 系统，东风汽车实现了仓库的库位管理，不仅使仓库库存一目了然，而且系统还可自动生成车辆的定期养护计划。系统除了能够监控本地仓库的库存，还能够监控所有存放在经销商仓库中的库存。

5）营销管理

采用 ES/1 Super Logistics 系统，东风汽车解决了异地销售的问题。销售公司可远程开销售提车票并给予确认，仓库本部可直接打印票据，避免了单据的远程传递，提高了工作效率。

ES/1 Super Logistics 系统使所有经销商和直接客户的销售信息在系统中被管理与统计，使企业对市场信息了如指掌，便于管理者做出正确及时的管理决策。

2. 生产物流管理

1）条码管理

采用 ES/1 Super Logistics 系统，东风汽车的生产车间通过条码扫描实现了生产各个环节的条码化管理。通过在生产线上的扣料区粘贴条码以及条码扫描，可对半成品、原材料实现自动扣料，自动生成拉料建议；通过在四大总成（发动机、变速箱、车桥、车身）上粘贴条码以及条码扫描，可自动维护车辆的相关信息并自动扣减消耗量；通过将工人的工牌号编制条码以及条码扫描，可记录下线车辆涉及的调整司机、终检人员、发交司机的姓名及相应的时间，并可设置允许的滞留时间，对超期的车辆进行预警。

2）全线追踪功能

采用 ES/1 Super Logistics 系统，东风汽车能够跟踪生产过程中的每一个环节，可对车辆进行单件管理，并可通过底盘号查询车辆的配置信息、装配信息、四大总成的生产信息、原料的供应信息及车辆的去向信息。其中，车辆的配置信息包括发动机号码、发动机厂家、车身型号、车架型号、车厢型号等；装配信息包括批次号码、生产日期、调整信息、终检信息、装箱信息及相应的人员信息等；四大总成的生产信息包括四大总成（发动机、变速箱、车桥、车身）的序列号/批次号、生产厂家、生产日期/批次、关键性能、测试数据等；原料的供应信息包括供应商名称、供货批次号、送货单号、到货日期、质检状态等；车辆的去向信息包括车辆流向的经销商、最终客户姓名、电话等。

3）生产计划管理

采用 ES/1 Super Logistics 系统，东风汽车能够将年度计划分解为月计划、日计划，系统允许随时调整计划，并可进行计划模拟，保证计划的可行性。月计划、日计划可被分解为装配进度计划、产品车入库计划、四大总成等半成品的生产计划、原料供应计划等。系统可根据当前维护的销售订单自动生成计划，自动安排生产。

4）采购管理

ES/1 Super Logistics 系统可根据已确认的生产计划自动生成采购计划，根据采购计划和原料的供应商情况自动生成采购订单，实现了采购与生产的集成。因此，ES/1 Super Logistics 系统使东风汽车既实现了原料供应的准时化，又减少了原料库存的积压，降低了库存成本。

5）JIT 生产模式

东风汽车采用 ES/1 Super Logistics 中最适合汽车行业的 JIT 模式来管理生产作业的进度计划，并通过看板管理，以条码扫描自动扣料的方式确保了生产的准时化。

ES/1 Super Logistics 为东风汽车的运营管理提供了科学的解决方案，极大地提高了各部门的工作效率。储运部门通过对车辆入库进行自动化管理，提高了仓库管理的准确性及效率。市场销售部门通过与储运部门的信息集成，可以准确了解车辆的库存情况、近期的生产情况，并按照库存情况协调销售，加大存货量大的车辆的销售力度，最大限度地降低车辆库存，减少库存资金占用。生产部门形成了以销售制定生产，然后以生产推动销售的大循环，既减少了库存积压，又加快了生产节奏，提高了东风汽车的市场竞争力。

总之，ES/1 Super Logistics 解决方案使东风汽车的整车管理达到国内一流的管理水平，取得了明显的成效，仅仓储费用一项就使东风汽车每年 400 万元的临时仓储费至少节约了 1/3。

物流知识小课堂

　　物流网络的研究，从物流运作形态的角度将物流网络的内涵确立为：建立在物流基础设施网络之上的、以信息网络为支撑的、按网络组织模式运作的三大子网有机结合的综合服务网络体系，将物流网络的研究提升到综合物流服务网络体系的大物流层面，实现三大子网的网络效应驱动下的资源共享和整合，是物流网络的研究方向。物流三大子网络：物流组织网络，它是物流网络运行的组织保障；物流基础设施网络，它是物流网络高效运作的基本前提和条件；物流信息网络，它是物流网络运行的重要技术支撑。

思考题

1. 物流网络信息化有哪些特点及优势？
2. 什么是物流网络的三大子网？
3. 东风汽车采用哪些方法对整车进行物流管理？

案例 12-3　宁德时代：赋能新能源汽车产业发展

主题词： 全球化物流布局，智能物流系统，供应链协同创新

　　宁德时代新能源科技股份有限公司（以下简称宁德时代）成立于 2011 年，总部位于福建省宁德市，是全球动力电池领域的领军企业。公司专注于通过科技创新为全球汽车、能源和电子设备提供安全、高效、经济的储能解决方案。作为新能源汽车行业的重要推动者，宁德时代致力于成为全球领先的新能源科技公司，积极引领行业的发展与变革。通过不断的技术突破和创新，宁德时代不断提升产品性能与可靠性，为全球客户提供先进的储能技术，推动新能源产业的可持续发展。

1. 新能源汽车行业面临的挑战

　　在新能源汽车发展面临的挑战中，电池技术的研发是核心问题，它是影响新能源汽车性能和成本的关键因素，由于国内企业对这一核心技术的掌握仍不够成熟，需要持续创新。此外，行业内产品同质化严重，缺乏创新性，多数企业只能依赖模仿。单一企业的创新风险大、成本高，尤其在资金、资源和技术上的不足使得研发投入成为一大挑战。尽管有财政补贴，但相较于发达国家的支持，仍显得不足。同时，产业内合作意愿不高，各企业多以保护核心技术为由，缺乏有效的合作与资源共享，制约了行业的整体发展。

　　宁德时代作为电池行业的龙头企业，深知供应链协同创新对提升企业绩效的重要性，积极寻求创新物流解决方案，提升电池运输效率，降低成本，并保障电池安全。

2. 全球化物流布局

　　宁德时代通过建立一个涵盖原材料采购、生产运输和仓储配送的全面物流网络，确保了

供应链的高效运作。其原材料采购涵盖了全球多个资源丰富地区，通过与当地供应商建立长期合作关系，宁德时代能够高效地将关键材料（如锂、钴和镍）运输至生产基地。

在生产运输方面，宁德时代设有多个生产基地，分布于中国、欧洲和美国等关键市场，这些基地通过海、陆、空多种运输方式紧密联动，保障了生产线的稳定运行。此外，宁德时代在全球主要市场设立了多个仓储配送中心，这些仓储配送中心不仅负责储存产品，还确保产品能够及时、安全地送达客户手中。通过与多家知名物流企业的合作，宁德时代利用先进的物流技术，如自动化仓储和智能运输调度，显著提升了物流效率和服务质量。全球化的物流布局不仅帮助公司降低了运营成本，提高了生产和配送效率，还增强了其市场竞争力，并推动了整个锂电池行业的创新发展。

3. 智能物流系统

宁德时代智能物流系统以其多层次、模块化的架构设计，引领了物流管理的现代化。系统主要由仓储管理系统（WMS）、运输管理系统（TMS）、订单管理系统（OMS）和数据分析平台组成，旨在提高全球物流的效率和准确性。

仓储管理系统负责全球仓库的集中管理，通过物联网技术实时监控货物状态，确保库存数据的准确性和及时更新。运输管理系统则利用大数据分析技术优化运输路线，自动生成最优方案，提升运输效率。订单管理系统处理客户订单，实时同步到仓储和运输系统，确保订单顺利执行。数据分析平台收集并分析供应链数据，为企业决策提供科学支持，挖掘潜在问题和机会。

系统的主要功能包括货物状态实时监控、路径优化、智能调度和可视化追踪。实时监控保障货物安全，路径优化提高运输效率，智能调度优化资源使用，而可视化追踪则提升客户满意度。系统通过自动化和智能化手段显著提高运营效率，降低成本，并通过数据驱动的决策支持进一步降低风险。整体来看，宁德时代智能物流系统不仅提升了服务质量，也为企业提供了强有力的数据支持，推动了物流行业的智能化进程。

4. 绿色物流实践

宁德时代大力推广新能源车辆，建立了庞大的电动车车队用于内部运输和配送。这一措施不仅显著减少了对传统燃油车的依赖，还有效降低了碳排放。此外，宁德时代还积极与物流企业合作，推动新能源车辆的广泛应用，旨在共同构建绿色物流网络。

在包装优化方面，宁德时代通过轻量化设计减少包装材料的用量，降低了物流过程中的资源消耗和环境负担。同时，公司大力推广包装材料的循环利用，尽量减少一次性包装的使用，以降低环境污染。信息化管理也是宁德时代绿色物流的关键一环。公司利用智能调度技术优化运输路线，减少空驶率，从而提高运输效率和降低碳排放。实时监控系统则确保了运输过程中的货物安全，并有效减少了能源消耗。

宁德时代还通过与上下游企业的紧密合作，促进整个产业链向绿色可持续发展转型。公司不仅与原材料供应商和物流企业共同推进绿色物流体系建设，还积极参与行业绿色物流倡议，推动行业整体的可持续发展。

宁德时代作为新能源汽车电池行业的领军企业，其全球化物流布局和智能化物流系统的成功实践，为整个行业树立了标杆。宁德时代的成功经验表明，在全球化时代，企业要想取得竞争优势，必须重视物流体系建设，并将其作为提升企业核心竞争力的关键因素。通过技术创新和模式创新，企业可以实现物流管理的现代化和智能化，从而实现降本增效，提升客户价值。

物流知识小课堂

全球化物流布局是指企业为了适应经营规模的扩大和国际化经营的需要，在全球范围内配置资源，通过采购、生产、营销等方面的全球化实现资源的最佳利用，发挥最大规模效益。这种战略不仅涉及商品和服务的全球流动与交换，还要求建立国际化的信息系统以支持标准化和高效运作。在经济全球化的背景下，跨国公司通过构建海外基地、多式联运和第三方物流等策略，提升其在全球市场上的竞争力。全球化物流也促进了区域经济的发展和世界资源的优化配置，推动了国际供应链的一体化。

思考题

1. 宁德时代如何利用全球化物流布局提升供应链效率？
2. 宁德时代采取了哪些措施实现绿色物流？
3. 供应链协同创新对宁德时代发展有哪些意义？

案例 12-4　福特汽车公司的顶级供应链之旅

主题词：供应链，信息，节约型系统

全球汽车制造业巨头之一的美国福特汽车公司，运往世界各地装配厂的备件集装箱的远洋运输数量每年不少于 20 万标准箱。福特汽车公司物流总部专门承担福特汽车公司的全球性供应链管理，其中包括设备、设施、物料、服务等方面的运输和外包采购。

由于福特汽车公司的汽车整车产品和汽车零部件远销世界各地，集装箱运输目的地几乎到处都有，福特汽车公司的汽车产业供应链并不像"链"本身那么简单，而是错综复杂的全球性网络。大量的国际性加工业务和销售服务当然是必不可少的。

1. 观测需求

福特汽车公司的供应链管理的重中之重就是其强大的物流和信息流，其麾下的各大汽车制造商均必须把供应链信息和功能集中在一个单一的全球物料制造系统中，促使福特汽车公司供应商直接拥有或者即时获得库存和运输信息。

最近几年，福特汽车公司致力于将这种策略扩展成为集成化的采购战略，它的目标是建立一个适合于全球制造的汽车生产环境，零部件的设计、制造、采购以及组装都是在全球范围内进行的。福特汽车公司建立了日报交货系统，专门应用于它的 17 个分厂。该系统反映各厂每天生产原材料大致的需求量。尽管福特汽车公司不要求它位于世界各地的供应商在美国开设仓库，能否实现本地化 JIT（准时制）供货，仍然是福特汽车公司评价选择供应商的关键标准。而坚持 JIT 管理机制的汽车制造公司的关键优势就是确保"港到港准时送达"原计划的全面实施，指标的全部到位，这也是全球资源配置成功与效率的关键所在。

2．精诚合作

福特汽车公司与供应商保持紧密合作，并在适当的时候为供应商提供一定的技术培训，这与不同地区以及公司的不同需求有关。一般而言，发达地区供应商所需技术支持少于欠发达地区供应商。不少国外供应商都与福特汽车公司在工程、合作设计等方面保持着良好的合作关系。因此，对于很多关键部件，福特汽车公司都有当地供应商相关职员提供的有力技术支持，与全球供应商之间的技术交流困难也因此而得到缓和。福特汽车公司要求其供应商在生产计划变化的时候能迅速做出反应。

福特汽车公司物流总部的重要任务之一就是不断革新汽车产业供应链服务，确保其符合汽车市场日新月异的发展变化。其中，尤其重要的是物流服务供应商为汽车产业提供的服务必须标准化、准时化和一体化，而且必须符合福特汽车公司的规范，凡是与福特汽车公司签订运输服务合同的远洋承运人必须承担上述一系列责任和义务，即所谓质量第一。凡是与福特汽车公司签约的远洋承运人必须拥有国际标准组织的认证，其集装箱船队和集装箱班轮均必须持有由福特汽车公司颁发的"质量经营系统"证书。

福特汽车公司的集装箱必须按照 8 天这个指标，按时运送到目的港。此外，还要检查质量，所有抵达目的港的集装箱货物必须完好无损，福特汽车公司在时间和质量两个方面所制定的规范相当严格，绝不含糊。只要发现时间和质量等方面违反运输服务合同，福特汽车公司将按照法规向远洋承运人等责任方索赔。

3．有力掌控

有一点是肯定的，福特汽车公司喜欢与全球远洋承运人排名表前 10 名经营大户中的佼佼者做交易，将其年均 70% 的集装箱运量交付给这些经营大户中的佼佼者，其余 30% 则根据具体情况让其他优秀远洋承运人完成运输。无论是新的还是老的远洋运输服务供应商，福特汽车公司均予以严密监督，同样执行 12 个月考察期。只要做得好，就可以继续签约，并且获得由福特汽车公司颁发的"质量经营系统"证书。如果做得不好，就终止签约，收回证书。所有这些严密监督必须每个月定时写成报告，由世界各地的监督员向福特汽车公司物流总部报告，如果遇到特殊或紧急情况，随时报告。由此福特汽车公司迪尔伯恩物流总部及时掌握与其有关的全球远洋承运人的最新动态，每年给予一次总结，标准和要求还要逐年提高。毫无疑问，凡是为福特汽车公司提供集装箱运输服务的远洋承运人必须强化其班轮的经营管理，把责任事故降低到零，否则难以在第二年继续接到来自福特汽车公司的集装箱运输服务合同。

福特汽车公司的供应链质量管理与众不同之处就是把质量标准管理放在第一位，并且要求远洋承运人在其日常具体操作管理中严格履行其"门到门"服务，还有多式联运等方面的责任和义务，远洋承运人必须掌握其承运的集装箱每天的动态，直至集装箱在指定的时间内保质保量被送到收货人为止，这样做也可以帮助远洋承运人提高其集装箱运输服务质量，降低成本，提高其经济效益。从中获得利益的不少远洋承运人主动制订、改进和充实其自己的集装箱运输经营管理规范，甚至听取福特汽车公司物流总部在有关集装箱运输规范、标准和要求方面提出的改进意见。

由于福特汽车公司每年必须从海外制造厂大量采购汽车零部件，"零库存"和准时运输等旨在把周期时间缩短到最低限度的供应链经营管理革新方式，可以为福特汽车公司每年减少大量成本，在提高公司经济效益方面的意义十分重大，所谓"门到门"和"一站式"集装箱运输服务是福特汽车公司对远洋承运人的基本要求。有些国家和地区的集装箱内陆运输由于基础设施不足和管理混乱而困难重重，福特汽车公司鼓励承运人千方百计提高其多式联运效率，建议承运人通过专门管理机构及时解决内陆运输和多式联运中发生的一切问题。

4. 节约型系统

福特汽车公司产业供应链的革新设计还体现在大量节约员工人力资源，通过信息技术和成本合同，把日常业务的 85%，其中包括集装箱运输订舱和业务跟踪等业务外包给全球货运代理。而福特汽车公司物流总部基本上不插手日常具体业务操作，其主要任务就是制订物流服务政策、标准和规范，再就是监督、检查、总结和评估各家远洋承运人的业绩，"一年后算一算"，让做得好的承运人下一年继续做下去，做得不好的承运人就中止其服务，把复杂的供应链经营管理简单化了。

福特汽车公司产业供应链革新的基础就是与承运人加强合作。通过密切联系，让承运人及时知道供应链经营管理的标准、规范和要求，双方的共同点就是，无论是托运人还是承运人都不喜欢发生集装箱滞留和耽搁，都希望提高集装箱的运输效率，双方需明确彼此的核心需求。

物流知识小课堂

绿色物流（Green Logistics）是指在物流过程中抑制物流对环境造成危害的同时，实现对物流环境的净化，使物流资源得到最充分利用。它包括物流作业环节和物流管理全过程的绿色化。从物流作业环节来看，包括绿色运输、绿色包装、绿色流通加工等。从物流管理过程来看，主要是从环境保护和节约资源的目标出发，改进物流体系，既要考虑正向物流环节的绿色化，又要考虑供应链上的逆向物流体系的绿色化。绿色物流的最终目标是可持续性发展，实现该目标的准则是经济利益、社会利益和环境利益的统一。

思考题

1. 供应链在整个物流环节中处于何种地位？有哪些作用？
2. 在本案例中，福特汽车公司对供应链进行了哪些革新？
3. 福特汽车公司成功地构建了汽车产业供应链，对我国汽车物流的发展有哪些启示？

案例 12-5　北京现代用物流系统支撑企业发展

主题词：高效物流，生产物流系统，销售物流

位于北京顺义林河工业开发区的北京现代汽车有限公司（以下简称北京现代）是一个年轻且充满活力的现代化轿车生产企业，由北京汽车投资有限公司和韩国现代自动车株式会社共同出资设立，注册资本为 27.1 亿元人民币，中韩双方各占 50% 的投资比例。

凭借适销对路的优质产品、不断提高的管理水平与服务水平以及产能释放带来的生产成本降低，当年中国轿车市场的不景气状况对北京现代并没有产生太大的影响。北京现代仍然毫不迟疑地朝着既定目标大踏步前进。

1. 独特的生产物流系统

众所周知，对于汽车制造企业来讲，生产物流，尤其是零部件入厂物流是实现准时化生产的关键，也是难点所在。生产一辆轿车不仅需要上百道工序、上万种零部件，而且对零部件的准时供应提出了极为严格的要求。如何将每一个生产环节所需的零部件在正确的时间送达正确的工位，绝对是每个企业面临的最严峻的挑战。

2023年，北京现代所需的零部件国产率已达到74%。在诸多供应商中，有一半以上的业务外包给第三方物流公司。而物流公司的水平也参差不齐，其中有的物流公司单纯做运输，有的物流公司专门做仓储；有的物流公司仅服务于一个供应商，有的物流公司则同时完成多个供应商指派的任务。

生产管理部主要负责以下几项工作。

（1）接货、卸货。即接收零部件供应商或其物流公司的送货，主要依靠叉车、升降台等设备完成卸货、入库，但有些操作仍需借助人力。

（2）储存、保管。北京现代按照来源将零部件分成两类，分别管理。其中，一类是从韩国进口的 KD 件（散件组装），除通关之外的主要物流工作都交给中远物流公司负责。KD 件先保存在位于厂区内的两个仓库中，再按照生产计划由物流科统一调配使用。另一类是国内采购件，由供应商或者其物流服务公司负责送到工厂仓库保管。与其他企业的封闭式仓库不同，北京现代采用开放式仓库储存国内采购件，将零部件盛载在专用容器中，直接存放在生产线旁的绿色区域内。其好处是：仓库不受空间的约束，可以自由伸缩，有很大的弹性；无固定的出入口，货物从哪个方向都可以自由进出，并可以左右移动，有利于货物的快速流动；而且出库时不需要再开票，简化了手续，减少了作业人员。

（3）出库。送货人员每人一辆牵引车，按照生产计划将存放在带轮料架或料箱中的零部件直接拖挂、搬运至指定区域。

（4）上线。物流工人负责管理生产线旁的 KD 件和部分国内采购件，按生产指令送到生产线旁的指定工位。有些零部件（如座椅等）采用直序列（Just In Sequence，JIS）供货方式，即与生产需求实时对接、同步供应，从而构建 JIT 均衡供货系统，满足柔性化生产需求。

2. 高效的销售物流系统

中国汽车市场逐渐成熟，用户需求日益多样化，对产品、服务的要求也越来越高，越来越严格。经过严密的市场调查，北京现代最终选择了一种新型的汽车整体服务方式——4S店作为其主要销售和售后的对外窗口。汽车 4S 店是指将四项功能集于一体的汽车销售服务企业，包括整车销售（Sale）、零配件（Spare Part）、售后服务（Service）和信息反馈（Survey）。截至目前，北京现代的 150 多家 4S 专卖店遍布华东、华南、西南、西北、东北五大区域，一个新型的现代化营销服务网络体系已成规模。北京现代每月销售 1 万多辆车，从国内市场分布来看，华东、华南和其他地区大约各占三分之一。如此迅速的发展速度，如此广阔的覆盖区域，自然给销售物流带来很大压力。

按单车所需面积分割仓储场地，给每块场地分配一个号码；在车辆入库时，由信息系统给每辆车指定一个位置，停车入位后扫描车辆条码与位置条码，系统即可知道哪里放了什么车，哪里还有空位置，下次再指派给别的车。其好处是一车一码，对车辆库存情况一目了然，方便调配，大大加快了提车速度，降低了差错率。但是，由于采用位置码管理占用空间较大，按原规划仓库只能存放 4180 辆轿车。随着产能提高，仓储面积越来越紧张，北京现代就根据实际需要对位置码管理法加以改进——按照订单生产的轿车仍采用位置码管理，而根据计划生产的常销车则采用相对紧凑的方式，同型号车集中存放，这样使实际库存能力增加到 6000 多辆。

现在，客户从下单到收到整车，如果是完全按照订单生产的轿车，约需要 15 天时间；而按照计划生产的轿车只需要一周左右。这样的效率完全满足了市场需求。

3. 为持续发展不断改进

一步步走向成功的北京现代并没有陶醉在已经取得的成绩里，他们有更加宏大的目标。同时，北京现代也看到了自身在物流管理与运作水平方面与韩国现代的差距：一是企业信息系统有待进一步完善，以提高作业效率与准确率；二是改变观念，增强服务意识；三是提高装备水平，如规范运输车辆标准，使物流更顺畅，并保证零部件与整车的发运质量。

理想的生产物流模式是提高零部件直序列送货的比例。北京现代不再考虑这部分零部件的库存，而是由供应商或其物流公司负责直接送到生产线旁；其余 20% 的小型零部件暂存在北京现代的仓库中，由物流工人负责上线。当然，这样做需要绝对及时、准确，不能有半点差错，否则将直接影响生产。

提高直序列送货的比例，无疑将导致目前每天约 320 辆货车的物流量直线上升，货车流动频率将显著加快，相应地，对管理提出了更高的要求。为此，北京现代实施了信息系统的改造，采用 IC 卡管理运输车辆，大大缩短车辆排队等候验货的时间，使物流更顺畅、效率更高；同时，仓储面积也可减少一半左右，可谓一举两得。

在整车物流方面，中远物流公司和长久物流公司正分别在北京和武汉为北京现代各建设一座汽车中转库，除用于车辆存放外，更加注重其分拨功能，可以视为分拨中心。其目的是：缩短供应时间，节省供应商的流动资金，减少北京现代的厂内库存，但宗旨是不能增加二次运输成本。

一切都在有条不紊地进行，一切又都超出了常规发展速度。北京现代这个充满朝气的企业正在快马扬鞭，奔向新的辉煌。

物流知识小课堂

销售物流系统是指成品由成品库（或企业）向外部消费者直接出售，或经过各级经销商直到最终消费者为止的物流过程。从事销售物流运作的经营主体可以是销售者、生产者，也可以是第三方物流经营者。

销售物流系统的功能包括市场调查和需求预测、开拓市场和制定销售产品的方针和策略、编制销售计划、管理订货合同、组织产品促销、组织对用户的服务工作以及成本分析等内容。

思考题

1. 北京现代的生产物流系统有哪些功能？

2. 结合案例，分析北京现代与韩国现代在物流管理上的差距，并归纳北京现代的改进措施。

3. 北京现代的整体物流是怎样的？为什么它要选择高效物流系统？

案例 12-6　沃尔沃汽车物流的典范

主题词： 物流信息，电子系统，A4D 信息系统

在汽车全球物流运作过程中，大量原材料、半成品、零部件和成品均承受高昂费用负担，大幅度降低成本是当务之急；同时客户对汽车物流提出越来越高的标准，迫切要求供应商随时提供有关订货情况和所订货物的实时位置信息。因此，提高客户满意度的关键因素就是有关实物分销或者供应运作的信息，还有传递这种信息的能力。而瑞典沃尔沃集团下属的沃尔沃物流公司的物流手法就很值得汽车物流企业借鉴。

1. 周密调研产出的系统，为物流提供一条龙的服务

在过去几年中，经过市场调查和专家咨询，沃尔沃物流公司拨出巨额投资，推出为出口物流提供合作物流操作的全新物流信息系统，这套系统把汽车制造、汽车零部件生产商、承包商、托运人、承运人和运输公司全部连接在一起。

像沃尔沃集团这样的国际著名汽车厂商，越来越重视数据处理、信息系统，积极地在通信基础设施上投资，以便利用信息系统更好地管理好物流运作。在欧洲，他们已经把汽车生产到交货的全过程时间从 5 ～ 15 天缩短到 2 ～ 6 天。

这套物流信息电子系统已经正式引进，并在沃尔沃集团全面推广。名为 A4D 的配送应用信息系统，是一种全新的、覆盖面非常广泛的出口物流信息系统网络平台，从汽车生产流水线车间到交货地点，凡是出口链上的所有部门和外商合伙人都能访问该网站的电子商务平台，确保供应链的高度透明。该系统的性能主要包括：确保向客户提供优良、精确的交货信息；降低从汽车订货到交货的前导时间；为购买汽车的客户提供灵活、优先和变通的交易操作；能够同时交易沃尔沃集团和其他汽车厂商生产的汽车；降低管理及运营成本、产品库存量；明确显示产品的详细情况（从开始生产到完成生产的时间和从订货到交货的时间）、物流配送操作和周边成本，还有在交货时汽车的质量；及时参与新产品的物流规划。这套配送技术应用信息网络系统由沃尔沃集团自己研制设计，通过 A4D 信息系统和电子数据交换（EDI），沃尔沃物流公司不仅与新老客户保持密切的联系，而且提供从沃尔沃汽车订货到交货的一条龙服务。

2. 售后服务和客户投诉集中处理，给客户更快的服务

在通常情况下，一些大型的汽车制造厂商专门设立负责听取客户投诉和负责提供售后服务的客户服务部或信息技术部门，但是沃尔沃集团自从推出 A4D 信息网络和数字交换系统以后，所有的售后服务和客户投诉的受理全部由网络信息系统解决，因为沃尔沃物流公司配送中心总经理就是负责网络电子商务应用系统的兼职总经理，客户的投诉信息一到他的手里，他有权立即着手处理，从而让客户和网络的其他使用者获得快速响应，并且取得更大的实惠。

3. 提前准备好物流体系，保障交货质量和低销售成本

在沃尔沃汽车厂商用 2 ～ 4 年时间设计沃尔沃 X90 车身时，沃尔沃物流公司同时着手为 X90 提前安排物流操作计划和运输规格，这方面的业务全部由沃尔沃物流公司自己去做。现在的汽车用户主要关注的已经不是交货时间，而是交货质量和汽车的销售成本，对于汽车产品进行全程监视的 A4D 电子信息系统可以解决这个问题，特别是与运输公司和承运人商谈汽车运输质量的时候，A4D 电子信息系统所记录的材料可以证明汽车质量问题应该属于哪一方的责任。

通过电子数据交换（EDI）或者通过 A4D 互联网系统，取得对每辆汽车进行跟踪和监督的有关实时数据。这一套系统可以实际应用到客户订货合同中规定的每一项细节，把生产厂商提供的产品、客户的订货和市场销售系统有机地结合起来。汽车零售商能够通过 A4D 互联网系统，清楚地了解汽车产品的信息。

与 A4D 互联网系统和数字交换系统密切联系的配送系统，随时向承运人和其他有关运输公司提供信息。每当汽车零售商把客户的订单输入信息系统以后，A4D 网络系统立即开始计算出"交货许诺"，根据这个"许诺"，有关汽车从生产、装配、包装、运输一直到交货的每一步，全部都可以安排好。沃尔沃集团在 A4D 信息系统中设立的"前期程序"，把订单上每一辆汽车从生产点到交货点的路线都编制成信息，再把信息发给零售商或者销售商。如果交货所在地国家遇到节假日、发生罢工或承运人的运输船舱一次装不下那么多汽车等情况时，该信息系统会自动调整交货时间。

4. 自身无运力，全靠对社会资源的整合利用

具有多种运输方式选择的沃尔沃物流公司，通过网络与多家承运人保持密切的联系，有足够的能力优化组织交货。现在的沃尔沃集团不再像以前那样由于盲目生产和配送汽车，造成汽车产品库存积压，而是改由网络信息系统指导，以产定销。生产的汽车数量、型号、内饰、配件、外部颜色等全部由客户来定，并且不再通过当地的进口商，而是由沃尔沃集团直接向当地销售商供货。目前沃尔沃汽车在欧洲的销量仍然高于北美洲和亚洲。

在联合承保和提供物流等方面，沃尔沃物流公司积极发展与其他汽车生产厂商的合作，如福特公司、雷诺公司和美国麦克货车公司。但是沃尔沃物流公司本身并不拥有对外运输的自有工具，所有的对外运输车辆全部是租用的。因此，沃尔沃物流公司必须通过签订协议和合同，与远洋承运人的货运代理和其他运输公司的物流部门、运输部门保持密切的业务联系，随时通过他们提供的运输服务，把出厂的沃尔沃汽车送到每一个汽车销售点。

📖 **物流知识小课堂** --

> 为了应对需要，满足需求，所有能提供而足以转化为具体服务内涵的客体，皆可称为社会资源。社会资源可以分为有形资源和无形资源。前者包括人力（职员、顾问和义工等）、物力（设备、用品等）、财力（私人捐献、政府补助和企业赞助等）、场地空间等。后者包括技术、知识、组织、社会关系等方面的内容。实现社会资源的整合利用，可以使供应链的运行效果显著提升。

？ 思考题

1．A4D 配送应用信息系统有哪些性能？
2．物流电子信息系统是怎样提高整个物流的流程的？
3．沃尔沃物流公司的成功对我国汽车物流企业有哪些借鉴意义？

案例 12-7　比亚迪：从垂直整合到开放生态的供应链转型

主题词： 供应链转型，垂直整合模式，开放生态模式

比亚迪成立于 1995 年，始终秉承着"技术领先、品质领先、市场领先"的发展战略，致力于为消费者提供绿色、智能的出行解决方案。凭借对电池、电机、电控及芯片等核心技术的掌握，比亚迪构建了完整的产业链，并不断进行技术创新和突破，引领着新能源汽车产业的发展方向。

近年来，随着"双碳"目标的提出和国家政策的支持，新能源汽车产业蓬勃发展，比亚迪作为行业领军者，取得了引人瞩目的成绩。然而，随着市场竞争的加剧和产业链的日益复杂，新能源汽车供应链面临的挑战也日益凸显。比亚迪作为中国新能源汽车的领军企业，在产业发展过程中经历了从垂直整合到开放生态的供应链转型，为我们提供了宝贵的经验和启示。

1．垂直整合模式

比亚迪的垂直整合模式，是指公司通过纵向整合上下游企业及资源，将原材料采购、零部件制造、整车生产、销售等环节纳入自身体系，形成从"三电系统"到整车生产的一体化布局。这种模式让比亚迪在新能源汽车供应链中拥有极高的自主控制力，能够有效规避供应链风险，确保生产稳定性和安全性。比亚迪的垂直整合模式并非一蹴而就，而是经历了从早期专注电池生产，到进入汽车行业并逐步完善垂直整合体系，再到最终进行调整和开放的过程。

比亚迪的垂直整合模式在新能源汽车领域展现出显著的优势。通过内部消化大量零部件，比亚迪减少了交易费用，实现了生产过程的自给自足，从而有效降低了零部件成本。公司可以全面监控整个供应链的运营状况，协调和管理各个分公司的经营活动，制定更合理、更高效的生产策略，从而提高生产效率。比亚迪通过垂直整合构建了完善的供应链体系，能够有效应对外部环境变化，例如原材料价格上涨、供应链中断等风险。同时，比亚迪可以更好地控制产品质量，确保产品的稳定性和可靠性，提升产品竞争力。

尽管比亚迪的垂直整合模式在初期确实帮助其实现了快速发展，但随着时间的推移，这种模式的局限性也逐渐显现。垂直整合需要大量的资金投入，用于建设生产线、研发新技术等，对企业资金实力要求较高。管理多个环节的复杂性也增加了管理难度，需要企业具备强大的管理能力。此外，在垂直整合模式下，企业对市场变化的响应速度相对较慢，难以快速适应市场需求的变化。例如，当市场需求发生变化时，垂直整合企业需要调整多个环节的生

产和运营，才能满足新的市场需求，而开放供应链的企业则可以通过调整供应商来快速响应市场变化。

2. 开放生态模式的构建

面对日益激烈的市场竞争和快速变化的消费者需求，比亚迪意识到垂直整合模式需要转变。为了更好地聚焦核心业务，提升市场竞争力，比亚迪开始构建开放生态模式，逐步实现从封闭到开放的转型。

首先，比亚迪剥离了动力电池、车用照明等零部件业务，成立了弗迪系公司，如弗迪电池、弗迪视觉等。这些独立公司专注于各自领域的研发和生产，实现了专业化运营，提高了效率和质量。同时，弗迪系公司也为其他汽车制造商提供零部件，扩大了市场份额，并获得了更多合作伙伴。

比亚迪也开始开放核心技术，将 e 平台技术逐步对外开放，共享 341 个传感器和 66 项控制权。这种开放策略推动了产业链协同发展，吸引了更多合作伙伴加入，共同推动新能源汽车产业的进步。例如，比亚迪与华为合作，共同研发基于 e 平台技术的智能网联汽车，为消费者带来更加便捷、安全的出行体验。

为了更好地管理供应商，比亚迪搭建了信息化平台，包括供应商门户、供应商关系管理（SRM）系统等。这些平台提升了供应链协同效率，优化了供应商管理，确保了供应链的稳定性和可靠性。例如，供应商门户为供应商提供了便捷的信息查询和沟通渠道，SRM 系统则实现了供应商的绩效评估和风险管理。此外，比亚迪横向拓展供应链能力，积极吸纳外部优秀供应商资源，优化供应链结构，降低成本，提升效率。这种开放生态模式使得比亚迪能够更好地适应市场变化，提升市场竞争力，并最终实现可持续发展。

比亚迪从垂直整合模式转向开放生态模式，是顺应市场和企业战略发展的必然选择。这种模式不仅提升了比亚迪的竞争力，也为整个新能源汽车产业的发展做出了贡献。

📖 物流知识小课堂

垂直整合（Vertical Integration）是一种公司战略，通过拥有和控制其供应商或客户来实现对供应链的掌控。这种模式可以分为前向整合（Forward Integration）和后向整合（Backward Integration）。前向整合是指公司扩展到其产品销售阶段，例如电影发行商 Netflix 也制作内容；后向整合则是指公司进入其原材料供应阶段，如服装制造商收购其纺织品供应商。垂直整合的目标是创建一个闭环生态系统，以提高生产效率、降低成本、确保关键物资供应，并提升产品质量。

❓ 思考题

1. 在垂直整合模式下，比亚迪如何通过物流管理实现成本降低和效率提升？
2. 在开放生态模式下，比亚迪如何进行供应商管理和物流协同？
3. 从比亚迪的案例中，我们可以得到哪些关于物流管理的启示？

Chapter *13*

第13篇 快递与电子商务物流

"达维多定律"

- 提出者：英特尔公司副总裁威廉 H. 达维多（William H Davidow）。

- 大意为：一家企业要在市场中总是占据主导地位，就要做到第一个开发出新一代产品，第一个淘汰自己现有的产品。

物流讲堂

电子商务物流

电子商务物流是一整套的电子物流解决方案。电子商务作为一种新的数字化商务方式，代表未来的贸易、消费和服务方式。电子商务物流的概念是伴随电子商务技术和社会需求的发展而出现的，它是电子商务真正的经济价值实现不可或缺的重要组成部分。

1. 电子商务时代里物流的新特点

电子商务时代的来临，给全球物流带来了新的发展，使物流具备了信息化、自动化、网络化等一系列新的特点。物流信息化表现为物流信息的商品化、物流信息收集的数据库化和代码化、物流信息处理的电子化和计算机化、物流信息传递的标准化和实时化、物流信息存储的数字化等。信息技术及计算机技术在物流中的应用将会彻底改变世界物流的面貌。自动化可以扩大物流作业能力、提高劳动生产率、减少物流作业的差错。物流自动化的设施非常多，已普遍用于物流作业流程中。网络化有两层含义：一是物流配送系统的计算机通信网络；二是组织的网络化，即所谓的企业内部网（Intranet）。物流的网络化是物流信息化的必然，是电子商务下物流活动的主要特征之一。

2. 电子商务物流的模式

电子商务物流是一种基于互联网技术、旨在创造性地推动物流行业发展的新的商业模式；通过互联网，物流公司能够被更大范围内的货主客户主动找到，能够在全国乃至世界范围内拓展业务；贸易公司和工厂能够更快捷地找到性价比最适合的物流公司；可以把世界范围内最大数量的有物流需求的货主企业和提供物流服务的物流公司都吸引到一起，提供中立、诚信、自由的网上物流交易市场，帮助物流供需双方高效达成交易。

电子商务物流的主要模式有自营物流、物流联盟、第三方物流、第四方物流和物流一体化等。从资产与组织形式来看，还可分为轻公司轻资产模式、垂直一体化模式、半外包模式、云物流云仓储模式等。

3. 快递服务

快递是兼有邮递功能的"门对门"物流活动，即指快递公司通过铁路运输、公路运输、空运和航运等交通工具，对客户货物进行快速投递。在很多方面，快递要优于邮政的邮递服务。除了较快送达目的地及必须签收，现时很多快递业者均提供邮件追踪功能、送递时间的承诺及其他按客户需要提供的服务。因此，快递的收费比一般邮递高出许多。

快递业者可以不同的规模运作，小至服务特定市镇，大至区域、跨国甚至是全球服务。

案例 13-1　顺丰速运的业务体系

统计资料显示，2023 快递十大品牌［中国邮政（EMS）、京东快递、顺丰速运（SF）、中通快递（ZTO）、圆通速递（YTO）、韵达快递（Yunda）、申通快递（STO）、极兔速递、德邦快递、百世快递］中，顺丰速运是公认的中国速递行业中投递速度最快的快递公司之一。顺丰速运作为中国及亚洲最大、全球第四大综合物流服务提供商，其规模相当庞大。

1. 快递物流综合服务提供商

物流综合服务能力是行业未来的核心竞争力，服务体系越完整，整体供应链的效率越高，可持续发展能力就越强。经过多年发展，顺丰速运已初步建立为客户提供一体化综合物流解决方案的能力，不仅提供配送端的高质量物流服务，还延伸到价值链前端的产、供、销、配等环节，以客户需求为出发点，利用大数据分析和云计算技术，为客户提供仓储管理、销售预测、大数据分析、结算管理等一体化的综合物流服务。其中，顺丰速运的物流产品主要包括商务快递、电商快递、仓储配送、国际快递等多种快递服务，物流普运、重货快运等重货运输服务，以及为食品和医药领域的客户提供冷链运输服务。此外，顺丰速运还提供保价、代收货款等增值服务，以满足客户个性化需求。

2. 智能物流运营商

顺丰速运拥有通达国内外的庞大物流网络，包括航空网络、分点部网络、地面运输网络、中转场网络、客服呼叫网络、产业园网络等，拥有显著规模优势。顺丰速运重视 IT 资源投入，不断提升物流运营和内部管理的智能化水平，是一家具有"天网＋地网＋信息网"核心竞争力的智能物流公司。

在业务经营模式方面，顺丰速运采用直营的经营模式，由总部对各分支机构实施统一经营、统一管理，在开展业务的范围内统一组织揽收投递网络和集散处理、运输网络，并根据业务发展的实际需求自主调配网络资源；同时，顺丰速运大量运用信息技术保障全网执行统一规范，建立多个行业领先的业务信息系统，提升了网络整体运营质量。

3. 快递业务

作为国内快递行业中首家拥有自有全货机的公司，截至 2020 年年底，顺丰速运共有全货机 75 架（62 架自有 +13 架租赁），全货机线路条数达到 83 条。顺丰速运自有的 62 架全货机占比全行业的 190 架高达 32.6%，在行业内具备绝对优势。截至 2020 年，公司获得散航航线共计 1922 条。由此可见，顺丰速运具有在业内规模水平领先的货航资源。

同时，截至 2020 年年底，公司干线共计拥有自营及外包车辆 5.8 万辆，末端共计拥有收派车辆 10.5 万辆，公司干线和支线共计有 13 万条。

9 个独立呼叫中心，7140 个坐席，每天提供 115 万人次的话务服务；95338 交互式语音应答系统、顺丰速运官网、大客户发件系统、会员系统、App 手机客户端、微信公众号、在线客服等多渠道提供全天候的自助服务；国内首家拥有在线集中式移动终端服务系统的企业，收派人员配备了手持终端设备。此外，顺丰速运相继研发了快件全生命周期管理、大客户线上对接、资源调度和监控等多个智能系统，以保证快件安全，为客户提供更加优质的服务。

顺丰速运与旗下的商业网点、合作代理点、物业管理及智能快递柜的合作实现"最后一公里"的覆盖。目前，公司共计有 3.5 万个自营及代理网点和面客点，拥有各种用工模式下的收派员共计约 39 万人次。公司共计有 5 万家城市驿站、乡镇代理及与物业公司合作的末端网点，乡镇覆盖率达到 87.35%。公司参股的丰巢科技拥有 28 万 + 的机柜网点，平台累计注册快递员达到 410 万人次，消费者数量近 3.5 亿人次。

4. 冷运业务

顺丰速运的冷运业务板块包括"食品 + 医药"两条产品线。2012 年公司开始经营冷运业务。2014 年公司旗下的"顺丰冷运"品牌成立，2018 年 8 月公司完成收购美国夏晖 75% 的股权之后，"顺丰新夏晖"成立。由此，从 2018 年至今，公司的冷运业务板块开始由"顺丰冷运""顺丰新夏晖"协同运营，冷运板块得到了有力的强化。

顺丰冷运专注于为生鲜食品、医药、电子电器等行业客户提供专业、定制、高效的综合冷链解决方案。依托强大的空中、地面运输网络，仓储服务冷库，专业的温控技术以及先进的系统管理能力，为客户提供专业、安全、定制、高效的服务。

面向生鲜食品行业的六款服务：冷运标快、冷运到店、冷运大件到港、冷运大件标快、冷运整车、冷运仓储。优势：仓配一体，全程冷链，全程监控，时效承诺，优先配送，主动跟进，快速理赔，安全保障。

面向医药行业的四款服务：精温专递、精温定航、精温整车、医药仓储。优势：全程温控、主动干预、信息全程可视化、符合医药 GSP 标准。截至 2021 年，公司医药运输干线共计 50 条，较前有所增加，这与疫情背景下公司疫苗运送业务增加有一定的关系。

在公司的冷运业务板块中，生鲜速配业务（主体为使用食品冷藏车的高级生鲜果蔬，包括樱桃、杨梅、荔枝等）占比达到 2/3，其他食品冷运（主要为使用干冰冷媒的生鲜食品，包括牛乳、牛排等）占比达到 1/6，医药冷运占比为 1/6。

顺丰速运冷链物流服务能力日益增强。截至 2021 年，顺丰冷运拥有 35 个食品冷库，合计 20.1 万平方米，涵盖 5 个温区可供客户个性化选择；159 条食品干线、23000 多辆可调配冷藏车、200 多套定制化包装解决方案，服务 193 城市，开通 3619 条流向，覆盖 1052 个区县，绘制了一幅铺设全国的顺丰冷运网络图。

5. 仓配业务

依托自身强大的仓储和运输网络资源，顺丰速运为电子商务商家和消费者打造如"云仓即日""电商专配""退换货"等专属产品和增值服务，以快捷的运转周期、灵活的配送模式、动态化的区域库存调整，致力于满足电子商务行业多样性和个性化的物流需求，为电子商务消费者提供高品质的物流服务，与商家共同创造消费者体验及品牌感知，助力商家实现效益最大化，共创开放式电子商务物流生态圈，打造一站式电子商务物流服务。

丰厚土地储备，为仓库建设提供场地保障。截至 2020 年年底，顺丰速运已签约土地面积规模达到 8721 亩，其中，总规划建筑面积、已建成建筑面积分别达 611 万平方米、172 万平方米。共计拥有 228 个不同类型的自营仓（154 个电子商务仓库 +62 个食品冷库 +12 个医药仓库），仓库面积达到 278 万平方米。加盟仓 146 个，加盟仓仓库面积为 208 万平方米。

截至 2021 年，公司的快运中转场共计 192 个，快运网点共计 1600 个，快运场地面积共计 390 万平方米，快运自有车辆超过 1.9 万辆。

6. 国际专递服务

顺丰速运积极拓展国际业务，目前国际小包服务可覆盖全球 200 多个国家及地区，国际快递服务已覆盖美国、俄罗斯、日本、韩国、新加坡、马来西亚、澳大利亚、新西兰、加拿大、巴西以及欧盟各国等共计 80 多个国家及地区。国际服务网络仍在不断拓展。

顺丰速运推出介于国际快递和国际小包之间的欧洲专递服务，获得了业界和公众的高度关注。新上线的顺丰速运欧洲快递服务就是国际小包的一次升级，30 千克以内、周长小于 3 米和最长边小于 1.75 米的包裹都可以通过欧洲专递服务进行寄送，价格比一般的国际快递要低廉很多，而且已经实现了全程可跟踪，保障快件的准确性和时效性。

中国的跨境电子商务的产业虽在蓬勃发展，但实际上成本高，利润不大。一方面，国际快递价格高昂；另一方面，国际小包快件在大小和重量上又有着非常严格的控制。因此，顺丰速运推出的介于国际快递和国际小包之间的欧洲专递服务获得了很高的关注度。

新上线的顺丰欧洲快递服务就是国际小包的一次升级，30 千克以内，周长小于 3 米和最长边小于 1.75 米的包裹都可以通过欧洲专递服务进行寄送，价格比一般的国际快递要低很多。最重要的是顺丰已经做到了全程可跟踪，进一步保障快件的时效性。

中国跨境电子商务的发展已经开始缓慢步入成熟期，顺丰速运的欧洲专递服务迎合了这一趋势。未来必将不断地扩大规模和业务，成为国内跨境电子商务的选择。

顺丰速运国际快递业务保持持续增长，业务覆盖海外 80 多个国家及地区，累计运营国际航线 30 多条。顺丰速运国际电子商务业务覆盖全球 225 个国家及地区，通过开拓与跨境电子商务平台、电子商务独立站及其底层服务商的多方位深度合作，依托于自营国际航空资源、自有清关保障能力、海外本地化服务团队及物流网络，打造跨境电子商务物流生态圈，助力国内电子商务企业出海，同时实现自身业务稳定增长。

7. 与中铁合作的"高铁极速达"

2017 年 11 月，顺丰速运联手中铁快运共同推出高时效快递产品"高铁极速达"，采用"高铁＋快递"的全新服务模式，在京沪两地率先实现了异地陆运当日到达的突破。京沪两地消费者只需在 11:00 前选用"高铁极速达"产品发件，便可享受 10 小时收件的高时效寄递服务。"高铁极速达"的服务方式时效稳定，不受天气等因素影响，是物流拓展经济社会半径、实现"更扁平世界"的重要尝试。

作为中国铁路的主动脉之一，京沪线串联着全国超四分之一的人口和十余个超百万人口城市，占据了全国高铁运量的近 1/6。第一阶段，"高铁极速达"共投入了十余趟指定的京沪单班次列车，根据市场需求增长态势，未来还将增加班次，为京沪两地的新零售业务提供多批次、少批量的跨地即时物流服务，显著提升供给侧的输出能力。

官方数据显示，截至 2020 年 12 月，由中铁快运和顺丰速运联手打造的王牌快运产品"高铁极速达"线路已达 1437 条、1048 个车次，覆盖全国 80 个城市、93 个车站。

待条件成熟时，会逐步将京沪两地的服务延展到京沪沿线的南京、济南等地，强化沿途城市辐射力和带动力。结合京沪高铁沿线城市消费者的时效需求和费用预期，以京沪线高铁运力为基础，机动组合不同班次高铁，形成阶梯状的时效产品系列矩阵，为消费者提供多样化的寄递服务。随着京沪线上"高铁极速达"产品系列模式的不断发展、不断成熟，双方还可连线建网，横向复制这一产品系列，将其扩展到更大的地域范围，以形成跨地即时物流网络。

8. 无人机快递

顺丰速运已经在珠三角地区发力，以每天 500 架次的飞行密度，力推在山区、偏远乡村等农村市场的无人机速递业务。顺丰速运采用一套系统化的飞行调度系统，由全天候飞行器、远程调度系统、地面收发站点和第三方等组成。

顺丰速运与号称"全球商用无人机领导者"的极飞科技公司联手建设了包括落地、调度、管理在内的遥控无人机快件投递自动化系统。这套飞行调度系统由全天候飞行器、远程调度系统、地面收发站点和第三方（民航监管部门）等组成。当无人机收发站点接到任务后，快递员将装有快件的无人机放入指定位置，通过把枪扫描确认航班信息，无人机校对信息无误后自动起飞。同时，无人机停在指定位置后，另一名收件员用把枪扫描确认航班到达，无人机会自动返回。

2015 年，顺丰速运的无人机试点航线包括山区、大型湖泊水库、偏远乡村等，在珠三角地区以每天 500 架次的飞行密度收集前期的实地飞行数据，为将来整体运营、调度系统的搭建提供数据支撑。逐步建立起一张规模庞大的无人机运送网络，大幅度提升在偏远地区、农村市场的物流运输能力，缩短快件派送时间。

2017 年，顺丰速运试飞水、陆两用大型无人机，一次可载数百千克快件，大大提升了运送效率，为未来商用大型无人机的应用提供了大的市场。

2020 年，顺丰速运完成首次支线物流运输场景试运行（宁夏—内蒙古），并开启中型固定翼无人机研发。

2022 年，顺丰速运进一步扩大西北地区试运行范围，开辟新疆、内蒙古、云南等运行场景。

9. 同城业务

顺丰速运的同城业务主要由旗下品牌"顺丰同城急送"运营，其中包括"帮我送""帮我买"等服务选项。2020 年，"顺丰同城急送"内部孵化了独立餐饮配送品牌"丰食"，用以服务于企业员工团餐配送的场景。

物流知识小课堂

由邮递功能的"门对门"物流活动所衍生出的服务类公司称为快递公司。

中国快递业企业分为以下四类。

（1）外资快递企业，包括联邦快递（FedEx）、敦豪（DHL）、天地快运（TNT）、联合包裹（UPS）等，外资快递企业具有丰富的经验、雄厚的资金以及发达的全球网络。

（2）国有快递企业，包括中国邮政（EMS）、民航快递（CAE）、中铁快运（CRE）等，国有快递企业依靠其背景优势和完善的国内网络而在国内快递市场上处于领先地位。

（3）大型民营快递企业，包括顺丰速运、宅急送、申通快递、韵达快递、圆通速递、速尔快递、跨越速运（KYE）等，大型民营快递企业在局部市场上站稳脚跟后，已逐步向全国扩张。

（4）小型民营快递企业，这类企业规模小、经营灵活，但管理比较混乱，其主要经营特定区域的同城快递和省内快递业务。

思考题

1．顺丰速运推出的欧洲专递服务为什么受到普遍欢迎？
2．分析无人机在快递行业中的应用范围及约束条件。
3．你认为顺丰速运位列十大快递企业之首的主要原因是什么？

案例 13-2 中国邮政速递物流的品牌与服务

主题词： 中国邮政速递物流，EMS，品牌优势

中国邮政速递物流股份有限公司（以下简称中国邮政速递物流）是中国邮政集团于 2010 年 6 月联合各省邮政公司共同发起设立的国有股份制公司，是中国经营历史最悠久、规模最大、网络覆盖范围最广、业务品种最丰富的快递物流综合服务提供商。其经营范围是国内速递、国际速递、合同物流，国内、国际速递服务涵盖卓越、标准和经济不同时限水平与代收货款等增值服务，合同物流涵盖仓储、运输等供应链全过程，业务范围遍及 31 个省（自治区、直辖市）的所有市、县、乡（镇），通达包括港、澳、台地区在内的全球 200 多个国家和地区，营业网点超过 4.5 万个。中国邮政速递物流为社会各界客户提供方便快捷、安全可靠的"门到门"速递物流服务，致力于成为持续引领中国市场、综合服务能力最强、最具全球竞争力和国际化发展空间的大型现代快递物流企业。其拥有享誉全球的特快专递品牌 EMS 和国内知名的物流品牌 CNPL（China Post Logistics，中国邮政物流）。

截至 2020 年年底，中国邮政速递物流拥有各类营业网点 34.9 万处，邮路总长度（单程）达到 1187.4 万千米。邮政普遍服务均等化基本实现，建制村全部实现直接通邮。

1. 两大品牌

中国邮政于 1984 年成立邮政特快专递服务——EMS（Express Mail Service），由万国邮联管理下的国际邮件快递服务，在中国境内由 EMS 承担。凭借高质量的服务，为用户传递国际、国内紧急信函、文件资料、金融票据、商品货样等各类文件资料和物品。CNPL 是中邮物流有限责任公司的品牌，该公司是中国邮政速递物流的子公司，于 2003 年成立。邮政物流采取的是"一体化物流业务服务"模式，即为客户提供全程化物流服务，包括物流业务流程再造、订单管理、库存管理、信息接入、仓储、分拣、包装加工、分销、运输、配送、信息跟踪、资金收付结算等综合服务。目前，邮政物流涵盖业务包括一体化物流业务、同城（区域）配送业务、货运代理业务、分销与邮购业务。中国邮政 EMS 主要侧重于速递服务，特别是国际速递服务。CNPL 则更注重合同物流和仓储、运输等供应链全过程的服务，两者都拥有广泛的覆盖范围，能够满足客户在国内外不同地区的物流需求。

2. 典型业务

1）同城当日递

从 2016 年 1 月 1 日起，中国邮政速递上海分公司率先启动"同城当日递"业务，中午 12:00 前揽收，当天 18:00 前送达。中国邮政"同城当日递"是中国邮政速递物流提供的一

项快递服务,旨在满足同城范围内客户对快速、便捷、可靠的快递服务的需求,主要服务于同一个城市或城市辖区内,包括下属所辖各市县。通过建立同城专网,采用"收寄端完成分拣,按投递格口进行总包封发,在集散地直接进行总包"的快速运转模式,减少中转环节,实现快件不落地,确保送达时效。

2)贵品拂晓递

2015 年 9 月 25 日零点,很多省市启动了"拂晓递",当天空第一抹亮色刚刚开启的时候,投递员们已经等候在客户的门前。贵品 VIP 投递服务又掀起行业服务新篇章。当日,苹果 6S 在中国大陆的配送服务正式启动。中国邮政速递物流再次作为苹果中国大陆首发包裹物流服务商,当天以突破性的成绩圆满完成了首发投递任务。从项目初始准备到解决方案设计实施完成,历时五个多月。速递物流苹果项目团队与苹果公司进行了反复沟通,着眼于带来更多 VIP 首发客户的新体验,从专业解决方案方面做出了很多大胆的设想。除了延续2014 年的"总控"方式,还设计了扩大总仓规模、设置中转仓加以辅助的"多仓"辐射方案,实现了更多地区的次日达。

北京、上海两个总仓交接首日完成交接、分拣量超过 10 万件,严格执行单车波次复核分拣的流程,分拣现场全程有条不紊,实现了跨省零错分。仓配一体化整个服务流程设计清晰,运行效率高,完美演绎了中国邮政速递物流的资源整合张力,是中邮"云仓"服务为客户带来的又一次完美体验。

为了更好地服务客户,中国邮政速递物流在业内首创"中邮云仓"服务模式,还推出了全国总分仓一口价的"云仓匀价"和解决电子商务客户融资难的"云仓京融"等产品。通过将专业的仓配服务与大数据分析、互联网金融技术相结合,为客户降低物流成本、提升用户体验的同时,还提供数据分析、金融支持等综合解决方案,满足客户的多维度需求。

3. 优势体现

中国邮政速递物流的优势主要体现在以下几个方面。

(1)完善的业务网络。得益于国家和政府的财政支持,凭借自身的发展积淀,中国邮政速递物流形成了较为广泛的物流网络,具有了扎实的基础和平台,发展模式相对成熟。不仅在服务的地域范围上逐渐扩展,在服务群体的范围上也有所扩大,并且给予特殊人群一些优惠政策,例如,按照国家规定办理的机要通信,以及义务兵平常信函、盲人读物、革命烈士遗物的免费寄递等特殊服务。在几十年的发展进程中,服务范围逐渐扩大,全国营业网点数持续增多。

(2)"三流合一"的服务体系。中国邮政速递物流同时具备实物流、资金流和信息流。中国邮政速递物流作为我国首个物流类企业,具有物流、资金流和信息流"三流合一"的服务体系,覆盖全国大部分省市和地市,拥有其他物流企业无法匹敌的实物运输网络,以及能够提供实时数据、语音和图像信息传递的专用信息网,能够及时传递与物流相关的信息,促进了其国际、国内各种快递等物流业务的发展。

(3)品牌效应与辨识度。多年的经营使得中国邮政速递物流具有较高的品牌效应和公众熟知度。人们普遍认可 EMS 的安全性和时效性,重要文件的递送通常采用这一方式来进行。

4．劣势分析

近年来，随着竞争对象的不断增多，中国邮政速递物流的优势逐渐削弱，其劣势主要反映在以下三个方面。

（1）价格水平较高，资费政策不灵活。目前，中国邮政速递物流与民营快递公司相比收费较高，并且存在收费制度过于单一、调控机制不灵活等问题，这就削弱了中国邮政速递物流的竞争力。随着众多快递公司进入市场，快递行业的价格竞争将会更加激烈。

（2）营销观念落后，管理体制不合理。中国邮政速递物流缺乏市场观念、市场细分过于简单，难以满足公众多样化的需求。面对充满机遇与挑战的市场，中国邮政速递物流缺乏灵活性，反应较慢，未能进一步发掘自身优势，巩固与客户群体的关系。

（3）垄断优势导致的低效。企业内部人员会因长期"国企老大"的作风出现效率低下、人浮于事等问题。个别管理不善的邮政服务点可能由于较差的服务影响各项业务的开展，从而影响整个中国邮政速递物流企业的经营。

由于以上原因，中国邮政速递物流的部分业务市场份额在逐渐减少，包裹业务的发展速度明显减缓。要改变这一现象，中国邮政速递物流应该增强自身的服务意识与服务质量，并形成特色服务。

物流知识小课堂

EMS（即Express Mail Service），邮政特快专递服务。它是由万国邮联管理下的国际邮件快递服务，是中国邮政提供的一种快递服务。该业务在海关、航空等部门均享有优先处理权，它以高质量为用户传递国际、国内紧急信函、金融票据、商品货样等各类文件资料和物品。

思考题

1．解释"三流合一"服务体系的具体内容。
2．中国邮政速递物流所面临的机会与挑战有哪些？
3．在失去行业垄断优势的今天，中国邮政速递物流应当如何发展？

案例13-3　联邦国际快递的运营特色

主题词： FedEx，整体解决方案，个性化服务

总部设于美国田纳西州，成立于1971年的联邦国际快递（Federal Express，FedEx）（简称联邦快递）是一家国际性速递集团，提供隔夜快递、地面快递、重型货物运送、文件复印及物流服务。在联合包裹服务公司（UPS）和美国运通公司等同行巨头的前后夹击下迅速成长壮大起来的联邦快递是全球最具规模的快递运输公司，为全球超过235个国家及地区提供快捷、可靠的快递服务，设有环球航空及陆运网络，通常只需1～2个工作日就能迅速运送时限紧迫的货件，确保准时送达。

1. 整体解决方案

作为一家全球快运业巨擘，联邦快递是在小件包裹速递、普通递送、非整车运输、集成化调运管理系统等领域占据大量市场份额的行业领袖，并跃入世界 500 强。在 2012 年 6 月 12 日上海举行的第 26 届"亚洲货运与供应链大奖"颁奖典礼上，联邦快递获得"最佳全货运航空公司"殊荣，该奖项共设 39 个奖项类别，全面涵盖物流业的各个范畴。每个奖项的入围名单均由 Cargonews Asia 杂志的读者通过投票提名及选出。投票的读者均为亚太地区主要的业界领袖。最终获奖者由独立审计公司确认。2021 年，在世界 500 强的排名中，联邦快递由 2016 年的第 148 名提升到第 135 名，呈逐年上升状态。

2023 年 8 月，联邦快递以 93512（百万美元）营业收入入选 2023 年世界 500 强排行榜，排名第 114 位。

FedEx 主推"服务、技术、与客户协同拓展市场"的营业理念，成为在当今快速、竞争、经济全球化市场上，率先向客户提供其需要的"综合性物资调运解决方案"的企业。FedEx 将其卖点建立在智能化服务体系上，深度介入客户的物资调运业务中，提供能与之协同运作的"整体解决方案"，让客户与股东都能获得更大的收益，在强大的对手面前领先一步，并不断地发展壮大。从 FedEx 的网站设计中便可看出，公司注重与客户，尤其是企业客户间的亲和力上，这对发挥其智能化运输控制系统作用是至关重要的，网站力推"整体大于部分之和"的营销理念，设计并提供综合型物资调运解决方案，谋求与客户的协同运作，共谋最佳效益。

2. 个性化特色服务

联邦快递为不同的客户提供个性化的特色服务。一个令客户感到温暖的服务案例是在母亲节这一天中为成千上万的家庭送去充满人情的"FedEx 之盒"。这是全美餐馆最为繁忙的一天，也是无数家庭表达亲情与爱的重要日子，但许多家庭却因临时找不到餐馆空位无法完成聚餐心愿。FedEx 与全美最大的一家餐饮调查公司联手，运用其智能系统，根据各餐馆订座、距离、家庭人数等情况编排出应去哪家餐馆使用哪个餐位的计划，连同公司的祝贺词一道灌录在一个绿色小盒中，递送到千家万户，真正体现了"礼轻情意重"的服务要旨。越来越多的美国人已经把"交给联邦快递"等同于遵守诺言，这与企业一直的努力是分不开的。正如 FedEx 电子贸易营销经理布朗所说："无论客户是通过电话、亲自上门、还是通过国际互联网，我们的目标都是要保持百分之百的客户满意。"

3. 无纸化通关

响应中国海关总署关于 2014 年全面实行无纸化清关的统一部署，2013 年 4 月，联邦快递北京地区进出口服务率先对于资信情况良好的（A/AA/B 类）经营企业正式报关货件试行无纸化通关。2024 年 7 月，联邦快递通知报关件统一实行无纸化申报，要求每票报关抬头需要和海关签约无纸化。

无纸化通关为客户带来的益处包括：客户可以直接提供 PDF 格式的电子图像，快速传输至报关单位；不必再打印纸质随附单证，减少纸张使用量，推动低碳环保；可凭海关电子放行信息或打印的《通关无纸化查验／放行通知书》，提取／发运货物，海关不再加盖放行章，节省来往海关业务现场和监管场所的人力与时间成本；减少多个作业环节。进一步压缩低风险货物的通关环节和贸易成本，提高通关效率。AA 类企业可以委托报关单位代为保存清关单据，节省上传图像至海关的步骤，达到最快速的通关模式，将现场海关放行时间从

8 小时降低为 0.5 小时。同时，使用无纸化通关可以尽快提升企业的海关资质至 AA 类，以享受更多的通关优惠。

4．SWOT 分析

联邦快递的优势、劣势、机会和威胁体现在以下几个方面。

（1）优势（S）：A．产品创新能力强，产品类型多元化；B．良好的财务结构；C．强大的技术应用系统；D．独特的企业文化；E．科学的员工管理。

（2）劣势（W）：F．较高的定价；G．运营成本高。

（3）机会（O）：1．人民生活水平的提高；2．电子商务的发展；3．需求市场潜力巨大；4．对个性化服务的关注增强；5．品牌知名度高。

（4）威胁（T）：6．邮政法规的限制；7．网络发展速度快带来的挑战；8．本地人才供应问题；9．本地航空公司进入市场带来的竞争。

在此基础上，提出了不同的战略组合方案。

（1）SO 战略。

①A+1、2：用优质服务满足人们对高质量生活的追求，量身定制个性化服务。

②C+2：加大技术创新和研发力度，建立适应市场需求的信息技术体系。

③D+5：建设先进而独特的企业文化，打造优秀服务团队，提高品牌知名度。

④E+5：实施科学的员工管理，制定丰厚的员工福利政策，树立良好的业界形象。

（2）WO 战略。

①F+1、2、3：充分考虑新的快递需求，制定经济合理的定价，争取更多的市场份额。

②F+4：在技术支持下提供个性化服务，取得规模经济效益，获得更大的定价调整空间。

（3）ST 战略。

①C+7：将先进技术融入网络中，加快网络的覆盖速度。

②D+8：加强优秀专业技术人才的培养，以满足业务扩张计划的需求。

（4）WT 战略。

①F+8：加快人才培训，树立良好的品牌形象，提高知名度，扩大市场空间。

②G+7：制定经济型服务标准，适当调整价格，在国内市场上赢得更多客户，平衡成本支出。

5．社会责任与公益行动

联邦快递作为一个知名品牌，不仅在业务质量和终端服务的高水准方面获得世界各国客户的认可，还因热衷公益受到各方的好评。

"联邦快递物流携手中国听力发展基金会在银川顺利开展贫困听障儿童救助行动""联邦快递携手全球儿童安全组织在重庆启动'儿童安全步行'主题教育干预项目""奥比斯和联邦快递在广东省启动综合眼科项目"，新闻不断报道着联邦快递的公益行动，将善举坚持几十年，联邦快递不间断地履行自己的社会责任。

2016 年作为联邦快递全球年度志愿者项目"联邦快递关爱行动"的一部分，联邦快递中国区员工通过组织和参与一系列公益活动，为所在社区提供志愿服务。超过 270 名联邦快递中国区的员工志愿者在全国 10 个城市开展了 19 个公益项目，提供了 1000 多个小时的义务服务，传递出"联邦快递关爱行动"的正能量。与往年不同，联邦快递中国区把"关爱行动"的时间从往年的一周延长到一个月。自 2020 年以来，通过中国大陆的"AnQ 唤醒云课堂"的 430 堂课，让超过 3 万名 3～9 岁的儿童，以及他们的家人和照顾者受益。通过在全球社区多年的努力，在这半个世纪的里程碑到来前，联邦快递已经超越了帮助 5000 万人的目标。联邦快递中国区总裁陈嘉良表示："志愿者精神是联邦快递的核心价值观之一。联邦快递在中国能持续健康发展，一个重要的因素就是我们的员工能够实践企业的价值观，为所服务和生活的社区带来积极的改变。"在一个月的时间里，员工们自发联系当地社区或公益机构，开展了包括培养青少年沟通能力、向儿童智能训练中心捐赠计算机并提供电教设备调试和网络维护、探访弱势家庭、敬老行善、关注留守儿童等活动。

物流知识小课堂

企业社会责任（Corporate Social Responsibility，CSR）是指企业在创造利润、对股东承担法律责任的同时，还要承担对员工、消费者、社区和环境的责任，企业的社会责任要求企业必须超越把利润作为唯一目标的传统理念，强调要在生产过程中对人的价值的关注，强调对环境、消费者、社会的贡献。

现阶段构建和谐社会的一个重要任务是要大力发展社会事业，教育、医疗卫生、社会保障等事业的发展直接关系人民的最直接利益，也直接决定社会的安定与和谐。

思考题

1．简述个性化特色服务的内涵与重要性。
2．何谓企业的整体解决方案？
3．绘制联邦快递的 SWOT 矩阵。

案例 13-4　叮咚买菜：前置仓模式下的高效生鲜电商物流

主题词：前置仓模式，冷链物流，供应链优化

叮咚买菜是中国领先的生鲜电商平台，成立于 2014 年，总部位于上海。作为新兴的线上生鲜配送平台，叮咚买菜提供"0 元起送，最快 29 分钟送达"的便捷服务，通过大数据分析和智能物流系统，实现精准配送并保证生鲜产品新鲜度，为消费者打造"新鲜生活，触手可及"的购物体验。平台致力于通过科技创新和数据分析优化供应链管理，确保消费者能够以新鲜、便捷的方式获取各种生鲜产品。

1．前置仓模式，实现快速配送

叮咚买菜凭借其创新的"前置仓模式"在生鲜电商领域中脱颖而出，成功地为消费者提供了便捷而高效的购物体验。这种模式的核心优势在于其靠近消费者的位置，使得配送时间

大幅度缩短。前置仓通常设置在社区周边，这种地理优势不仅确保了更快速地送达，还满足了消费者对新鲜食品的即时需求。叮咚买菜在全国多个城市设立前置仓，广泛的覆盖范围使其能够服务于更多的消费者。前置仓模式还显著降低了运营成本。由于前置仓规模较小且不对外开放，对其地理位置的要求较低，这使得它们可以选择租金更为便宜的区域，从而降低了仓储成本。与传统生鲜电商模式相比，前置仓模式不需要额外的实体门店，这进一步节省了门店租金和人员工资等运营开销。同时，前置仓模式的配送距离较短，能够有效降低生鲜产品的损耗率，从而进一步减少运营成本。

在效率方面，前置仓模式通过智能化的订单处理和库存管理，大幅度提高了运营效率。叮咚买菜利用大数据分析用户地址与前置仓的位置，自动将订单分配给离用户最近的前置仓进行配送，这种方法显著提高了订单处理速度和配送效率。通过精准的库存管理，叮咚买菜能够基于用户消费行为预测需求，减少滞销损失，并利用大数据和人工智能优化配送路径，进一步缩短配送时间。

在消费者体验方面，前置仓模式确保了生鲜产品的新鲜度，因为配送时间的缩短使得食品在到达消费者手中时依然保持最佳状态。叮咚买菜还提供了多种配送方式，包括定时配送和预约配送，方便消费者根据个人需求选择。前置仓内存储了多种生鲜产品，满足了消费者对品类的多样化需求。

2. 冷链物流技术，保障生鲜品质

叮咚买菜在生鲜电商行业中脱颖而出的关键在于其先进的冷链物流技术，这一技术确保了生鲜产品的新鲜度，满足了消费者的高标准需求。

公司通过"城批采购 + 品牌商直供"的模式与优质供应商紧密合作，从源头把控产品品质。同时，叮咚买菜建立了严格的溯源体系，对每批产品进行详细检验，以确保其符合食品安全标准。在冷链保鲜方面，叮咚买菜配备了专业设备，如冷藏车、冷库和冷藏柜，确保产品始终保持在适宜的温度范围内。对于水产类产品，如活鱼和虾，叮咚买菜使用特制的"氧气箱"进行配送，保持其鲜活状态。为了杜绝安全隐患，公司还建立了全面的冷链物流信息系统，对运输过程中的温度进行实时监控，并在出现异常时发出警报。通过前置仓模式，叮咚买菜将生鲜产品存储在离消费者更近的地点，显著缩短了配送时间。结合大数据技术优化配送路径，叮咚买菜能够在最短时间内将产品送达消费者手中。

叮咚买菜的冷链物流技术不仅保障了生鲜产品的极致新鲜，也关乎消费者的健康，通过其先进设备、完善体系和精细管理，确保消费者随时随地享受到新鲜、安全的优质生鲜产品。

3. 供应链优化，降低成本，提升效益

叮咚买菜通过一系列精准的供应链优化策略，在生鲜电商行业中显著降低了成本并提升了效益。公司实施了"城市批量采购、品牌供应商直接供应"的模式。这一模式简化了采购流程，减少了中间环节，使叮咚买菜能够直接与品牌供应商合作，从而获得了稳定可靠的产品来源，并显著降低了采购成本。大规模的集中采购不仅增强了叮咚买菜在与供应商谈判时的议价能力，还确保了产品的质量和稳定性。

叮咚买菜通过建立直采合作关系，显著优化了供应链管理，减少了中间环节和采购成本，并为农户提供了稳定的销售渠道。这一直采模式不仅有效帮助农户增加收入，还推动了乡村振兴，体现了叮咚买菜的社会责任感。通过这种"造血式"的扶贫模式，叮咚买菜使农户能

够根据市场行情及时调整生产计划，规避市场风险，减少经济损失，同时降低销售成本，提升经济效益。进一步地，叮咚买菜通过建设"叮咚农业生态圈"推动了农产品产业链的聚集，促进了农业技术的市场化、智能化和数字化升级。这一生态圈的建设不仅重新分配了产品价值，还在电商扶贫战略的实施中取得了显著成效。通过"农户—企业—消费者"的供应链模式，叮咚买菜利用强大的智能物流和配送系统，实现了供应链各环节的利益共享，进一步提升了供应链的整体绩效。

在供应链管理的数字化方面，叮咚买菜通过先进的大数据分析技术和智能化系统优化了供应链运营。这些技术使得叮咚买菜能够精准预测用户需求，优化配送路线，减少物流成本，并提高运营效率。智能化的供应链管理系统提升了整个供应链的灵活性和高效性，进一步降低了企业成本，提升了企业效益。公司还运用了"前置仓＋中心仓"的模式，这一创新模式不仅填补了生鲜电商行业的空白，还有效提升了配送效率，增强了对社区的渗透能力，从而赢得了用户的广泛支持。

叮咚买菜凭借其创新的"前置仓模式"和先进的冷链物流技术，在生鲜电商领域中取得了显著的成功。通过优化供应链管理，降低运营成本，并提升消费者体验，叮咚买菜为消费者提供了便捷、高效、新鲜的生鲜购物体验。其模式不仅推动了生鲜电商行业的发展，也为乡村振兴和农业现代化做出了积极贡献。叮咚买菜将继续探索科技创新，不断提升供应链效率，为消费者创造更多价值，引领生鲜电商行业迈向更加美好的未来。

物流知识小课堂

前置仓模式是一种仓配模式，通过在社区或商业区附近设立小型仓库，将商品提前储存于这些地点，以实现快速交付和满足市场需求。这种模式使得消费者下单后，商品可以从最近的仓库发货，从而缩短配送距离，提高配送速度，一般可以在 1～2 小时内完成配送。前置仓模式特别适用于生鲜电商和快消品领域，能够有效应对"最后一公里"的配送挑战，提升消费者的购物体验。

思考题

1. 叮咚买菜的冷链物流技术主要包括哪些方面？
2. 叮咚买菜如何利用数字化技术优化供应链管理，提升运营效率？
3. 叮咚买菜的"前置仓＋中心仓"模式对生鲜电商行业有哪些启示？

案例 13-5　SHEIN：高效物流驱动跨境电商快时尚

主题词：精准物流，海外仓，供应链管理

SHEIN 成立于 2008 年，总部位于中国上海，是一家领先的全球在线时尚零售商。自

2008 年成立以来，SHEIN 以其"小单快反"的柔性供应链模式，实现了快速捕捉时尚趋势、快速设计、快速生产、快速交付，成为全球最大的跨境电商快时尚品牌之一。SHEIN 在全球 200 多个国家和地区运营，提供种类丰富的服装和配饰，不仅在国际市场上取得了显著成功，还在可持续发展和社会责任方面有所进展。

1. 精准的物流路线优化

SHEIN 深知物流在跨境电商中的核心作用，因此公司运用先进的大数据算法精确分析不同国家和地区的物流基础设施、运输成本和时效，优化物流路线以提升效率。具体而言，SHEIN 在物流规划上采取了多项策略。

首先，根据各市场的特点，SHEIN 选择最合适的物流公司和配送方式。例如，在美国，SHEIN 会依据各州的具体情况选择适当的物流服务商，确保商品能在 14 天内送达，从而满足消费者对时效的差异化需求。其次，通过大数据算法的应用，SHEIN 实时分析运输距离、成本和时效等数据，规划出最短和最经济的物流路线，显著提高了物流效率并降低了运输成本。最后，SHEIN 还在主要销售市场上建立了专门的海外仓，这些中转仓负责货物的处理和退货，优化了发货和退货的流程，缩短了运输时间。

总体来看，SHEIN 的精准物流路线规划不仅提升了消费者的购物体验，还为公司的全球扩展和市场竞争力提供了强有力的支持。

2. 灵活的配送方式选择

为了满足全球各地消费者的需求并应对多样的物流环境挑战，SHEIN 采取了灵活的配送方式选择策略。

SHEIN 提供多种配送方式，包括标准配送和快递配送，让消费者根据个人需求选择合适的配送方式。这种灵活选择不仅满足了不同消费者对配送时效的期望，也为公司节省了物流成本。在美国市场上，SHEIN 与本土第三方物流公司合作，利用其成熟的物流网络和高效的配送能力，确保美国消费者能够享受到快捷便利的配送服务。

与此同时，在其他市场，SHEIN 根据当地实际情况选择适宜的物流合作伙伴，例如在巴西，由于较高的关税，SHEIN 选择了更具经济效益的配送方式，以降低物流成本。通过大数据算法，SHEIN 持续优化物流路线和配送方案，提升配送效率，确保商品能够迅速而高效地送达消费者手中。这种灵活的配送方式选择使 SHEIN 能够有效应对不同地区的物流环境挑战，为消费者提供优质的购物体验，同时降低了运营成本。

3. 高效的海外仓运营

SHEIN 的海外仓运营模式极大地革新了快时尚行业的物流方式。首先，通过在全球主要市场上设立本地仓库，SHEIN 将商品提前运送到这些仓库，从而缩短了配送时间。传统跨境电商需要经过复杂且耗时的国际运输，而 SHEIN 的模式使得商品能够直接从本地仓库发出，配送时间缩短到几天，甚至更短时间。这种效率的提升不仅极大地满足了消费者的即时需求，也优化了公司的供应链。

在成本方面，SHEIN 的策略显著降低了物流费用。通过在目标市场上设立本地仓库，SHEIN 减少了跨境运输、通关和税费等多种成本。集中采购和运营使公司能够实现规模效应，进一步降低单位仓储和配送成本。这些节省的费用部分转化为消费者的价格优惠，从而提升了市场竞争力。

　　SHEIN 的海外仓运营也显著提升了消费者满意度。快速的本地化配送让消费者能更快地收到商品，提升了购物体验。本地仓储不仅提高了配送准确性，也改善了服务质量，增强了消费者对品牌的忠诚度，并促进了重复购买率。为了应对市场变化，SHEIN 在各大市场设立的海外仓使其能够更灵活地调整库存和配送策略，以适应季节性需求波动和突发事件。这种灵活性有助于公司更好地管理供应链，保持运营稳定性。公司还通过大数据和人工智能技术进行精准的市场需求预测，优化库存管理，确保每个海外仓的库存水平能够满足本地市场的需求。这种精准预测避免了库存不足或过剩的问题，提升了运营效率。

　　在仓储管理方面，SHEIN 建立了高效的管理系统，实现了从库存管理到订单处理的全流程自动化。系统的高自动化程度提高了操作的准确性和效率，并包括先进的物流技术，如自动化拣货系统和高效的包装流程。此外，SHEIN 与当地物流公司合作，提供本地化配送服务，以确保配送服务质量。这种合作不仅提升了配送效率，还帮助公司适应不同市场的配送需求和规范。

　　通过精准的物流路线优化、灵活的配送方式选择和高效的海外仓运营，SHEIN 实现了快速响应市场变化、提升消费者体验和降低运营成本，从而在竞争激烈的快时尚市场中脱颖而出。其模式不仅为其他跨境电商提供了宝贵的经验，也为传统零售业带来了启示。

物流知识小课堂

　　精准物流是一种在传统物流基础上，通过精确控制货物从下单到运输的每一个环节，确保货物安全、准时到达的技术和管理方法。它利用标准化作业流程和实时监控技术，提高物流效率和服务质量。此外，智能算法和大数据技术的应用也使得精准物流能够动态调度资源，优化运输路线，降低物流成本，提升整体协同能力。

思考题

1. SHEIN 如何利用大数据优化物流路线？
2. 海外仓对 SHEIN 的物流效率有哪些影响？
3. SHEIN 的成功经验对其他跨境电商的供应链管理有哪些借鉴意义？

案例 13-6　抖音带货

主题词：兴趣电商，直播带货，物流服务

　　抖音是一家什么公司？它是短视频平台，也是充分挖掘"人性"的一家互联网科技平台公司。当前阶段，"带货"正逐步成为其主要变现模式。抖音电商的定位很明确，那就是"兴趣电商"，但抖音电商不仅仅是电商这么简单的事情。

　　如今，短视频、直播带货已成为新的风口，众多明星、达人在抖音平台上直播带货的亮

眼成绩，让抖音愈发重视电商物流行业广阔的市场前景。2020 年 6 月，字节跳动宣布成立电商一级业务部门，以抖音为起点正式进军电商物流领域。

据悉，2023 年，抖音的用户数量已经超过了 9.8 亿人，日活跃用户超过 7 亿人。用户日均使用时长超过 120 分钟，月人均使用时长超过 28.5 小时，与 2022 年同期相比增长72.7%。抖音电商 2024 年第一季度销售额超过 7000 亿元，同比增长超过 50%。正成长为电商市场上一股不可小觑的力量。然而，作为电商新人的抖音仍缺乏成熟的电商体系和物流供应链，目前仅为其他电商导流，尚未触及商品销售与配送环节的红利。

1. "兴趣电商"的定义

传统电商模式是"消费者主动搜索需求商品并下单"，而兴趣电商则是"通过社交互动主动向消费者推荐商品"。二者存在本质差异：传统电商消费者主动性强，兴趣电商兼具主动与被动属性。

抖音凭借优质内容生态、创作者资源、多元化消费者及成熟的兴趣推荐技术，具备发展兴趣电商的显著优势。其核心在于"主动发掘消费者的潜在需求"。

兴趣电商其实有点像逛街。早期大众消费时代，大家是需要什么买什么；后来大家的生活富裕了，出现了很多 Shopping Mall（大型购物中心）、精品店，大家去逛街，也没有什么特别明确的需求，就是看到什么喜欢就买。

更关键的是，兴趣电商能"通过短视频推荐培养消费者兴趣"，这将成为抖音抢占消费者的重要策略。

2. 直播带货

当前的直播带货主要有三种方式，分别是个人直播与厂家合作、厂家直播售货、MCN（多频道网络）专业性直播带货团队。

（1）个人直播与厂家合作：主播凭借热度推荐厂家商品，实现流量变现。

（2）厂家直播售货：厂家通过直播绕过中间商（商城、代理商等），以代理价直销消费者。其特征是"价格低廉且利润可控"，参与者多为小众优质品牌或拥有自主品牌的代工厂（后者数量较少）。

（3）MCN（多频道网络）专业性直播带货团队：本质仍是中间商模式。其特点包括：通过营销占据头部流量；拥有庞大粉丝群；配备专业供应商团队。需注意的是，此类团队数量有限，多数仍以聚拢人气吸引厂商为主。目前深入理解供应链本质的代表人物，如罗永浩仍属少数。盈利模式为团队低价采购，加价销售。

3. 物流模式

在电商物流上，抖音的主要做法就是和快递企业合作，接入外部物流。2022 年，抖音推出了"音需达"服务，京东物流成为首批接入抖音电商"音需达"的企业，顺丰速运、圆通速递、韵达快递、中通快递等多家快递物流企业也纷纷加入。对抖音来说，与第三方快递企业合作，成为抖音迅速抢占市场高地，冲击电商 GMV（商品交易总额）业绩的有效抓手。

不仅是电商业务，抖音还在即时零售、本地生活上进一步提升物流配送能力。近期，抖音电商旗下的"小时达"服务获得独立的入口，而包括"小时达"在内的抖音即时零售已经被视为抖音电商的核心项目。在本地生活中，抖音推出了"团购配送"服务，由达达快送、闪送、顺丰同城等第三方即时配送平台为餐饮商家提供配送服务。

自 2024 年 10 月 8 日起，平台将根据商家的经营情况、商品特性等，分批次对符合规则的商家商品自动开通"偏远区域物流服务"。被开通服务的商品将包邮售卖至新疆，平台提供运费补贴及部分体验分豁免等权益。抖音电商的偏远地区物流服务，也就是商家发货到中转仓，在中转中心汇聚的单量形成规模，然后再集中转运到偏远地区，这样可以帮助商家大幅度降低发往偏远地区的快递成本。

值得注意的是，商家发货到中转仓的第一段运费由商家与当前合作快递网点结算，而从中转仓集中转运包裹到偏远地区消费者手中的第二段运费，由商家和中转快递公司结算。在运费方面，商家订购该项服务后，发往偏远地区的订单首重 6 元 / 千克，续重 1.5 元 / 千克，还有操作费 0.2 元 / 单。相较于商家直邮模式，中转模式可以降低 40% 以上的快递成本。

在直播电商的物流模式构建方面，必须要遵循或者是拥有"打破一切藩篱，广泛连接资源"的格局和决心，充分利用现有的所有非被控的物流资源和模式，大力推进物流行业社会碎片化资源的重构，尤其是社会化的仓配代运营公司的整合。

4. 抖音的物流控制

电商行业已经走过了突飞猛进的阶段，面临着用户增长见顶的压力，电商巨头间的竞争也越来越激烈。在这样的趋势下，各大电商平台需要做好用户体验，维持存量用户。

物流环节则是电商企业们做好履约服务的主要阵地，因此这些玩家们还在继续加快完善物流和供应链能力，更好地提高消费者体验。

只有物流指数的构建是远远不够的，尤其是当前的物流指数体系是基于传统的或者是当前的其他电商平台的一些指数的攫取，而并不是基于自己的物流体系而建立的。

所以，首先是必须要把物流指数的构建上升到物流控制塔，乃至于供应链控制塔的高度；同时，更为主要的是必须，也是当务之急的是要建立全套的运营模式和体系。资源整合不仅仅是信息流的整合，更主要的是必须要进入运营环节，通过运营环节的整合才能出现物流模式的构建。

针对物流体系的构建，尤其是直播电商物流体系的构建，必须要与直播电商本身的结构相适应。到底是先有商品还是先有消费者这件事情，对于抖音是不存在讨论的。所以需要划分的是主播的层级以及行业条线，对于主播而言，身份和属性是必须要明确的，从而能够提供更好的物流配套服务；对于行业细分来说，涉及具体的不同的行业特性，应该说在最普世服务的基础上要体现行业特点。

以第一大类别服饰为例：品牌、工厂、MCN 或中间商（代理人）、销售商、门店、个人作为不同的主体，提供的物流服务是千差万别的，这就必须要分析抖音到底是要把自己引到何方。

从供应链的角度而言，抖音电商当前最大的问题应该是"期货与现货"如何解决。无论是谁，无论是任何理由，期货总是让人苦恼或者是头疼的一件事情，因此如何根据不同的主播主题进行供应链的有效整合和集中，是当前的重要事项。

抖音是以内容为王，实现了去集中化的趋势，但是直播电商的流量以及带货的压力使得流量必然会向上聚集，因此集中化与分布式如何进行协调，这是一个整体的战略问题，必须要明确。只有在这个问题明确之后，才能有与之匹配的物流节点布局。

物流知识小课堂

　　直播带货是电商领域的一种创新销售方式，通过实时直播的形式向消费者展示产品，并在直播过程中进行销售和推广。它借助于直播平台的互动性和实时性，可以有效吸引用户的关注和购买欲望。随着移动互联网的普及和社交媒体的发展，直播带货在中国的电商市场上迅速崛起，成为一种新兴的销售方式。

　　直播带货的关键技巧：强调受众为中心，不仅仅是简单地展示产品，还要通过各种方式吸引观众的兴趣，可以进行产品演示、互动游戏、嘉宾访谈等，增加观众的参与感；以利他性为出发点，塑造产品价值，在直播之前，准备好产品的详细资料，包括产品特点、优势、价格等信息，以便在直播中能够清楚地介绍给观众；直播后的数据分析，了解观众的反馈和购买情况，根据数据结果调整和改进直播带货策略，提高销售效果。

思考题

　　1．抖音如何通过"兴趣电商"模式有效激发用户购买欲望？

　　2．抖音带货在物流配送方面面临哪些挑战？如何克服？

　　3．抖音带货如何平衡商业利益与用户体验，实现可持续发展？

Chapter 14

第14篇　零售物流

"250定律"

- 提出者：美国著名推销员乔·吉拉德。
- 大意是：每一位顾客身后，大体有250名亲朋好友。如果你赢得了一位顾客的好感，就意味着赢得了250个人的好感；反之，如果你得罪了一名顾客，也就意味着得罪了250名顾客。这一定律有力地论证了"顾客就是上帝"的真谛。零售业尤其如此，必须善待每一个人。点亮一盏灯，照亮一大片。

物流讲堂

零售物流

1. 零售与零售业

零售是商品经营者或生产者把商品卖给个人消费者或社会团体消费者的交易活动。它主要指有形（物质）产品的销售，同时也是一种包含服务的销售。零售活动不一定非要在零售店铺中进行，也可以利用一些使消费者便利的设施及方式，如上门推销、邮购、自动售货机、网络销售等。

零售业是指以向最终消费者（包括个人和社会集团）提供所需商品及其附带服务为主的行业。它是一个国家最古老的行业之一，也是一个国家最重要的行业之一，反映一个国家和地区的经济运行状况，是一个国家和地区的主要就业渠道。现代零售业是高投资与高科技相结合的产业。

零售业经历了多次重大变革：第一次变革是百货商店的诞生；第二次变革是超级市场的诞生；第三次变革是连锁商店的兴起；第四次变革是信息技术孵化零售业。

新零售，即企业以互联网为依托，通过运用大数据、人工智能等先进技术手段，对商品的生产、流通与销售过程进行升级改造，进而重塑业态结构与生态圈，并对线上服务、线下体验以及现代物流进行深度融合的零售新模式。

2. 零售业物流

零售业的物流活动与零售业相伴而生，承担着商品从生产者或批发者到消费者的转移功能，消除生产地或批发地与消费地的空间间隔，弥补商品生产和消费的时间差，并包含部分商品的简单加工。

现代零售业物流是零售商在其购、存、销业务活动中，商品从供应商经零售商向消费者移动的物理过程，包括商品输送、搬运、保管、包装、配置和陈列、简单加工以及相关的信息流动等功能要素，创造商品的时间价值、空间价值及商品的部分形质改变效果。

零售业物流（亦称零售物流）的特点有以下几项。

（1）与市场对接，直接为消费者服务。

（2）商品种类繁多，其中食品、生鲜品又占据相当比重。

（3）信息技术占据主导地位。

（4）逆向物流。逆向物流是指从消费者经零售商指向供应商的实物运动及其相关信息的流动。

案例 14-1　胖东来"超市天花板"是如何练成的

主题词： 零售物流，供应链管理，服务优化，质量管理

胖东来创建于 1995 年 3 月，总部位于河南省许昌市，是河南商界知名度和美誉度兼具的零售巨头。胖东来旗下涵盖专业百货、电器、超市，截至 2025 年，在许昌市、新乡市等城市拥有 30 多家连锁店、7000 多名员工。胖东来作为中国零售业的一颗璀璨明珠，以其独特的经营理念和卓越的服务质量赢得了顾客的喜爱，被誉为"超市天花板"。

1. 胖东来的流量密码："服务 + 品质 + 关怀"

胖东来以"自由·爱"作为企业文化，以"营造快乐购物家园，提升大众生活品质"作为企业使命，以"真心待顾客、诚心对员工、爱心献社会、信心求发展"作为企业愿景。《商业参考》观察员曾评价：胖东来是一种"乡绅式商超"，在拓展自己商业版图的同时，是怀着乡绅意识在关照自己的社区。

1）服务至上，时刻替顾客多想一步

胖东来始终把顾客需求想在前面，为顾客提供优质的购物体验，不断巩固和提高顾客对胖东来的满意度与忠诚度。

（1）优化商品陈列。胖东来在货架陈列方面具有独特创意，旨在为顾客营造更加舒适、愉悦的购物体验。货架高度不高于 1.6 米，通道宽度为 3 ～ 4 米，减少商品堆码，优化超市动线，提高顾客逛超市的体验感。同品类季节性商品进行集中陈列，每一个货架的编排井然有序到极致，给顾客在购物时赏心悦目的感觉。为每一种商品提供商品说明、价格、产地等完整信息，使顾客一目了然。

（2）服务不同消费人群的个性需求。例如，在公共区配有休息室、吸烟室、育婴室，还安装了直饮水；在卫生间配有挂衣钩、手机架、烘干机、梳子、棉签、护手霜等物品；在门口还设有专门的宠物寄存处，贴心设置了棚顶，不会晒到太阳，还配有专人喂水、喂食；针对各阶段人群的需求，打造七种不同类型的购物车，其中包括为老人和婴儿设计的购物车，更有为成年人准备的手提购物篮、双层购物车等，更贴心的是为老年人准备了放大镜。同时，胖东来还提供了包括手机免费充电、商品免费配送、家电免费维修、衣物免费干洗、计算机免费试机、免费看书、免费唱歌以及免费停车等在内共 84 项免费服务，让广大顾客切身享受到了全方位的实惠，真正将顾客当作上帝。

（3）及时有效处理顾客投诉。胖东来支持"无理由退货、无条件退货""7 日内退差价"，为顾客提供了良好的售后保障，让顾客放心购物。配备了专门的售后服务团队，开通了投诉建议通道，官网上也有意见公示台，顾客不满意就可以投诉；对于顾客的投诉胖东来及时处理，并快速给予处理结果；胖东来还设置了顾客留言板，对于顾客的意见虚心听取。

2）品质至上，打造全品类覆盖的爆品

胖东来始终以产品品质为基础，通过产品品质化、品类国家化、爆品价值化为顾客提供

高价值、高性价比的产品，确保每一件商品都能满足甚至超越顾客的期望，这是一种最直接、最有效的营销策略。

（1）产品高质严选是胖东来的生命线。通过注明产品产地地址、电话、储存方式、制作方式、挑选方式以及进货价、销售价、利润率等各种标签，胖东来做到了让产品会说话、数字会说话、标签会说话、服务会说话，真正做到了品质为基。从供应链到产品严选再到质量严苛，处处体现胖东来对产品品质的高追求。对产品品质随时接受顾客监督，2024 年 8 月，顾客举报胖东来一门店售卖隔夜进口三文鱼，获 10 万元现金奖励。

（2）品类国际接轨是胖东来的标准线。胖东来紧密对接国内顶尖城市乃至国际市场，精心制定了严谨的选品标准，确保每件商品不仅品质卓越，且符合当下消费潮流；同时还创新性地设定了科学的品类配比标准，以均衡各类商品的比例，创造一个既全面又具吸引力的商品结构，满足了消费者品质向上化、生活向上化的多元化需求，实现了从日常刚需到品质享受的全面覆盖。此外，胖东来还不断探索创新，引入全球热门及新兴商品，保持商品线的新鲜度与竞争力，确保顾客总能在店内找到符合国际流行趋势的商品。

（3）价值匠心营造是胖东来的控制线。胖东来在多元化的品类矩阵基础上，通过创新研发打造时尚火爆热品，创造高价值产品，开发的产品一经上线，迅速热销售罄。胖东来所倡导的并非仅仅是价格竞争，而是价值竞争，即通过提供高品质、高价值的商品，实现与价格的最佳匹配，从而吸引并留住对生活品质有要求的消费者群体。例如胖东来自研的"网络爆红大月饼"中秋上市引发抢购潮，促使胖东来将该月饼由季节性商品变更为常规商品。

3）员工至上，提升员工幸福感

与其他企业不同的是，胖东来将员工排在首位，其经营之道在于必须让员工满意，才能让顾客满意；必须让员工高兴，才能让顾客高兴；只有员工幸福，顾客才会幸福。胖东来的商业模式在很大程度上与传统商业模式背道而驰，采用了一种集体主义的方式，将利润回馈给基层员工，实现共同富裕目标，也得到了顾客的认可。

（1）高薪提升员工幸福感。胖东来以员工高薪而闻名，员工每天工作 7 小时、每月双休、享有正常的五险一金和 30 天年假；同时，公司创始人于东来根据员工的工龄和职位进行股权划分，年底拿出企业利润与员工进行股权分红，50% 的股权分给基层员工，40% 的股权分给管理层，剩余的 10% 的股权留给自己。

（2）优化员工的福利政策。包括设立"员工委屈奖"、老员工贡献奖、面试报销路费、个别突出贡献员工设置关爱补贴（就医补助、房补、车补）、部分店铺每周二闭店、禁止加班（违规罚款 5000 元）等；同时还为员工提供结婚礼金、生育贺金、育儿补助等，建立 6000 平方米的"员工之家"，涵盖阅览室、KTV、运动区、休息室、健身器材和浴室等休闲娱乐设施。

（3）设置员工晋升奖励制度。胖东来设置了公开、公平的晋升机制，让每一个员工都有晋升机会。为员工制定了一套涉及工作、生活等全方位的培训体系，帮助员工创造个人价值，实现全面发展。还编纂了一本企业文化手册，其中不仅包含行为规范，还细致到对爱情观、家庭观的指导。

2. 创新高效的供应链支撑体系

胖东来非常注重供应链管理，通过自建物流中心和引进数字化解决方案，实现了快速、高效的物流配送，确保了产品质量和供应稳定性。与供应商建立了长期互惠的战略伙伴关系，注重全链绿色和责任能力，为消费者提供满意的产品与价格。严厉的要求和关爱是胖东来的核心竞争力，提升了顾客体验和供应链效率。

1）建立自采体系，经营自有品牌

为降低供应链成本，由许昌胖东来商贸集团、信阳西亚和美商业股份有限公司、南阳万德隆公司、洛阳大张公司于 2002 年共同组建联合采购、联手发展的"自愿连锁"组织机构，即"四方联采"，以更大的量换取更优质的价格。采购量大的时候，价格能同比下降 30% ～ 50%。后续胖东来又积极引入国际自愿连锁采购联盟（IFA），进一步为本地连锁企业拓展采购资源做出探索尝试。自采商品一般规避了入场费、陈列费、促销费等，这种模式下的毛利率会比较高。胖东来的自采比例约占 80%，自采比例已经超过沃尔玛、家乐福、永辉等头部商超。

此外，胖东来也在积极开发自营品牌，这些商品从设计、生产到销售都由胖东来掌握，省去了品牌溢价，直接转化为价格优势，通常具有较高的性价比，为顾客提供了更为实惠的选择。自营商品数量大概占到超市的五分之一，如爆浆蛋糕、雪媚娘等网红甜品，以及洗洁精、芝麻油等日常生活用品。

2）构建长期稳固的供应商关系

胖东来与上游供应商建立了长期、互惠互利的战略伙伴关系，打造了稳定、优质、便捷的供货途径，从而可以为下游消费者提供更为令人满意的产品与价格，提升顾客的消费体验。

对于符合胖东来供应商审核条件的合作伙伴，胖东来不遗余力地为供应商开辟更加稳定、广阔的市场需求，通过数字化方案帮助供应商更合理地组织生产，进而实现供货质量、供货效率的双提升。

胖东来建立了严格的供应商管控标准，以确保产品和服务质量。主要包括合同管理（流程）、供应商引进（标准）、供应商引进（流程）、谈判管理、管理标准（送货标准）、管理标准（送货人员标准）、管理标准（违约条款）、供应商评估、供应商淘汰（标准）、供应商淘汰（流程）共 10 个部分 110 条标准。

胖东来在供应商选择过程中，除了看重供应商声誉、生产能力及资源是否满足企业需求，还着重考量供应商企业文化、经营理念、服务质量等方面是否与自身理念相匹配。凡是在胖东来开设专柜的品牌，胖东来都要考核入驻品牌为员工提供的福利和薪酬。

胖东来建立了有明确规则的财务结算体系，使供应商彻底清除了被拖欠货款的隐忧，形成了良性、互信的购销体系，有效降低了供应商的经营风险。

3）打造高质量物流园区，筑建高效供应链

在连锁商超生意中，物流配送是其供应链的核心节点，货品配送的效率和成本都影响着整个供应链的效益。胖东来深知物流配送对于零售企业的重要性，自成立以来就一直在努力构建自己的物流配送体系。通过自建物流中心和配送网络，胖东来实现了对商品的快速配送，确保顾客能够在最短的时间内收到所需商品。基于胖东来在许昌和新乡的总体布局，分别在两地建立了物流中心（园区）。

新乡胖东来物流中心于 2021 年 1 月建成，总建设面积近 5 万平方米，由两栋分拣车间、一栋综合楼组成。物流中心引进数字化一站式仓储物流解决方案，能让业务各个环节规范化、透明化。通过全面的订单管理、作业人员管理、供应链执行管理等统一管理和多方协作，让物流中心拥有快速、高效、准确处理业务的能力，满足仓储多场景和精细化管理需求，实现全流程数字化运行及智能全局掌控。例如，胖东来承诺只卖 3 天以内的新鲜鸡蛋、不卖隔夜面包，这些严苛要求的背后正是得益于数字化支撑，通过建立信息共享机制，实现了库存等信息的实时传递，达成了与供应商、物流公司之间的高效协同模式，既提高了采购效率，也更好地保证了供应的品质和稳定性。

许昌胖东来产业园区于 2022 年 10 月建成，占地 10 万平方米，具备"生产制造＋线上新零售"功能，集物流中心、中央厨房、综合办公、产品研发、零售产业末端产品的加工与分销等于一体。园区常温库分拣区设立 19000 个储存位和 12000 个分拣位，生鲜库建设有 8300 平方米冷冻冷藏库，配置新能源配送车 16 辆，积极推动城市货运配送绿色化、集约化转型升级。在信息化方面，胖东来物流产业园采用百年和邦斯达两套信息管理系统，提升实时上传、采集、即时显示、自动存储、即时反馈、自动处理和自动传输的功能，最大限度地方便员工合理分配工作，精确管控商品。针对不同的顾客群体，胖东来提供多种配送方式，如次日达、定时送货，甚至可以根据季节和节假日等特殊情况调整配送策略，确保顾客在这些时期也能享受到便捷的物流服务。

胖东来围绕"用真品换真心"的服务理念，提供大量丰富且质优价廉的商品，以及个性化服务能力上的明显展示，可以看出其在供应链管理方面建立了强大的竞争优势，这些竞争优势直接转化为了商品的价格、质量以及服务，这种以顾客为中心的供应链策略给胖东来带来良好的口碑和持续的业务增长。

物流知识小课堂

供应商关系管理（SRM）是用来改善与供应链上游供应商关系的，是一种致力于实现与供应商建立和维持长久、紧密伙伴关系的管理思想和软件技术的解决方案。它是旨在改善企业与供应商之间关系的新型管理机制，实施于企业采购业务相关的领域，目标是通过与供应商建立长期、紧密的业务关系，并通过对双方资源和竞争优势的整合来共同开拓市场，扩大市场需求和份额，降低产品前期的高额成本，实现双赢的企业管理模式。

思考题

1. 胖东来是如何通过供应链管理确保产品品质的？
2. 胖东来的物流运作模式有哪些特点？
3. 结合本案例，谈谈胖东来成功的关键是什么，对超市发展有哪些启示和借鉴。

案例 14-2　盒马新零售的供应链物流

主题词：新零售，供应链管理，B2C 物流，智慧物流

盒马鲜生是国内首家新零售商超，创立于 2015 年，首店于 2016 年 1 月开业，被视为阿里巴巴新零售样本，至 2024 年盒马已覆盖全国 30 余个城市 400 多家门店。其营销策略基于

大数据和人工智能，提供线上订单、线下体验服务，提高消费者购物体验。盒马鲜生通过重构零售产业"人、货、场"打造新业态，致力于满足消费者对美好生活的向往，用科技和创新引领万千家庭的"鲜·美·生活"。

1.　去中心化的新零售供应链模式

盒马的供应链模式可以划分为四个部分，即供应端、加工检验中心（DC）、门店和物流。其一，供应端：坚持直采模式。在海外方面，盒马主要采购全球优质水产、肉制品、果蔬、乳制品等商品。国内直采分为原产地直采和本地直采，如赣南橙、阿克苏苹果等国内有成熟基地商品，盒马会直接到基地做品控、采购；如蔬菜、肉类等商品基于与本地企业合作，早上采摘，下午送到门店售卖。其二，加工检验中心（DC）：进行商品加工、检验和储存。除常温、低温仓库外，盒马的 DC 具备商品质量检验、包装、标准化功能。此外，从国外购置的海鲜活物也会在 DC 中转或暂养。其三，门店：店仓一体化，兼具销售和仓储功能。盒马的门店又被称为店仓，其既是销售加餐饮的一体化互动式体验门店，也是线上销售的仓储和物流中心，人员和场地都可以重复使用，是盒马高坪效的秘诀之一。其四，物流：30 分钟极速送达。盒马承诺门店 3 千米范围内 30 分钟送货到家。

盒马的供应链物流是全新设计的一套去中心化、分布式的智能网络。与传统电商物流相比，不仅仅在于细节上的优化调整，而是从整体的底层架构上构建一套新的物流体系。传统电商物流体系基于从端到端——从大仓到消费者。而盒马的 B2C 模式在于其基于盒马鲜生门店的店仓（FDC）架构，在其中起到了全链路轴心作用，即订单是从门店到消费者的近场景完成的。

门店前的物流，盒马走的是大仓（DC）对店仓（FDC）的 B2B 物流模式。门店后的物流，盒马走的是 30 分钟近场景即时配送的外卖模式。然后根据消费者下单的 SKU 和包裹数量，以及消费者收货地址所在位置，系统自动设计一条最佳配送路线。从消费者下单到收货，采取次日达模式，让整个物流路线成本和效率最大化。

也就是说，传统模式从源头基地到中心大仓，是商品形态；从中心大仓到消费者，是订单形态，且订单会拆成几个快递包裹。其中，从中心大仓到消费者的零散订单路线拉得过长，时效和成本拉得过高。而盒马模式，从源头基地到门店，是商品形态；从门店到消费者，是订单形态，并且一个订单就是一个包裹。盒马物流整个链路也被分为两段：第一段从 DC 到店，是 B2B；第二段是由店到消费者，是 B2C。前半段带来了规模效应和运输效率的提升；后半段从门店到消费者是 3 千米半径的近场景配送，零散订单的路线短，时效和成本在可控范围内。

2.　基于买手制的"新零供关系"

传统供应模式以供应商为主导，供应商处在中介位置，掌握更多的话语权，商品供应以供应商利益为导向，供应商给什么，零售门店就卖什么，而消费者需求在整个供应环节中重要性程度较低。买手制模式多以消费者需求为主导。在买手制模式下，买手团队往往会负责商场从生产到出售的全部过程，买手往往还需要承担商品滞销的风险。在这种模式下，买手与零售门店的目的往往是高度统一的，即以销售为导向，最大限度地满足消费者的需求。

从盒马诞生之日起，买手制就被采用，并被认为是新零供关系的探路先锋。目前盒马已经建立了一支强大的全球买手团队，拥有国际、国内买手各几十名，团队平均年龄约 35 岁，大部分买手拥有 7 ～ 10 年采购工作经验。

买手制的核心思路是"买进来，卖出去"，将生产到销售整个零售环节串联在一起。在传统模式下，商品的生产、经销、销售往往由生产者、经销商、零售商各自负责。在买手制模式下，买手不仅仅是买入、卖出商品，还要在深入了解终端消费需求的基础上，整合研发、生产、仓储、运输、营销、销售、服务等各供应链条，保障商品在流通过程中获得最大的利润，最大限度地避免经营风险。在买手制模式下，零售商不再是坐在办公室等供应商上门，而是主动走出去，了解消费者，了解市场，选购畅销且有足够获利空间的商品。其信息流从终端方向反向传导到供应端，供应端再根据信息将商品流通到终端，将消费者需求放在了最重要的位置。

盒马强调与供应商重塑"零供"关系。"新零供"关系就是让盒马、供应商各司其职：盒马负责渠道建设、商品销售、用户体验，如果有商品滞销，盒马自行负责，供应商不再承担责任。供应商专注商品生产研发，提供最具性价比的商品，不再缴纳任何进场费、促销费、新品费等渠道费用，也不需要管理陈列或派驻商品促销员。

盒马坚持产地直采，构建生鲜溯源体系。盒马与天猫超市、喵鲜生、易果生鲜等阿里巴巴平台实现联合采购与供应链协同，坚持源头直采，减少了中间环节，降低损耗和成本，保障商品鲜度。同时，在原产地体系的基础上建立食品安全追溯体系，确保生鲜产品的质量和安全。

在这一模式下，盒马不断提高自有商品占比，将逐步完成全国乃至全球范围内的农产品基地建设，建立以厂家直供为核心的供应模式，开发盒马定牌定制商品，使自有商品的销售额达到 50%。

信息一体化系统为盒马"新零供"提供支持。盒马开发专属的供应链系统，实现盒马与供应商之间数据共享、信息互通。让供应商了解消费者偏好和商品的销售信息，以消费者需求引导供应商的生产决策。同时，盒马也实时了解供应商的生产信息，以便于动态调整门店的库存结构和商品结构。

3. 智能算法支持下的高效物流能力

盒马的每个门店均运用了"悬挂链"自动化设备，其功能在于输送和拣选合流。除此之外，盒马新零售物流更突出的是其基于大数据、智能算法以及移动互联网 LBS（基于位置服务）的物流运营优化，智能化带来分布式网络里最核心的——仓店物流能力的提升。

（1）智能履约集单算法。一单一送，服务体验好，但效率并不是最优。而基于线路、时序、消费者需求、温层、区块以及兴趣点（POI）的智能履约集单算法则实现了最优的订单履约成本：在算法指导下系统把订单串联起来，并且保证串联出最优的配送批次，实现多单配送。

（2）智能店仓作业系统。盒马店仓与传统的门店商超不一样，它更像一个物流中心。盒马有一套高度智能的店仓作业系统，这套系统能够进行货位规划、库存控制、任务指派，以及对不同工种之间进行调动。

（3）智能配送调度。新零售物流是对人、货、场的重构，盒马智能配送调度系统通过对配送员熟悉的配送区域，所在的具体位置（门店、路途中、消费者家、返程中），订单的不同批次、品类（常温或冷链），进行最优智能匹配，实现配送效率的最大化。

（4）智能订货库存分配系统。盒马基于全品类对标品进行精选，缩小全品类的 SKU 数，并根据历史销售数据和阿里巴巴的大数据，做智能的订货和库存分配，达到库存周转、销售和消费者需求满足的最大化。此外，盒马还根据每个门店周边盒马会员的需求，做智能化的商品选品和库存分配（基于盒马 App 可以做到千店千面），进一步提升库存周转和商品动销。

在数字经济时代，传统零售业与互联网技术的深度融合，能够创造出新的商业模式和增长点。盒马鲜生等新零售企业的崛起，见证着零售业前所未有的变革。这场变革不仅仅是技术的迭代，更是对消费者体验、商业模式乃至整个社会生活方式的重塑。同时，新零售的探索之路远未结束，持续的创新与优化将是未来竞争的关键。

📔 物流知识小课堂

　　新零售，即企业以互联网为依托，通过运用大数据、人工智能等先进技术手段，对商品的生产、流通与销售过程进行升级改造，进而重塑业态结构与生态圈，并对线上服务、线下体验以及现代物流进行深度融合的零售新模式。新物流，是以货物流通为基础的数据连接技术推动的服务支持体系。新物流的实现是新零售快速升级的关键所在，也将提升"新零售"的附加值服务。

❓ 思考题

1. 盒马新零售物流与传统电商物流的区别是什么？
2. 盒马"新零供关系"的主要特征是什么？
3. 结合本案例，谈谈新零售模式下构建供应链物流体系的关键点。

📚 案例 14-3　沃尔玛高效供应链下的零售传奇

主题词：供应链管理，全渠道零售，高效供应链

沃尔玛于 1962 年在美国阿肯色州成立，是一家世界性连锁企业，截至 2024 年在 19 个国家经营超过 10500 家门店和多个电子商务网站，多次荣登《财富》杂志世界 500 强榜首。沃尔玛是以人为本、科技赋能的全渠道零售商，通过实体门店和多个电商渠道，帮助顾客随时、随地、随心买到满意的商品。沃尔玛的成功在于其从诞生之初便开始苦心经营的一套高效、先进的供应链管理系统，推动沃尔玛在全球零售市场上的领先地位。

1. 以门店为核心的全渠道零售商

沃尔玛线下主要有沃尔玛购物广场、山姆会员店、沃尔玛商店、沃尔玛社区店等经营实体，线上主要包括沃尔玛网上超市、沃尔玛京东官方旗舰店、沃尔玛京东到家业务、沃尔玛全球购业务、沃尔玛全球电商、山姆会员商店全球购官方旗舰店等营业方式。

在全渠道发展方面，沃尔玛有着清晰的发展思路。沃尔玛绝不是简单的实体门店加电商的发展模式，而是以门店为核心的全渠道融合之路。无论是线上还是线下，只要是顾客所希望的消费场景，沃尔玛都可以让他们随时、随地、随心地选择到他们所想要的商品和服务。

沃尔玛的实体门店是精选的一站式购物场所，是业务的灵魂与基石，线下购物的魅力永远无法被线上完全替代。门店承担着多重使命，不仅是购物场所，也是线上的履约中心，更是顾客来体验商品、品质生活的地方。通过实体门店，沃尔玛与顾客建立了紧密的情感联系，赢得了他们的信任，从而获得稳定和自然流量的来源，实现线上与线下流量互通，这也是全渠道融合发展的制胜因素之一。

在此基础之上，沃尔玛建立了1小时极速达的近场服务，并通过全城配、全国配、供应商直接配送等灵活多样的方式，不断提升效率，扩展品类，在远场更多层次地满足顾客和会员的更多需求。目前沃尔玛电商业务占比接近一半，近场和远场两个业态的电商均以盈利和可持续方式在高速发展。

2. 构建诚信、简单、敏捷、平等互利的零供关系

沃尔玛希望与供应商构建诚信、简单、敏捷、平等互利的零供关系，在共同为顾客和会员创造更大价值的基础上，为合作伙伴带来持续的盈利、增长和长期回报。诚信，是沃尔玛始终坚守的核心价值观之一，也是和所有供应商合作的基础。同时，沃尔玛希望与供应商建立一个更简单、高效的沟通与合作方式，从而降低商品、运营、沟通和决策成本，最终实现提升效率，更好地为顾客创造价值。敏捷度在瞬息变化的市场上非常重要，这需要通过数字化能力、韧性供应链、组织文化的变革等来提升。沃尔玛特别强调，要保持对顾客、对市场、对一线的实时洞察，快速反应，快速决策，提升整个组织的敏捷度。平等互利的零供关系一直是沃尔玛的核心基因之一，也是沃尔玛的独特理念。沃尔玛认为，新零供关系不应该为零和游戏或竞争博弈，这不利于双方收益总和的最大化，而最终伤害的是顾客的利益。沃尔玛致力于与供应商直接深度的合作，实现信息开放共享，洞察共享，商品共创，共同提升效率，相互激发，相互成就，共同穿越市场周期变化，共创未来。

为了改善与供应商的合作关系，沃尔玛采取了积极主动的措施。首先，为供应商建立了专属的IP平台，将物流、运营、销售等流程交由沃尔玛平台负责。这种合作模式不仅节省了供应商的时间、精力和成本，同时也加强了双方的合作紧密度。其次，沃尔玛通过帮助供应商降低成本，为其提供自主展示的机会，建立了更为紧密的伙伴关系。这种积极合作的态度使得沃尔玛与供应商之间建立了共赢的合作格局。

沃尔玛在品牌选择上极为严格，采用邀请制入驻。只有符合一定条件的品牌才有资格接收到沃尔玛的邀请。这一做法不仅确保了沃尔玛平台上品牌的质量和可信度，也使其成为全球品牌争相入驻的热门平台。

3. 沃尔玛的高效供应链运营策略

沃尔玛通过高效的供应链管理，包括门店补货、配送中心协同、库存管理、技术创新等，实现了低成本运营与高库存可用性的双赢。

（1）高效的门店补货策略是关键。沃尔玛的目标是实现高库存周转率，因为这意味着高效的销售和补货流程。这种方法符合公司的成本领先战略，强调成本最小化和运营效率。通过快速周转库存，沃尔玛降低了库存成本，并可以通过有竞争力的定价将成本节约转嫁给顾客。同时，沃尔玛运用机器学习算法等先进的数据分析技术，对销售数据、市场趋势、顾客行为等数十亿个数据点进行深入分析，精准洞察顾客需求。通过分析历史销售数据和市场趋势，沃尔玛能够准确预测每个门店的销售情况，从而确保货架始终备有适量产品，最大限度地减少缺货现象，提升顾客满意度。

（2）门店与配送中心的协同是沃尔玛供应链的重要环节。通过策略性地分散布局配送

中心，沃尔玛实现了运输成本的最小化和配送时间的最大化。同时，沃尔玛的理念是将商店视为多功能的运营中心，不仅作为顾客购物的场所，还作为履约和配送的中心点。通过将商店转型为集购物、履约和配送于一体的综合中心，沃尔玛能够更有效地管理库存、减少运输成本，并加速订单处理速度。这种转型还使得沃尔玛能够更快速地响应市场变化，例如在需求激增时能够迅速调配库存，满足顾客的即时需求。此外，将配送和履约中心与商店相结合，沃尔玛能够更好地整合其供应链，实现库存的共享和优化。这不仅提高了库存周转率，还降低了库存积压和过剩的风险。

（3）库存管理也是沃尔玛供应链策略中的一大亮点。缺货率是沃尔玛密切关注的另一个重要变量。当可用库存不足以满足顾客对特定产品的需求时，就会发生缺货。对于沃尔玛这样的零售商来说，避免缺货对于提供积极的顾客体验和保持顾客忠诚度至关重要。采用准时制（JIT）和供应商管理库存（VMI）系统，沃尔玛与供应商紧密合作，确保产品供应的稳定性和库存的最优化。在供应商管理库存模式下，供应商可以实时访问沃尔玛各门店的库存数据，了解产品的销售速度、需求波动以及库存周转情况。基于这些数据，供应商能够做出更为精准的生产和补货决策，确保产品在正确的时间、正确的地点出现。这种精益库存管理方式不仅降低了库存成本，还避免了不必要的缺货或积压情况。

（4）技术创新赋能是高效供应链的重要保障。在运输配送方面，沃尔玛建立并推出了一个名为"Load Planner"的出站路线和装载计划优化工具，它通过集成多种算法和技术来解决复杂的物流问题。这个工具的核心在于它的元启发式框架，这个框架能够灵活地选择和应用最适合当前情况的算法和参数设置。通过利用历史数据进行广泛实验和学习，Load Planner 能够在每个决策步骤中选择最佳的策略。这不仅提高了计算效率，还确保了决策的最优性。系统的另一个重要特点是其可扩展性和适应性，这意味着它可以轻松地添加新的功能和特性，以应对不断变化的物流需求。在支持未来网络设计方面，沃尔玛开发了两种混合整数规划（MIP）模型。这些模型旨在确定最佳的长期物流网络配置，并提供具体的转型路线图。尽管在处理大规模问题时面临挑战，但通过应用启发式方法，系统能够在保持解决方案质量的同时显著降低问题的复杂性。这使得系统能够运行大量不同场景的分析，为决策者提供全面的信息支持。

物流知识小课堂

全渠道零售，旨在通过整合线上和线下的多个销售渠道，为顾客提供一致、无缝的购物体验。这种策略强调在不同渠道间提供相同的库存、定价和促销信息，确保顾客无论在哪个渠道开始或结束购物过程，都能获得相同的体验。全渠道零售的核心在于满足顾客在任何时间、任何地点、以任何方式购买的需求，通过整合实体渠道、电子商务渠道和移动电子商务渠道，提供无差别的购买体验。

思考题

1. 沃尔玛全渠道零售体系是如何运行的？
2. 沃尔玛是如何做到兼顾低成本运营与高库存可用性的？
3. 结合本案例，谈谈如何做好全渠道零售下的供应链管理工作。

案例 14-4　京东到家：B2C+O2O 打通即时零售全链路

主题词： 即时零售，B2C，O2O（线上到线下），供应链整合

京东到家为京东旗下即时零售平台，于 2015 年 4 月正式上线。京东到家是中国领先的本地即时零售品牌，依托京东 App、京东到家 App 及小程序为消费者提供全品类商品 1 小时到家服务，涵盖超市便利、生鲜果蔬、3C 数码、家电家居、个护美妆、服饰运动、酒水母婴、鲜花绿植、蛋糕美食、医药健康等多个零售业态。通过即时零售数字化基础设施建设、全链路的供应链整合能力、高效的即时履约效率，京东到家为商家和消费者提供了一个日渐完整的即时零售生态圈。

1. 京东"即时零售三公里"模式

2023 年 10 月，京东发布"即时零售三公里"模式，即围绕即时需求、本地供给、即时交付的即时零售三要素，实现 3～5 千米内"消费者下单、门店发货、商品小时内送达"的模式，并推出即时零售"五年行动计划"，助力超 200 万本地中小实体门店数字化转型，为社会提供超 1000 万个灵活就业岗位，并联合生态伙伴带动万亿元消费。

依靠其即时零售平台京东到家，在全时段、全品类、全客群需求满足上，以 B2C+O2O 全域融合模式，输出成熟的即时零售数字化系统并快速推动全渠道融合，构筑起以"四大供给类型"与"全品类商品"为核心结构的供给生态。

在供给结构上，京东到家合作门店超 40 万家，其中百强超市合作 9 成以上，为消费者提供 7×24 小时达服务。形成了沃尔玛、山姆为代表的连锁大店，丝芙兰、小米之家、孩子王等代表的品类专卖店，便利店、夫妻老婆店等小店散店，智慧菜场、品牌经销商等服务商、经销商四大门店供给类型，通过全业态供给为消费者提供更具差异化的服务和商品。

从商品维度看，京东到家覆盖生鲜、快消、3C 数码、家电家居、时尚运动等全品类商品，与近 300 家各品类品牌达成合作，供给类型持续丰富，满足消费者的多元化需求。

除全品类、全业态供给外，京东到家门店覆盖率不断提升。截至 2023 年 10 月，地级市已覆盖超过 95%、县级行政区覆盖超过 70%，基于本地化供应链整合，连接起大大小小的实体商业网，为消费者带来家门口 3～5 千米的便捷生活。

2. B2C+O2O 供应链整合创新，实现"成本、效率、体验"更优

《"即时 +" 2023 即时零售发展趋势白皮书》显示，即时零售已进入提质升级新阶段。在品类上，迈向全品类商品小时达时代；在业态上，从商超、餐饮、生鲜便利店等向专卖店、旗舰店、专业店、集合店等新领域延伸；在履约能力上，从满足到家应急需求向到场应景需求转变；在运营模式上，自营模式与开放式平台融合发展；在覆盖范围上，从一、二线城市向三、四、五线城市甚至是县域城镇拓展。随着即时零售进入精细化运营阶段，本地化供给与差异化用户需求的匹配，数字化和供应链成为核心驱动力。即时零售本质上是零售，供需

两端足够分散，交付却要足够高效，对运营的要求愈加复杂，也就更需要数字化能力建设和供应链的整合。

京东到家作为业内领先的即时零售平台，依托京东数坊、京准通等京东基于 B2C 的数字化产品，和深耕 O2O 多年积累的数据、产品、能力，全方位打通融合，形成海博系统 + 宏图系统双轮推动，助力实体零售商和品牌商全渠道运营降本增效，并在持续丰富供给和完善平台生态的基础上，探索 B2C+O2O 供应链整合创新。

以宏图系统为例，作为即时零售行业首个面向品牌商提供经营诊断、机会洞察、策略输出、方案落地于一体的 LBS 网格化运营工具，宏图系统能够通过 B2C+O2O 全域数据分析，实现人、货、场基于 LBS 网格化的供需精准高效匹配，帮助品牌提升全渠道运营效率，创造价值增量。作为首批使用宏图工具的品牌之一，玛氏箭牌便通过宏图系统的全渠道网格化运营实现品牌的精准营销。

此外，京东到家创新性将品牌经销商、服务商的线下网店上翻到京东到家，引入平台流量，为品牌增加销售渠道、直接触达消费者的同时，实现线下渠道对商品、库存、动销的数字化管理。

针对天然具备即时属性的冰鲜急重类商品，传统 B2C 模式下的履约成本仍有优化空间。京东到家打造全城购项目，依托京东全渠道系统实现 LBS 化的供需匹配，将来自京东 App 的订单根据消费者不同时效要求，分发给入驻京东到家的品牌经销商网点，实现订单 B2C+O2O 分层履约管理，最大限度地降低交付成本，同时提升供给覆盖，更好地满足用户需求，实现"成本、效率、体验"的最优解。

3. 打造一体化数字化解决方案

京东到家以流量赋能、履约赋能、用户赋能、商品赋能、营销赋能为核心，为传统零售商提供线上线下融合的一体化即时零售解决方案；使实体门店具备线上履约和精细化运营能力，大幅度提升坪效与人效，获得长足的线上业绩增长。

1）流量赋能

通过京东 + 京东到家双 App 运营，为商家带来巨大线上流量，提升门店销售额。京东到家 App 7860 多万消费者，提供搜索、频道、活动等多渠道流量来源；京东 App 有 5.9 亿名活跃用户，在 App 首页"城市标签"专属入口为用户带来丰沛流量；平台战略承接京东即时零售业务，与京东搜索打通，搜索商品直达京东到家商家门店。

2）履约赋能

通过海博系统 + 达达快送实现"仓拣配"全链路履约，为门店定制前置仓、店内仓、全卖场拣货履约方案，轻松实现 1 小时履约，获得坪效与人效的显著提升。

核心优势在于：其一，降本提效。通过智能算法和系统自动调整拣货策略，实现最优化拣货效率，配合拣货仓系统，拣货人效可轻松达到 60 件 / 工时。其二，优化体验降差评。拣货全流程配备先进的软硬件工具，员工绑定账号，实现可视化和数据化的过程管理，提升拣货时效和降低拣错率，降低差评率，提升用户体验。

提供行业解决方案：其一，前置仓方案。提供全渠道运营的进销存、效率预测、合单拣货，大大提高库存周转率和拣货人效。其二，店内仓方案。对于大于 4000 平方米的超市业态，在卖场内设置拣货仓，缩短拣货动线，入仓商品缺货降低。其三，全卖场方案。适配营业面积4000平方米以下超市业态，提供卖场拣货方案，订单精准下发，店员实时唤醒。其四，达达优拣。与达达集团合作首创"众包拣货"模式，由众包拣货员为零售门店提供拣货服务，提供全渠道订单拣货、商品打包、订单交付等工作，助力零售商实现拣货作业、拣货管理的数字化和产品化，提升全渠道订单拣货效率。

提供拣货效率工具：其一，拣货助手App。多渠道订单集中履约，具备前置仓、店内仓、全卖场拣货。店员绑定账号，兼任智能手机和PDA（掌上电脑），操作简单，上手快，全面提升门店人效、时效。其二，WMS库存管理。提供仓储管理功能，补货、退仓、盘点、汰换、商品管理一应俱全；销量预测、库存报警依托大数据，省心省力。

提供物流配送解决方案：进行高效即时配送，约1小时送达，7×24小时为用户服务。进行系统智能派单，对订单进行实时路径规划、顺路订单预合并、最优骑士匹配，实现配送效率全局优化。

3）用户赋能

以京准通LBS版为核心，提供一整套线上线下全场景、全客群消费智能分析，并通过会员通等工具帮助商家实现用户数字化管理。

（1）用户洞察：通过销售情况数字化分析，洞悉消费特点，帮助商家精细化运营，发现潜在销售机会。

（2）用户运营：盘古系统提供以"精准获客＋多渠道触达"为核心的营销方案，并向商家提供更丰富的营销线索，不断提升触达效率，降低营销费用，提升转化和复购。

（3）用户成长：会员通是为商家提供的用户成长管理工具，包含"会员增长、权益管理、积分系统"三类子系统，帮助商家提升入店和用户活跃，刺激转化，提升留存。

4）商品赋能

通过大数据智能选品、门店缺货管理、商品汰换管理，为门店提供商品优化解决方案，完善商品结构，带来可持续的销售增长。

（1）智能选品：依托平台全域销售情况智能分析，沉淀线上品类管理方法。为门店提供周期性选品建议，制定线上最佳商品销售组合。

（2）门店缺货管理：实时监控线上商品库存，提供补货建议，减少销售损失，有效降低缺货率，提升用户门店消费体验。

（3）商品汰换管理：完善的商品评估管理系统，为门店提供定制化的商品汰换解决方案。持续提升商品动销率，增加商品销售机会。

5）营销赋能

通过平台、商家、品牌三方协同，深度整合全渠道营销资源：打通线上线下链路实现流量承接，最大化资源共振效应，并基于数据分析实施精准营销，全面赋能实体门店。

（1）打通全渠道链路：让线上平台的流量、玩法更好地承接到线下，为实体门店赋能。

（2）最大化资源整合：平台、零售商、品牌商三方共振、资源整合，最大化营销效果。

（3）精准营销：基于平台销售情况，分析消费特性，实现精准营销。

以数字化和供应链协同为特征的全品类、全时段、全场景即时零售正高速发展。京东到家持续连接各类实体零售业态，围绕"产品、价格、服务"核心要素，以数字化为驱动力，加速本地供应链整合优化，为更多生态伙伴带来确定性增长。即时零售不仅开拓电子商务新的增长点，更为线下市场提质扩容带来新发展机遇，是电子商务和传统商业提质升级的共同突破口，是商务领域数实融合的最佳应用实践。

物流知识小课堂

即时零售是一种通过线上即时下单、线下即时履约的新型零售模式，它依托本地零售供给，以满足本地消费者的即时需求为核心。与传统零售和电商相比，即时零售打破了时间和空间的限制，通过高度整合的线上平台和线下资源，实现了商品和服务的快速响应和即时配送。

基于平台的即时零售是其典型商业模式。即时零售平台不直接拥有商品，自身无自营的线下门店或者前置仓，通过建立线上交易撮合平台，吸引线下商超等实体门店入驻。即由即时零售平台提供流量入口和配送物流支持，商品完全由入驻平台的线下商家门店所有，线下门店负责拣货打包，平台匹配外卖小哥到店取货，最终送达消费者完成履约。

思考题

1. 京东"即时零售三公里"模式是如何运行的？
2. 京东到家是如何实现 B2C+O2O 供应链整合的？
3. 结合本案例，谈谈即时零售模式下如何做好供应链与物流管理工作。

案例 14-5　腾讯云助力永辉超市向智慧零售转型

主题词： 智慧零售，数字化转型，大数据

永辉超市成立于 2001 年，是中国企业 500 强之一，国家级"流通"及"农业产业化"双龙头企业。作为中国大陆首批将生鲜农产品引进现代超市的流通企业之一，永辉超市被国家七部委誉为中国"农改超"推广的典范，通过农超对接，以生鲜特色经营及物美价廉的商品受到百姓认可，被誉为"民生超市、百姓永辉"。

随着电子商务的迅猛发展，传统零售行业受到了巨大的冲击，同时也带来了前所未有的机遇。一方面，零售商业体验的迭代，催生了新的零售业态，过去用户到店只是为了买东西，现在可以是为了吃饭、约会、朋友见面、商务会谈，门店越来越漂亮，功能越来越多，线下零售门店成为体验新生活方式的空间。另一方面，随着用户构成、消费者个性化需求的不断变化，零售的运行逻辑变了，商品供应链变了，企业需要让商品更智能地匹配用户需求。通过分类战略驱动全流程数据化，这样更能匹配出用户需求的商品。此外，移动支付、社交网络、人脸识别等技术的日趋成熟，也为激活零售市场提供了新动力。

面对快速变化的消费需求和零售升级的大趋势，永辉超市需要数字化创新以更科学地支持业务发展和运营决策。在门店管理、会员体系搭建、消费者洞察、O2O 业务拓展等细分场景中，永辉超市希望通过大数据和 AI 为企业经营带来更多数字化运营方面的提升。经过与

腾讯云的全方位交流，最终腾讯云为永辉超市带来了"全链路数字化部署"方案。通过全链路数字化部署，永辉超市获得更多的科学工具以支持日常业务决策，实现门店管理成本降低、门店销量提升、消费者数字化洞察等，全面拥抱智慧化升级。

具体而言，这个方案主要在六个维度助力永辉超市的数字化升级：第一，门店运营优化。基于优 mall 的能力，获取消费者在门店的游逛行为，包括画像、动线、热区等数据。描摹门店整体营运状况，为门店陈列、导购服务等提供数字化工具。第二，门店商品。基于永辉生活门店进行会员选品优化，深入洞察人货关系，关联消费者画像和商品偏好。第三，智慧门店打造。依托云图的数据加工和展示能力，对优客提供的商圈热力和门店的热销商品与消费者偏好进行数据化展示。第四，消费者门店全链路研究。打通优客、优 mall 和优品的能力，构建消费者在店外停留、进店游逛和交易明细等线下门店全链路行为研究。第五，线下营销指导。通过优客的商圈小区和写字楼热力能力，提供精准潜客分布，为地推营销地理位置选择提供科学指导。第六，会员研究。对永辉超市消费会员进行分类研究，深度分析消费行为，并配合腾讯标签提供更多人群洞察。

在双方合作的过程中，腾讯云主要提供三个方面的支持：云计算技术支持；与技术、业务相关的培训和咨询服务；团队之间相互交流学习的机会。具体来讲，腾讯云帮助永辉超市搭建了云计算中心，建立起在全国有多个服务节点的数据中心，抓住了时间窗口，将实现整体架构云部署；腾讯云云计算系统专业优秀，具有安全性、可拓展性，并且快速结合永辉超市自身的业务特点，共同开展智慧零售应用开发；在智慧门店的具体应用场景中，通过腾讯云的技术手段支持，永辉超市与腾讯云合作展开了包括销量预测、智能选址、智能选品、人脸识别和人脸支付等众多智慧零售应用项目的开发和落地，提升了用户体验，降低了门店运营成本，提升了效率。

相比传统商超，智慧零售具有许多优势。智慧零售能更好地满足消费者的个性化需求，通过大数据分析为消费者提供更加精准的推荐和服务。智慧零售的运营效率更高，能够实现线上线下一体化和物流配送优化，降低运营成本。智慧零售还能够更好地与新兴技术结合，如人工智能、物联网等，进一步提升零售业的智能化水平。未来的零售行业将以数据和科技为驱动力，以大数据为基础，以云计算为算力，以人工智能为算法，真正让科技赋能和改变零售，实现智慧零售。

通过腾讯云提供的全链路数字化部署方案，永辉超市获得更多的科学工具以支持日常业务决策，实现门店的管理成本降低、门店的销量提升、消费者数字化洞察等，全面拥抱智慧化升级。永辉超市智慧零售业态已经深度融合线上线下场景，通过接入微信支付，推广永辉生活小程序使用，以及与腾讯云的深度合作，永辉超市已经逐步具备将用户数据化，更加了解用户的能力。

为了更好地把握智慧零售时代的产业机会，永辉超市在旗下云超、云创、云商、云金等业务线基础上，开拓永辉云计算，深度结合零售场景和需求，让科技真正落地零售业。依托于腾讯云的技术支持和成熟云计算基础设施，永辉超市快速建立了一个多地多中心、统一管控的永辉云平台，来支撑永辉超市多业态在不同区域的快速发展和扩张，让科技赋能永辉超市，使永辉超市快速形成了自己基础的大数据处理和云计算能力。基于永辉超市丰富的零售业务场景，借助云计算、大数据、物联网等数字技术，永辉超市将从商品端到用户端在实现数据化的基础上实现智能化，依托全渠道为用户提供便捷、快速的购物体验。

物流知识小课堂

　　智慧零售，通过集成大数据分析、云计算、物联网和人工智能等先进信息技术，优化零售流程，提升消费者体验，并提高运营效率。智慧零售不仅仅是一个技术应用的集合，更是一种全新的商业模式，它让管理变得更加方便，购物变得更加简单。智慧零售的核心在于对消费者行为的深入分析和理解。通过收集和分析大量的消费者数据，零售商能够更精准地预测消费者需求，制定个性化的营销策略，从而提供更符合消费者期望的产品和服务。这种以数据驱动的零售模式，使得零售商能够更有效地管理库存，减少浪费，同时提高消费者满意度和忠诚度。

思考题

1. 永辉超市为什么要向智慧零售转型升级？
2. 永辉超市智慧零售具有哪些特征？
3. 结合本案例，谈谈传统商超如何实现向智慧零售的转型升级。

Chapter 15

第15篇 生鲜物流

"雅格布斯定理"

- 雅格布斯定理：质量是竞争的最基本的东西。
- 提出者：美国凯洛格管理研究院前院长 T. 雅格布斯。有过硬的质量，才能在竞争中立于不败之地。市场经济的本质特征是"优胜劣汰"，而质量是用户选择商品的第一要素。"质量是企业的生命"。抓好质量管理，是企业立足市场、保持长盛不衰的根本保证。

物流讲堂

生鲜物流

生鲜产品主要包括蔬菜、水果、花卉、肉、蛋、奶以及水产品等我们日常生活中必不可少的生活必需品。

1. 生鲜物流的特点

生鲜食品具有含水量高、保鲜期短、易腐变质等特性，对时效性要求极高，这些特性决定了生鲜物流的活动特点，包括储运、保鲜技术要求严格，资产的专用性程度高，物流增值服务空间较大，等等，具体要求如下。

- 保证生鲜食品以最短时间、最少流通环节进入消费环节。
- 保证生鲜食品在流通中实现品质的稳定或提升。
- 保证向消费者提供新鲜、安全的多样性生鲜食品。
- 降低整个物流过程中的损耗，控制逆向物流的生成率，全面节省成本。

生鲜物流相对于其他行业物流而言，具有其突出的特点：一是要保证生鲜产品的营养成分和食品安全性；二是对产品交货时间（即前置期）有严格标准；三是生鲜物流对外界环境有特殊要求，例如适宜的温度和湿度；四是要有相应的冷链技术支撑。

2. 生鲜物流的技术要求

从物流技术上分析，生鲜食品不宜采用常温干货配送，而是要求有相应的保鲜条件，专业性强，而投入不菲。同时，生鲜食品的易腐易损性规定了物流时间的上限，其保温保鲜和加工制作周期也限制了物流半径，并要求尽量减少装卸搬运次数以减少在途损耗，增加了流通风险。与此同时，由于生鲜食品属农副产品，它们大多是初级产品，在进入家庭消费之前，还需经过分类、加工、整理等活动，因此，流通环节也是生鲜食品增值的主要环节。

生鲜食品加工配送，由于商品的特殊性，是物流系统中复杂程度最高、管理最难、服务水平要求最高的。两个评判标准在生鲜配送中心通俗地归结起来就是"快"和"准确"。

3. 生鲜物流：脆弱的供应链

我国的生鲜产品行业仍然面临结构性困境，复杂的外界环境对生鲜产业产生了多方面的影响，使我国生鲜物流面临很多新问题。例如，易腐保鲜食品的装运操作环境得不到完全的保障，物流链各个环节信息阻塞，造成生鲜产品在运输途中风险增多，成本加大。

案例 15-1　青岛啤酒公司的新鲜度管理

主题词：库存，仓储调度，新鲜度管理

青岛啤酒公司在迅速完成扩张后，营销战略由以规模为主的"做大做强"转向以提升核心竞争力为主的"做强做大"。啤酒下线后送达终端市场的速度——"新鲜度管理"，成为青岛啤酒公司打造企业核心竞争力的关键要素。

1. 信息不畅是青岛啤酒公司"保鲜"大碍

青岛啤酒公司早期推行"新鲜度管理"，但旧有业务流程导致产成品出厂后需经周转库→港口/车站→分公司仓库→消费者多个环节，因物流时间过长，啤酒口味大幅变化。物流渠道不畅导致运费增加、库存积压、资金占用、管理成本上升，新鲜度管理难以落实。同时，区域分公司兼顾市场开拓与物流管理，力不从心。所以，青岛啤酒公司把"新鲜度管理""市场网络建设"等纳入了信息化建设范畴。青岛啤酒公司认为，由于不能及时为公司决策层提供准确的销售、库存信息，信息不畅是制约消费者喝到最新鲜啤酒的最大障碍。

青岛啤酒公司决定利用先进的信息化手段重建青岛啤酒公司的销售网络，组建青岛啤酒公司销售物流管理信息系统。该系统覆盖销售公司及各分公司，旨在对物流、资金流和信息流进行整合与优化，保障其合理与通畅。同时，该系统对企业的发货方式、仓储管理、运输环节进行了全面改造，实现销售体系内部开放化、扁平化的物流管理。

青岛啤酒公司销售物流管理信息系统由财务、库存、销售、采购、储运等模块构成。加快产品周转，降低库存，加快资金周转。更重要的是，实现以销定产的"订单经济"。

随后，青岛啤酒公司与ORACLE正式开始合作，通过引入ERP系统实施企业信息化战略。青岛啤酒公司规划借助于ERP系统这个现代管理平台，将所有的啤酒厂、数以百计的销售公司、数以万计的销售点整合在一起。对每一个销售点、每一笔业务的运行过程实施全方位监控，对每一个阶段的经营结果实施全过程的审计，加快资金周转速度，提高整个集团的通透性，实现资源的优化配置。后续工作任务更为繁重。首要任务是打通渠道，而这必然需要推动进一步的变革。此外，还需制定完善的规章制度，并建立综合信息库。这需要运用先进的数理统计方法，对采集到的信息进行分析处理，进而将其应用于经营决策、资源配置、纠正预防与持续改进等各个环节。

应该说，借助于网络技术的应用改造产品价值链，实现企业生产链向供应链管理转变，是青岛啤酒公司管理重组的必经之路。

2. 流程不顺也难保"新鲜"

青岛啤酒公司以"新鲜度管理"为中心的物流管理系统启动，当时青岛啤酒公司的产量不过30多万吨，但库存就高达3万吨。当时，他们着重做了两个方面的工作：一是限产压库；二是减少重复装卸，以加快货物运达的时间。以这两个基本点为核心，他们对发货方式、仓库管理、运输公司及相关部门进行了改革和调整，耗费了青岛啤酒公司很多精力。

根据介绍，青岛啤酒公司筹建了技术中心，将物流、信息流、资金流全面统一在计算机网络的智能化管理之下，简化业务运行程序，对运输仓储过程中的各个环节进行了重新整合、优化，以减少运输次数、压缩库存、缩短产品仓储和周转时间等。另外，销售部门根据各地销售网络的要货计划和市场预测制订销售计划；仓储部门根据销售计划和库存及时向生产企业传递要货信息；生产厂有针对性地组织生产，物流公司则及时地调动运力，确保交货质量和交货期。同时销售代理商在有了稳定的货源供应后，可以从人、财、物等方面进一步降低销售成本，增加效益。

青岛啤酒公司还成立了仓储调度中心，对全国市场区域的仓储活动进行重新规划，对产品的仓储、转库实行统一管理和控制。由提供单一的仓储服务，到对产成品的市场区域分布、流通时间等进行全面的调整、平衡和控制。

但是，诸多的流程还需要进一步细化。青岛啤酒公司的"新鲜度管理"要实现生产 8 天内送到消费者手里的目标，必须考虑批发商的库存，如果工厂控制在 5 天以内，批发商必须 3 天内售出，否则将无法达到目的。因此，公司在考虑批发商的库存等因素后决定控制出货量。为了实施新鲜度管理方案，青岛啤酒公司整体调整了管理体制。

3. 青岛啤酒公司：外包物流保鲜速度

"我们要像送鲜花一样送啤酒，把最新鲜的啤酒以最快的速度、最低的成本让消费者品尝。"青岛啤酒公司员工如此说。为了这一目标，青岛啤酒公司与中国香港招商局共同出资组建了青岛啤酒招商物流有限公司，双方开始了物流领域的全面合作。青岛啤酒公司将自己的运输配送体系"外包"给招商物流。因为招商物流与青岛啤酒公司合作，仅输出管理，先后接管青岛啤酒公司的公路运输业务和仓储、配送业务，并无任何硬件设施的投资。

这一合作对青岛啤酒公司而言，实际上是将物流业务外包，这是国企中第一个吃螃蟹的人；对招商物流而言，该项目是第三方物流服务的典型案例，在合作形式、合作技术上都具有挑战性。

4. "外包"获得专业输送速度

青岛啤酒公司与招商物流正式确定合作关系，共同出资 200 万元组建青岛啤酒招商局物流有限公司。该公司将依托青岛啤酒公司优良的物流资产和招商物流先进的物流管理经验，全权负责青岛啤酒公司的物流业务，提升青岛啤酒公司的输送速度。

招商物流与青岛啤酒公司正式开始合作，招商物流首先对青岛啤酒公司的公路运输业务进行试运营。由于此前青岛啤酒公司自营运输业务，拥有许多物流固定资产，如车辆、仓库等，因此在试运营期间，招商物流通过融资租赁的方式租用青岛啤酒公司的车辆及仓库，以折旧抵租金，同时输出管理，以整体规划，区域分包的一体化供应链来提升青岛啤酒公司的输送速度。

青岛啤酒招商局物流有限公司运营以来，青岛啤酒公司在物流效率的提升、成本的降低、服务水平的提高等方面成效显著。另外，与招商物流的合作使青岛啤酒公司固化在物流上的资产得以盘活。自 1997 年开始，青岛啤酒公司就开始进行物流提速的投资，先后在 4 年间共斥巨资 4000 多万元进口大型运输车辆 40 余辆，以保证向全国客户按时供货。但是青岛啤酒公司并不具备优势的自营运输业务，这支车队每年却有近 800 万元的隐性亏损。

国内企业大多忠于自建物流体系，很少向外寻求物流服务，青岛啤酒公司却将物流从主业中剥离，在招商物流的配合下，小心却又决然地迈出了一步。

青岛啤酒招商物流有限公司定位于做国内优秀的第三方和第四方物流服务商。青岛啤酒招商局物流有限公司是招商物流在山东设立的一个节点，希望以它来敲开华东地区物流市场的大门，其目标是三年内成为山东及周边区乃至北方的标志性物流企业。青岛啤酒公司是它开路的急先锋，而"青岛啤酒模式"则是招商物流开拓国内市场的一把"利刃"。

物流知识小课堂

仓库中实际储存的货物可以分为两类：一类是生产库存，即直接消耗物资的基层企业、事业的库存物资，它是为了保证企业、事业单位所消耗的物资能够不间断地供应而储存的；另一类是流通库存，即生产企业的成品库存、生产主管部门的库存和各级物资主管部门的库存。此外，还有特殊形式的国家储备物资，它们主要是为了保证及时、齐备地将物资供应或销售给基层企业、事业单位的供销库存。

思考题

1. 青岛啤酒公司打造核心竞争力的关键要素是什么？
2. 青岛啤酒公司在打造核心竞争力的道路上有哪些困难？如何克服？
3. 仓储调度一般要遵循哪些原则？青岛啤酒公司是如何进行合理运作的？

案例 15-2　蒙牛打造快速物流系统

主题词：运输方式，物流成本，冷链保障

物流运输是乳品企业面临的重大挑战之一。蒙牛的触角已经延伸至全国各个角落，其产品远销到中国香港、澳门，还出口到东南亚。另外一个重要的问题是，巴氏奶和酸奶的货架期较短，巴氏奶仅 10 天，酸奶也不过 21 天左右，而且对冷链的要求极为严格。从牛奶挤出运送到车间加工，直到运到市场销售，全过程中，巴氏奶都必须保持在 0 ～ 4℃，酸奶则必须保持在 2 ～ 6℃储存，这对运输时效与温控提出了更高的要求。为了能在最短的时间内、有效的存储条件下，以最低的成本将牛奶送到超市的货架上，蒙牛采取了以下措施。

1. 缩短运输半径

对于酸奶这样的低温产品，由于其保质期较短，加上消费者对新鲜度的要求很高，一般产品超过生产日期 3 天以后送达超市，超市就会拒绝该批产品。因此，对于这样的低温产品，蒙牛要保证在 2 ～ 3 天内送到销售终端。

为了保证产品及时送达，蒙牛尽量缩短运输半径。在成立初期，蒙牛主打常温液态奶，因此，奶源基地和工厂基本上都集中在内蒙古，以发挥内蒙古草原的天然优势。当蒙牛的产品线扩张到酸奶后，蒙牛的生产布局也逐渐向黄河沿线以及长江沿线伸展，使牛奶产地尽量接近市场，以保证低温产品快速送达卖场、超市。

2. 合理选择运输方式

蒙牛产品的运输方式主要有两种：汽车和火车集装箱。蒙牛在保证产品质量的原则下，

尽量选择费用较低的运输方式。

对于路途较远的低温产品运输，为了保证产品能够快速地送达消费者，保证产品的质量，蒙牛往往采用成本较为高昂的汽车运输。例如，北京销往广州等地的低温产品全部走汽运，虽然成本较铁运高出很多，但在时间上更有保证。

为了更好地了解汽车运行的状况，蒙牛还在一些运输车上装上了 GPS 系统，GPS 系统可以实时监控车辆的情况，如是否正常行驶、所处位置、车速、车厢内温度等。蒙牛管理人员在网站上可以查看所有安装此系统的车辆信息。GPS 系统的安装给物流以及相关人员（包括消费者）带来了方便，避免了有些司机在途中长时间停车而影响货物未能及时送达或者产品途中变质等情况的发生。

而像利乐包、利乐砖这样保质期比较长的产品，则尽量依靠内蒙古的工厂供应，因为这里有最好的奶源。产品远离市场的长途运输问题就依靠火车集装箱来解决。与公路运输相比，这样更能节省费用。

在火车集装箱运输方面，蒙牛与中铁集装箱运输公司开创了牛奶集装箱"五定"班列这一铁路运输的新模式。"五定"即"定点、定线、定时间、定价格、定编组"，"五定"班列定时、定点，一站直达有效地保证了牛奶运输的及时、准确和安全。

由呼和浩特至广州的牛奶集装箱"五定"班列的开行，将来自内蒙古的优质牛奶运送到了祖国大江南北，打通了蒙牛的运输"瓶颈"。蒙牛销往华东、华南的牛奶有 80% 依靠铁路运到上海、广州，然后再向其他周边城市分拨。现在，通过"五定"列车，上海消费者在 70 小时内就能喝上草原鲜奶。

3. 全程冷链保障

低温奶产品必须全过程都保持在 2 ～ 6℃，这样才能保证产品的质量。蒙牛牛奶在"奶牛—奶站—奶罐车—工厂"这一运行序列中，采用低温、封闭式的冷链运输。无论是在茫茫草原的哪个角落，"蒙牛"的冷藏运输系统都能保证将刚挤下来的原奶在 6 小时内送到生产车间，确保牛奶新鲜的口味和丰富的营养。出厂后，在运输过程中，则采用冷藏车保障低温运输。在零售终端，蒙牛在其每个小店、零售店、批发店等零售终端投放冰柜，以保证其低温产品的质量。

4. 使每一笔单子做大

物流成本控制是乳品企业成本控制中一个非常重要的环节。蒙牛减少物流费用的方法是尽量使每一笔单子变大，形成规模后，在运输的各个环节上就都能得到优惠。例如利乐包产品采用铁路运输，每年运送货物达到一定量后，在配箱等方面可以得到很好的折扣。而利乐砖产品采用汽运，用 5 吨的车和 3 吨的车，成本要相差很多。

此外，蒙牛的每一次运输活动都经过了严密的计划和安排，运输车辆每次往返都会将运进来的外包装箱、利乐包装等原材料和运出去的产成品进行结合，使车辆的使用率提高了很多。

物流知识小课堂

物流成本的构成：（1）伴随着物资的物理性流通活动发生的费用以及从事这些活动所必需的设备、设施费用；（2）完成物流信息的传送和处理活动所发生的费用以及从事这些活动所必需的设备和设施费用；（3）对上述活动进行综合管理所发生的费用。

❓思考题

1. 蒙牛是怎样合理地选择运输方式的？全程冷链是怎样保障整个企业有效地运行的？
2. 结合本案例，分析乳品企业的物流有哪些特殊要求，蒙牛如何应对这些要求。

案例 15-3　科技赋能生鲜零售：百果园的数字化转型

主题词： 生鲜零售，物流优化，产销一体化

百果园自 2002 年创立以来，始终专注于生鲜水果零售领域，致力于为消费者提供新鲜、优质的果品。经过二十多年的发展，百果园已在全国 40 多个城市拥有 3700 多家门店，成为国内领先的生鲜水果连锁品牌。百果园的成功源于其对供应链管理的极致追求，以及对新鲜品质的执着坚守。

1. 深耕上游，源头把控

百果园作为国内领先的生鲜零售连锁企业，深知上游供应链对生鲜产品品质的决定性作用。为确保每一件果品均达到严格的质量标准，百果园采取了多种策略积极布局上游供应链，建立了与 200 多个优质种植基地的长期合作关系，从源头把控果品品质，实现了对产品的全方位监控和管理。百果园通过入股投资的方式与上游种植基地建立了更紧密的合作关系。公司不仅注入资金，还参与基地的管理和运营，直接监督果品的生产过程。这种深度参与的模式确保了果品从种植到采摘的每一个环节都符合百果园的高标准，极大地提升了果品的品质稳定性。

百果园与种植基地开展了深度合作，共同制定了详细的种植标准、技术规范和管理流程。公司还派遣专业技术人员到基地进行现场指导和监督，确保种植过程中的每一步都严格遵守质量标准。这种密切的技术合作不仅提升了种植基地的管理水平，也确保了果品的质量和安全。此外，百果园还通过委托代工的方式，确保果品的生产符合公司标准。通过与种植基地签订委托代工协议，百果园负责提供种苗和技术指导，而基地则按照百果园的标准进行种植和生产。这种模式使得果品的品质保持稳定，也能有效地控制生产成本，保障企业的盈利能力。

2. 科技赋能，提升效率

百果园积极搭建了以产业互联网为核心的多个平台，其中包括供应链信息平台和数据分析平台。成立的"优质果品产业联合会"不仅促进了产业链上下游的信息共享，还实现了智能协同，为整个水果产业的数字化转型奠定了基础。通过这些平台，百果园构建了一个涵盖标准化种植、供应链管理等功能的综合性产业互联网体系，实现了产业的互联互通。

在技术应用方面，百果园与慧云信息合作成立了"智果科技"公司，利用物联网和人工智能技术建立了集气候、地理、农事、生理于一体的标准化生产与预测模型。这些技术使得公司能够精准预测种植基地产量和果品品质，并实现优质果品的定制化生产，从而显著提升了产品的整体品质。此外，物联网系统的引入使得种植基地可以实时获取数据，进一步优化

了生产流程和种植效率。

为了进一步提升技术水平，百果园还收购了 O2O 生鲜电商一米鲜，引进了大量技术人才。通过这一举措，公司不仅增强了自身的技术能力，还推动了技术创新和应用的持续发展。在供应链管理方面，百果园制定了标准化管理流程，并通过商业连锁供应链管理系统实现了物流、资金流和信息流的高效流动，从而提升了整体供应链管理的效率。

此外，公司建立了产销对接平台，投资了上游种植基地，并组织了供应商大会，实现了产销一体化。这一措施不仅提升了供应链协同效率，还优化了资源配置，确保了水果供应链的高效运作。百果园还牵头成立了"优质果品产业联合会"，整合了产业链资源，制定了水果产业体系标准，实现了全产业链的合作增值。

3. 实体门店，赋能物流

百果园的实体门店不仅是销售终端，更是在其物流体系中扮演了关键角色，赋能了整个物流网络。通过将门店转变为仓储和配送中心，百果园有效地优化了物流路径。门店广泛分布在全国 40 多个城市，能够在消费者下单后迅速从最近的门店进行配送，显著缩短了配送时间并降低了运输成本。同时，门店作为仓储中心，避免了建立大型仓储设施的高昂成本，降低了仓储费用。此外，门店的灵活性使其能高效应对订单量波动，提高了配送效率。

在配送方式方面，百果园提供了多样化的选择，如门店自提、众包配送和自提柜服务，以满足不同消费者的需求。通过与第三方配送公司合作，百果园扩大了配送范围，并提高了配送效率。自提柜服务则为消费者提供了便捷的取货方式。

数据驱动和供应链协同是百果园物流体系的核心。门店收集的消费者购买数据为物流优化提供了支持，使配送路线更加高效。同时，与供应商的实时沟通避免了缺货现象，提升了供应链的整体效率。通过这些措施，百果园不仅提升了物流体系的运作效率，还增强了消费者的服务体验。

百果园的成功并非偶然，而是源于其对供应链管理的极致追求。从上游种植基地的合作，到科技赋能的精准预测，再到实体门店的物流优化，百果园构建了一个高效、透明的供应链体系，为消费者带来了新鲜优质的果品，也为自身赢得了市场优势。

物流知识小课堂

产销一体化是指将生产活动与销售活动进行深度整合，实现生产、销售、物流等各环节的高效协同。其核心理念是通过有效的协调和沟通，使生产和销售紧密连接起来，从而实现无缝对接。这种模式不仅能够优化资源配置，提高企业的运营效率和市场响应能力，还能够更好地把握市场需求，降低成本，增强企业竞争力。

思考题

1. 百果园是如何通过深耕上游供应链来确保果品品质的？
2. 百果园的供应链信息平台和数据分析平台如何实现产业的互联互通和智能协同？
3. 产销一体化对百果园的供应链效率和资源配置有哪些影响？
4. 百果园的数字化转型经验对其他生鲜零售企业有哪些启示？

案例 15-4　光明乳业舞动冷链物流

主题词：冷链物流，第三方物流，信息化

上海光明乳业有限公司（以下简称光明乳业）成立于 1996 年，是中国规模最大的乳制品生产和销售企业之一。光明乳业的主营收入已经突破了 50 亿元，销售额、利润连续 6 年以 30% 以上的速度增长。跻身世界乳业十强是光明乳业的远景目标，而成为物流企业和食品行业内冷链物流的航空母舰则是其物流事业的最终目标。

1. 三条销售通路争市场

国内乳品企业一般分为奶源型和城市型两种类型，光明乳业是传统的城市型企业。它的销售通路有三条：第一条通路是从工厂到物流配送中心，再到一些大卖场、连锁超市和便利店，光明乳业对此的承诺是"365×24"配送，即一年 365 天每天 24 小时配送；第二条通路是送奶上户，产品从工厂到配送中心，然后直接送到社区奶站，再由送奶工送到每家每户，完成"最后一公里"的配送。在市区，平均每个送奶工负责 200 户人家；第三条通路是将常温奶通过几百家经销商打入各地的超市和社区，这种销售通路是伊利和蒙牛这样的奶源型企业的主要销售通路。现在，光明乳业的常温奶已经覆盖到了全国 500 多个城市。

光明乳业比竞争对手多两条通路，在它看来，食品行业，包括乳业发展到最后都将是阵地战，而到那时，光明乳业的优势就会显现出来。

2. 刻意信息化

最初，光明乳业还只是在某些环节上以与国内软件公司合作开发的一套小型系统支撑业务运作，但随着业务的迅速扩张，光明乳业敏锐地意识到信息流对整个商流和物流的促进作用。它在决定上企业级 ERP 系统时，选择了具有国际背景的 Oracle 公司。

但一个整体信息化平台并不能解决所有问题。光明乳业的物流事业部发现，公司的 ERP 系统主要作用在于销售订单处理，无法完整控制企业对销售订单的履约过程，尤其是不能帮助公司全面管理仓库里的物流作业。

光明乳业较早引入了包括 WMS 在内的一系列物流管理软件和信息化开发项目，并逐渐认识到信息化是物流发展的关键因素。在投资 1.7 亿元兴建物流配送中心的规划中，该公司将相当大一部分预算投入了信息化系统的开发。

3. "冷酷到底"

为了支持自身的主营业务，光明乳业多年来一直在不断完善它的冷链物流。其乳业物流事业部总经理杨海欣说："光明乳业的物流第一是要服务自己，支持光明乳业跻身于乳品业的世界十强；第二是要在食品行业内成为冷链物流的航空母舰。"

光明乳业的鲜奶配送是全程冷链概念，即强调所有环节都在冷藏环境下（0 ～ 5℃）进行并保持不中断。2011 年 7 月，上海持续高温，一直保持在 34℃ 左右，可当你接近库房门口时，5 米之外就能感受到一阵凉气从里面袭出。

光明乳业实行全机械化挤奶，牛奶一挤出来马上就被冷却，装入冷藏奶槽车送到工厂；到达工厂后，奶槽车直接与管道连接，进入加工程序；产品生产出来后都被存放在物流配送中心的冷库里，超市销售的产品由冷藏车直接配送到超市。值得一提的是，其设计思想是"门对门"，冷库有门廊，温度保持在 0 ～ 10℃的范围内，冷藏车到冷库接货时，车先倒进冷库门廊里，从而保证这条链条永不中断。

为了使冷链在"最后一公里"也能够不中断，光明乳业先后共投入了 500 多万元来完善社区小冷库。2011 年 7 月发布的最新统计数据显示，光明乳业在上海已经建立了 200 个社区小冷库。

光明乳业的鲜奶在社区小冷库里放置时温度需进一步冷却，这样等送到千家万户时，鲜奶就会达到一个合理的温度。根据光明乳业公关部经理龚妍奇介绍，光明乳业有 2700 多名送奶员，他们是用三轮车来完成最后配送的。这些三轮车都配有保温层和冰袋，甚至光明乳业为用户提供的奶箱也都被设计成了保温型的，所以用户在早上 7:00 上班前拿到的牛奶还是冷的。

在整个华东地区，光明乳业有 1 万多个网点，覆盖了 20 多个城市，冷藏车每天的运输量在 5000 吨左右，行程大概 10 万千米，相当于在上海与北京之间跑四十个来回。光明乳业以自有的 200 多辆冷藏车为核心车队，还整合了相当多的社会冷藏车资源来为其服务。

4．迈向第三方物流

光明乳业的物流事业部是经过几次大的变革才诞生的，最早的时候叫作车队，归销售部管，后来叫作运输公司，再后来才成立了物流事业部。上海乳品企业有一厂、二厂、三厂等，每个工厂都有自己的销售团队、仓库和车队。通过一系列企业与企业之间的整合，运输公司成立了，但物流还只是简单的仓库加车队模式。公司的发展壮大使光明乳业开始走向全国。为了配合商流的发展，销售部最早独立出来，这对整个物流又提出了新的要求。光明乳业曾以第八工厂为基点启动物流中心建设项目。之后，公司步入资源整合的新阶段，面向全社会招标，有序融合内部资产与外部资源，使社会运输力量及仓储设施成为自身供应链的重要组成部分。

实际上，光明乳业已经拿到了第三方物流的经营执照，而且已经开始为两家外资食品企业做配送业务。这是一个双赢的局面。例如，其中一家外企以前每到夏季就不得不停产某些产品，然而，通过与光明乳业的合作，夏季生产不仅没有受影响，反而利用光明乳业的物流体系将产品顺利配送至诸如北京、广州等城市。

物流知识小课堂

冷链物流应遵循"3T 原则"：产品的最终质量取决于在冷藏链中储藏和流通时间（Time）、温度（Temperature）和产品耐藏性（Tolerance）。

"3T 原则"指出了冷藏食品品质保持所允许的时间和产品温度之间存在的关系。由于冷藏食品在流通中因时间—温度的经历而引起品质降低的累积和不可逆性，因此对不同的产品品种和不同的品质要求，有相应的产品温度控制和储藏时间的技术经济指标。

思考题

1．光明乳业的销售物流有哪些优势？

2．光明乳业为什么要选择迈向第三方物流？

3．如何有效地整合第三方物流以实现整体利益最大化？

案例 15-5 和路雪的冷冻链与物流管理

主题词： 物流渠道，冷冻链，物流管理

和路雪（中国）有限公司（以下简称和路雪）自 1994 年成立以来，凭借其创新的产品和市场策略，使和路雪这一著名品牌在中国取得长足发展。和路雪拥有可爱多、梦龙、百乐宝、蔓登琳等著名品牌，深受消费者喜爱。和路雪的宗旨是不断创新，为中国消费者带来全新的冰激凌体验，成为主导中国冰激凌市场的领导品牌。

和路雪能取得如此大的成功，与其在生产管理和物流渠道等方面下足功夫是分不开的。下面主要介绍冷冻链和物流管理这两个方面。

1. 冷冻链

冷冻链没有强制执行的标准，但因为和路雪的产品用料和花色对温度非常敏感，温差会影响产品质量，所以必须有一套完善的冷冻流程进行控制。和路雪采用联合利华的全球标准，对冷冻链有明确规定，具体如下。

（1）一级冷冻链（厂家到分销商）的温度要保持在 -20℃以下。

（2）二级冷冻链（分销商到批发站和大卖场）的温度要求保持在 -18℃以下。

（3）三级冷冻链（批发站到终端网点）的温度则要保持在 -15℃以下。

例如：

（1）一级冷冻链：冷库保持在 -28℃→冷库出货区保持在 -10℃→一级运输车辆保持在 -22℃→批发商冷库保持在 -20℃。

（2）二级冷冻链：分销商保持在 -20℃→二级运输车辆保持在 -20℃→批发商保持在 -18℃。

（3）三级冷冻链：批发商保持在 -18℃→直销车保持在 -18℃→超市和零售冰柜保持在 -16℃。

2. 物流管理

和路雪有分销和直营两种销售模式。与其他同行企业将物流外包给多家服务商的做法不同，和路雪在整个北方地区的物流外包是交给北京华日飞天物流有限公司独家承运。这样，这家公司对和路雪企业的忠诚度就非常高，对和路雪产品及销售变化规律也越来越熟悉。同时他们也会严格按照和路雪的要求操作，按照和路雪的思路去改变他们自己的组织结构和管理方式。

严格的流程化管理，是和路雪对物流服务商提出的一项新要求。目前，和路雪对操作规范的要求越来越细化了，甚至规定到每一个步骤。例如，进厂区后的限速，停车的步骤和具体位置，多少分钟内装完车，甚至是司机的穿着。

和路雪每年的销售旺季从 1 月到 9 月，通常从 1 月就开始铺设网点、建立库存。和路雪在冷饮市场上多年巩固下来的地位，使其终端网点的数量比较固定。在一年的销售旺季结束时，物流部门就开始制订下一年的物流计划，并下发给合作的物流企业。

一般物流计划都是以公司次年的生产和销售预测为基础的，而预测主要是依据上一年的销售情况和市场部的新产品计划。尽管和路雪方面称其产品销售具有一定的规律性，在没有

新产品冲击的情况下月销量基本固定，浮动也会在公司的控制范围内，但冷饮消费具有明显的季节性和随机性，预测有时也会失灵。例如在旺季销售期间，某一天，分销商突然集中订货，一开始公司没想到会卖得这么好，于是某款产品断货了。

在这种情况出现后，和路雪通常的做法是首先稳定客户，同时制订紧急方案，加快生产，临时调用更多车辆增加运力，分区配货等。这时更需要物流企业的紧密配合。所以，可以说，与物流企业的配合是否协调，对于企业的市场应急至关重要。

根据了解，在物流环节，和路雪在中国市场上是唯一一家采用铲板式运作（托盘化运输）的企业。这是一种国际化标准的运作模式，虽然会使单个冷藏车的满载量减少 2/3，成本相应高出 20% 左右。但是，和路雪的优势是能够保证质量，产品破损少，并且装卸快，明显提高了配送效率。这体现着物流制胜不光指成本优势，还包括物流的及时性，和路雪非常看重及时有效。在这方面，他们投入的物流成本比其他公司多得多，当然，这也成了和路雪的一个竞争优势。

根据有关市场报告显示，这家在中国冷饮市场上占据龙头地位的公司的增长势头持续高于整个冰激凌行业平均水平的势头。在过去的一年中，和路雪的销售额增长达到了两位数，在其母公司联合利华总销售额 70 多亿元中，它占到 12% 左右。可以相信，在和路雪持续、有效的管理下，和路雪的明天会更好！

物流知识小课堂

物流活动具有环节层次多、信息量大的特点。物流信息的突出特点就是及时性和动态变化性。要高质高效地完成物流业务运作，形成自身物流企业的核心竞争力和树立企业品牌，就必须对物流运作全过程的动态信息及时、准确地掌握与控制。实时了解物流运作各个环节中的活动状况，解决物流活动中出现的问题，处理一些突发性事件，确保物流企业的管理者和调配者能够观察物流业务运行状况，掌握供应方、需求方和仓储方的准确信息，合理调配优化物流运作过程，为客户提供高效率的物流服务。

思考题

1. 和路雪是依据什么对冷冻链进行合理划分的？
2. 分销和直营在此案例中各发挥着什么作用？
3. 冷饮消费市场有什么特点？和路雪如何应对紧急订单？

案例 15-6　可口可乐的新配方物流

主题词： 物流销售网络，销售终端，物流成本

在竞争激烈而残酷的饮料市场上，可口可乐之所以长盛不衰，靠的不只是口味和神秘的配方，其独特的商业运作正在不断勾兑出取胜市场的新配方。

雪碧与七喜的味道相差无几，但两者的全球销量却有着天壤之别。地处北京东郊定福庄

的"家人乐"小店是北京郊区再典型不过的夫妻店了，店内只有可口可乐和雪碧，老店主对此的解释是："都是一样的东西，可乐（可口可乐）和雪碧拿货容易。"简简单单的一句话，道出了可口可乐中国公司在国内市场操作成功的精髓——利用强大的物流销售网络直接触及市场终端。

1. 可口可乐流到夫妻店

可口可乐在中国拥有三大合作伙伴——嘉里、太古和中粮，共 36 家灌装厂分布在全国不同区域，而相应灌装的产品也在各自划分区域内销售，严格禁止串货（跨区销售）。同时三大合作伙伴除了经营各厂生产，还要负责所处地区的销售工作。可口可乐会给三大合作伙伴规定产品的最低限价，但不参与分配每瓶饮料的利润，只收取"浓缩液"费用，因而对于各合作伙伴分厂来说，卖得越多，赚得越多。

嘉里集团下属的山东可口可乐灌装厂地处青岛，负责整个山东市场。得知百事可乐决定在山东设厂的消息后，为了保持在山东市场的绝对优势，可口可乐发起了一场地盘保卫战。在济南、青岛两地爆发的可乐大战，至今令人难以忘怀。2.25 升的大瓶可口可乐价格一度滑落到 2.5 元，该产品的价格调整不是按照星期或是天进行，而是按照小时浮动。针对饮料销售商和宣传阵地的争夺不断升温，甚至爆发了百事可乐员工围攻可口可乐山东办事处的激烈场面。

抢购可乐的消费者们并不知道，可口可乐在山东的阵地战远不止"价格战斧"一种武器，尤其是在 2002 年百事可乐强力进军济南设厂后，庞大的可口可乐物流营销网络发挥着重要的作用。

可口可乐针对销售终端把控极紧，竞争对手在饮料零售市场稍有动作，可以在第一时间察觉，这主要归功于严格的渠道销售管理。可口可乐在全国大力开发合作伙伴，把中间商一层一层地剥离掉，推行直销。虽然在销售网络中仍然存在批发，但批发商不是垄断性的大批发，而是采取分解的方式将批发商控制到很小的规模，对所有的超市、大中型零售商全部直接送货。可口可乐的这种直销方式大大提高了其市场感应能力。

营销和物流总是矛盾的，如果在销售环节设立大批发商，生产出的可口可乐全部送到批发商，再由批发商销售，这样做，可口可乐公司物流成本会很低，但是公司无法完全控制市场。为了全面控制市场，可口可乐的物流全部由灌装厂自身完成。同时，可口可乐决不放弃任何一个小的零售商，哪怕是最小型的夫妻店。为此，可口可乐推行了金钥匙伙伴（Gold Key Partner，GKP）计划，在一定区域内找一家略大的零售商，可口可乐将货直接运送给 GKP，再由 GKP 完成最后对超小型零售商的配送工作。GKP 送货费用由可口可乐及其合作伙伴支付。GKP 负责的全部是规模很小的小店，而所有的超市和大一点的零售商则全部掌握在可口可乐手中。超市的数量及名单在公司内部也是按级别掌握的，一些副总裁级的员工甚至不清楚合作商的大体数字。

20 世纪八九十年代，在可口可乐刚刚进入中国之初，各种营销创意都似乎在着力渲染可口可乐配方的神秘莫测，以此吊起人们探究的胃口，引导消费者产生对可口可乐的兴趣。但在可口可乐公司内部，其实早已把对市场的感应能力确定为核心竞争力。因此在全球不同地区的可乐大战中，可口可乐总是胜多败少。

2．物流包袱

能够在有效控制成本的前提下真正实现直销，确实不是一件容易的事情。饮料属于典型的快速消费品，其特点是生产集中，销售分散。在产品特点上，饮料的运输单元体积庞大，但单位货值较小。以一辆 8 吨的运输卡车为例，拉一车可口可乐可能只有 8000 多元的货值，与彩电、冰箱或者手机相比差距很明显。同时，饮料运输损耗相对严重，时间要求高。在运输过程中对货龄（从生产日期到目前的时间）要求过于苛刻。在一般的大型超市中，货龄超过 1 周的饮料已经不受欢迎了，超过一个月货龄的饮料会成为滞销品。可口可乐与大的超市销售商有一个约定，超过一定时间的货可以免费更换，这也给企业带来了很大的损失。2001 年，可口可乐一家中国灌装厂因为产品货龄超期，一次就销毁了价值 80 多万元的饮料。外部要求苛刻，内部同样严格。可口可乐使用 PET 瓶（塑料瓶）。PET 材料的特性决定了瓶子里面的二氧化碳压力会随保存温度波动而逐渐降低，货龄越长，品质越低，口感越次。为了保证质量，可口可乐中国公司会到市场上进行抽检，一旦查出不符合要求的情况，会对灌装厂提出警告。但实际上，要真正做到确保货龄不超过 1 周，难度是相当大的。

3．成本经

通过物流环节的改善为公司赢得市场竞争力，是商务运作中的成功经验。每瓶可口可乐的成本构成主要有三个方面：生产成本、销售广告成本和物流成本。对于嘉里集团这样的合作伙伴来说，生产成本是最高的；销售广告成本与可口可乐中国公司共同承担，是第二大成本；作为第三大成本的物流成本也是一个不容忽视的内容。根据可口可乐原高层员工估算，物流成本约能占到一瓶可口可乐成本的 20% ～ 30%，按此推算，每瓶销售价格接近 6 元的 2.25 升可口可乐，利润只有几毛钱，物流成本就超过 1 元，这真的是一个不可小觑的数字。

学会控制成本，首先是找好压缩成本的空间，向合作伙伴销售浓缩液是可口可乐公司的主要利润来源。对于嘉里这样的大合作伙伴，从机器生产设备、检测设备等，全部从可口可乐指定的全球厂商订购，价格相当昂贵。而且可口可乐对灌装厂的生产工艺流程要求非常严格，品质控制比普通品牌饮料的要求要高，灌装厂很难在生产环节做"节流"文章。同时，为了适应市场竞争的要求，饮料业在生产环节开始推行柔性化生产，单次生产批量越来越小，这就在一定程度上降低了规模化生产带来的成本效益。与这种柔性化生产相配套的敏捷物流，也不再具备以往规模效应的优势。生产成本只能在管理环节中控制。例如，通过提高生产管理系统的柔性来牵制成本的上升。由原来的每条生产线配置一班工人，改变为三条生产线配置两班工人，提高了员工的工作效率。饮料市场的竞争越来越激烈，促销活动越来越频繁，促销的费用也越来越多，在可口可乐售价不提升的情况下，也就相当于隐性降价。

分析以上所有的方面，物流是唯一可以降低成本的环节。灌装厂选择借助于信息系统来管理物流。

4．发现问题

以嘉里集团山东可口可乐灌装厂为例，2000 年开始进行物流管理调整，建立了信息系统，提高了运营指标，降低了成本，更为重要的是通过物流规划检查出管理中存在的诸多问题。

在推行物流管理体系之前，仓储部只管仓库，运输部只管车辆运输，采购部只管原材料采购，生产部只管生产计划，几大部门相互独立，各部门经理都是平级，他们中间缺乏沟通与协调，内部信息流不通畅。

饮料销售行情淡、旺季差异明显，夏季销量非常大，冬季销量非常小。因为生产能力有限，厂里 4 条生产线全部开动起来也只能供应 7 天货源，在需求旺季往往因为供不应求而损失订单。如果市场部和销售部再有促销，大量订单涌来就更有可能出现丢单了。各个可口可乐经销商也都有自己的营销计划，可口可乐的断货会极大影响客户的利益，从而会导致市场丢失。如果旺季订不到货，淡季又向客户压货，更会极大地降低客户满意度。

与所有其他的企业一样，市场、销售、生产、物流配送等，都是需要紧密配合的，可口可乐也不例外，甚至表现得更加突出。市场销售计划要与生产能力相匹配，整个公司的供应链要协调。生产和物流都要跟随市场而变化，制定敏捷的应变措施。

在做物流之前，嘉里集团的每一个部门各自为政、独立运作。例如，采购部门为减少自身工作量，会增加单次订货数量，供应商也愿意大批量少次数发货。但是 PET 空瓶在夏季的保质期只有一个月，一旦因为某些原因销量减少，瓶子一个月内用不完，就会大批报废。包装箱也是如此。市场部制定的活动变化过快，初夏用一个明星的版面包装，仲夏换了其他形象代言人。市场部与采购部之间的沟通不够，采购部订购的一大批包装物也就全部作废了。这样的事件时有发生。

5. 打通信息流

为了解决信息沟通及其带来的各种问题，嘉里集团首先在各个灌装厂推行了物流会议的制度，仓储、运输、采购、生产、销售等部门的领导每周召开一次会议，交流信息，解决问题。接下来，建立了物流部门，把仓储、运输、综合计划等部门合并起来，从根本上解决了信息沟通的问题。

不断完善内部管理信息系统，也是可口可乐中国公司取胜的法宝。可口可乐在全球所有灌装厂推行一套 BASIS 系统，这是一套以销售为中心的信息系统，考虑到不同国家地区的市场环境的特殊性，以及财务管理、人力资源管理方面的差异性，各分公司或合作伙伴可根据自身需求进行二次开发，增加系统的功能。

嘉里集团在原有的 BASIS 系统中增加了存货管理（后扩展为仓储管理），加入了运输和配送系统，以及一些细节管理，如冷饮设备及配件的管理等。

通过物流信息系统的建立和运行，嘉里下属可口可乐灌装厂的存货规模明显减少；存货周转率大幅度提高；营运周期大幅度降低；市场上的平均货龄大大缩短；在运输过程中，车辆的空载率也大幅度缩小。该系统还不断促进公司日常生产业务的改善。系统会根据产品销量的历史数据进行分析和预测，制订需求与运营计划。预测系统中所记录的历史数据非常详尽，包括区域、时间、SKU（可口可乐产品品种单位，即哪一种产品，其中 SKU 不但要关注 355 毫升的芬达，甚至还要包括具体是哪种包装的产品）、销量、其他竞争对手活动造成的影响等。系统给出预测结果后，相关人员还会考虑当年温度的因素进行调整，使市场预测的结果更为可靠。根据预测的销量数推算出库存计划，在所有的营业所（灌装厂在本省设立的销售部，山东全省有 5～6 个营业所覆盖全省）每一天什么样的 SKU 应该有多少，都有明确的指标。按照库存计划制订配送计划，并确定生产计划。可口可乐实行的是以销定产，核心在于充分挖掘销售潜力和物流配送系统，保证物流全速顺畅运转。

针对销售合作伙伴的直销系统的建立，使得可口可乐公司大大提高了市场感应能力，而不会像一些中小型饮料企业一样，过度受到大渠道分销商的制约。

物流知识小课堂

　　销售物流(Distribution Logistics)是企业为保证本身的经营利益,不断伴随销售活动,将产品所有权转给用户的物流活动。在现代社会中,市场环境是一个完全的买方市场,因此,销售物流活动便带有极强的服务性,以满足买方的要求,最终实现销售。在这种市场前提下,销售物流的空间范围很大,难度增加。需要通过包装、送货、配送等一系列物流活动实现销售,因此需要研究送货方式、包装水平、运输路线等,并采取各种诸如少批量、多批次,定时、定量配送等特殊的物流方式达到目的。

思考题

1. 可口可乐在中国市场上成功的关键是什么?
2. 为全面控制市场,可口可乐的销售物流采取什么方法?
3. 可口可乐是如何有效地进行成本控制的?
4. 嘉里集团如何解决各部门信息沟通不畅的问题?问题解决后,哪些方面得到改善?

Chapter 16

第16篇　家电物流

"自来水哲学"

- 提出者：日本松下电器公司创始人松下幸之助。
- 大意是："经营的最终目的不是利益，而是将寄托在我们肩上的大众的希望通过数字表现出来，完成我们对社会的义务。企业的责任是：把大众需要的东西变得像自来水一样便宜。"以优良的品质，用消费者能够购买的价格，把商品像自来水一样源源不断地为顾客提供出来。使顾客常受益，乃是企业获益的最大源泉。

物流讲堂

家电物流

家电领域是竞争最激烈的领域之一，白热化的竞争使服务于家电行业的物流业务越发务实。尽管家电供应链比较长，触角也比较深，但在这个链条上，主角只有三个：家电生产企业、家电流通企业和第三方物流公司。在严峻的市场形势下，中国家电制造企业越来越重视物流管理，希望以此提升企业的竞争能力。

1. 家电行业物流的现状

近年来，国内各大家电企业在技术、产品和分销渠道上竞争激烈，同质化现象严重，竞争焦点相应地转移到渠道网络和分销。家电行业物流的现状主要表现在以下几个方面：（1）中国已经成为世界上家电生产大国和家电制造基地。（2）全国有 30 余家家电企业的销售收入超过 10 亿元。（3）市场饱和，产能过剩，使家电市场竞争十分激烈。（4）成本对销售的影响越来越大，对物流成本的压缩成为首当其冲。（5）现代物流对市场销售的支持度不够。

2. 家电企业物流存在的问题

家电企业物流存在的问题主要包括：成本问题、仓库管理问题、服务质量问题，以及信息问题。迫使家电企业关注物流的原因主要有：（1）家电企业竞争激烈；（2）家电企业利润不断摊薄；（3）卖方市场逐渐转变到买方市场。

3. 家电行业物流的目标与关注点

家电行业物流的目标主要有合理的综合物流成本、安全可靠性、服务柔性、IT 系统能够在供应链中发挥作用、服务规范化、标准化、网状一体化的服务等。

家电行业物流的关注点在于：（1）物流控制；（2）整合企业内外物流资源；（3）健全、完善的物流网络；（4）IT 技术及强大的物流信息系统支撑。

4. 家电制造企业的销售物流模式

目前中国家电制造企业在销售物流方面，通常采取的操作模式主要有以下四种：（1）家电企业自己整体承担物流；（2）家电企业各区域自行负责物流；（3）成立合资物流公司；（4）外包给专业的第三方物流公司。

5. 家电物流的发展方向

发展家电物流有多种有效途径。在销售过程中，将物流与商流分离，使其运作更加专业化，从而降低物流成本，提高物流效率；从供应链的角度出发，将销售物流覆盖的范围从原有的配送环节向上下游延伸，追求销售物流的整体优化；在销售物流的设计和运作中，以系统化、标准化、模块化、信息化思想为指导，从而满足市场竞争和技术发展的要求。

案例 16-1 国美电器物流改革案例

主题词： 物流网络，货物跟踪，集中配送

众所周知，目前的家电销售企业如果单纯通过价格大战或者依靠不断增加连锁店的数目来打击对手、抢占市场、赢得顾客，恐怕都会得不偿失。只有在充分分析家电销售特点的前提下，制定合理的物流战略，选择适当的物流运作模式，才能提高顾客服务水平，降低运作成本，在激烈的家电市场竞争中脱颖而出。

要做好家电流通领域的物流，就要充分了解其特点。首先，家电销售季节差异明显。例如空调，其销售旺季在每年的4—7月，在高温季节的销售高峰日出库量比淡季多十余倍，形成鲜明对比。家电产品的"假日经济"特点也很突出。以彩电为例，在"金九银十"（指9月、10月）和春节前后，彩电的销售量会猛增，随之而来的是顾客对快速物流配送的需求。其次，库存是家电行业永远的痛。库存周转率低，影响企业现金流，信息滞后，造成"牛鞭效应"，增加库存积压。最后，销售网络庞大，需要有健全的物流网络与之相适应。只要有产品的地方，就存在物流服务需求，而物流体系的搭建与维护，例如区域配送中心的规划、仓库的选址建设、运输车队的管理、IT系统的规划等，则需要投入大量的人力、物力和财力。针对上述家电物流运作的特点和难点，越来越多的家电销售企业逐步将物流业务外包给第三方物流企业。

同时要注意到，近些年来，家电销售企业在家电市场中的地位发生了重要变化。这两年来涌现的国美电器、大中电器、苏宁易购、三联家电以及中永通泰等家电连锁巨头，进行了类似于"圈地运动"的大规模扩张。其中，中永通泰由北京大中、上海永乐、广东东泽、深圳铭可达、浙江五交化、武汉工贸等九家区域性家电零售商结盟而成。这些区域性的家电零售企业在各个地区都具有一定的规模、发达的营销网络和相当的市场影响力，将多家家电零售企业联合起来，形成一个覆盖许多大中城市的网络，增强了市场规模优势。零售业巨头不约而同地采用了由销售商下订单，牵引企业生产的新型买断经营方式。流通方式正由传统的销售代理型向满足顾客需求的顾客代理型转变，买断经营表明商家不再仅仅是家电企业的销售部，而是更多地考虑满足顾客的需求。

第三方物流公司在家电行业利润紧缩的今天日益成为销售终端关注的对象，要降低物流成本，将物流业务外包是较为有效的方式，家电连锁行业尤为明显。经销商每到一个地方都会寻找一个可靠的物流服务商，这无疑给物流公司带来更多的机会和更多的经济效益。然而，社会上大部分的第三方物流公司的服务水平低、增值服务不完善，于是强大的企业开始自己着手扶持和培养专业的第三方物流公司。

著名的家电销售企业国美电器认为"供应链决定零售企业的生存状态"。家电连锁企业如果自建物流，不但要具备相应的资金实力，还要具备相应的人才、车辆、仓库、信息系统等，这是一笔不菲的支出。导致我国物流成本居高不下的原因之一是没有制定合理的物流解决方案。而能给出合理解决方案的正是专业的第三方物流公司。家电连锁的物流关联广泛，涉及货物运输、仓储、货物跟踪、顾客退货服务、代收货款服务、信息交换、单据流转等诸多环节。面对同业的冲击及价格大战，家电连锁业的利润下降，迫使企业不得不从各个环节降低费用，

挖掘可能的利润空间。国美电器作为家电连锁的巨头将自己不太擅长的物流配送外包出去，"加厚"连锁的链条，这是其发展的必然要求。

　　家电销售企业与生产制造企业一样面临着如何选择物流运作方式来降低成本、抢占市场、赢得顾客的问题。解决的方案是从整个行业出发，制造商与渠道商合作，缔造扁平化供应链体系，构筑一体化物流服务系统。一体化物流服务的要求是：一体化物流服务不是多个功能服务的简单组合，而是提供综合管理多个功能的解决方案；一体化物流服务的目标不仅仅是降低顾客物流成本，而是全面提升顾客价值；一体化物流服务的顾客关系不是此消彼长的价格博弈关系，而是双赢的合作伙伴关系。

　　目前，主要的家电连锁企业在大家电配送方面越来越多地采用了集中配送的一体化物流服务方式。集中配送是指销售者对已销售商品进行统一配送安排，将售出产品集中由配送中心发送到购买者指定的收货地点。主要特点是，在一定地区范围内，连锁企业无论有多少销售点，其所有的实物库存均保存在配送中心，各销售点只有样机，没有库存或仅有少量库存。销售时，各零售点将购买者和售出商品的信息传递到配送中心，配送中心根据购买者的地理信息和货物信息安排送货车辆，在送货的同时完成检验、安装、调试、结算等服务。

　　以国美电器为例，建店初期国美电器采用的是"门店储存配送"的物流模式，那时国美电器业务还仅限于北京地区。在北京郊区设立一个"大库房"，所属的各门店设立相应库房；厂商将大件商品直接送到"大库"，再由调货车配送到门店库房。顾客购买交款后，到门店库房提货、验机，并由顾客自己找车运回。

　　为了提高服务水平，国美电器开始向顾客提供大件商品送货上门服务。当时各门店销售商品均在门店库房储存，顾客交款后直接到门店库房提货，开箱验机满意后，再由门店派车送货上门。这种送货方式操作麻烦，每一个门店都要有一个仓库和自己的送货车辆，资源不能共享，造成很大浪费。

　　国美电器物流部成立后，重新调整了国美电器物流未来发展战略，实施了一系列改革措施。将各地区的"大库"逐步改造成集仓储管理、配送管理、信息处理和流通加工等功能于一体的现代化的物流配送中心，开始全面实施"集中配送"的物流模式。即将所有冰箱、洗衣机、空调、彩电等大件商品和一部分小件商品集中储存在配送中心，所售商品由配送中心集中配送到顾客家中。在一个地区，国美电器只设立一个配送中心，供该地区和与之相邻的地区共同使用。这样一来，在国美电器商店里摆放的除了小件商品外，其余商品只有样机。

　　通过国美电器的案例不难看出与传统"门店储存配送"方式相比，发展"集中配送"物流模式在以下几个方面还需调整。

　　（1）我国传统的商业模式是"一手交钱，一手交货"。在集中配送模式下顾客只能看到样机，不能当场试机，一些顾客不易接受。

　　（2）因为不能当场试机，一些残次商品会在送货中才能发现，造成二次送货费用，并引起顾客投诉。

　　（3）只有利用先进的信息处理技术和网络通信技术才能充分发挥集中配送的效率，而企业建立高效的信息系统投入是可观的。

　　（4）集中配送对管理和服务提出了更高的要求。配送中心顾客服务部、卖场的工作职能和工作内容均发生了巨大的变化。如何进行流程重组、职责分配十分重要。

　　（5）集中配送对配送中心的选址要求较高。除了保管条件等硬件设施，重点要满足道路、交通、通信等需要。

正是基于上述原因，国美电器在实施"集中配送"物流管理模式的同时，一方面努力改善其基础物流设施，现已拥有北京、上海、广州、大连、香港等 25 个具备成熟物流运营经验的物流中心，标准库房总面积 23.2 万平方米；另一方面积极建立稳定的物流团队，现在自有运输车辆 186 辆，签约运输车辆 4800 辆，拥有物流服务专业从业人员 2000 人，送货服务人员 1.1 万人；尤为重要的是国美电器还拥有完善的物流信息系统，国美电器总部与 26 个分公司、各分公司与门店、物流中心之间通过 ERP 系统连接，商品进、销、存数据可以时刻在线查询。国美电器销售的商品通过 ERP 系统传送到配送中心，再由配送中心给客人进行配送，在资源上实现了共享。

由于有了先进的物流设施、成熟的物流团队和现代化的管理信息系统，国美电器每年销售的大件商品中，空调约为 300 万台，冰箱为 200 多万台，洗衣机约为 150 万台，彩电为 220 万台左右。面对如此庞大的商品数量和繁多的商品品种型号，国美电器都能够按照顾客需要一件一件地提供送货上门的服务。集中配送后，国美电器每年减少调货车辆购置费用 360 万元，减少调货车辆使用费用 135 万元，减少人工费用 290 万元，减少门店库房租金 1600 万元。"集中配送"模式与传统"门店储存配送"方式相比，降低了冰箱、洗衣机、空调、彩电等大件商品的配送次数，大约减少配送商品总量的 60%。相应地，也减少了装卸搬运次数，降低了商品残次率。

由此可见，集中配送与传统的配送方式相比，具有以下优势。

（1）降低企业总库存。集中配送方式只在配送中心有库存，而各零售点没有库存，大大降低了企业库存资金占用。尤其对家电零售企业，由于单品价值高、账期短、家电品种杂、型号多、消费时间性强、地域性强，通过共享同一库存，可减小各种因素对库存的影响。

（2）增加销售营业面积，降低经营成本。零售卖场的原有库房可用于增加营业面积。而配送中心一般位于市郊，租金要低于同等面积的市内仓库。

（3）降低运输费用。大家电的运输费用一般占销售额的 1% ～ 1.5%，采用集中配送的方式，可以减少由仓库到门店的运输。同时，采用集中配送可使配送线路优化，提高车辆使用效率。

（4）品种、规格、型号设置更灵活，最大限度地满足顾客要求。对卖场面积较小或家电销售一般的商场，可以选择少量有针对性的产品，依靠配送中心多品种的支持和信息流的支持，仍可以满足顾客的各种需要。

（5）降低残次率。在减少运输的同时，也减少了搬运次数和装卸次数，可有效降低商品的残次率。

（6）对顾客的服务时间更灵活。顾客不需要与商品同行，因此可以在购买、登记后随意支配自己的时间；顾客可以预约送货时间；为大多数顾客提供 2 ～ 5 小时的送货服务，同时也提供 1 ～ 2 小时的加急送货。

（7）服务质量更优，增强顾客对企业服务的印象，通过上门提供优质服务，加深顾客对企业的印象，提高顾客忠诚度。建立有效的顾客服务体系监督服务质量；通过电话回访和顾客免费电话的方式在企业与顾客间建立起有效的沟通渠道。

（8）适应电子商务的发展需要。随着电子商务的发展，越来越多的顾客接受了网上购物方式。集中配送与电子商务的物流模式基本相同，企业可以利用这种方式开展电子商务。

（9）完善配送中心的服务功能。通过集中配送方式，使配送中心不但成为物流、信息流的核心，而且有效参与企业的服务，企业的资源得到最有效的利用。

集中配送非常适合家电连锁企业的低成本运营。随着市场竞争越来越激烈，越来越多的企业会发展这种配送模式或建立共同配送中心，有效降低运营总成本。

物流服务最主要的目的就是为企业降低成本，快速满足顾客的各种不同的需求，提高服务水平。无论是借助第三方物流企业，还是实施一体化物流配送，家电销售企业都需要在标准化管理的前提下，搭建信息化平台，提高信息共享的能力，从而使物流改革顺畅进行。

第三方物流公司在家电行业利润紧缩的今天日益成为销售终端关注的对象，有的家电销售企业尝试着与第三方物流公司开展多种形式的合作，物流改革已成为行业一个新的亮点。相互依存，共谋发展是基础，只有在企业的帮助下第三方物流公司才能发展壮大起来，才能适应企业发展的要求。同时，企业要想在市场上获取更大的竞争优势，第三方物流的进入尤为重要。第三方物流提供者要从整个供应链的角度去考虑，研究如何使顾客的产品在市场上有竞争的优势，如何协助顾客去优化各个环节、降低生产制造成本，以优质的服务赢得市场和物流需求者，共同获得"双赢"。

物流知识小课堂

集中配送（Concentrated Distribution）是指由专门从事配送业务的配送中心对多家用户进行配送。由于配送中心规模大和专业性强，从而可与多家用户确定固定配送关系；由于集中配送品种多和数量大，经济效益比较明显。与传统的配送方式相比，集中配送具有以下优势：（1）降低企业总库存；（2）增加销售营业面积，降低经营成本；（3）降低运输费用；（4）品种、规格、型号设置更灵活，最大限度满足顾客要求；（5）降低残次率；（6）对顾客的服务时间更灵活；（7）服务质量更优，增强顾客对企业服务的印象，提高顾客忠诚度；（8）适应电子商务的发展需要；（9）完善配送中心的服务功能。

思考题

1. 我国家电物流的特点是什么？哪种物流运作方式可满足这些特点？
2. 家电连锁企业对大家电配送采用什么服务方式？有什么特点？又有哪些问题亟待解决？
3. 国美电器是如何选择物流运作方式来降低成本、抢占市场、赢得顾客的？

案例 16-2　务实的索尼全球物流运营

主题词：集装箱运输，物流链，物流理念

索尼集团公司（以下简称索尼）是日本一家跨国经营和生产电子产品的厂商，在全球拥有 75 家工厂和 200 多个销售网点。根据国际物流专家估计，仅仅在电子产品方面，索尼每年的全球集装箱货运量已经超过 16 万标准箱，是世界上规模比较大的发货人之一。为了充分发挥跨国经营的杠杆作用，扩大其在国际市场上的竞争能力，索尼每年都会与承运人及其代理展开全球性商谈，以便进一步改善物流供应链，提高索尼的经济效益。

1. 每年一度的全球物流洽谈

索尼每年都会举行一次与承运人的全球物流洽谈会，通过认真谈判把计划中的集装箱货运量分配给选中的承运服务提供人。在一年中，如果索尼提供的箱量低于许诺，索尼向承运人赔款，如果箱量超过许诺，索尼不要求承运人提供回扣。在合同中，索尼只要求承运人提供半年至一年的运价成本。索尼这样做的目的是加强与同样艰苦奋斗、拼搏不止的承运人的合作和联系，建立和提高质量上乘、价位低廉的物流链服务网络。

负责与承运人展开全球性物流谈判的一般是索尼物流采购公司总经理。他的任务非常艰巨、复杂，但是可以用两句话概括：落实成交条件，扩大物流成本节约范围。在全球性谈判中究竟要选用哪一家承运人，这不仅要看承运人开出的运价，更要看承运人实质性的因素，即全面评估有关承运人过去三年中的经营业绩、信誉程度、交货速度、船舶规范和性能，还有一些对公司命运至关重要的因素，如客户服务、售后服务、经营管理作风、经营风险意识、公司高级职员自身素质等。这体现了索尼运营物流的务实态度。

2. 务实的经营理念与立足长远的物流理念

索尼的经营理念是："竭尽全力，接近客户，要想客户之所想，急客户之所急，凡是客户想到的，索尼争取先想到，凡是客户还没有想到的，索尼必须抢先想到。"这种理念也已经渗透到索尼的物流活动中。几年以前，索尼曾经遇到这么一件事情，欧洲市场客户急需当地市场已经断档多时的索尼牌超高速凸轮缓冲器，这种用于电视接收设备的产品当时只在日本本土生产，在欧洲和世界各地的索尼公司均不生产，这种产品以往都是通过集装箱海运发往世界各地。但是索尼最高执行官当即决定，急事特办，采用运价比海运高出十几倍的空运物流，把凸轮缓冲器运到欧洲国际市场和其他急需这种产品的市场。如果索尼当时不这样做，欧洲和其他地区的零售商货架上一直找不到索尼产品，客户必然会另外寻找途径，索尼就会逐渐失去市场，等于把竞争的胜利花环主动让给对手。索尼虽然在凸轮缓冲器产品的物流上多赔了一些运费，但是用局部的牺牲赢得了全局的胜利，保持和扩大了市场信誉和占有率。

与经营理念相对应，索尼的物流理念是：必须从战略高度去审视和经营物流，每时每刻都不能忽视物流，满足客户及市场的需要是物流的灵魂，索尼集团公司麾下的各家公司必须紧紧跟随市场的潮流。

索尼物流涉及采购、生产和销售等项目，一般是在不同地区与承运人商谈不同的物流项目。如索尼在北美和亚洲的物流谈判就不包括采购项目，在欧洲的物流谈判就包括采购项目，这是因为索尼是跨国经营集团，要做的是全球性的物流，需要的是全球性物流供应链管理。

3. 独特务实的远洋运输业务处理方式

随着国际分工的细化，索尼不可能把某一个特定消费市场所需要的所有产品全部生产出来。当然，倘若分布在世界各地的索尼子公司能够把工厂所在地四周和附近市场所需要的产品全部生产出来，把本地的这些市场全部包下来，那是最理想的。但是由于产品成本的问题，在实际操作上，这是不可能的。为了既要把市场包下来，同时又要保证产品成本不上扬，务实的索尼集团公司鼓励各地区索尼子公司互相协作，尽量从别的地区寻找本地区缺乏而又必需的零部件产品。

索尼在处理自己产品的远洋运输业务中，往往是与集装箱运输公司直接洽谈运输合同，而不是与货运代理谈运输合同，但是在具体业务中索尼也乐意与货运代理打交道。索尼与其他日本实业公司不同的是，索尼与日本的商船三井、日本邮船、川崎汽船等实力雄厚的航运集团结成联盟。因此索尼在业务上始终保持独立自主。但是索尼非常重视电子信息管理技术（EICT），使用比较先进的通用电子信息服务（GEIS）软件，与日本和世界各地的国际集装箱运输公司建立密切的电子数据交换联系（EDIL）。

为了进一步降低物流成本，索尼常常根据实际需要办理集装箱货物的多国拼箱。例如，索尼把半箱货物的集装箱从某产地发往新加坡，在那里把另外一种产品补充装入箱子，变成满箱货物的集装箱，然后继续运输，直至北美或者欧洲某目的港。这种物流方法的最大好处是缩短了等候时间，因为集装箱运输时间本身就是用金钱买来的，在降低成本的同时也大幅度缩短了通关时间。现在索尼已经把新加坡和中国台湾高雄作为索尼产品多国拼箱的集装箱枢纽港。其他方法还有满箱货物的"工厂直接装箱"，或者在一个国家内的几家索尼子公司的产品进行拼箱。索尼把这些物流服务委托给香港东方海外集运公司和马士基海陆船务公司。索尼在对美国的跨太平洋出口贸易航线上，常常把产品集中到北美内地某一个配送中心站，或者把货物运送到洛杉矶附近混合中心进行中转或者拼箱，充分发挥索尼在北美的亚特兰大、纽约和洛杉矶等地区拥有的仓储能力。索尼还利用欧洲荷兰作为其拼箱中心。凡是准备运往东欧地区的货物先从其他各国进口和集中到荷兰这个拼箱中心，然后发送到东欧各地的配送站。但是发往莫斯科的货物一向不是从荷兰出去的，而是先运往芬兰的赫尔辛基，然后再从那里转运到莫斯科和俄罗斯的其他腹地。

4. 全球各地物流分支机构联合服务

分布在世界各地，特别是一些主要国家的物流分支机构已经成为索尼物流管理网络中的重要环节，这种环节的重要作用已经越来越显著。

过去索尼分布于各个国家物流分支机构的主要功能是为在同一个国家的索尼公司提供服务，经过改革调整，把这些物流分支机构的服务联合起来，发挥全球性索尼物流网络功能。虽然机构还是原有物流机构，但是功能更大，服务范围更广泛，索尼的物流成本降低，经济效益得到极大提高。例如，新加坡或者马来西亚有一家索尼物流分支公司把来自当地的零部件拼装箱，运到位于日本的另一家索尼物流分支公司。后者收到集装箱货后，立即拆箱，把货物迅速配送到分布于日本各地的索尼工厂车间。近年来，在索尼物流分支机构中全球业务搞得最大的是索尼物流新加坡公司，该公司主要经营东南亚各国到越南和中国的物流服务。

5. 组织"牛奶传送式"服务

索尼在世界各地组织"牛奶传送式"服务，进一步改善索尼在全球，特别是在亚洲地区的索尼产品运输质量。"牛奶传送式"服务是一种日本人特有的快递服务，高效、快捷、库存量合理，又深得人心，特别受到要求数量不多、产品规格特别的客户的欢迎，他们非常赞同这种服务方式，因而起到了很好的口碑效应。这种服务非常灵活，客户可以通过电话、传真和电子邮件申请服务，甚至可以租用"牛奶传送式"服务车辆进行自我服务。索尼新加坡物流公司正在进一步缩短海运和空运物流全程时间。由于采用出口优先规划，海运已经缩短到 4 天，空运已经缩短到 1 天。

索尼向系统内的各家索尼物流公司提出了三大要求：一是竭尽全力缩短从产品出厂到客户手中的过程和时间，特别是要缩短跨国转运、多式联运和不同类型运输方式之间货物逗留的时间，必须做到"零逗留时间、零距离、零附加费用、零风险"物流服务；二是大力加强索尼和物流链服务供应方之间的合作关系和始终保持电子数字信息交换联系的畅通；三是当前最紧迫的任务是在东欧地区和中国地区迅速建立索尼物流的基础设施。因为索尼认为："如果物流服务质量低劣，任何严重问题都可能产生"。

物流知识小课堂

物流链是指在"门到门"的物流服务中，按最高效率的运输方式科学地划分成若干区段，通过组织将各区段的运输方式紧密地衔接在一起的物流模式。这个概念已经充分地说明了目前物流运输中高效率的整合和运输的可控性。科学划分运输方式，避免了目前市场上小型物流公司或运输公司的盲目整体外包的概念。

思考题

1. 在远洋运输中，索尼采用什么方法降低物流成本？
2. 索尼集团全球各地物流分支机构如何为集团服务？集团对它们提出了哪些要求？
3. 对索尼物流理念的内容做出相应的评价。

案例 16-3 小天鹅诠释"企业物流"新概念

主题词：物流资源，企业物流，第三方物流公司

无锡小天鹅集团（以下简称小天鹅）围绕企业物流资源整合的一系列举动，对各相关行业领域造成了前所未有的巨大冲击。

来自全国 7 家商业银行的代表共同面对小天鹅传递的一条信息：要将小天鹅遍布于全国 2400 多个销售网点的销售货款当日转到总部的银行账户上。这是一项具有挑战性的任务，谁能做到这一点，就意味着小天鹅每年将有 80 亿元的现金进入这家银行。

好几家银行因网点不足，或因转账速度要求太高而无力做出承诺。只有一家基本条件具备的银行愿意做出承诺。为此，他们必须进行一系列内部业务调整。

小天鹅因此获得了一个历史性的成功。它不仅第一次调动银行适应企业需求，而且为它们进行了一年多的新型物流体系整合画上了一个圆满的句号。

小天鹅的流动资金周转究竟能提前多少天，的确是一个很复杂的问题，其中涉及的核心问题就是物流。任何人都不难理解小天鹅加快资金周转速度的意图，但在场的银行代表并不清楚小天鹅此举的全部意义。

近两年来，小天鹅正在发生一场前所未有的重大变革，就是构建现代企业物流体系。在各个银行间采取竞标的方式整合现金流只是这场变革的一部分。

小天鹅集团与广东科龙集团合作，开创了国内最大的家电电子商务平台，并开产品零配件国际招标采购的先河，拉开了国内企业物流现代化整合的序幕。在首次进行的国际招标采购中，小天鹅以 20 亿元的价格采购到具有国际一流质量标准和综合服务保障的零部件，降低采购成本近亿元。更重要的是，小天鹅找到了与国际化的企业物流体系对接的"接口"。

　　小天鹅集团与中远集团、科龙集团共同决定组建第三方物流公司。中远集团下属的中远国际货运有限公司、香港远洋网络有限公司、广东经济技术开发区建设创业投资有限公司投资占股 60%，科龙集团与小天鹅投资占股 20%，共同组建了广州安泰达物流有限公司（以下简称安泰达）。据了解，这是国内目前屈指可数的具有完全现代理念的大型家电物流平台。

　　小天鹅是国内洗衣机行业的龙头企业，每年销售量达到 260 万台以上。科龙集团冰箱销售量每年达到 200 多万台。这两家企业每年的物流成本超过 4 亿元。组建安泰达的目的在于：对两家企业的产品供应链进行一体化改造，将物流业务从两家企业的主体业务中剥离出去，最大限度地降低物流成本，将主要力量转向技术开发和市场扩张。

　　安泰达的组建是一个高度复杂且极具创意的过程。安泰达初期运作是为小天鹅和科龙集团两家股东服务，条件成熟后再面向社会物流市场。

　　尽管安泰达继承了 COSCO 的核心物流技术，但小天鹅和科龙集团两大股东分布在广东和江苏，在辽宁、吉林、湖北、浙江均有合作企业，产品流向遍布国内外。中国还没有一家纯粹意义上的第三方物流公司。安泰达公司综合物流代理业务的基本思路是：将主要成本部门及产品生产部门的大部分工作委托给他人处理，通过特许代理制，将协作单位纳入自己的经营轨道。安泰达的核心功能是物流系统的集成。

　　安泰达的操作系统包括创建物流信息平台，整合仓储和运输系统，对供应商、制造商、分销商、终端用户的物资流、信息流和资金流进行有效控制与管理，实现供应链全过程的价值和经营行为的最优化，并在到货率、经济性、信息性和安全性等方面对物流系统进行全程监控。

　　安泰达物流体系的成功运作还取决于许多方面的有效支撑，其中包括业务流程标准化、服务的灵活性、资源配置最优化，并改进现金流。小天鹅与科龙电器的合作是对企业供应链的整合，从采购开始经过生产、分配、销售，最后到达终端用户，已经不再是孤立的行为，而是一条"链"。安泰达的管理目标是整个一条链，而不是一般企业的物流"接口"，或是其中一部分"链条"。在安泰达看来，物流和企业的全部活动是作为一个整体存在的。这是真正意义上的第三方物流。

　　安泰达是小天鹅与科龙集团物流整合的核心部件。这是一个平台，没有这个平台，这两家企业的物流整合就无从谈起。小天鹅因安泰达的成功运作，在经济舞台上做出了一系列的戏剧性举动。

　　江苏省国际招标公司举办了一场前所未有的招标会。小天鹅 2002 年度 100 万台洗衣机、分布在全国 33 条线路上的运输合同，委托江苏省国际招标公司公开招标，全国 13 家物流公司投标。评议结果是，捷利物流、南方物流等 10 家国内前卫物流企业中标，最少的中标 1 条线路，最多的中标 12 条线路。根据了解，小天鹅这次拿出招标的业务量占其运输业务总量的 20%，仅此一项，小天鹅直接获益 700 万元，也就是说，投入招标的运输成本降低 700 万元。根据介绍，小天鹅其余 80% 的外包运输业务量的成本也因此全面下调。根据测算，2002 年小天鹅销售收入超过 100 亿元，可供整合的采购需求近 20 亿元，通过招标谈判降低的物流成本为 6000 多万元。这 6000 多万元可以视为净利润。

　　受各种因素的影响，洗衣机销售旺季表现不佳。实际上，家电产品陷入价格战泥潭早有时日，利润空间越来越小，在洗衣机市场上，3% 的利润率已经是企业遥不可及的，而小天鹅通过物流招标一项使利润率提高了 4%，这还是初步的。根据安泰达的业务发展指标，整个物流体系全面运转后，成本将降低 10% 以上。这是一个巨大的利润空间。结论是：小天鹅通过物流整合，已经在家电市场竞争中完成了一个急速回旋，跳出了价格战的泥潭。换句话说，小天鹅感受到的价格竞争压力突然消失了。

利润空间倍增仅仅是小天鹅整合物流带来的最直观的结果之一。以此为标志，小天鹅初步搭设起信息流、物资流、资金流一体化的企业物流新概念的框架。物流整合对小天鹅的全部价值已经超越了其企业自身。有专家评价说，小天鹅企业物流体系的构建可以被看成中国企业在继管理改造、企业制度改造后的又一次新的革命，这就是物流革命。

📖 物流知识小课堂

物流资源有运输、仓储、装卸、搬运、包装、流通加工、配送、信息平台等，其中运输又包括铁路、公路、水运、航空、管道等。这些资源产业化就形成了运输业、仓储业、装卸业、包装业、加工配送业、物流信息业等。这些资源分散在多个领域，包括制造业、农业、流通业等。把产业化的物流资源加以整合，就形成了一种新的物流服务业。这是一种复合型产业，也可以叫作聚合型产业，因为所有产业的物流资源不是简单地叠加，而是通过优化整合，可以起到 1+1>2 的功效。

❓ 思考题

1. 小天鹅为什么要组建第三方物流公司？第三方物流公司对企业的发展有何重要意义？
2. 作为第三方物流公司，安泰达可以提供哪些物流服务？

📚 案例 16-4　科龙物流变革硕果累累

主题词：物流管理，物流运营成本，第三方物流战略

科龙公司（以下简称科龙）作为中国家电业巨头，专门生产空调、冰箱、冷柜、小家电多种系列产品，同时进行多品牌运营，生产基地分布在顺德、成都、营口、南昌、扬州、杭州、吉林等地区，销售网络则遍布全国各地，这在物流管理的广度和深度上给科龙带来了较大的困难，原有的物流管理状况存在着许多问题，如机构臃肿、业务重叠、效率低下、成本较高等。通过一年多的努力，企业的物流变革取得了丰硕的成果，为企业的扭亏为盈做出了重要贡献。承前启后，继往开来，作为成功的实践，应该进行及时的总结和提升，科龙在物流业务上的变革主要是经历了物流整合、第三方物流管理、物流综合成本管理、信息化管理等大的阶段性飞跃，下面对科龙物流管理工作进行简要介绍，以资借鉴。

1. 规划长远的物流战略规划

引入第三方物流，使储运式物流过渡到分销物流，最终实现供应链物流一体化。实施物流综合成本管理，使"隐性成本"显性化，追求综合成本的最低化。在物流布局上，以生产基地为中心，各生产基地兼顾物流配送中心角色，设立大区域配送中心和分公司中转仓，建立辐射全国的物流配送体系，在市场需求、响应速度、数量充足等方面达到最佳的协调。

此外，还制定前瞻性人力资源规划，要求管理者具备当代先进的物流知识结构，掌握先进的物流管理技术，理论与实践相结合，内部培养、选拔与外部招聘引进相结合。

2. 坚持务实创新的物流理念

物流理念在科龙是管理者价值观、态度、信念的指导，对于企业各层面的运作起到潜移默化的作用。强调"门对门"的运输及配送，一次配送到位，减少不合理的周转；提高工厂到用户的直送比例，强调柔性物流，减少配送中心的作用。

（1）务实创新。不追求盲目和标新立异的物流模式，而是根据产品特点选择适宜的物流模式，追求综合成本与效率最佳结合，不断追求管理和业务模式的创新，以变革创新作为永远不变的真理。

（2）服务信念。物流是一项服务工作，必须得到企业内各部门、合作伙伴、客户、社会的满意，没有满意的服务认同，物流工作永远都是失败的。

（3）成本领先。物流工作在顾客满意的基础上，必须"物超所值"，真正做到"物美价廉"，超越顾客期望，才能实现长远的发展。

3. 实施高效率的第三方物流战略

作为国内传统的家电企业，科龙原有的产品中转运输、本地仓储一直由本企业车队负责，由于管理体制和人员素质的影响，管理费用支出相当大，而且效率较低。随着物流业务外包的发展趋势，科龙与国内大型互补性企业结成物流战略联盟，成立由中远集团、科龙集团、小天鹅集团共同投资成立的不以盈利为目的的第三方物流公司——安泰达公司，科龙控制本企业的物流价格资源，管理业务统一外包给安泰达公司，包括计划调度、运输管理、仓储管理、费用结算、质量保证等业务，充分利用三家企业的物流业务规模、物流网络优势，共同经营，降低物流运营成本。

1）自有车队转制

科龙将 26 辆货车全部评估后过户给顺龙达，2001 年科龙广东省内的运输、过仓业务以一定的价格交由顺龙达负责。2002 年后运价则根据市场价而定，并吸纳了新的运输车队参与运作，降低了成本，提高了服务质量，如产品破损率只有 0.01%、包装破损率只有 0.1%，均低于物流服务指标。

2）业务外包

对运输、仓储业务进行统一招标，成立招标工作组，集中了财务、审计、法律、物流等专业人才，献计献策。整个招标活动始终贯彻了公开、公平、规范、专业的原则，并不断总结经验。

3）二次配送

为更好地服务于营销一线，由安泰达公司在一些重点城市尝试开拓二次配送业务，成立仓储中心办事处，具有独立的机构和管理职能，组织销售区域内的契约型车队、仓库等运作资源，根据客户的需求进行不间断的补货，同时与销售分公司、各生产基地进行产销衔接，及时储备货源，通过畅顺的物流供应，把仓储费用、运输费用、库存保有成本、缺货损失降到最低，实现以销售指导配送，以配送促进销售的良性循环。

4. 执行兼收并蓄的物流整合战略

1）物流业务整合

科龙首先整合了本公司内部资源，打破了过去部门分割、条块分割的现象，将冰箱、空调、冷柜、小家电的仓储业务、运输业务统一规划，使运量增大、产品达到互补，实行集中仓储、集中发送。

2）物流运输整合

科龙对运输货源与运力进行了整合，改变了过去单一产品发运引发的配车困难、起运点高的弊端。以前冷柜产品40%靠零担高价运输，小家电处于创业初期，要货量达不到整车，通过整合运输资源后，缓解了冷柜、小家电的运输压力，冷柜现在只有10%左右的零担运输，其他数量与冰箱、空调配整车发运，单台价格在原来零担价格的基础上降低了70%～80%，时间提前了3～6天。

3）物流仓储整合

物流人员从计划入手，由运输计划调度员制订所有产品统一的过仓计划，从源头抓起，根据生产计划结合现有库存结构，在数据分析基础上制订每天的仓储计划，及时调整各仓库的库存结构，形成了四大产品的仓储发运片区，仓储资源得到最大利用。通过调仓、换仓，将四大类产品集中存放，撤销小型仓库、10千米半径外仓库，租用大型仓库及自行建造大型仓库，进行集中管理和降低物流费用的发生。

科龙与小天鹅联手整合仓储资源，率先开创了行业物流整合的先河。由于公司实力强、储存量大，加大了公司的招标砝码，同时又为合作伙伴提供了透明的参与竞争的机会，因此吸引了众多规模大、实力强、有专业管理水平的仓储公司参与投标，仓储的成功招标不仅优化了自身的仓储资源，而且降低了储存费用，并建立了相关的物流网络。

5. 注重隐性的物流综合成本战略

一直以来，物流管理中重视显性成本、忽视隐性成本的缺点没有得到足够的重视。科龙在传统物流成本管理的基础上，推进综合成本管理，除了运输、仓储、装卸、保险等费用管理，还引入了库存持有成本、逆向物流成本、质量成本控制。

科龙对各项成本进行分科目建账记录，统计发生的金额和原因，形成分析报表，落实到责任部门及责任领导，并进行考核处理。此外，加强各级管理和监控，建立考核指标体系，使责任落实到营销部门、物流部门，通过全过程、全员的工作质量来减少不合理费用的产生。综合成本采用年度弹性预算的方式进行控制，分解到每月指标，通过月度完成情况的监控，防止费用失控。对于运输费用和仓储费用，统一由公司财务部的招标小组进行招标，在能力和服务满足的基础上，以价格低者准予承担公司的业务，将费用控制在适宜的目标值上。坚持开展月度物流经济活动分析，控制预算指标，分析问题的原因，提出并实施改进，进行有效性检查，持续提高成本控制能力。

6. 信息化管理战略

1）业务流程优化

通过销售物流过程的分析，明确销售部门、中转仓库、本地仓库、运输车队的业务关系，对物流业务流程进行优化及重组，使职能型管理向流程型管理转变，并在信息管理系统中设定，将实际业务运作集成在计算机系统中进行，缩短时间、空间的距离，进行协同办公。

2）业务与财务一体化接口

各种运输、搬运、装卸、仓储业务一旦发生，根据事先设定的单价、次数、千米数等，自动生成费用，方便查询、统计，与财务系统形成顺畅的连接，各项结算业务一目了然。

3）条码管理

在销售物流的各环节，条码是产品的身份凭证和状态查询的依据，科龙投入了近百万元购买设备和软件系统，实现了生产线与厂区成品仓、厂区成品仓与本地仓库、本地仓库与中转仓、中转仓与商业单位之间的周转过程录入，达到产品状态、产品流向、质量责任等的查询，各种销售指标的统计等，为决策与计划提供准确的信息。

在生产过程中，现场采集包括关键零部件等的生产数据，为产品质量的控制提供数据基础。成品入库、出库、调货时，通过条码扫描的方式建立起与单件产品一一对应的条码数据库。

定期或不定期对市场销售产品的条码进行抽查，通过条码数据库查询，可快速、有效地辨别市场零售产品是否为指定区域销售产品，配合有关制度奖惩，从而有效控制货源，确保"区域代理制"销售模式的有效贯彻落实。对产品真假有怀疑时，通过条码数据库查询，快速、有效地鉴别产品的真伪。

在售前、售后服务过程中，建立起以条码为主要标识的信息跟踪机制。产品售出后，要求用户将标有条码序号的回执寄回公司，根据需要将其录入条码数据库中。退换货及维修结算时，通过条码数据库查询、用户回执、电话回访，确认维修信息的真伪，防止维修结算漏洞；通过条码数据库查询和生产信息的查询，分析产品市场质量问题的原因，为产品质量改进提供指引。

成品仓库在成品入库时，通过条码扫描的方式如实记录产品实际入库时间。在成品出库时，通过条码数据库系统查询，可指导仓库实现先进先出的发货管理；通过条码数据库系统查询，对成品仓库的先进先出管理进行监控和处罚，从而确保成品库存先进先出管理的实现。

4）库存分析

通过 ABC 类分析法为相关部门提供信息支持。每日、每月为营销本部、生产部门提供进出状态及数据分析，科龙按各产品所占销量的比例得出 ABC 类产品，A 类产品指占整体销量 70% 的产品，B 类产品指占整体销量 20% 的产品，C 类产品指占整体销量 10% 的产品，通过区分 ABC 类产品明确营销本部、生产部门哪些是重点产品，哪些产品由于库存持有天数不足而需要加产，哪些是滞销产品需要减产，平衡了产销关系，使库存数量、库存结构得到明显改善。

5）库龄管理

对产品的库龄必须进行统计汇总，才能贯彻先进先出的原则。通过条码的查询，可以根据编码规则，统计某些时期、型号产品的库龄情况，为管理者及时处理老产品提供准确的信息，防止由此产生的折旧、跌价等损失和色差、老化、功能失效等问题。

6）堆码管理

通过仓库管理模块，设定子仓、仓位和堆位，在业务发生时在计算机模拟位置输入对应的产品型号、数量、进入时间、质量状态，即可随时在模拟图中查询该位置的产品情况，在整堆、移堆的时候，也可以完成堆的合并和分离，真正做到信息与实际操作同步，进行可视化管理，使大仓库或复杂仓库的管理工作变得更容易、更高效。

7）全程跟踪

信息系统对客户提交的发货计划进行全程跟踪，实现了运作管理的"一杆到底"，通过对客户的发货计划和管理，从订单的下达到发运调度、在途跟踪、到货确认、回单的返回、质量信息等全程数据在信息平台上一目了然。原来产品送货单是手工填写，容易出现错误，而且工作量大，现在采用计算机打单，统一了格式，容易跟踪，结算方便。

物流信息系统的即时性、准确性和强大的统计、查询功能，为企业营销管理、物流管理提供了准确的数据支持，使领导者可以在正确的数据基础上进行决策，对于新产品开发调研、营销策划、销售政策、竞争策略、产品促销、营销分析等工作发挥了重要作用。

科龙通过这两年的物流变革，在人才和经验上取得了较好的积累，管理水平不断提高，但对于物流供应链的宏伟目标还尚处于起步阶段，任重道远。科龙物流管理在未来的工作中，仍然需要紧跟当代最新的物流理论和技术，遵循"系统规划，技术提高，深化管理，创新机制"的原则，通过不懈努力，实现物流供应链一体化管理。

物流知识小课堂

物流运营企业的主营业务成本包括仓储保管业务成本、装卸搬运业务成本、运输配送业务成本、现货市场业务成本、金属剪切加工业务成本、集装箱运输业务成本、铁路专用线业务成本等。

物流运营收入扣除物流运营成本就是物流业务毛利润。

思考题

1. 科龙是怎样进行信息化管理的？有哪些特点？
2. 科龙采取了哪些第三方物流战略？
3. 科龙采取了哪些物流整合战略？
4. 科龙在物流管理上的战略规划，对我们有哪些启示？

案例 16-5　格力电器家电物流升级之道

主题词： 信息化，闭环管理，数字化转型

格力电器成立于 1989 年，是一家集研发、生产、销售、服务于一体的国际化家电企业集团。经过三十多年的发展，格力电器已成为中国家电行业的领军企业，产品涵盖空调、冰箱、洗衣机、生活电器等多个领域，拥有强大的研发实力和完善的产业链。格力电器坚持"掌握核心科技"的经营理念，以创新驱动发展，不断推出高品质、高性能的家电产品，赢得了消费者的广泛认可。同时，格力电器积极拓展国际市场，产品远销全球 160 多个国家和地区，

成为世界知名的中国家电品牌。

1. 格力电器面临的挑战

随着中国经济的快速发展和居民消费水平的提升，家电市场需求日益旺盛。格力电器在激烈的市场竞争中始终保持领先地位，但同时也面临着来自国内外同行业的严峻挑战，对格力电器的物料供应、库存管理和物流体系提出了更高的要求。以下是格力电器所面临的挑战。

1）物料管理混乱

物料管理混乱在格力电器的生产过程中表现得尤为明显，呆料成本的增加、标定耗用与实际耗用之间的显著差异，以及频繁的缺料停线现象，都在不断削弱生产效率，导致成本急剧上升。这些问题严重影响了生产计划的稳定性，使得生产系统的顺畅运行受到挑战。库存管理方面也存在效能不足的问题，格力电器的仓储面积过大，管理手段却相对落后，传统的纸质标识方式无法满足快速、准确、实时的管理需求，导致库存物料数量、质量和生产日期等信息难以得到有效控制。

2）物流效率低下

物流效率低下的问题同样严峻，格力电器的物流流程复杂，涉及多个物料转运环节，交接频繁，领料效率低下。这种传统的"领料"模式已无法满足现代生产的高效需求，严重拖慢了生产节奏。信息化建设不足也加剧了企业的困境，尽管格力电器引入了 ERP 系统和 MES 系统，但在某些环节中仍然存在信息不对称的情况，这不仅增加了供应链的不透明度，也提高了风险管理的难度。

3）齐套性问题

齐套性问题更是格力电器生产过程中的一个突出难题，成为制约生产效率的关键因素。每台空调由 500 多个零部件组成，这些零部件种类繁多，规格各异，缺少任何一个零部件都无法组装成完整的产品。这种对零部件齐套性的高度依赖，使得生产过程变得异常复杂和敏感。在实际操作中，传统的物料管理方式缺乏有效的协调和预测机制，常常出现部分零部件供应不及时的情况，导致生产线不得不暂停，等待缺失零部件的到来。这种问题的存在不仅延长了生产周期，而且增加了在制品库存，浪费了生产资源。同时，也大大增加了生产调度的难度和交货时间，进而损害了企业的市场声誉和客户满意度。

因此，格力电器亟须对物料供应、库存管理和物流体系进行系统性的优化和升级，以提高生产效率，降低成本，并保持其在激烈市场竞争中的领先地位。

2. 格力电器生产物料闭环管理的策略设计

格力电器生产物料闭环管理的策略设计以"5 个 100%"为核心。

1）100% 齐套排产

格力电器通过精准的物料库存管理、高效的物料齐套检查系统、严格的齐套排产流程以及强大的信息系统支撑，实现了 100% 齐套排产。格力电器从源头入手，对内部库存和供应商库存进行实时监控，确保物料信息准确无误。同时，利用信息系统自动化地检查物料齐套情况，并根据检查结果进行生产计划制订和排产。格力电器还建立了严格的管理制度，对各个环节进行监督和考核，确保齐套排产的顺利实施。通过这些措施，格力电器有效避免了缺料停线，保障了生产计划的稳定性，提高了生产效率，实现了生产物料闭环管理。

2）100% 拣选配发物料

格力电器通过整合物流环节、优化生产计划管理和引入电子拣选系统，实现了 100% 拣选配发物料。格力电器从内部流程入手，将物流人员统一划拨归物流配送中心管理，并由物流配送中心负责物料的配送，减少了中间过程的交接工作，提高了工作效率。同时，格力电器利用 SAM 系统将生产计划按照作业时间划分到不同时区，并根据时间节点配发物料，缩短了物料配送周期。格力电器还采用电子拣选单替代原来的手工领料单进行配发物料，并通过手持 PDA 扫描电子拣选单以及对应物料 MES 条码，完全采用系统的指令定额配送物料。通过这些措施，格力电器有效提高了物料配送的准确性和效率，实现了生产物料闭环管理。

3）100% 创建物流配送看板

格力电器通过优化物流流程和应用信息化工具，实现了 100% 创建物流配送看板，确保物料配送的准确性和及时性。格力电器优化了物流流程，将生产计划按照作业时间划分到不同时区，并利用"电子拣选系统"进行信息的批量采集和处理，自动产生物料电子拣选单，用于指导和控制分厂的物料配送作业。同时，将"电子拣选系统"与 PDA 设备结合，实现了物料配送看板的实时生成和打印，避免了手写标识的不规范、不准确和不清晰的问题。通过以上措施，格力电器实现了 100% 创建物流配送看板，有效提高了物料配送的效率和质量，避免了物料配送错误和延误，保障了生产计划的顺利执行。

4）100% 按订单使用物料

格力电器通过严格的操作规范和先进的信息系统，确保物料严格按照订单信息使用，为反冲结算提供准确数据基础。格力电器要求员工使用 PDA 扫描订单条码和物料条码，并通过物料防错扫描系统进行核对，防止物料错用或误用。同时，格力电器利用信息系统实时记录每种物料对应的订单信息，并生成信息化物料配送看板，方便员工识别和使用物料。格力电器还建立了逆向物流的先退后补流程，利用系统手段控制退补料数据一致性，进一步保障了物料使用的准确性。通过这些措施，格力电器有效避免了物料浪费，提高了生产效率，实现了生产物料闭环管理。

5）100% 反冲结算

格力电器通过成品入库的 MES 扫描和"落地反冲系统"，实现了 100% 反冲结算。每台产品都拥有唯一的 MES 条码，随着产品在流水线上流转，最终在成品入库时进行扫描，MES 系统提取订单信息并与电子拣选配发的物料进行核对，自动进行反冲扣减。通过实时反馈反冲数据，暴露生产过程中的物料管理问题，推动持续改进。最终，格力电器实现了"物料与成品的一一对应"，确保物料消耗的准确性和可追溯性，为生产物料闭环管理提供了有力保障。

3. 格力电器生产物料闭环管理的效果评估

格力电器通过自主开发的信息化平台系统，实现了生产物料的全流程系统化和规范化管理，有效减少了物料损耗和缺料停线的情况。根据数据显示，项目实施后，缺料停线比项目开展前下降了 72.5%，物料损耗率也显著降低。此外，格力电器的"家电制造企业基于综合信息平台的生产物料闭环管理"项目在董明珠的大力推动下，最终得以有效落实，并获得了第二十一届国家级企业管理现代化创新成果一等奖。这一奖项的获得体现了格力电器在管理创新方面取得的成果，并赢得了国家层面的广泛认可。

物流知识小课堂

闭环管理是一种系统性、综合性的管理方法，旨在通过持续的监控、反馈和调整，确保项目或业务流程能够按照预定的目标顺利进行，并实现持续改进和优化。其核心在于形成一个完整的循环，包括计划（Plan）、执行（Do）、检查（Check）和行动（Act），也被称为 PDCA 循环。

在闭环管理中，首先，设定明确的目标和计划；其次，将这些计划付诸实践并进行监控；再次，对执行结果进行评估和反馈，收集数据以验证效果；最后，根据检查结果进行必要的改进和优化，进入下一个循环。这种管理模式强调的是整个管理链条的闭合衔接，通过引入过程反馈机制，使系统活动维持在一个平衡点上，并及时解决矛盾和问题。

思考题

1. 格力电器如何通过信息化手段解决物料管理混乱和物流效率低下的问题？

2. 格力电器的"5 个 100%"策略体现的核心要素如何相互作用，共同提高生产效率和降低成本？

3. 逆向物流管理对企业整体物流体系有哪些影响？

案例 16-6　美的：家电物流智能化转型之路

主题词： 智慧物流，送装一体化，"T+3"模式

美的集团成立于 1968 年，是中国家电行业的领军企业，以"科技尽善，生活尽美"为愿景，致力于为消费者提供高品质的家电产品和服务。美的集团始终秉持"以人为本"的理念，积极拥抱数字化转型，将智能化技术融入产品研发、生产制造、仓储物流等各个环节，不断提升运营效率，为消费者创造更加便捷、舒适、美好的生活体验。当面临效率低下、库存积压、信息化程度不足等问题时，美的集团提出了"零库存"的理念，并开始着手打造智能化的仓储物流体系，以提升运营效率，降低成本，增强市场竞争力。

1. 美的集团仓储物流智能化重构

美的集团以"零库存"理念和自动化技术为核心，对仓储物流模式进行智能化重构，实现了企业运转效率的飞跃式提升。"零库存"理念是美的集团仓储物流智能化重构的基石。通过优化库存管理，实现货物快速流转，降低库存积压，减少资金占用，从而提升企业运营效率。为实现这一目标，美的集团引入了自动化技术，打造了智能立库系统。

智能立库系统是美的集团仓储物流智能化重构的核心组成部分。它由成品立库存储系统和成品输送系统两部分组成。成品立库存储系统采用自动化货架和堆垛机，实现货物的自动

存储和拣选；成品输送系统则通过自动化输送带和分拣设备，将货物快速、准确地运输到指定位置。这种自动化操作模式不仅大幅度提升了搬运速度和准确率，还实现了货物的立体存储，有效节约了仓储空间。

美的集团智能立库的优势体现在多个方面：首先，自动化设备取代人工操作，大幅度提升了搬运速度和准确率，例如清洁产品库的入库能力达到每天 4.5 万台，出库一天可达 60 柜。其次，立体存储方式充分利用空间，相较于传统仓储，可节约 85% 的占地面积。再次，高效的操作流程减少了对人工的依赖，仓储人员只需负责系统维护，人员数量降到普通仓储的 10%。最后，高效的仓储物流系统降低库存成本、人力成本和设备维护成本，例如一个 6000 多平方米的智能仓库，每年就可节约运营成本近 500 万元。

2. 全网直配物流模式

为提升自身运营效率，应对激烈的市场竞争，美的集团在仓储物流方面选择了与旗下物流公司安得智联合作，共同搭建大物流平台与大电商平台，并积极推进全网直配物流模式，实现了从生产到配送的全流程优化，大幅度提升了企业运转效率。安得智联作为美的集团的物流子公司，拥有丰富的物流经验和先进的技术实力。它融合瑞仕格技术支持，构建了覆盖全国的信息集成高效交互平台，将供应商、销售商和物流服务商紧密连接在一起。商品数据、库存数据、物流数据等信息在平台中实时更新，实现了信息共享和高效协同。

全网直配物流模式是安得智联的核心服务之一。它打破了传统的层层分销模式，将产品从工厂直接配送至终端客户手中，减少了中间环节，缩短了配送时间，降低了物流成本。安得智联提供的"智能云仓、干线集拼、同城直配、送装一体"一站式高效连接服务，确保了产品高效、安全、准时地送达客户手中，简化了物流流程，降低了客户的操作成本，为客户带来了便捷的购物体验。凭借完善的物流网络，美的集团的产品能够快速配送至全国各地，满足客户的多样化需求。

全网直配物流模式的实施，不仅显著降低了美的集团的存货占比，降低了库存成本，提高了资金周转效率，还提升了总资产周转率，增强了企业的盈利能力。更重要的是，高效的物流服务及时满足了客户的需求，提高了客户满意度和忠诚度，为美的集团的持续发展注入了强劲动力。

3. "T+3" 模式

为了解决传统家电物流模式中存在的效率低下、交付时间长等问题，美的集团在 2013 年开始试点并逐步推广 "T+3" 模式，最终在 2015 年实现全产品覆盖。这一模式以客户订单为起点，通过生产、物流等环节的优化，将产品从下单到交付的时间控制在 9 天以内，有效提升了物流效率，缩短了产品交付周期，为美的集团带来了显著的经济效益。

"T+3" 模式的核心在于将整个物流流程细分为三个阶段，每个阶段对应一个时间节点，从而实现从客户下单到产品交付的全程高效运转。具体而言，从客户下单开始，经历生产物料组织、成品生产和物流发货到货三个阶段，最终将产品在 9 天以内送达客户手中。这一模式通过优化生产流程、整合物流资源、实现送装一体化等措施，有效缩短了产品交付周期，提升了物流效率，为美的集团带来了显著的经济效益。

美的集团 "T+3" 模式的优势主要体现在以下几个方面。

首先，该模式缩短了中间环节，提高了物流效率。在传统的家电物流模式中，产品需要经过经销商、代理商等多个环节才能到达消费者手中，而"T+3"模式直接将产品从工厂配送到消费者手中，减少了中间环节，降低了物流成本，提高了物流效率。

其次，该模式提高了物流服务能力和配送效率。美的集团旗下的安得智联物流公司拥有完善的物流网络和先进的物流技术，能够提供高效、便捷的物流服务，确保产品能够及时送达消费者手中。此外，安得智联还提供送装一体化服务，将产品配送和安装服务整合在一起，为消费者提供更加便捷的服务体验。

最后，"T+3"模式的实施为美的集团带来了显著的效益。订单交付及时率稳步提升，达到 98%；存货周转天数大幅下降，由近 70 天缩短到 45 天，降低了库存成本；应收账款周转天数也明显缩短，由约 35 天缩短到 21 天，加快了资金回笼速度，提升了资金利用效率，为企业带来了更高的经济效益。

美的集团在仓储物流领域的智能化转型之路，为我们展现了中国家电企业在数字化转型浪潮中的积极探索和实践。通过引入自动化技术、打造智能仓储系统、推行全网直配物流模式和"T+3"模式，美的集团实现了物流效率的飞跃式提升，降低了成本，增强了市场竞争力，也为消费者带来了更加便捷、高效的服务体验。

物流知识小课堂

智能立库是一种先进的仓储管理系统，通过自动化技术和计算机管理系统的协作，实现货物的高效存储和快速检索。它主要由货架、堆垛机（巷道式堆垛起重机）、入出库工作站台、调度控制系统以及管理系统等组成。这种系统利用自动化技术、机器人和智能控制系统来优化库存管理和货物流动，从而提高仓库空间利用率和工作效率。

智能立库不仅能够实现高层合理化存储，还具备存取自动化和操作简便化的特点，深受现代物流和各行业仓库的喜爱。此外，智能立库还可以与企业的生产线无缝对接，提供从存储、自动化输送、自动化生产到成品配送的完整解决方案。通过集成化物流设计理念，智能立库可以显著降低储运费用，减轻劳动强度，并提升整体物流管理水平。

思考题

1．美的集团在物流方面的创新点主要有哪些？
2．"T+3"模式相比传统模式，其优势主要体现在哪些方面？
3．智能立库在美的集团的物流系统中扮演着怎样的角色？

Chapter 17

第17篇　医药物流

"帐篷理论"

- 提出者：《卓越领导》一书的作者约翰·辛格和约瑟夫·弗克曼。
- 大意为：帐篷的容量不仅取决于篷布的大小，还取决于支撑篷布的竹竿有多高，竹竿越高，帐篷的容量越大。高度和宽度都是很重要的。企业在发展变革过程中要特别注意"核心"的作用，也要留意"非核心"资源或能力。有了"核心"的辐射扩散作用和"非核心"的配合效应，才能将各种资源和能力整合在一起以形成有机的整体。

物流讲堂

医药物流

当今医药需求越来越大，但医药流通领域利润却越来越低，市场格局发生了根本性的改变。只有加快物流发展，协调更多的上下游客户，优化医药行业整个供应链，才能提升我国医药企业的综合竞争力。

1. 医药物流的含义

医药物流不是简单的药品进、销、存或者是药品配送，所谓的医药物流是指依托一定的物流设备、技术和物流管理信息系统，有效整合营销渠道上下游资源，通过优化药品供销配送环节中的验收、存储、分拣、配送等作业过程，提高订单处理能力，降低货物分拣差错，缩短库存及配送时间，减少物流成本，提高服务水平和资金使用效益，实现自动化、信息化和效益化。

2. 我国医药物流存在的问题

用一个特点和两个趋势来形容目前我国的医药物流，一个特点是：尚处在供应链单一环节优化的阶段。两个趋势是：其一，物流整合上升到企业战略管理高度；其二，物流服务与主营业务分开，实行专业化管理。

我国的医药物流起步较晚，尚未达到理想的运营状况。究其原因，首先在于观念上的差距，很多物流中心仍然停留在仓储加送货的初级阶段；其次，国家的配套政策滞后，没有明确的医药物流规划原则和具体的发展要求，急需符合行业特点和产业发展的标准尽快出台；最后，管理粗放，管理的手段和方法不能摆脱传统的批发模式，不能适应我国医药物流的发展。

3. 医药物流未来的三种主要模式

未来的医药物流将以以下三种模式为主：第一种模式是医药生产企业自建物流；第二种模式是零售连锁企业涉足医药流通；第三种模式是由医药批发企业承担的"第三方物流"。

4. 企业想做大做强医药物流的三大动因

（1）国内市场在增长。

（2）行业垄断未形成。

（3）规模出效益。

5. 我国医药物流发展的方向

我国医药工业经过近几十年发展，发展速度快于全球平均水平。但医药流通企业效益较低，现行医药流通企业商业运作模式也未完全符合现代流通企业的要求，需要通过企业的重组联合、一体化发展、优化内部物流作业过程来实现医药企业的物流效率和服务水平的提高。建立大型医药物流中心，整合物流体系，可以显著降低医药物流成本。

案例 17-1　广州医药现代医药供应链体系建设

广州医药股份有限公司（以下简称广州医药）成立于 1951 年，是华南地区医药流通行业的龙头企业，也是世界 500 强企业广药集团大商业板块的核心企业，拥有悠久的经营历史及强大的股东背景。广州医药历经七十余年用心经营，逐步积累了深厚的上下游市场资源和稳定的渠道资源，获评国家颁发的"全国供应链创新与应用示范企业"，在现代医药供应链体系建设路上不断探索前进。

1. 供应链体系建设背景介绍

近年来，医药分开、分级诊疗等医疗改革挤压商业规模，医药流通渠道向终端板块倾斜，加上两票制、GPO（Group Purchasing Organization，集团采购组织）等医药改革，导致流通企业销售增速放缓、利润下滑、成本快速上升。医药供应链不断快速发展，同时也显现出较多短板，总体表现为小、散、弱。

（1）物流设施规模偏小，自动化水平低。目前大部分仓库均依赖人工进行物流作业，库内运作效率不高，并且区域发展不平衡的情况随着以长三角、环渤海为核心，珠三角、东北、中东部地区的快速发展更加凸显。

（2）传统医药流通供应链环节分散、节点多，流动渠道复杂，重复投入多，造成部分环节资源冗余，无法充分发挥资源的规模优势。

（3）供应链各环节信息系统与数据分散且独立。缺乏完善的药品主数据管理系统，无法形成信息贯通链条，整个供应链的协同不足，导致"信息孤岛"出现，难以监管与控制。

（4）物流衔接流程规范散乱，缺少行业统一操作标准。这导致医药物流行为不兼容、衔接不畅，缺乏医药流通行业中对质量管理体系、组织、人员和物流信息技术等方面的评估标准，制约了行业的进一步发展。

（5）标准单元化物流程度低。不利于货物快速流转，同时导致包装、装卸、配送等环节的效率及成本较高。

（6）运输网络灵活性弱，网点分布不足。运输网络稳定性较差，运输模式成本高，不利于终端市场的拓展及多元化服务的提供，难以满足客户需求。

当前医药物流供应链成本不断攀升，利润不断下降，导致资金压力增大，亟待供应链中各方通过发挥自身的优势，通过供应链创新组合，共同实现医药供应链的升级转型，共建医药供应链的新篇章，重新获得成本、效率和服务的竞争优势。

广州医药面对以上六大痛点，通过配送网络一体化、枢纽搭建一体化、信息系统一体化、运作标准一体化建设进行逐个击破，不断完善供应链体系建设。

2. 供应链体系建设总体思路和具体举措

广州医药是以医药供应链服务为主导的医药流通企业。广州医药通过发挥自身在医药流通供应链中的主导地位，整合供应链上关键资源与企业，协同共建及推广干支线运输快速复制模式，平衡服务、效率与成本三者的关系，构建区域多层级一体化物流网络体系，带动行业运输模式升级转型，疏通供应链"毛细血管"；通过打造领先的区域物流中心枢纽，大幅度提升处理效率，增强中心强力泵血作用；借力国际软件商和实施商，采用新技术、新平台，构建"智慧大脑"——智慧医药物流系统体系模式，为降本增效和业务创新保驾护航；通过硬性标准容器配套、软性标准制度建设两大抓手，协同共建单位通过制度和协议建立了医药标准单元运作模式，实现运作标准一体化。最终实现降本增效，提升发展质量，打造供应链企业互利共赢的格局。

模式一：构建区域多层级一体化物流网络体系

以聚焦客户服务需求为原则，按照满足区域覆盖半径标准进行科学规划，构建"分拣中心/物流中心—配送中心—中转点"的多层级式物流网络，搭载干支线运输的配送模式，实现广东省内客户快速覆盖，实现省内终端（医疗、零售）配送效率提升。

（1）排兵布阵，打通多层级物流网络。

中转点的布局也是支持模式成功落地实施的重点。根据布点及规划原则，在满足二配需求下，存储仓库到中转点再到客户需要在 4 小时内完成。基于省内终端配送最快 4 小时完成配送服务的目标，网点覆盖上转化为分拣中心 / 物流中心覆盖范围为全省，配送中心覆盖范围为半径 100 千米，中转点覆盖范围为半径 50 千米。根据此原则，综合现有网点资源，逐步进行"2+5+27"① 的省内物流网点布局，以建成省内干支线运输配送 4 小时服务圈。在过往五年里，广州医药完成了原有的 9 个物流仓库节点中转配送功能升级，完成了新增 11 个中转点上线，广东省深度配送网络搭建基本完成，为模式落地提供强有力的支撑。

（2）模式创新，探索物流铁三角最优解。

广州医药整合优化快递灵活高效的配送模式，从集中存储集中配送转变为集中存储干支配送，首创医药流通行业的干支线运输配送模式，形成层级式的运输布局。

具体是根据业务量制订干线运输计划，同时根据干线运输计划倒推仓库循环作业安排，并按下级线路归集货物。干线车辆到达指定仓库，使用标准容器进行快速装车并发货，车满即走，降低干线运输成本。干线发车后将到达中转点 / 配送中心，凭单据与信息系统完成快速交接，并完成二次分拣，支线配送将根据货运量灵活调度自有或当地承运商的车辆。

干支运输模式适应了医疗和零售客户配送点次多、单次送货量少的特点，并充分体现了效率、成本和服务优势。

① 效率：实现主仓备货场地向分配送中心延伸，加快主仓备货场周转速度。

② 成本：通过中转点 / 分配送中心快速接收归集货物，合理调配车辆，提高往返利用率，降低运输成本。

③ 服务：支线实行属地车辆租赁，规避交通管制；配送服务人员属地化，提供优质服务，增强客户体验；制定贴合业务的服务响应时效。

模式二：打造领先的区域智慧物流中心

为配合多仓物流运作体系建设，提升分拣拆零能力以应对终端客户订单零散的特点，从而在终端市场上获得主要地位，广州医药全力打造了智慧物流中心，目标是建成国内一流的高自动化、高智能、高效率的大型拆零分拨现代化医药物流中心，打造华南地区分拣能力强、

---

① "2"是一个物流存储中心和一个物流分拣中心；"5"是离广州 150 千米外等距离设立 5 个配送中心；"27"是按每 50 千米覆盖范围设立不少于 27 个运输配送节点，覆盖全广东省地级市"最后一公里"配送。

服务优、地位领先的智能高效的物流枢纽，发挥中心强力泵血作用。

新建的智慧物流中心基于其能力要求，大规模引入了自动化与智能化技术设备，例如箱式货架穿梭车系统、螺旋式提升机、视觉拆垛机器臂、自动补货及分拣系统等。这不仅极大地强化了拆零拣选能力，夯实了仓储作业的工业化模式，还将通过集中广东地区的拆零分拣业务库存，有效降低整体库存水平，提升订单满足率。该物流中心将支撑公司实现广东省内终端客户配送全覆盖，为构建"省内干支线 4 小时服务圈"提供关键保障。此举有力地提升了广州医药在终端市场的竞争力，助力其实现广东省市场占有率增长的战略目标。

智慧物流中心建设主要有以下亮点。

（1）智慧物流：全方位应用自动化设备、AI 智能物联网技术，均衡作业负荷，提升作业柔性和场地使用效率。

（2）高效物流：大规模应用货到人设备，原散件作业和运输全链条标准化，作业人员可减少 50%，作业能力可提升 5 ～ 10 倍。

（3）绿色物流：恒温设备应用智能群控系统，可节能 5% ～ 10%。

模式三：构建智慧医药物流系统体系模式

配合多层级网络体系、干支线运输模式等实施，广州医药加大信息化技术应用，不断向"大智物云"尝试探索。统一规划，分阶段投入数千万元，对系统进行改造与优化，购进专业化智能管理与控制软件，完成具有先进信息系统的搭建，连同自动化设备和创新技术设计、高效运作策略及 AI 智能算法，构建智慧医药物流系统体系，实现信息系统一体化，为降本增效和业务创新保驾护航。

智慧医药物流系统体系建设以集团化、服务化、稳态和敏态为核心，统一规划，分段实施，逐步搭建物流订单管理、仓储物流管理、网络管理、算法管理、销售结算管理、采购结算管理、质量管理、设备管理、单据管理和意外管理等十项功能模块。最终实现构建四项核心能力：一是构建国内领先的网络化医药仓储物流服务能力；二是构建业务财务一体化、成本管理精细化的高效运营能力；三是构建强化的质量、业务风险控制能力；四是构建精准的数据分析决策支持的数字化运营能力。

大数据技术方面将会通过应用数据仓库、数据中心等技术，以业务数据为依托，对数据进行抓取与运算，通过物流报表系统呈现分析结果，利于加强仓库运作管理信息化、数据化、提升决策准确性和前瞻性。

引入智能算法，开发手机签收坐标定位及电子围栏、物流可视化等，增强仓储与运输的控制与信息传输，做到管控和决策的科学与智能，数据可追踪、可溯源。引入仓库设备控制系统（WCS）来协调、调度底层的各种物流设备，使底层物流设备可以执行仓储系统的业务流程，通过任务引擎和消息引擎，优化分解任务，分析执行路径，为上层系统的调度指令提供执行保障和优化，实现对各种设备系统接口的集成、统一调度和监控。

供应链的本质是四流合一、高效协同，信息化是推动四流合一和高效协同的关键。广州医药以信息化为抓手，通过横向、纵向连接，借力射频识别、红外感应器、激光扫描器等信息传感设备和技术的应用，协同承运商通过信息服务平台进行商品流向、运输路线、签收情况、退货信息、车辆情况等信息的传输与记录，形成全过程的控制与监督，建立供应链追溯体系，提升端对端的透明度。

模式四：构建"黑匣子"质量管控模式

广州医药实行全面质量管理，全面质量管理包括全过程管理和全员管理。全过程管理通过不断更新完善的质量管理体系进行保障；全员管理通过质量培训体系落地。

项目立足解决行业痛点，通过应用自动化封闭式存储设备、货到人输送设备、智能设备控制系统、AI 视觉识别复核技术，从物理的管制到系统层面管控转变，创新实现"黑匣子"质量管控模式。以解决行业质量管控痛点，提升人员效率并提高仓库的存储空间利用率，向"无差错"作业更迈进一步。

AI 视觉复核技术主要借助工业相机进行拍照采集，抓取并识别商品包装上的图像、文字信息，通过 AI 视觉识别复核技术针对商品信息进行智能比对，检验商品的特征，实现复核操作，大大减少人为作业差错，提升复核效率。

模式五：建立医药标准单元运作一体化模式

通过硬性标准容器配套、软性标准制度建设两大抓手，并协同共建单位通过制度和协议建立了医药标准单元运作模式，实现运作标准一体化。以助力达到降本增效，提升发展质量，打造供应链企业互利共赢的局面。

（1）"工欲善其事，必先利其器"，标准容器配套助力降本增效。

发展单元化物流，加快形成覆盖仓储、运输、装卸、搬运、包装、分拣、配送等环节的流转标准体系，推广单元化容器的循环共用。广州医药牵头建立了容器单元配比标准，并投资数百万元实现各级仓库统一使用标准化托盘、周转箱、冷链包装箱等作为药品基本载具。广州医药完成相应的标准叉车、货架、运输车辆等关键设备的配置，使装卸货工时效率提升不低于 2.8 倍；装卸货效率大幅度提升，促使车辆周转大大加快，干线单车运输成本降低 5%～10%。

（2）"内外兼修"，标准制度建设实现高质量发展。

完善的医药物流行业标准是促进医药物流发展的重要保障。提升医药物流标准化与提升物流服务质量、运营效率，降低物流成本息息相关。广州医药通过由内而外的制度建设提升供应链建设质量。

从内部看，物流管理团队在原有基础上完成近 100 项物流管理制度、操作标准规范新增 / 修订，与共建单位建立了共建制度，并进行项目宣贯和相关规范培训。从外部看，广州医药协同全国、地方龙头医药流通企业，协助中国医药商业协会制定、推广医药物流标准化体系。在原单一规模硬件能力指标基础上，补充完善服务能力评价标准，完善医药物流服务能力认证标准。同时通过协会直播活动、峰会形式进行模式推广，在供应链乃至行业内营造现代供应链新理念、新技术、新模式的氛围。

3. 供应链体系建设成效

1）经济效益

（1）干支线运输配送新模式，降低运输物流成本。

干支线运输模式为主仓完成拣选任务后，按照干线线路生成相应单据，承运商按照指定时间安排干线车辆到达指定仓库，使用标准容器进行快速装车并发货，车满即走，降低干线运输成本。通过中转点/分配送中心快速接收并归集货物，合理调配车辆，提高往返利用率，降低运输成本。

（2）物流成本精细化管理，降低物流综合成本。

通过对包装耗材等相关物流成本的精细化管理，加强包装耗材的进、销、存管理，通过重复利用纸箱、冷藏泡沫箱等手段，减少包装耗材的使用量。

（3）推广单元化物流容器使用，提高作业工时效率。

联合标准容器共建单位，应用标准托盘、标准周转箱、标准物流笼车、标准干线车辆等单元化物流载具，提高容器单元标准化率及单元化物流占供应链物流比例，完成相应的标准叉车、货架、运输车辆等关键设备的配置，使装卸货工时效率提升 2.8 倍。

2）社会效益

（1）模式示范性强，助力供应链降本增效。

智慧医药物流系统体系的逐步建立，整合链条上的商流、物流、信息流、资金流，有利于增强医药流通信息的可追踪性与可溯源性，提升企业间的紧密度和透明度，同时也便于政府对药品流通过程及企业实施更有效的监管，强化政府对流通配送统一控制的能力；"黑匣子"质量管控模式直击行业管理痛点，为同行业提供了新的应对思路；新建的智慧物流中心强化了拆零拣选能力，既为未来深耕终端市场、应对订单碎片化提供物流支撑，也有助于促进行业技术转型升级，响应国家供给侧结构性改革号召，逐步实现高质量发展；此外，通过与企业、协会等共建严格完善的行业标准与企业标准，构建标准单元化流转体系，不仅提升了药品质量保障水平，也推进了行业标准化进程，从而实现降本增效。

（2）大幅度降低体力劳动，提升就业人员水平。

全链条标准单元化容器流转，在装卸等相关物流环节大幅度减少了体力搬运人员，同时增加了面向终端客户的服务人员，从而提供更为高质量的服务体验，并提升就业人员的水平；在新建的智慧物流中心中，借助自动化设备进行全面补货和搬运，作业人员库内走动等体力劳动强度大幅度降低，可更专注致力于服务优化、效率优化的高价值物流环节。

（3）实施协同化建设模式，提升服务效率和质量水平。

药品质量关乎国家百姓的生命安全，是每一位医药人需时刻铭记的原则。广州医药时刻践行"健康之桥，造福大众"的使命，协同供应链内的企业，通过投入自动化、标准化的设备设施，结合智能化信息系统的监督控制，从全链条角度监督药品配送的安全性，保障每个药品都在符合要求的环境内进行安全存储、精准分拣；通过单元化物流与干支线运输模式的配合，减少了药品在各级物流节点运输、搬运的损耗，缩短了药品节点间的流程路径，提高了终端配送的效率与灵活性，从而实现服务效率和质量水平的提升。

以上是广州医药现代供应链体系建设探索取得的成果。供应链体系建设作为企业转型升级的重要落脚点和利器，广州医药将不断总结、探索尝试，建设绿色供应链、集成化供应链。

📖 物流知识小课堂

集团采购组织（Group Purchasing Organization，GPO）是一种由多个医疗机构联合组成或者由独立的第三方组织通过集中采购的方式与药品、医疗器械等供应商进行谈判，以获取更优惠的采购价格、条款和服务的组织形式。它有助于整合医疗机构的采购需求，增强采购方的议价能力，从而降低采购成本。

❓ 思考题

1. 医药分开和分级诊疗对医药商业规模产生挤压的具体机制是什么？除了文中提到的

销售模式和医疗资源格局的改变，是否还有其他潜在因素？

2. 除了文中提到的效率、成本和服务方面的优势，干支线运输配送模式对医药供应链的稳定性和弹性有哪些影响？

3. AI 视觉复核技术在面对药品包装信息模糊、损坏等复杂情况时，如何保证复核的准确性？

案例 17-2　三九连锁的物流突破

主题词：仓库作业，连锁配送管理，配送信息处理系统

三九医药连锁有限公司（以下简称三九连锁）是一家新成立的连锁配送公司，为三九医药股份有限公司的直属子公司。三九连锁主要从事医药连锁零售和配送业务。三九连锁拥有门店 1000 家，有望发展成为中国最大的医药连锁企业。由于公司成立时间不长，三九连锁存在行业管理经验缺乏、业务流程不够清晰、人才匮乏等亟待解决的问题。

三九连锁业务主要有以下特点：实施连锁统一策略，包括统一品牌、统一进货策略、统一配送策略、统一财务结算、统一价格策略和统一管理流程六个方面；统一采购与授权采购相结合；连锁店跨省、跨区域；配送仓可对外承担配送业务。

而此前该公司在行业管理人才、企业管理框架、业务流程等方面是一片空白。引进软件开发公司和咨询公司的主要目的：一是通过软件公司引入成熟的行业管理经验；二是由软件公司帮助建立其业务流程；三是由软件公司代为培训员工；四是建立行业先进的信息处理系统。

三九连锁配送信息处理系统由三部分构成：订单处理系统、仓库作业系统、计费处理系统。该系统主要有以下几个特点。

（1）库内作业有序化，资源可重组与调度。

在管理系统建立之前，由于配送仓所有作业都是人工安排，不能及时地对仓库的业务变化情况做出快速反应。在管理系统建立之后，将所有的仓库工作任务排序并能穿插进行。系统维护一个简单的综合性"工作库"，其组成是所有类型的工作（包括用户自己定义的工作任务，如扫地、清洁等），根据系统及管理规则将这些任务排序并动态穿插。

（2）库内作业平稳化，作业可测、可调度。

在配送仓，需要根据客户的指令随时对货物进行配送作业。客户下达指令的不确定性，导致仓库作业的起伏波动较大。如果按照较低作业量的水平来配置人员和设备，就会造成在大作业量时资源不够的情况，因而降低了仓库的效率；如果按照较高作业量的水平来配置人员和设备，在大部分时间就会出现资源浪费的情况。

有了管理系统之后，可以对未来的作业进行预测并预安排。当作业量不大时，可以调度资源处理这些预安排的任务；当大作业量到来时，因为已经处理了部分任务，就可以用合理的人员和设备去完成这些作业。

（3）资源的利用可最大化（提高 60%）。

在没有管理系统的仓库中，货物的存放位置通过人工来安排。由于人工不能随时知道仓库的库存情况和货物的存放位置，因此无法为待入仓的货物分配一个比较合理的存放位置，只能粗略地安排一个货位。时间一长，就会产生许多零碎的不可使用的空置货位，造成仓库面积使用率的下降。

现在，由管理系统对仓库的所有货位进行安排和度量，通过自动计算，可以为待入仓的货物分配一个最合理的存放位置，最大限度地杜绝空置货位的出现。这样，仓库面积的使用率就大大提高了。

使用了该系统之后，三九连锁的评价是，该系统采用了 C/S 和 B/S 结构相结合的计算模式，大大提高了企业的资金流及信息流的流通效率；降低了出错比率，使仓库面积的使用率提高到 60% 以上。仅此两项，系统每年为企业创造的经济效益超过 300 万元。

三九连锁配送管理系统的应用效益主要有以下几点。

（1）加强了对药品的管理。

由于药店内药品的种类繁多，连锁分店数量庞大，现行的管理模式难以收集到有关药品的准确信息，因而也不能对药品进行科学的管理。本系统将药品的基本信息、供应商信息、购进、调拨、销售等物流以及有关的统计分析报表融为一体，使管理人员能够随时掌握有关药品的实时信息，从而对药店的经营管理做出科学准确的决策。

（2）加强了物流的管理。

改进了药品在药店内的流动环节，使药品在药店各部门之间的流动更合理，减少了手工传递，规范并明确物流各环节的任务和要求，对药品流动进行全程监控，科学地管理药品库存，设置库存的上下限，有效降低药店的经营成本。

（3）加强对分店的管理。

首先，在网络上保证分店和总部之间能顺畅地交换数据；其次，要加强对分店的药品销售及库存的管理，并在此基础上实现总部库存的自动订货、总部对分店的自动调拨以及分店之间的药品调配，减少库存积压。

另外，系统还加强了和供应商之间的结算管理，提高了管理科学化的水平和经济效益，为企业带来了明显的经济效益提升。

📖 **物流知识小课堂**

连锁配送管理是随着我国连锁经营企业的成长而逐渐发展起来的。与传统的物流配送相比，零售连锁企业物流配送中心表现出反应速度快、功能集成化、服务系列化、作业规范化、目标系统化、手段现代化、组织网络化、经营市场化、流程自动化、管理法制化等特征。其中，物流配送的信息化、网络化和自动化是最主要的特点。

改进和完善连锁企业的物流配送，需要关注以下五个方面：（1）优化业务流程管理；（2）提升信息技术管理；（3）重视设施设备管理；（4）加强人力资源管理；（5）搞好供应链管理。

❓ **思考题**

1. 三九连锁配送信息系统包含哪些功能？有哪些特色？
2. 采取连锁配送管理系统，三九连锁取得了怎样的收益？
3. 连锁配送管理的重点应放在哪些方面？怎样才能更有效地对整个物流过程进行完善？

案例 17-3　科技赋能医药物流：九州通的变革之路

主题词： 医药物流，仓配一体化，智能化

九州通医药集团股份有限公司（以下简称九州通）成立于 1999 年 3 月，总部位于湖北省武汉市，是中国医药商业领域中最具影响力的企业之一。九州通专注于医药工商业、医疗器械、健康消费品等业务领域，业务网络遍布全国，拥有覆盖全国的三级物流配送网络和庞大的医药商业销售网络，并以其高效的运营效率、先进的物流技术、优质的服务质量和持续的创新精神，赢得了众多医药生产企业和医疗机构的信赖，成为中国医药商业领域的领军企业。

1. 挑战与机遇并存：医药物流的特殊性

医药物流与普通物流相比具有显著的特殊性。医药产品关系人民健康安全，因此对物流的准确性和及时性要求极高。此外，部分医药产品（如冷藏品、含麻制剂等）对仓储和运输条件还有特殊的温控和管理要求。中国医药市场规模庞大，但多数医药企业仍面临着物流效率低下、信息化程度不足、自动化程度不高等问题，这在一定程度上制约了企业的发展。

近年来，九州通的业务规模迅速扩大，年销售额超过百亿元，对物流效率和吞吐量要求极高。然而，传统物流中心难以满足大规模存储和拆零作业的需求，导致整体效率低下，差错率居高不下，严重制约了业务发展。例如，传统物流中心主要依赖人工操作，难以应对大规模订单的处理，导致订单处理速度慢且差错率高。同时，传统物流中心的存储空间有限，无法满足大量库存的存储需求，易引发库存积压，进而影响整体物流效率。

除了规模扩张带来的物流瓶颈，九州通医药物流还面临着物流信息化程度低的挑战，尤其是"信息孤岛"现象突出。企业内部各类信息系统之间缺乏有效集成，导致信息流通不畅，数据难以共享，从而形成"信息孤岛"。物流系统与 ERP 等业务系统的连接方式较为单一，无法实现供应链上下游信息的实时交互和协同。由于缺乏数据支持，物流决策难以实现精细化管理，最终影响物流效率与服务质量。

物流自动化程度低也是一个难题。除自动化立体库外，其他自动化设备及系统应用较少，物流作业主要依赖人工操作。人工操作不仅效率低下、易出错，也难以适应大规模业务的需求，成为企业实现降本增效的制约因素。例如，人工拣选存在效率低、差错率高等问题，直接导致订单处理速度变慢和准确率下降。

2. 九州通的解决方案：信息化与智能化

面对医药物流市场变革带来的挑战，九州通积极进行信息化与智能化转型，通过多项举措全面提升企业竞争力。

（1）在系统升级与完善方面，九州通从最初的业务系统逐步发展为覆盖 WMS、TMS 等系统的综合管理体系，实现了全品类药品的高效管理与物流中心顺畅运作。通过集成

WMS、WCS、TMS 等信息平台，公司优化了订单调度、物流作业和运输车辆管理，显著提升了运营效率。九州通还引入 SD-WAN 技术实现总部与子公司互联互通，在降低成本的同时增强了网络稳定性。此外，通过对接 ERP、CRM 等系统，公司打破了"信息孤岛"，实现了医药物流信息在全行业及整个供应链中的共享。为进一步提质增效，九州通还引进了自动分拣和输送系统，并自主研发立库托盘输送线、堆垛机、复核分拣机等自动化设备，推进物流自动化。智能托盘四向车系统的部署也实现了物料搬运的自动化操作。九州通还积极探索氢能源技术的应用，以降低运营成本并提高环保效益。

（2）在业务模式方面，九州通构建了高效协同的供应链物流服务模式，通过信息平台与外部供应链实现信息共享与资源整合，提升整体供应链效率，为客户创造更大价值。公司成立了互联网医疗事业部，建设互联网医院与处方流转平台，为实体医院提供互联网转型解决方案，不断拓展业务领域，助力医药流通数字化。借助大数据营销平台，九州通实现对客户需求的精准分析，提供个性化服务，提升客户满意度与忠诚度。此外，基于华为云构建工业集成平台，联通企业、供应商与客户，打通全业务流程，打造全面协同的医药产业链，进一步提升整体运营效率。

（3）在标准化与协同方面，九州通建立了统一的物流标准化管理机制，通过 ERP 系统与九州云仓物流供应链管理系统实现全国一体化管理，保障物流作业的规范与一致。公司积极借鉴国外先进医药物流企业的经验，加强国际合作与交流，将国外先进的物流信息理念与中国实际相结合，持续提升技术能力和运营水平。同时，注重人才队伍建设，通过内部培训和外部引进构建高素质物流专业团队，为企业的可持续发展提供坚实人才支撑。

（4）在运营管理方面，九州通通过流程重组与自动化技术不断优化作业流程，提高作业效率，降低差错率，保障物流作业的准确性与时效性。公司建立完善的绩效考核体系，将绩效与员工薪酬、晋升挂钩，充分调动员工的积极性和创造性，提升整体运营效率。

通过上述措施，九州通有效应对了医药物流市场的变革挑战，顺利实现了信息化与智能化转型，并取得了显著成效：作业效率大幅提升，订单处理速度与准确率明显提高；自动化与智能化设备的应用降低了运营成本；客户满意度持续提升，市场竞争力进一步增强；业务规模不断扩大，市场份额持续提高。九州通的转型经验为同行企业提供了有益借鉴，也为中国医药物流行业的发展做出了积极贡献。

📖 物流知识小课堂

仓配一体化，即仓储物流一体化，是一种将仓储和配送两个环节整合在一起的集成化物流服务模式。这种模式通过优化信息流、物流和资金流，实现供应链的高效协同管理，涵盖从商品入库、存储、拣选、包装到最终配送给消费者的整个流程。仓配一体化不仅能够简化物流流程，缩短配送周期，提高物流效率，还能够降低成本并提升服务质量。

❓ 思考题

1. 医药物流的特殊性体现在哪些方面？
2. 九州通在信息化与智能化转型方面采取了哪些措施？取得了哪些成效？

案例 17-4　云南白药"物"按标准"流"

云南白药是一个典型的国有制药集团企业，既有生产部门，又有销售部门；既有独立核算单元，又有非独立核算单元。现有全资、控参股企业十余家，集团总资产 8 亿多元，净资产 4 亿多元，年销售额 8 亿多元，是云南省实力最强、规模最大、品牌最优的大型医药企业集团。

在云南白药快速发展的同时，由于物流运转效率低下等问题，遇到了严峻的管理难题，具体表现为：在采购管理中，盲目采购导致物资、流动资金积压浪费严重；供应商管理混乱，常常是"一朝天子一朝臣"，供应商随着供应部经理而变换，供应商的资质无法保证；在仓储管理中，物资积压严重，在手工方式下，无法统计库存物资的使用效率；有的物资因为吸水、吸湿、风干、挥发而导致库存的自然报损；在销售中，销售预测不准，经常发生变动，不仅不能指导生产，反而给生产带来很多麻烦；各地区串货现象非常严重，企业无法进行有效的控制；车间物流常常不通畅，有大量的半成品、原材料积压在车间里，但从企业的账目中很难查询到这些资产。

根据云南白药的企业需求，采用 PM3 系统，通过管理咨询、标准化实施与维护，为云南白药量身定做了一个物流信息化解决方案，使核心部门的信息流、物流、资金流、知识流进行了并行处理，消除了"信息孤岛"，实现了一体化管理。

1. 将物流中心进行整合

企业根据区域、商品类型和客户类型对各个物流中心进行业务划分，并由各分公司共同出资和派出人员组建物流管理办公室。该办公室主要负责制订采购计划、执行商品采购、协调各物流中心之间的商品调配，以及对仓储和运输资源进行合理规划与调度。原则上，所有物流中心的商品采购由物流管理办公室统一负责，但个别品种允许各物流中心自行采购。各物流中心分别进行商品成本核算，在向各分公司调配商品时，仍按照现行的销售和进货方式进行结算。

待时机成熟时，集团公司进行业务流程管理重组（BPR），将原有多个物流中心合并为一个大型物流中心，该中心实行独立核算。同时，设立财务中心，负责处理各分公司与物流中心之间的内部往来结算。此后，各分公司将主要作为销售业务和管理部门运营，并分别实行独立核算。

2. 高效、快速的连锁配送物流体系管理

建立一个快速的物流响应系统，通过准确和高效的请货、配货、运输体系达到降低成本、优化库存结构、减少资金占压的目的；提供库存下限报警并生成请货的功能，配送对象和调配中心可以自动根据库存情况报警并生成请货，无须人工干预，快捷准确。配送中心全面反映配送对象库存，并主动补货。配送中心是一个完整的大系统，可反映企业的所有库存。当某个门店库存接近下限时，系统便会自动报警，并将货配好送给门店，而不必等待门店提出

补货请求。这样，企业可做到更大规模的加盟式的连锁零售。

3. 高效、科学、快速的仓储与运输物流管理

出库流程设定为：配货、拣货、发货。配货过程由计算机按先入先出原则自动配位生成拣货单，加速货物周转；拣货是指按指令将货物从仓位移到配发区的过程；发货是指将货品交给客户或运输部门的过程。这些出库业务操作在 PM 系统中均有明确的操作提示，从而提高了库管人员的工作效率，并可以有效地降低错发、记录错误的可能，为提升客户服务质量提供保障。

方案实施效果如下。

1）可量化的实施效果

通过实施 ERP 系统，云南白药销售收入增加了 14%，库存下降了 15%，降低了企业的资金占用；延期交货减少了 30%，提高了企业在市场竞争中的信誉度；企业采购提前期缩短了 2 周，节省了采购费用；生产成本降低了 10%，有效增加了企业的生产利润与市场竞争力。

2）非量化的实施效果

（1）加强了企业生产的计划性。通过 ERP 系统的实施，基本制止了手工生产计划模式下的排产随意性，而变为制造中心按集团内部订单安排生产任务单，车间见任务单后进行生产，使得公司的生产更加贴近市场需要。

（2）提高了企业采购的针对性，降低了原材料的库存。使用 ERP 系统物料需求计划来安排采购部门的采购行为，使得公司的采购严格与生产物料需求联动，从而有效地降低了原材料的库存。

（3）提供严格的物料消耗控制，有效降低车间的物料消耗。通过执行按料率限额领料、每批生产进行物料日结、严格成本考核等手段，杜绝了车间超料率领料、内部压料或藏料等行为，降低了车间的物料耗用。

（4）通过采用 PM/BMS，基于计算机强大的计算功能和信息传递的及时性、准确性，现已做到单品核算，更精确地计算出单品成本、毛利润等，便于统计公司销售业绩。

（5）消除"信息孤岛"。利用远程通信联网 PM/DBCOPY（数据库远程复制系统），清除了企业中存在的"信息孤岛"，加强了内部协作，实现业务数据实时传递和深入的监督管理。

物流知识小课堂

物流系统解决方案可为企业提供增值服务，为客户的物流系统提升竞争力。

物流系统解决方案的设计主要包括"客户需求调研""系统功能分析""作业流程规划""区域布局设计""信息系统架构"等内容。

通过与客户充分的沟通，清晰了解客户的需求。从专业的角度分析客户的需求，确定系统功能的关键要素与一般要素。根据物流的流量和流向，合理规划系统的工艺流程。依据确认的功能需求和规划的工艺流程，结合客户的实际空间，完成平面布局设计。从企业的管理需求出发，把物流系统管理信息纳入企业 ERP 等管理系统中。

思考题

1. 云南白药快速发展后，发现企业中存在哪些问题？在本案例中，是如何解决这些问

题的？

2. 你认为云南白药采购管理的解决方案是否合理？并说明理由。

3. 物流系统解决方案主要设计哪些内容？

案例 17-5　太极集团的物流发展对策

主题词：物流信息，物流重组，物流管理

随着企业装备水平的提高，特别是采用计算机控制生产流程，在生产制造领域中人为降低成本的空间愈来愈小，而在材料的采购、存储和货物配送等物流环节中，却有着相当大的降低成本的空间。企业物流是企业生产与经营的组成部分，是企业管理工作的重要内容之一，也是社会大物流的基础。

以下就太极集团在探索企业物流发展过程中的一些经验进行一番探讨，通过这个案例简单分析一下现代医药企业物流改造的对策及出路。

1. 太极集团的物流现状

太极集团是以中成药研制、生产及销售为主的企业，目前已发展成为中国西部地区知名的中药制药企业，在全国中药制药行业中已名列前茅。为了降低物流成本，促进市场销售，提高经济效益，加快企业发展，在物流各环节中已先后做了不同程度的改进和调整，也取得了显著的成效，但仍存在诸多问题，制约着企业的发展。主要表现在以下几个方面。

1）企业内部物流管理职能分散，相互独立

太极集团内部的物流活动分别由供应总公司、储运总公司、内务部、办事处四大职能部门共同完成。其中，供应总公司负责各生产厂原材料和包装的采购；储运总公司管理仓库及车辆，负责将各生产厂的产品统一运送到公司在重庆滩子口的仓库；内务部的调度科负责统计、整理办事处的要货数量及各生产厂的生产计划下达，货运科负责将企业内部各仓库的货物通过火车、轮船、飞机调拨到全国二十五个办事处；各办事处负责货物的接收和储存，并根据市场需求及时将货物送达各客户仓库，同时将污染药品组织运送回重庆滩子口的仓库或生产厂。

上述四大职能部门各负其责，相互独立，部门之间缺少沟通和衔接，致使物流信息、物流资源不能共享，造成物流过程的延长，从而增加了物流成本。

2）存货较多，资金占压较大

太极集团的成品仓库分为三个层次：一是各生产厂的仓库（有近十个生产厂）；二是滩子口中转仓库；三是办事处仓库。各仓库随时保持着一定数量的库存，从而形成存货量大，资金占用多的问题，降低了资金周转的灵活性。

3）企业物流活动自营比重较大

太极集团内部各生产厂都有自己的仓库和车队，从生产厂的仓库转运到滩子口的仓库及直接发往经销单位的货物大部分由各生产厂自备车完成，因而车辆空返率极大。各办事处为了完成各自的收货、发货等服务职能，皆配备有 6～9 名工作人员、1～2 部自备车。在当地租赁仓库，有的代保管，也有的自保管。货物运输大部分由合同运输单位完成。大量的自备运力和自备仓储，特别是遍布全国各地的 25 个办事处，占用了企业的大量资源，增加了企业物流费用，降低了经营利润，同时也分散了企业集中主业生产经营的精力。

4）物流信息技术落后

太极集团内部各物流职能部门、物流环节及物流数据较大部分仍采用传统手工作业，误差较大，效率很低，与快速发展的信息时代极不相符。

2. 太极集团的物流发展对策

太极集团上述各方面物流活动问题的存在，分散了总体精力，延长了物流时间，增大了物流费用，提高了产品总成本，降低了生产利润率，严重阻碍了太极集团的发展。

在市场竞争如此激烈的今天，太极集团要想保持快速发展的势头，尽早实现"成为国内一流中药企业"的战略目标，必须根据市场发展的要求，对传统的物流模式进行进一步的调整和改进。针对目前物流工作中存在的问题，结合物流管理的基本理论，我们认为可从以下几个方面进行改进。

1）设立专门的物流部或物流公司，即进行物流重组

专设太极集团物流部或物流公司来统一管理太极集团的物流运作，即太极集团对原材料进厂，中间流转过程，直到最后产品出厂交给用户的物流全过程，实施统一的计划、组织、控制和管理，尽量减少中间环节，加强沟通，缩短物流时间，降低物流成本，提高经济效益。

太极集团将海尔作为自己学习的榜样，把企业物流能力摆在企业竞争力的战略位置，以市场链为纽带进行业务流程再造，对物流业务流程从整体上实施优化重组，以降低呆滞物资，减少仓库面积和库存资金。

2）合理控制库存，减少库存资金占用

在物流重组中，重新核定各项库存定额，减少乃至取消车间库存和中间库存，降低资金的占用，通过提高供应效率，做到原材料直送工序，逐步实现"零库存""零等待"；加强生产计划、物流运输等各环节的沟通与衔接，缩短物流时间；加快办事处库存周转，降低办事处库存；同时也可优化销售供应链，缩短产品到达客户的时间，扩大市场份额。借鉴青岛啤酒集团所实施啤酒新鲜度管理的理念和经验，以时间为控制标准，建立高效率成品物流控制系统，形成能对市场做出快速反应的配送体系，使产品销量明显提高。

3）减少自我服务，依托社会物流资源

随着社会生产分工细化，许多企业都选择物流业务外包，以利于把有限的精力集中到自己的核心业务上。同时，也可根据企业的实际情况，逐步将各自运输和仓储等物流活动从核心的生产业务中分离出来，组成独立核算，自负盈亏的物流经营实体。在为本企业服务的同时，参与社会竞争。

4）业务量小的办事处实施物流外包，在业务量大的办事处建立物流配送中心

太极集团为了提高发货效率，增大市场销售量，在全国设立了 25 个办事处。但各办事处的业务量各不相同，大的业务量达到几千万元，甚至上亿元，小的业务量只有几百近千万元。而各办事处的物流费用却相差不大，以至于有的办事处物流费用大于其销售收入，形成负利润。

医药行业是一个特殊的行业，国家药监局为了加强药品市场的监督管理，出台了新的药

品管理政策，规定各药品生产企业须经国家药监局批准同意后，方可在异地设立药品仓库。到目前为止，获得批准的企业，全国仅有哈药集团、太极集团等几家大的制药企业。对于中小型制药企业，为了能获得占领异地市场的机会，已有部分企业主动提出由太极集团代为承担其在异地的物流活动。这给太极集团各办事处建立物流配送中心，实现经营利润性物流创造了有利条件。即对于业务量大的办事处建立经营性物流配送中心，在完成本企业的物流工作的情况下，接洽一部分社会物流，进行物流经营活动，创造物流经营收入，用以支付办事处的运作开支，实现收支平衡，甚至实现盈利。对于业务量小的办事处采用物流外包，从而大大降低整个办事处的物流费用，进而提高整个办事处，乃至集团公司的销售收入。

　　5）建立物流信息网络

　　企业物流信息系统在企业物流活动中起着神经中枢的作用，通过系统可以全面观察及控制整个物流系统的运行情况，实行动态管理，对物流过程中诸多要素进行优化组合和合理配置，使物流活动中的物流、资金流和信息流处于最佳状态，从而取得明显的经济效益和社会效益。因此，太极集团要发展物流，实现物流现代化，必须建立物流信息网络，此工作太极集团已在规划实施中。

　　物流是企业生产的保证，是企业发展的重要支撑力量，是企业提高市场竞争力的重要因素。太极集团要想在激烈的市场竞争中独占鳌头，就必须加快企业物流的发展。以先进物流技术和管理水平优化现有物流运行模式，降低物流成本，提高经济效益，才能加速太极集团的发展。

✂ 物流知识小课堂

　　物流信息（Logistics Information）是反映物流各种活动内容的知识、资料、图像、数据、文件的总称。物流标准化是指以物流为一个大系统，制定系统内部设施、机械装备、专用工具等的技术标准，包装、仓储、装卸、运输等各类作业标准，以及作为现代物流突出特征的物流信息标准，形成全国以及和国际接轨的标准化体系，并在行业内推广实施。

❓ 思考题

　　1．从运营战略管理的角度，分析太极集团所做的物流整合，在这一整合过程中主要采取了哪些有效策略。

　　2．结合本案例，分析我国医药企业的物流现状，并分析改造的对策及出路。

📚 案例 17-6　哈药集团信息之路

> **主题词：** OA 系统，ERP 系统，网络化营销

1．信息化建设成效

　　哈药集团几年来在企业信息化方面，尤其是 OA（Office Automation，办公自动化）系统、

ERP 系统、网络化营销等信息化工程的实施中取得了丰硕的成果。继被评为"第二届中国品牌企业百佳商务平台"后，哈药集团网站又获殊荣，入选"2023 年度中国医药工业百强榜"，名列第 60 位，并荣获年度潜力品牌奖。

哈药集团信息化实施战略的总体原则是："总体规划、分步实施"。通过 OA 系统的建设实现了日常工作的电子化、无纸化管理方式，建立了相应的知识库体系，极大地提高了企业的办公效率，减少了管理费用，提高了数据共享度。ERP 系统的实施不仅对企业业务流程进行了全面分析和优化，融入了哈药集团独特的管理制度、组织结构及业务流程，还对企业所用的各种主要数据进行了标准化和规范化，使整个企业的管理水平得到了极大的提升。哈药集团信息化的实施在以下几个方面获得了较大的改善。

1）实现协同办公、知识管理

通过应用 OA 系统，哈药集团实现了协同办公，对企业中的核心知识进行了有效的采集和管理，形成了完整的知识库管理体系。结合先进的工作流管理方法，通过对现有办公流程的整理、优化，搭建起哈药集团范围内的无纸化办公环境，节约了大量的纸张，缩减了企业的管理成本支出，实现了信息的单向发布、双向交流，加速了信息的传递速度，提高了哈药集团整体的办公效率，通过互联网，哈药集团内员工可以登录到哈药集团内部的局域网环境，做到随时、随地查看内部信息、查阅知识库资料、办理自身业务工作流等多项以前只能在集团内部才能实现的功能，部门和部门之间、人员和人员之间做到了协同办公。结合 OA 系统，哈药集团在信息化项目的建设过程中，完整地保留了项目的信息资料，经过整理编排和归纳，实现了项目的知识、成果的有效留存，成功建立起知识库，做到了即使人员流失，项目技术也不流失。

2）实现以供应链管理为中心的供应商和客户管理策略

在实施 ERP 系统后，公司通过采购自动限价、质量控制、交货时间及付款条件等多个控制项目，对供应商进行综合考核。针对提供质优价廉产品的供应商，给予诸如付款期限延长和长期合作等优惠条件，以建立战略合作关系，从而降低企业的采购成本。

借助系统的集成优势，实现了在整个销售到回款流程中的实时信用控制。系统具备对超过赊销限额的订单自动禁止发货的功能，同时对信用良好的客户，通过系统内置的灵活价格体系提供相应优惠。这不仅加快了交易信息的传递速度，大幅提前了对客户的交货时间，还有效降低了企业的整体经营风险，进一步提升了客户满意度。

3）整体物流控制的加强

物流管理是企业运营管理的关键。ERP 整合了企业的物流信息，涉及物流整体的信息传递速度和集成性大大提高。集成性又节省了许多的中间环节，节省了大量资源。通过采用统一的信息平台和统一来源的数据，各个部门的管理人员再也不用在月末进行繁重的对账工作，而是将精力放在了管理分析上。通过 ERP 对各产、销、存的规范管理，领导和相关部门能够及时了解库存数据、财务数据及其处理情况，做到了物流信息和财务信息完全一致。

4）降低库存，减少资金占用

对存货的管理包括原辅包材、半成品、产成品等，应用系统后既可对存货进行有效的库存控制、批量管理，达到节约库存占用资金以及以产定购的目的，又可监控产成品在各仓库的整体库存与分布状况，包括货物经销各环节在途状况及对子公司发出的销售情况，货物流向十分清楚。仅此一项每年可为企业节约几千万元。

5）实现网络化营销，全面打通供应链上下游环节

通过采用成熟的网络化营销软件，增强了采购环节的透明度，实现了采购项目计划管理、供应商管理、采购管理、基础信息管理、统计分析、采购目录管理。哈药集团采购信息系统的功能框图如图 17-1 所示。

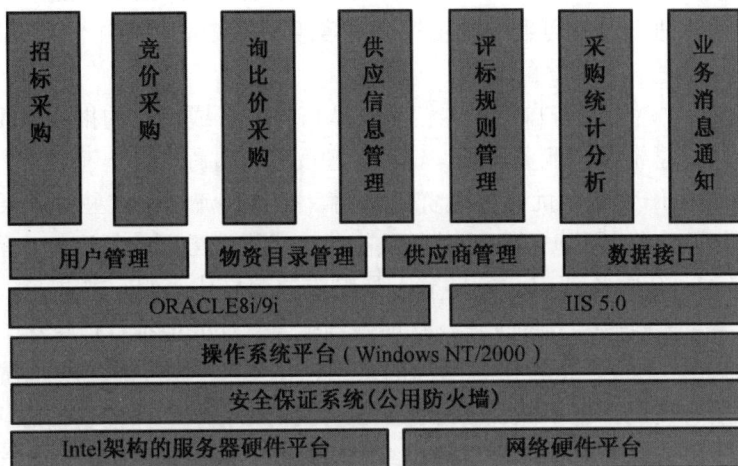

图 17-1　哈药集团采购信息系统的功能框图

网络化营销的实施使哈药集团的信息化在 ERP 的基础上又迈上了一个新的台阶，杜绝了采购过程中的"黑箱"交易，使整个过程透明化、人性化，为供应商提供了一个公正、公平、公开的全新的网络交易环境。

6）提高了全员素质

实施信息化以来，哈药集团总部和各试点公司通过各种形式对各级各类人员进行了大量的培训。具体包括对部分中高层干部和全体实施人员进行了 BPR、ERP 系统培训，对实施人员还进行了系统配置指导、开发工具培训、系统管理培训、实施方法培训和团队精神培训等。通过知识传授使实施人员基本掌握了 ERP 系统实施所需的各种知识，并以他们为种子，将 ERP 系统知识再传播到 ERP 系统的最终用户和全体员工。通过大量的培训，员工的整体水平有了很大提高。

7）培养了一支团队

通过信息化建设，项目实施小组成员迅速成长起来，他们将团队训练中所学到的信任、沟通、挑战自我和团队精神带到项目实施中，出色地完成了项目实施任务，并积累了丰富的实施经验。为了给这些在企业信息化工作和 ERP 以及 OA 系统实施中成长起来的员工提供更大的发展空间，并让更多企业分享哈药集团多年来在企业信息化方面的经验，做出自己的贡献。

2．企业信息化经验

通过哈药集团信息化的实践，在信息化项目具体实施过程中有以下几点值得借鉴。

（1）企业信息化建设需要领导重视和相关部门的通力合作。哈药集团领导班子多年来

一直把企业信息化建设视为企业生存和发展的关键，明确要求各单位、各部门、所有人员必须通力合作，确保信息化建设得以顺利实施。

（2）企业信息化建设要建立在基础管理规范的基础上，这样才能保证信息数据的准确性、可靠性，从而为分析和利用数据、信息提供充分的依据，最终支持管理决策。在基础管理规范化上，第一，要求业务职责分明，要明白干什么、凭什么、为什么；第二，要使业务流程合理畅通，使各项业务有存在的必要性，并且能及时传达"增效信息"；第三，基础管理规范化做到扎实推进，并有可靠的制度保证；第四，在实际工作中不断吸收新的先进管理手段，使规范化随时适应新形势的需要。

（3）企业信息化建设要有自己的专门设计队伍，要形成自己的推进组织。信息化是针对企业内部进行的信息资源、业务流程、组织管理的整合过程，是一个综合性的工作，最终目的是提高企业的工作效率，优化各项资源利用、配置和流通。这些都需要有专业性较强的复合型团队或组织来推动和设计，也就是要提供人力资源方面的保证。哈药集团在信息化建设工作上组织了一套由各部门、各环节人员组成的信息化小组，既规范、优化自身的管理，又辅助、配合、验收软件商的工作，从而做到全面、深入地推行信息化工作。

（4）要对信息化形成一个正确、全面的认识。在实践中我们感到，首先，不能说信息化就能解决企业所有问题，也不能说信息化能教会我们做什么，只能说信息化能帮助我们做什么；其次，对于信息化要有一个全员思想统一的过程。对于信息化过程中产生的数据、信息的使用，是信息化成败的关键环境因素。在信息化建设逐步深入的过程中，要未雨绸缪，发挥自身的品牌优势。

（5）信息化要从企业自身实际出发，依靠管理技术并结合外部软件系统的特点来进行。在信息化推进中，不要搞外来先进方法的整体移植手术或者外包工程，而是在保持自身特色的同时，在一些领域内引进外来先进管理思想，使系统符合企业发展的需要，使企业发展具有生机和活力。

（6）创新是信息化不断完善和发展的永恒主题。创新是根本。因此，哈药集团牢固树立创新意识，大力开展体制创新、机制创新、知识创新和产品创新，走出一条具有特色的创新之路。

物流知识小课堂

办公自动化（Office Automation，OA）就是采用互联网技术，基于工作流的概念，使企业内部人员方便快捷地共享信息，高效地协同工作；改变过去复杂、低效的手工办公方式，实现迅速、全方位的信息采集、信息处理，为企业的管理和决策提供科学的依据。一个企业实现办公自动化的程度也是衡量其实现现代化管理的标准。

思考题

1. 哈药集团为什么要进行信息化建设？其信息化建设的基本依据是什么？
2. 哈药集团信息化建设取得了哪些成效？
3. 从哈药集团信息化建设中，我们可以借鉴哪些经验？

案例 17-7　上海医药打造物流能力 决胜医药未来

主题词： 仓库配送，ERP 系统，物流中心，医药分销

上海医药集团股份有限公司（以下简称上海医药）是沪港两地上市的大型医药产业集团，公司注册资本为 37.03 亿元，主营业务覆盖医药工业与商业，2023 年营业收入为 2603 亿元，位列《财富》世界 500 强与全球制药企业 50 强，综合实力位列中国医药企业第二。上海医药倡导"创新、诚信、合作、包容、责任"的企业核心价值观，致力于持之以恒地提升民众的健康生活品质，努力打造成为受人尊敬、具有行业美誉度的领先品牌药制造商和健康领域服务商。

早在 1998 年，上海医药请麦肯锡咨询公司为企业进行流程改造，后来实施的 ERP 系统中，仓储也是其中的一个环节。这些历史积累为后来的工作奠定了基础。时任上海医药集团股份有限公司董事长兼总经理钱琲与上海医药集团总裁高均芳签订《2003 年度经济目标责任书》时，正式宣布了上海医药打造中国医药商业航母的基本思路和举措，并提出"三年华东，八年航母"的发展战略。

在一个单一的城市内采取分散型的物流体系，分别服务于不同的销售公司，且面向同样的客户和供应商，要在未来支撑商业航母的发展将是很困难的，而且机会成本巨大。根据测算，建设了先进配送中心后的国际医药批发企业，每张订单的物流运输费用只有我国企业的 36%。因此，尽管新建物流中心的前期需要大量投资，但结果将受益无穷。

最终，上海医药决定通过 2000 年配股募集的 6000 万元资金，加上 2002 年获得的 1.1 亿元国债贴息贷款，总计投资 1.7 亿元，打造崭新的、国内顶尖的医药物流中心。物流中心内将包括高 22 米、长 80 米，使用 9 台堆垛机的自动化立体仓库，使用准确率高达 99.98% 的电子标签，采用无线射频技术和自动分拣系统（SORTER），并利用先进的 WMS 软件对现有信息系统进行再造，形成软硬件良好的接口。

该项目在设计中考虑了抗风险性、经济性和可扩展性，选用的都是先进、成熟的设备。公司将这些都作为战略性投资。并不是把物流中心当成一个"概念"来做，不把它单纯地看作仓库，而是"供应链战略规划和管理"。

建成后的上海医药物流配送中心借助于上海医药现有资源，四分之三服务本集团，四分之一作为第三方物流，在安徽、江西等地建立现代物流分中心，借此逐步走出上海，立足华东，走向更大的市场。

研究表明，加强对整个供应链的管理可以大大降低企业的库存和运输成本，提高企业的长期竞争力。原材料采购减少 6% ～ 12%；运输成本下降 5% ～ 15%；整个供应链的库存和运作费用都有所下降。

物流中心的地位从原来企业的费用中心变成现在的利润中心，先成为内部的第三方物流。物流专家表示，企业的核心能力是获取订单和满足订单。因此，物流能力是商业企业满足订单的核心能力。

上海医药物流中心项目的建成，标志着上海医药从传统批发商到现代化医药物流服务商

的转变。从储存到配送，再到分拣，项目拥有一流的物流系统，公司也将成为一个综合性很强的企业，企业的业务方式也随之改变。

由于我国医药企业采用的都是分散型物流体系，在运作上主要依靠人力，与国际医药同业相比，差距甚大。有调查显示，平均每个配送中心能够支撑的销售额，我国只是美国的11.75%；配送中心内每平方米能够支持的销售额，我国只是美国的 40%；平均每个配送中心能够支持的 SKU（品规），我国也只是美国的 24%；而平均处理单行订单的运作成本，我国是美国的 2.78 倍。

专家认为，来自政府的严格规章要求、来自市场的残酷竞争压力，以及来自客户越来越高的要求，都表明医药商业最需要强有力的物流能力支撑。

出于规章和商业的原因，来自诸如 FDA 等政府机构对健康及安全条款规定非常严格，对从制药厂到仓库及分销终端都容不得半点的疏忽。这些规定支配着仓储的全过程，包括产品的批次、日期、冷冻及冷藏，危险物质的安全区域，以及受管制的药品，等等。

从物流运作中要求零偏差、要求对任何移动中的批次进行追踪，对药品的可追溯性要求的范围扩大到从工厂的车间管理到零售货架的整个供应链。意外分发、重新召回或产品退货都对整个公众健康及社会义务产生巨大的影响，因此，物流运作的任何失误都带来巨大的机会成本。

行业的兼并促使医药企业使用 ERP 系统来集中管理全球机构。一旦实施 ERP 系统，对严格批次管理责任的需要驱动了先进的 WMS 和供应链管理软件的增长，与此同时，由于控制和管理药品价格毛利润空间，市场也加速了对提高生产率及节约成本措施的压力。

根据上海投资咨询公司为该项目所做的《项目可行性报告》分析：通过上海医药物流中心的建设，上海医药可以打造新的产业供应链。可以在拥有现有的行业独特优势的基础上，建立起一个其他医药批发企业没有的物流增值服务平台，以实现向上整合制药厂的销售物流，向下整合医药及药店等零售终端配送物流的目标，从而使企业成为具有更强核心竞争能力的综合性医药批发企业。

除此之外，上海医药物流中心项目的建设还是上海医药立足上海、建设全国性物流服务网络的需要。通过物流配送的建设可以帮助企业实现由点及面，从上海到华东，构建主市场服务网的战略目标；可以通过导入现代物流管理业务模式，实现商流与物流的分离，建立企业新的分销业务模式；可以培养一支具有现代化物流运作管理经验的队伍，从而树立企业物流增值服务的品牌形象。

据悉，全国医药流通企业的平均费用率将近 11%，国家有计划通过 5 年的时间将其降到6%。因此，现代医药物流建设有望获得国家的大力扶持。物流体系建设也已成为医药商业的新热点。除了上海医药，北京医药股份和广州医药股份也都利用原有仓库进行改造，推出各自的现代医药物流中心。

🔑 **物流知识小课堂**

　　根据国外统计显示，通过医药物流供应链及第三方物流运作，可以降低采购费用6% ～ 12%；压缩库存总量 10% ～ 30%；降低运输成本 5% ～ 15%；可极大限度地改善"牛鞭效应"。

医药流通企业的配送中心建设要比生产厂商的物流中心建设更为复杂和困难，需要考虑以下五个方面的问题：（1）符合 GSP 质量管理体系；（2）低成本营运；（3）缩短响应时间；（4）实现机械化与自动化；（5）防止人为错误。

医药物流配送中心的建设目标包括：（1）具备信息化、自动化、网络化、智能化、标准化和柔性化的水平；（2）有高效、实时的物流和信息系统；（3）降低作业误差率；（4）提高库存周转率，挖掘商业利润；（5）降低物流运作成本，缩短物流作业周期和交货周期，提升物流服务竞争的能力。

思考题

1. ERP 系统在上海医药进行流程改造的过程中起到了哪些重要作用？
2. 医药流通企业和生产企业相比，物流中心的建设有哪些不同？
3. 随着物流重要性的逐步体现，物流中心对企业的作用发生了怎样的变化？

Chapter 18

第18篇 世界知名企业物流分析

"格瑞斯特定理"

- 提出者：美国企业家 H. 格瑞斯特。
- 概述：杰出的策略必须加上杰出的执行才能奏效。专业公司的战略实际、良好的蓝图规划，仅仅因为公司自身的不足和计划实施过程中的不当而全盘皆输。大成功是由一个个小成功组成的，每一步都必须按计划走好。这一步的计划的实现，正是下一步计划实现的开始。好事干实更好，实事办好愈实。

案例 18-1　沃尔玛的物流

沃尔玛公司由美国零售业的传奇人物山姆·沃尔顿先生于 1962 年在阿肯色州成立。沃尔玛在全球开设了 7000 多家商场，员工总数为 190 多万人，已成为美国最大的私人雇主和世界上最大的连锁零售商。每周光临沃尔玛的顾客为 1.76 亿人次。在短短几十年中得到如此迅猛的发展，沃尔玛创造了零售业的一个奇迹。

1. 降低成本系列方法在物流配送中心的应用

低成本战略是沃尔玛的看家本领，把节省后的成本让利于消费者，这是沃尔玛一贯的经营宗旨。

运输是沃尔玛在整个物流过程中最昂贵的部分，沃尔玛在设置新卖场时，尽量以其现有配送中心为出发点，卖场一般都设在配送中心周围，以缩短送货时间，降低送货成本。沃尔玛在物流方面的投资，也非常集中地用于物流配送中心建设。

物流配送中心一般设立在 100 多家零售店的中央位置，也就是销售的主市场。商圈为 320 千米，服务对象店的平均规模为 1.2 万平方米。运输的半径短而均匀，中心经营商品达 4 万种，主要是食品和日用品。通常库存为 4000 万美元，旺季为 7000 万美元，年周转库存为 24 次。在库存商品中，畅销商品和滞销商品各占 50%，库存商品期限超过 180 天为滞销商品，各连锁店的库存量为销售量的 10% 左右。

沃尔玛建立了高效通信网络，各分店的订单信息通过公司的高速通信网络传递到配送中心，配送中心整合后正式向供应商订货。供应商可以把商品直接送到订货的商店，也可以把商品送到配送中心。有人这样形容沃尔玛的配送中心：这些巨型建筑的平均面积超过 11 万平方米，相当于 24 个足球场那么大。里面装着人们所能想象到的各种各样的商品，从牙膏到电视机，从卫生纸到玩具，应有尽有，商品种类超过 8 万种。沃尔玛在美国拥有 60 多个配送中心，服务 4000 多家商场。这些配送中心按照各地的贸易区域精心部署。一般情况下，从任何一个配送中心出发，汽车都能在一天内到达它所服务的商店。

在配送中心，计算机掌管着一切。供应商将商品送到配送中心后，先经过核对采购计划、商品检验等程序，分别送到货架的不同位置存放。当每一样商品储存进去的时候，计算机都会把它们的方位和数量一一记录下来。一旦商店提出要货计划，计算机就会查找出这些货物的存放位置，并打印出印有商店代号的标签。贴上标签的商品将被送上传送带。商品在长达几千米的传送带上进进出出，通过激光辨别上面的条码，把它们送到指定地点。传送带上一天输出的货物可达 20 万箱。对于零散的商品，传送带上有红色、黄色、绿色等不同的信号灯，员工可根据信号灯的提示来确定商品要送往的地点，并将取到的商品放到一个箱子里。

配送中心的一端设有装货平台，可供 130 辆卡车同时装货；另一端设有卸货平台，可同时停放 135 辆卡车。配送中心 24 小时不停地运转，平均每天接待的装卸货物的卡车超过 200 辆。沃尔玛用大型卡车运送货物，16 米加长的货柜，比集装箱运输卡车更长、更高。沃尔玛的卡车及其司机均为公司自有，他们在美国的各个州之间的高速公路上运行，而且车中的每个位子都被填得满满的，充分利用了空间，非常有助于节约运输成本。

公司 6000 多辆运输卡车全部安装了卫星定位系统。在任何时候，调度中心都可以知道这些车辆在什么地方，离商店还有多远，调度中心也可以了解到某个商品运输到了什么地方，还有多少时间才能运输到商店。如果知道车队由于天气、修路等某种原因耽误了到达时间，装卸工人就不必等待，可以先安排其他的工作。

灵活高效的物流配送使得沃尔玛在激烈的零售业竞争中技高一筹。沃尔玛可以保证商品从配送中心运到任何一家商店的时间不超过 48 小时，沃尔玛的分店货架平均一周可以补两次货，而其他同业商店平均两周才能补一次货；通过维持尽量少的存货，沃尔玛既节省了存储空间又降低了库存成本。

每家店每天送 1 次货（竞争对手每 5 天送 1 次货），这就意味着可以减少店内的库存，使得零售场地和人力管理成本都大大降低。要达到这样的目标，就要不断完善组织结构，建立一种先进的运作模式。

1990 年，沃尔玛在全球有 14 个配送中心，发展到 2023 年一共建立了 210 个配送中心。沃尔玛作为世界 500 强企业，到现在为止它只在几个国家运作，只在它看准有发展的地区经营。沃尔玛在经营方面十分谨慎，在这样的情况下发展到 70 个，说明它的物流配送中心的组织结构调整做得比较到位。

沃尔玛的配送成本占销售额的 2%，是竞争对手的 50%。沃尔玛始终秉持的理念是要把最好的东西用最低的价格卖给消费者，这也是它成功的所在。竞争对手一般只有 50% 的货物进行集中配送，而沃尔玛 90% 以上的货物是进行集中配送的，只有少数可以从加工厂直接送到店里，这样成本的优势就很明显了。经济学家斯通博士在对美国零售企业的研究中发现，在美国的三大零售企业中，商品物流成本占销售额的比例：沃尔玛是 1.3%，凯马特是 8.75%，希尔斯则是 5%。如果年销售额都按照 250 亿美元计算，沃尔玛的物流成本要比凯马特少 18.625 亿美元，比希尔斯少 9.25 亿美元，其差额大得惊人。

2. 物流信息技术的应用

1）建立全球第一个物流数据的处理中心

沃尔玛比竞争对手提前至少 10 年将尖端科技和物流系统进行了巧妙搭配。20 世纪 70 年代，沃尔玛建立了物流管理信息系统（MIS），负责处理系统报表，加快了运作速度。20 世纪 80 年代初，沃尔玛与休斯公司合作发射物流通信卫星，物流通信卫星使得沃尔玛产生了跳跃性的发展；1983 年，沃尔玛采用了 POS 机，即 Point of Sale，销售始点数据系统。1985 年，沃尔玛建立了 EDI，即电子数据交换系统，进行无纸化作业，所有信息全部在计算机上运作。1986 年，沃尔玛建立了 QR（快速反应机制），为市场快速拉动需求。以速度和质量赢得用户的满意度和忠诚度。2018 年，沃尔玛在美国新罕布夏州的 Salem 门店建立了自动化取货系统 "AlphaBot"。2022 年，沃尔玛引入了人工智能算法，优化车辆调度和路径规划，提高了配送效率。2023 年，沃尔玛继续推进智能物流建设，引入自动化仓储设备，并与多家公司合作部署自动叉车和开发新的自动化配送中心。

沃尔玛在全球第一个实现集团内部 24 小时计算机物流网络化监控，使采购库存、订货、配送和销售一体化。例如，顾客到沃尔玛店里购物，然后通过 POS 机打印发票，与此同时，负责生产计划、采购计划的人员以及供应商的计算机上就会同时显示信息，各个环节就会通过信息及时完成本职工作，从而减少了很多不必要的时间浪费，加快了物流的循环。

2）沃尔玛物流应用的信息技术

UNIX 的配送系统、产品代码、自动补货系统、激光识别系统、传送带，以及一个非常大的开放式平台，为沃尔玛节省了相当多的成本。

沃尔玛通过其商务技术公司推出的人工智能物流技术，对物流路线进行优化，自动规划最优驾驶路线，考虑时间、地点、交货窗口等多种因素，从而为卖家节省物流成本和时间。此外，AI 技术还优化了拖车的打包方式，最大限度地利用空间，确保温控物品的新鲜度，减少货物损耗，提升顾客满意度。

3. "无缝"供应链的运用

物流的含义不仅包括了物资流动和存储，还包含了上下游企业的配合程度。沃尔玛之所以能够取得成功，另一个很重要的原因在于采取了"无缝点对点"的物流系统。

"无缝"的意思是使整个供应链达到一种非常顺畅的连接。产品从工厂到商店的货架，整个过程应尽可能平滑。每一个供应者都是这个链中的一个环节，沃尔玛使整个供应链成为一个非常平稳、平滑、顺畅的过程，运输、配送以及对于订单与购买的处理等所有的过程都是一个完整网络中的一部分，大大降低了物流成本。

沃尔玛有一个非常好的系统，可使上游供应商们直接进入沃尔玛的系统，沃尔玛称之为"零售链"。通过零售链，供应商们可随时了解销售情况，对将来货物的需求量进行预测，以决定生产情况，产品的成本也可以降低，从而使整个流程成为一个"无缝"的过程。

沃尔玛真正的挑战是能够提供顾客所需要的服务。物流业务要求比较复杂，如有的时候可能会有一些产品出现破损，因此在包装方面就需要提出严格的要求。对沃尔玛来说，产品的种类与质量是非常重要的，沃尔玛似乎总是能够寻求到这种高质量、多品种与低成本的结合。

沃尔玛的无缝物流系统可以理解为一个无限的循环。顾客到一个商店买了某种商品（如尿布）之后，系统就有了记录，在适当的时候自动进行及时补货。供应商把货物直接提供给配送中心，减少很多成本。

沃尔玛的货物运输一般采用航空、轮船和卡车等方式。沃尔玛的物流中非常重要的一点，就是确保商店所得到的产品与发货单上完全一致，整个过程都要是精确无误的。商店把卡车中的货品卸下来直接放到货架上进行销售，不必对产品进行逐个检查，这样就节省了很多的时间和成本。

这样的优势就可以大大降低成本。在沃尔玛的供应链中，能够做到这一点，就可以把所有环节上可以节省的钱都节省下来。这样，整个链条、整个环节就可以节省不少钱。

4. 沃尔玛物流与供应链管理的启示

先进、高效的物流和供应链管理系统确保了沃尔玛的物流项目无论大小，都会集中到一个伞形结构之下。运输、配送以及对于订单与购买的处理等所有的过程，都是一个完整网络中的一部分。沃尔玛在全球各地的配送中心、连锁店、仓储库房和货物运输车辆，以及合作伙伴（如供应商等），都被这一系统集中、有效地管理和优化，形成了一个灵活、高效的产品生产、配送和销售网络。为此，沃尔玛甚至不惜重金专门购置物流卫星来保证这一网络的信息传递。

沃尔玛拥有自己的卫星和遍布全球的大型服务器，每一台货物运输车辆上都拥有卫星移动计算机系统，维持这一庞大网络的 IT 投入和升级管理费用巨大，这些都会让很多企业"望洋兴叹"。但是，更应多加关注的是沃尔玛的先进管理思想和理念、"沃尔玛现象"引发的全球物流与供应链管理建设潮流，以及愈加激烈的市场竞争。

物流知识小课堂

物流成本是指物流活动中所消耗的物化劳动和活劳动的货币表现。具体地说，它是产品在实物运动过程中，如包装、搬运装卸、运输、储存、流通加工等各个活动中所支出的人力、物力和财力的总和。根据以活动为基础确定物流成本的方法，可将物流成本归类为三大项：① 直接成本，指的是那些为完成物流工作而直接发生的费用。如运输、仓储、原料管理以及订货处理及库存的某些方面的直接费用。直接成本是能从传统的成本中提取出来的。② 间接费用（类似于会计中的制造费用），是那些为完成物流工作而间接发生的费用。因为涉及固定资本的分摊，往往难以清楚地从传统的成本中分离。③ 日常费用，类似于会计中的管理费用等。

思考题

1. 为降低成本，沃尔玛采取了哪些措施？
2. 沃尔玛如何借助信息技术打造其核心竞争力？
3. 沃尔玛是如何实现供应链的无缝运行的？
4. 沃尔玛有哪些经验值得我国企业学习？

案例 18-2　戴尔公司的物流

主题词： 直销，敏捷制造，零式供应链

拥有约 12 万名雇员，全球领先的 IT 产品及服务提供商戴尔（DELL）公司，致力于倾听客户需求，提供客户所信赖和注重的创新技术与服务。受益于独特的直接经营模式，并提供最佳的客户体验，戴尔公司在全球同行中一直保持市场领先地位。

1. 戴尔公司供应链管理的成功经验

戴尔公司的供应链管理一直被视为全球的典范之一。从 1984 年成立以来，戴尔公司一直致力于为用户提供量身设计的产品及服务，并在全球高技术行业以及个人计算机制造业普遍不景气的大环境下，仍然取得卓越的成绩。关于戴尔公司成功的原因，可以分为以下两大方面。

1）戴尔公司通过供应链管理平台整合外部资源

独特的直接运营模式及其背后支撑的基于现代化的高效供应链使戴尔公司在供应商、客户之间构筑一个"虚拟整合的平台"，保证整个供应链的无缝集成。戴尔公司前期本希望通

过实施 ERP 来达到这一目的。在投入了 2 亿美元巨资、经历了 2 年努力之后，发现 ERP 项目并不能帮助戴尔公司实现外部资源整合的目标，于是毅然决定中止 ERP 项目，转而投巨资建设了全球著名的供应链管理平台。目前超过 50% 的客户订单是通过互联网发出的，在客户发出订单 50 秒内，供应链管理平台控制中心就会收到信息。工作人员借助供应链管理平台，把收到的订单信息迅速传递给各个配件供应商，通知他们戴尔公司所需配件的数量、规格、型号、装配和运输，供应商则根据相关信息迅速组织运货到装配厂，从而保证在最短的时间、最少的开支制造出更好的产品。通过供应链管理平台，戴尔公司已经把客户、主要的配件生产厂家、供应商、装配线等连接成一个整体。

2）戴尔公司将渠道流程优化作为供应链管理的实现策略

戴尔公司的供应链管理始终以渠道流程优化为核心实现策略。具体表现在以下三个方面。

（1）直销原则。直销（Direct Business Model）在戴尔公司具体体现为基于最终客户需求的模式，就是由戴尔公司建立一套与客户联系的渠道，由客户直接向戴尔公司发订单。订单中可以详细列出所需的配置，然后戴尔公司"按单生产"。这是戴尔公司供应链管理的第一个特点，实质上就是基于客户需求的渠道扁平化。虽然大多数人把戴尔公司的直接模式简单地理解为"直销"，但实际上戴尔公司的真正成功绝不仅仅是直销，其真正的优势和独特之处在于管理上的先进，基于供应链管理平台的渠道流程优化"虚拟整合"了供应商和客户，使得企业的效率大大高于竞争对手，这才是戴尔公司真正的制胜之道。

（2）以信息代替存货。戴尔公司敢于提出"零库存"这个大胆的理念，就是因为公司基于其强大的渠道流程优化能力，通过处理信息资源创造价值。传统分销代理渠道是存储货物的水渠，厂商的库存是压在分销渠道中的，这样一来很难做到"零库存"。戴尔公司通过供应链流程的简化和优化、信息反馈速度的提高、库存管理能力及与零部件供应商的协作关系的加强，达到了"以信息代替存货"的目标。戴尔公司与全球 170 多个国家 5 万多家供应商和配件生产厂家保持着联系，并掌握它们的库存和生产信息，保证按时、按质送货到位。因此，在竞争对手的库存周期大都为 30 天或更长时间时，戴尔公司将自己的库存周期降至 4 天或更短，这就极大地降低了库存和物料成本。戴尔公司在销售和采购环节的"零库存"，效益显而易见。戴尔公司的运营成本比例不断下降，现在仅为 10%，而惠普是 21%，盖特威（Gateway）是 25%，思科则高达 46%，戴尔公司的竞争优势可见一斑。这也是为什么计算机行情跌入低谷时，戴尔公司仍然保持着较高收益的真实原因。

（3）整体价值创造。价值整体创造在戴尔公司被具体化为"与客户结盟"的战略，戴尔公司打破了传统意义上"厂家"与"供应商"之间的供需配给，始终保持与客户的实时互动，及时得到第一手的客户反馈和需求，然后根据客户需求接受订单，再进行以客户需求为导向的产品制造。这样就能保证按照客户需求提供产品。这是一个良性循环的过程。

正是通过基于供应链管理平台的渠道流程优化，戴尔公司能够实现在合适的时间把合适的产品以最优的价格送到合适的地点，从而使戴尔公司的生产成本大大下降，而效益大幅度提高。

2. 戴尔公司的"零式供应链"模型

戴尔公司的核心竞争力在于品牌、直销的营运方式，还有戴尔公司的资本。同时，戴尔公司是一个真正的 Lean Enterprise（零式企业），它非常现代地把所有的资源组合在一起，以链主的身份打造了一条成功的 Lean（零式）供应链。

1）7小时库存

戴尔公司供应链高度集成，上游和下游联系紧密，成为捆绑的联合体。与IBM关注整个设计、制造、分销和市场的全过程不同，戴尔公司在装配和市场上下足了功夫。IT行业有它的特殊性，计算机配件放在仓库里一个月，价格就要下降1%～2%。如果没有一个很好的供应链管理和生产控制，计算机的利润会更低。

在"零库存高周转"的直销模式下，戴尔公司接到订货单后，将计算机部件组装成整机，而不是像很多企业那样，根据对市场预测制订生产计划，批量制成成品。真正按客户需求定制生产，这需要在极短的时间内完成，速度和精度是考验戴尔公司的两大难题。

戴尔公司利用信息技术全面管理生产过程。通过互联网与其上游配件制造商迅速对客户订单做出反应：订单传至戴尔公司的控制中心后，控制中心把订单分解为子任务，并通过网络分派给各独立配件制造商进行排产。各制造商按订单进行生产组装，并按戴尔公司控制中心的时间表来供货。戴尔公司所需要做的只是在成品车间完成组装和系统测试，剩下的就是客户服务中心的事情了。

"经过优化后，戴尔公司供应链每20秒汇集一次订单。"通过各种途径获得的订单汇总后，供应链系统软件会自动地分析出所需原材料，同时比较公司现有库存和供应商库存，创建一个供应商材料清单。戴尔公司的供应商仅需90分钟用来准备所需要的原材料，并将它们运送到戴尔公司的工厂，戴尔公司再花30分钟卸载货物，并严格按照制造订单的要求将原材料放到组装线上。工厂的库存时间仅有7小时。

戴尔公司的装配线由计算机控制，条码使工厂可以跟踪每一个部件和产品。在戴尔公司内部，信息流通过自己开发的信息系统，与企业的运营过程及资金流同步，信息极为通畅。

2）服务外包

戴尔公司供应链的下游链条里没有分销商、批发商和零售商这样的传统角色。戴尔公司直接把产品卖给了客户。

戴尔公司通过电话、面对面交流、互联网订购等方式直接获取客户的订单，客户的准确需求直接反馈到设计、制造等整个营运过程中。直销成为戴尔公司整合供应商的必要条件。

在戴尔公司的供应链蓝图上有一个"代理服务商"的环节。代理服务商并不是向客户提供产品，而是提供服务和支持，这就是戴尔公司的服务外包模式。采用外包的服务策略使得戴尔公司既能提供售后服务支持，又避免了公司组织结构"过度庞大"的后果。

截至2023年，戴尔公司在中国投资建设的服务渠道已经能覆盖超过2200个城市，已基本覆盖一级到三级城市，以及超过一半的四级城市。他们把服务外包给合作伙伴。用户70%的问题可以用电话从客户服务中心工程师那里得到解决；剩下30%可通过合作伙伴在当地的工程师那里解决。戴尔公司的这一数字还在进一步扩大，服务渠道先于销售网络，覆盖到中国90%以上的市场。

售后支持的完善同样离不开直销模式。戴尔公司对客户的要求非常清楚，直销和CRM配合得很好。每一台计算机是直接到用户手里的，戴尔公司记录了产品的每一个环节，服务和质量很容易控制。这一点单依靠代理商是做不到的。戴尔公司会一直关注用户的发展，隔一段时间，销售人员会主动询问用户是否有新的需求。在这一点上，对大客户来说，戴尔公司和IBM、HP的做法可能差不多，但是在中小客户方面，直销和通过代理去做，效果完全不同。

3. 敏捷制造在戴尔公司的应用

戴尔公司的成功不仅在于它的产品销售方式——直销，更在于其直销模式背后有效的管理。戴尔公司掀起的一场革命是要真正按照客户的要求来设计制造产品，并在尽可能短的时间内把它送到客户手上。这种以客户为导向的直接商业模式使戴尔公司的速度和规模都得到令人目眩的发展，进入世界 500 强的前 115 之内。

戴尔公司并非以技术见长。它孜孜以求并且也最拿手的就是尽可能减少一切中间环节。它其实是在组装市场，在第一时间把市场需求和高度模块化的半成品组装起来，大大减少了市场流转的时间和成本，从而使市场潜力充分地释放了出来，近乎完美地把握着市场的节奏。

物流知识小课堂

美国研究直销最有名的两位学者是美国得州大学奥斯汀校区的彼德森（Robert A. Peterson）教授和圣地亚哥州立大学的沃特巴（Thomas R. Wotruba）教授，在其 1996 年发表的一篇论文中对直销下了一个简单但贴切的定义：直销是一种没有在固定零售点进行的面对面销售。

与其他行销方法比较，直销拥有以下主要优点。

① 弹性。它不受时间与空间的限制，随消费者与直销商的方便，在任何时刻、地点都可进行。

② 信息的品质和数量。面对面的沟通，可以同时运用听觉、视觉、嗅觉和触觉，获得更加全面而真实的感受。消费者有机会充分说明自己的需求，也能获得对产品或服务的充分了解。

③ 充分应用到"关系行销"的理念。一个成功的直销商必须学会如何和客户建立长久的关系，以维持稳定的业绩并不断发展新的客户关系。

思考题

1. 戴尔公司的优势在哪里？
2. 戴尔公司如何实现敏捷制造？
3. 什么是"零式供应链"？为什么说戴尔公司是真正的零式企业？

案例 18-3　UPS 在中国

主题词： 快递，电子商务，供应链服务

联合包裹服务公司（United Postal Service，UPS）于 1907 年作为一家信使公司成立于美国华盛顿州西雅图市，如今已发展成 2023 年年营业收入 910 亿美元的一家全球性的公司，也是专业的运输、物流、资本与电子商务服务的领导性提供者。作为世界最大的包裹递送公司和全球领先的专业运输和物流服务的供应商，UPS 结合物流、资金流与信息流，不断开发物流、供应链管理和电子商务的新领域。

成立之初，UPS 只有一辆福特 T 型车和几台摩托车，用来为西雅图百货公司送货。现在，UPS 已是世界最大的速递和包裹运送公司，服务范围遍布全球 220 多个国家及地区，在全球拥有 50 多万名员工。2023 年，UPS 的营业额达到 910 亿美元，向世界各地投递了 57 亿件包裹和文件。

1. UPS 的业务流程与服务

UPS 的业务基础是枢纽加辐射的网络结构。UPS 的运营中心收集来自用户的包裹并将其送到枢纽。枢纽在集中了许多运营中心送来的包裹后对它们进行分类，然后分配到其他运营中心或枢纽，最终到达目的地。

UPS 每天平均处理的包裹数量为 2230 万个，公司的业务遍及 220 多个国家和地区。UPS 建立了规模庞大、可信度高的全球运输基础设施，开发出全面、富有竞争力且有担保的服务组合，并不断利用先进技术支持这些服务。

2. UPS 的发展历程

1907—1912 年，信使服务；1913—1918 年，零售时代；1919—1930 年，普通承运人服务；1930—1952 年，扩展；1953—1974 年，空运服务；1975—1980 年，黄金连接；1981—1988 年，UPS 航空公司；1988—1990 年，国际发展；1991—1994 年，拥抱技术；1994—1999 年，扩展的服务；1999 年，纽约证券交易所；2000—2002 年，供应链解决方案；2003—2009 年，品牌升级与全球扩展；2010—2020 年，数字化转型与无人机配送创新；2021—2023 年，战略调整与应对挑战。

从 UPS 的百年历程中可以看到，公司的业务从单纯的送信到供应链解决方案，经历了逐步的变化，顺应了历史的潮流。

UPS 于 1988 年正式进入中国市场，与中国外运集团签订了代理业务合作协议。1996 年 5 月，基于多年良好的合作基础，UPS 与中方合作伙伴中国外运集团共同在北京成立了 UPS 在中国的第一家合资企业——中外运北空 UPS 国际快递有限公司。迄今为止，UPS 与中国外运集团合作，已将服务范围覆盖到全国，并在中国开设了"UPS 全球特快服务""UPS 全球快捷服务"等多种服务项目。

2001 年 1 月 10 日，美国运输部宣布，授予 UPS 中国直航权。至此，UPS 成为全美第 4 家拥有中国直航权的航空承运商，从而有效缩短了转运时间。2001 年 4 月 3 日，UPS 的首架 UPS 中国速递号货机飞抵北京，开辟了 UPS 服务中国的一个新纪元。UPS 获得直航权之后，全部采用波音 747 飞机，每周六个航班直飞中国。其中 4 个航班由加利福尼亚州的安大略起飞；另外两个航班由新泽西州的纽瓦克起飞。直飞中国的口岸为北京和上海。

UPS 的另一大动作就是参与浦东国际机场快件中心（EHU）运营。该中心作为中美 APEC（亚太经济合作组织）合作项目的一项重要内容，于 2001 年 8 月正式启用，海关与快件公司合作，通过电子报关等先进技术手段，有效缩短了通关时间，提升了快件处理能力。

2002 年 4 月，UPS 在亚洲的泛亚航空转运中心正式运营，翻开了 UPS 在亚洲新的一页。该中心位于菲律宾克拉克地区的迪奥斯达多·马卡帕加尔国际机场，可以连接亚洲的主要经济中心。上海是转运中心所开通航线上非常重要的一个口岸，更加提高了 UPS 在中国的战略影响。在中国，UPS 成立了合资企业——中外运 UPS 国际快递有限公司，拥有 6000 名员工，拥有 1500 多辆带有 UPS 标识的车辆。截至 2023 年，UPS 在中国的市场发展呈现出显著的区域差异化特点。华东、华北和中南地区是主要的增长引擎，推动了整体市场的扩展。各区域在经济发展、市场需求和行业应用方面各具优势，推动了 UPS 市场的多元化应用，特别是在金融、电信、能源、交通和互联网等行业的广泛需求。随着智能化、节能化技术的进步以及"东数西算"战略的实施，UPS 市场的重心逐渐从传统三大区域向更多新兴节点扩展，形成了更加复杂的竞争格局。

UPS 的国际递送业务一直呈现逐年递增的势头，中国区的业务一直是最亮点。

3. 供应链管理革命

在 UPS 看来，当今商界真正的革命就是供应链管理革命。21 世纪最锐利的商业武器不只是产品本身，还应包括高度协调的功能和流程，以及负责设计、生产、流通以及将产品送到最终用户手中的有关人员。这就是 UPS 所定义的供应链。快件和物流是 UPS 的核心业务，UPS 及其旗下的 UPS 物流集团所能提供的信息、金融等配套的系列服务，体现了 UPS 人的"运筹"理论——"运"是单纯的货物周转，这是基础，"筹"是思想，是运输背后的附加增值，是物流最大的利润所在。UPS 并不单纯做物流，它的优势在于通过物流获得更多的增值业务。

目前，UPS 涉及的领域已经包括供应链管理、运输服务、零部件物流、电子商务、系统集成、企业资源计划（ERP）、网络服务、数字化文件传输、交易及支付解决方案、分配式信贷等。中国市场越来越成为 UPS 最重要的地方。物流业务也与高科技的发展相得益彰。高科技产品寿命非常短，需要在最短的时间内把产品送到客户手里，对于供应链管理上也有更高的要求。

4. UPS 的变革策略

UPS 有许多传统：强调协作、集体意见等。一个由 15 人组成的管理委员会负责监督公司重大决策。委员会成员由任职 10 年以上的员工担任。UPS 至今坚持对司机进行每天上岗前 3 分钟检查的制度。但在很多方面，UPS 采取了一些硬性措施加以变革。

在 UPS 看来，只要能够根据新的需求重塑自我，就能够在供应链的某些点上找到发挥作用的新的位置。UPS 重塑自我的策略是：在这些供应链的点上为用户提供增值服务；改进核心业务；提供高利润率的、有长期发展潜力的服务。他们甚至提出，UPS 是一家互联网公司，而这家互联网公司拥有世界上最大的运输网络。UPS 的变革策略主要体现在技术革新、电子商务和服务优化三个方面。

1）技术革新

UPS 的客户自动化系统允许客户将 UPS 的功能整合到他们自己的商务系统中，从而不仅可发送、管理并跟踪他们所托运的货物，而且可为客户提供更出色的信息服务。现在，随着业务的急剧扩张，UPS 日益依赖于高科技来管理数量庞大的业务。借助于先进的网络通信以及数据处理技术，UPS 能够保证递送的高效率和价格竞争力，并不断地推出新的服务项目。

在技术创新方面，UPS 不吝重金建设了长达 50 万英里（1 英里≈1.61 千米）的 UPSNet 全球电子数据通信网络。这个网络覆盖 150 多个国家 2500 多个节点，包括 15 台大型主机和 90 台中型机、13 万个车载的速递资料收集器（Delivery Information Acquisition Device，DIAD）。借助这套系统，客户可以在任何时间、任何地点用手机或者上网查询到他的包裹当前处于世界何处，并可以在包裹送达的几分钟内得到签收的数字化证据。这一系统可以大大缩短票据循环周期、简化客户供应链的管理。同时，DIAD 也是一种高效的管理工具，UPS 的主机每天将信息下载到 DIAD，向送货车司机提供当日的送货行程，DIAD 则实时地将位置信息上载到主机，以供分析和调度。每个工作日都要有 660 万人访问 www.ups.com，进行包裹查询。

UPS 推出了商务的一体化解决方案，也就是在商务活动中，全面为客户解决物流、信息流和资金流的问题。除了传统的包裹业务，UPS 还开办了 UPS 物流集团以及 UPS 金融公司。UPS 正如同一台功率无比强劲的泵，将商业的血液输送到全球每一个角落。

UPS 设在芝加哥的霍德金分拣中心，面积相当于 37 个足球场。通过"押摆动臂"、高科技手指扫描仪、"牛蛙"自动装置等一系列装置，货件从放入快速运转装置进行分拣到货件装车准备运往距目的地最近的分拣中心，这个过程只需 15 分钟。为提高效率，UPS 按照"泰勒法"制定了以分钟为单位的效率标准。司机经过训练，可在左手系安全带的同时，右手插钥匙开启车子。

2）电子商务

UPS 清楚地认识到，在运输产业中，互联网是一种商业转化的工具。确立了全面的电子商务战略，UPS 对大量的技术和物质基础设施进行了必要的改造，使所有递送的商品和提供的服务中有 50% 在互联网上交易。号称"全世界私人拥有的最大的数据库在 UPS。"

最近 10 多年里，UPS 在技术方面投入 110 亿美元，配置主机、PC、手提电脑、无线调制解调器、蜂窝通信系统等，并网罗了 4000 多名程序工程师及技术人员，在提出安全而可跟踪的电子送达服务项目——UPS Document Exchange 之后，又提出了一系列服务强化软件，并与惠普、Oracle 和 WorldTalk 等著名电子商务公司建立了联盟。UPS 凭借其价值数十亿美元的 IT 基础设施——包括容量达 74 太比特的有关客户及包裹信息的数据库和世界最大的私营蜂窝电话网络——协助遍布世界各地的客户准确地管理物流、信息流和资金流。

3）服务

在 UPS 公司曾经有这样一个故事：UPS 公司受托递送一批吉他。但是客户提了一个很特别的要求：吉他送到收件方手中时，音色不能发生变化。为了圆满地完成客户所托，UPS 公司首先将递送人员送去学习调音，等到吉他运抵目的地的时候，递送人员将吉他一一调好，再交到客户的手中。

自进入中国市场之日起，UPS 就把满足客户需求、最大限度地为客户提供方便作为其首要服务目标。启用 UPS Forwarding Hub、UPS Supply Chain Symphony、自动导向车辆、智能报关管理系统 EasyClear、汉语的无线包裹跟踪服务、电子笔签收一系列先进的技术和服务，极大地缩短传递票据的时间，提高物流效率，简化客户的供应链管理，从而也就为客户有效地降低了运营成本。利用自身的高效的物流体系，UPS 中国与不少 IT 企业、传统企业进行了成功的合作，为它们提供良好的物流后勤服务。

UPS 坚持永远以客户为中心，跟客户建立了一种互信、互动，强调清廉、可信、诚实，给客户很大的信心。UPS 还在不断地创新，满足客户各种新的需要，提供各种增值服务。

5. UPS 的秘密

1）通畅的信息流

UPS 拥有世界最大的私人数据库，从而保证对每天在天上飞的 1700 万个货件的管理。UPS 也为美国最大的 10 家在线商店中的 6 家提供服务，并率先推出 UPS Document Exchange 套件，实现在网上提供安全运送服务。

UPS 位于新泽西州莫瓦和佐治亚州亚特兰大的数据中心拥有大型计算机 14 台，容量：11344 MIPS（单字长定点指令平均执行速度）以太字节级的存储量；中型计算机：713 台；PC：245000 台；LAN/ 连接的工作站：3500/130000；网站：2100；光纤和卫星专用线路：3000；通过蜂窝网络传送的追踪数据包：370 万 / 日；通过移动无线设备传送的追踪数据包：170 万 / 日；以电子方式追踪的包裹，每日 1100 万件以上。

2）供应链方案

UPS 拥有数量众多的交通工具组成的运输车队、货运飞机（包含自有和租用的）、货运枢纽和配送中心，还有许多训练有素的员工，能够在供应链的任何一点为客户提供资金往来、信息技术和实物配送的解决方案。UPS 正从一个主要针对美国国内市场的运输公司转变为提供端到端全球供应链解决方案的供应商。

UPS 下属的 UPS 物流集团提供全方位的供应链服务，以降低运营成本、改善客户服务、减少库存投资、加速产品的付运过程。UPS 物流集团管理着 450 个物流分拨设施的运营，这些分拨设施规模不一，从地区性物流及技术支持中心到小型"当地"战略性仓储点都有。它们分布在全球 50 多个国家。UPS 相信取得商业成功的关键是快速高效地传输商业的三大支柱：商品、信息和资金。有效的供应链管理能使企业的总体购买成本降低 20% 以上，交货能力提高 25%，库存可削减一半，而生产则增加 15% 以上。

3）重金打造资本链

UPS 的撒手锏是商务一体化解决方案，也就是在商务活动中，全面为客户解决物流、信息流和资金流的问题。

UPS 不只是送货人，它增加了许多增值服务。UPS 甚至为一些中小企业提供现金垫付服务。例如，企业把货物交给 UPS 运，UPS 把货款先垫给你，这些企业也不用去冒风险了，但 UPS 也不会有风险，因为东西在 UPS 手上，UPS 把货送到，帮寄货方把钱收回来。甚至，UPS 还买了一家银行。

UPS 资本公司是 UPS 经营金融服务的部门，它通过整合供应链管理和供应链融资为各个业务部门提供流动资金。UPS 资本公司的服务与 UPS 公司其他部门的服务相捆绑便可提供金融、技术和物流资源。

4）物流"圣经"

有一本印刷精致、设计简洁、朴实厚实的书，书名叫作 *Policy Book*，UPS 人说："这是我们的圣经。" 90 多年前，吉姆·凯利在创办 UPS 时，就在 *Policy Book* 中提出：如果您关照客户，那客户也会关照您。UPS 一直以异常稳健和迅捷的步伐不断发展。这在很大程度上应归功于创始人 James E.Casey。礼貌待客、诚实可靠以及全天候服务，这些准则一直是每个 UPS 员工的座右铭。正是因为恪守这些准则，UPS 在严酷的市场竞争中始终立于不败之地，在众多客户的心中，UPS 就意味着安全、可靠、便利、高效。

UPS 做了很多创新性的工作。UPS 是第一家尝试合并递送理念——将投寄地址相近的包裹合并装在同一个递送交通工具上运送——的公司，也是第一家采用包裹分拣机械系统的公司。在技术上的领先使得 UPS 能够在众多竞争者中脱颖而出。对于服务理念的看重，使得 UPS 从来就很重视对员工的培训。《UPS 职工道德手册》详细阐明了员工的品德、仪表到对客人说话的语气，甚至连走路速度等诸多方面的规范，良好的员工素质使得 UPS 更加具有亲和力，也使得 UPS 提供的快递服务备受信赖。

UPS总是在千方百计地讨好客户。除了供应链的管理、物流管理技术、零部件物流服务等，UPS新开设的后勤服务包括货运、储存、收款、付款、取货，更为许多企业，特别是中小企业提供了五星级酒店式的服务，参与企业的内部管理，让这些企业可以集中人力、物力、财力做自己最擅长的事情。事实上，后勤服务也为UPS带来了丰厚的回报。

物流知识小课堂

快递是指快速收寄、分发、运输、投递单独封装、具有名址的信件和包裹等物品，以及其他不需存储的物品，按照承诺时限递送到收件人或指定地点，并获得签收的寄递服务。它是一种"门到门"的服务，具备安全性、时效性、高科技性、无形性、同时性、差异性、不可储存性、缺乏所有权，以及客户全程参与性等基本特性。

电子商务促进了快递业的迅速发展。客户对快递服务的速度、服务态度、安全以及便捷性也提出了更高的要求。

快递服务供应链是以快递服务集成商为核心的，供应链的两端都是客户，快递服务供应商为客户提供专业服务，快递服务集成商通过与快递服务供应商之间进行通力合作，整合快递服务供应商的优势资源，对快递服务供应商实行有效的监控来降低快递服务运作成本，提高快递服务质量。快递服务集成商需要对快递服务供应商进行监控。

思考题

1. UPS的供应链与其他企业有哪些不同之处？其核心在于什么？
2. UPS做了哪些创新性的工作？
3. UPS的成功为快递服务企业提供了哪些可借鉴的经验？

案例18-4　中外运敦豪国际航空快递有限公司

主题词：快递，平衡计分卡，作业成本法

中外运敦豪国际航空快递有限公司（以下简称中外运敦豪）是由全球快递、物流业的领导者DHL与中国对外贸易运输集团总公司各注资50%于1986年成立，是中国成立最早、经验最丰富的国际航空快递公司。

作为德国邮政全球网络旗下的知名品牌，DHL的服务网络覆盖全球220多个国家和地区，截至2023年年底，DHL在全球拥有约590000名员工，为客户提供快捷、可靠的专业化服务。凭借其在全球范围内的领先优势和对当地市场的深入理解，DHL在快递、空运、海运、洲际运输、合同物流、快递解决方案等方面为客户提供专业化的服务，提供从文件到供应链管理的全系列的物流解决方案。在全球220多个国家和地区，到处都能看到DHL鲜艳的红、黄两色标志，DHL已成为当之无愧的世界知名品牌。

1. DHL的客户价值创新战略

世界著名管理大师彼得·德鲁克曾形象地指出，"没有战略的企业就像流浪汉一样无家

可归"。世界上每 1000 家破产倒闭的大企业中，就有 850 家企业是因为企业家决策失误。优秀的跨国公司企业家用于战略思考、战略研究上的时间占其全部工作时间的 60%。

在迈入客户经济时代的今天，企业应该强化战略管理，积极实施基于客户经济理念的客户价值创新战略，以实现企业的可持续、稳步快速增长。客户价值创新战略的鲜明特点就是以客户需求为本位。客户价值创新战略首先考虑的不是企业产品的成本、利润等，也不是与同行之间相比的所谓差异化，而是完全以客户视角看问题。

为客户提供最佳服务、创造最大价值，DHL 一直坚持这样的客户价值创新战略，自成立以来，一直担任着改革创新的先锋，站在高科技领域的最前沿；本着快速、迅捷、高效的服务宗旨，除了为客户提供快递服务外，还可以向客户提供个性化的电子商务解决方案和量身定做的物流解决方案。注重中国市场的开发，也是 DHL 客户价值创新战略的重要内容。

2. 中外运敦豪的发展和作业成本法的运用

中外运敦豪成立多年，已在中国快递市场上拥有不俗的业绩，并一直保持了两位数的年平均增长速度，稳居市场主导地位。截至 2023 年，在全国各主要城市已建立超过 1200 家分公司和近 300 间办公设施，拥有 1.2 万多名经过培训的高素质员工，服务遍及中国几乎所有主要城市，覆盖中国 95% 以上的人口和经济中心。

中外运敦豪一方面将 DHL 广受客户青睐的服务产品引进中国市场，同时还根据中国市场需求不断开发新服务，丰富自身产品，如进口到付、定时特派、DHL 重宝箱、DHL 超值重货等。

中外运敦豪在北京、上海和广州的三个合资公司实行罗伯特·卡普兰的作业成本法（Activity-Based Costing，ABC）。通过 ABC 的运用，中外运敦豪对成本结构和在中国不同地区的成本差异有了进一步的了解，有效地辅助了成本基准的制定和管理，并且为公司能够制定具有竞争力和有盈利的价格政策提供了更具有价值的信息，帮助管理层更有效地制定公司总体战略目标。

作业成本法的运用使中外运敦豪取得了成功。为了更好地完善内部程序，为客户提供更加优质的服务，中外运敦豪采用了一个新的管理工具——罗伯特·卡普兰的平衡计分卡（Balanced Scorecard）。配合公司内部的组织结构，制定一个把管理目标和奖励系统相结合的模式。

3. 平衡计分卡和关键绩效指标

中外运敦豪的愿景是要作为"Market Leader"（市场领导者），在国际快递行业中提供最好的服务给客人。他们借助于平衡计分卡来逐步实现这一战略目标。

平衡是一种较好的状态，中外运敦豪选择了 4 对需要平衡的矛盾：内部和外部、短期和长期、结果和动机、数量和质量。仅仅用财务指标（收入的增长是否达到标准，采用的是盈利和收款的情况等）来衡量公司的经营是远远不够的。采用平衡计分卡之后，他们不但重新设计了财务指标，如使用超过 90 天的应收账款来描述收入与预算的完成情况。利润和预算的完成情况，还将很多的客户指标囊括进去，如客户保有率、新增客户数、客户满意度等外部的、软性的指标。

这些数据指标被称作关键绩效指标（Key Performance Indicator，KPI）。运用 KPI 能够通过指标控制流程。中外运敦豪明确了给客人提供最好的服务，重在过程，而不仅仅是一个结果。

中外运敦豪在总部成立了"平衡计分卡小组"，负责公司的策略制定、实施、考评和完善。他们还邀请了一家培训顾问设计整个课程，然后再培训39个分公司的内部培训师，内部的培训师再培训内部员工，使平衡计分卡的推行和实施收到了很好的效果。

实施平衡计分卡显著提升了中外运敦豪的管理效率和业绩表现。近年来，公司业务保持了稳定的增长。截至2024年，中外运敦豪已在中国建立了最大的合资快递服务网络，覆盖全国主要城市，稳居中国航空快递业的领导地位。目前，公司在中国的市场占有率约为35%，营业额较早期实现了数十倍的增长。

4．平衡计分卡的使用

（1）中外运敦豪把公司的战略目标细化为财务、效率指数和服务质量三个具体的领域，从客户、流程及人员三个角度设定具体的绩效测评指标。

（2）根据中国的国情对总部使用的指标进行调整，然后再根据北方区、东方区和南方区三个区域的地理、人文和经济发展水平的特点调整指标值。在这三个区域总部再次调整，然后向下级一共39个分公司扩散。

（3）由于有了这一整套平衡计分卡的绩效考评指标，中外运敦豪的管理层得以及时跟踪并修正指标，提高了效率，增加了透明度，管理因此变得更加便捷、有效。中外运敦豪的39个分公司可能存在地区的差异，但评估体制是一样的。无论是在服务质量上还是在服务效率上，这些量化的标准可以让他们很清楚地知道自己在全国所有分公司中所处的水平。

（4）中外运敦豪把平衡计分卡和浮动薪资联系起来，企业员工将会更多地关注公司与部门的绩效，员工在平时无形的工作中能够逐步朝向正确目标发展，明白自己的努力将会帮助企业达到怎样的目标。

（5）平衡计分卡架构有待完善。通常会从财务、客户、内部业务流程、学习与成长四个层面来考察企业的业绩。中外运敦豪的平衡计分卡还缺少"内部业务流程"和"学习与成长"两个方面的评估维度，还需要加以完善。

5．中外运敦豪快递服务管理的三个阶段

按照管理进行的顺序，可将中外运敦豪的快递管理划分为三个阶段，即计划阶段、实施阶段和评价阶段。

1）快递计划阶段的管理

计划是作为行动基础的某些事先的考虑。快递计划是为了实现快递预想达到的目标所做的准备性工作。首先，要确定快递所要达到的目标，以及为实现这个目标所进行的各项工作的先后次序；其次，要分析研究在快递目标实现的过程中可能发生的任何外界影响，尤其是不利因素，并确定对这些不利因素的对策；最后，做出贯彻和指导实现快递目标的人力、物力、财力的具体措施。

2）快递实施阶段的管理

快递实施阶段的管理就是对正在进行的各项快递活动进行管理。它在快递各阶段的管理中具有最突出的地位。这是因为在这个阶段中各项计划将通过具体的执行而受到检验。同时，它也把快递管理与快递各项具体活动进行紧密的结合。

（1）快递活动的组织和指挥。DHL快递的组织是指在快递活动中把各个相互关联的环节合理地结合起来，而形成一个有机的整体，以便充分发挥快递中的每个部门、DHL快递

工作者的作用。快递的指挥是指在快递过程中对各个快递环节、部门、机构进行的统一调度。

（2）对快递活动的监督和检查。通过监督和检查可以了解快递的实施情况，揭露 DHL 快递活动中的矛盾，找出存在的问题，分析问题发生的原因，提出克服的方法。

（3）对快递活动的调节。在执行快递计划的过程中，快递的各部门、各环节总会出现不平衡的情况。遇到上述问题，就需要根据快递的影响因素对快递各部门、各个环节的能力做出新的综合平衡，重新布置实现快递目标的力量。这就是对快递活动的调节。

3）快递评价阶段的管理

在一定时期内对快递实施后的结果与原计划的快递目标进行对照、分析，便可进行快递的评价。通过中外运敦豪对快递活动的全面剖析，人们可以确定快递计划的科学性与合理性，确认快递实施阶段的成果与不足，从而为今后制订新的计划、组织新的快递提供宝贵的经验和资料。按照对快递评价的范围不同，快递评价可分为专门性评价和综合性评价。按照快递各部门之间的关系，快递评价又可分为纵向评价和横向评价。应当指出无论采取什么样的评价方法，其评价手段都要借助于具体的评价指标。这种指标通常表示为实物指标和综合指标。

6. 中外运敦豪的绩效评价

中外运敦豪绩效评价的实施步骤分为以下七步。

（1）确定评价工作实施机构，评价组织机构直接组织实施评价，成立评价工作组。

（2）制订评价工作方案，经评价组织机构批准后开始实施，并送专家咨询组各位专家。

（3）收集并整理基础资料和数据，包括同等规模公司的评价方法及评价标准值，以及本公司连续三年的会计决算报表和有关数据。

（4）评价计分。运用计算机软件计算评价指标的实际分数。

（5）对快递公司绩效进行分析判断，形成综合评价结论，并在听取有关方面负责人的意见后进行适当的修正和调整。

（6）撰写评价报告，内容包括评价结果、评价分析、评价结论及相关附件等，送专家咨询组征求意见。

（7）评价工作总结。建立评价工作档案。

物流知识小课堂

作业成本法也叫作 ABC（Activity-Based Costing）成本法、作业成本计算法、作业成本核算法，是根据事物的经济、技术等方面的主要特征，运用数理统计方法，进行统计、排列和分析，抓住主要矛盾，分清重点与一般，从而有区别地采取管理方式的一种定量管理方法。

作业成本法的基本内容包括：（1）界定企业物流系统中涉及的各个作业；（2）确认企业物流系统中涉及的资源；（3）确认资源动因，将资源分配到作业中；（4）确认成本动因，将作业成本分配到产品或服务中。

作业成本法的实施一般包括以下七个步骤：（1）设定作业成本法实施的目标、范围，组成实施小组；（2）了解企业的运作流程，收集相关信息；（3）建立企业的作业成本核算模型；（4）选择/开发作业成本实施工具系统；（5）作业成本运行；（6）分析解释作业成本运行结果；（7）采取行动。

1．为什么 DHL 强调客户价值创新战略？
2．平衡计分卡有哪些优势？
3．简述绩效评价的重要性和基本步骤。

案例 18-5 宝洁公司的物流与供应链管理

主题词： 第三方物流，VMI，供应链优化

始创于 1837 年的宝洁公司是世界最大的日用消费品公司之一，全球雇员近 14 万人，在全球 80 多个国家设有工厂及分公司，进入市场的日用产品组合包含了 10 大品类：织物护理、家居护理、婴儿护理、女性护理、家庭护理、洗护发、护肤和个人护理、口腔护理、个人健康护理和男士理容。所经营的 300 多个品牌的产品畅销 160 多个国家和地区。2023 财年，宝洁公司净销售额为 820 亿美元，10 个品类均实现有机销售额增长。

卓越的品牌、客户的价值、领先的创新和注重成本与效益，成为宝洁公司在激烈的市场竞争中立足并取胜的基本点。宝洁公司在品牌管理创新、销售方法创新、全球化战略实施等方面做了很多的努力，在现金管理和成本控制方面也投入了很多精力。在物流和供应链管理方面更是做出了不菲的成绩。

1．寻求第三方物流管理

1992 年，刚刚进入中国市场的宝洁公司认识到，产品能否及时、快速地运送到全国各地，是其迅速抢占中国市场的重要环节。他们开始寻找第三方物流服务和物流解决方案。作为日用产品生产商，宝洁公司的物流服务需求对响应时间、服务可靠性以及质量保护体系具有很高的要求。进入宝洁公司视野的物流企业主要有两类：占据物流行业主导地位的国有企业和民营储运企业。经过调查评估，宝洁公司认为当时的国有物流企业业务单一，或是只管仓库储存，或是只负责联系铁路运输，而且储存的仓库设备落后，质量保护体系不完善，运输中信息技术落后，员工缺乏服务意识，响应时间和服务可靠性得不到保证。于是，宝洁公司把目光投向了民营储运企业。

在筛选第三方物流企业时，宝洁公司发现宝供物流公司（以下简称宝供）承包铁路货运转运站，以质量第一、客户至上、24 小时服务的经营特色，提供"门到门"的服务。于是，宝洁公司将物流需求建议书提交给宝供，对宝供的物流能力和服务水平进行试探性考察。

围绕着宝洁公司的物流需求，宝供设计了业务流程和发展方向，制定严格的流程管理制度，对宝洁公司产品呵护备至，达到了宝洁公司的要求，同时宝供长期良好合作的愿望以及认真负责的合作态度，受到了宝洁公司的欢迎，使得宝供顺利通过了考察。宝洁公司最终选择了宝供作为自己的合作伙伴，双方签订了铁路运输的总代理合同，开始了正式的合作。

在实施第三方物流服务过程中，宝供针对宝洁公司的物流服务需求，建立遍布全国的物流运作网络，为宝洁公司提供全过程的增值服务，在运输过程中保证货物按照同样的操作方

法、模式和标准来操作，将货物运送到目的地后，由受过专门统一培训的宝供储运的员工进行接货、卸货、运货，为宝洁公司提供"门到门"的"一条龙"服务，并按照严格的 GMP 质量管理标准和 SOP 运作管理程序，将宝洁公司的产品快速、准确、及时地送到全国各地的销售网点。双方的初步合作取得了相当好的成效，宝供帮助宝洁公司在一年内节省成本达到 600 万美元，宝洁公司高质量、高标准的物流服务需求也极大提高了宝供的服务水平。

随着宝洁公司在中国业务的增长，仓库存储需求大幅度增加，宝供良好的运作绩效得到了宝洁公司的认同，宝洁公司进一步外包其仓储业务给宝供。针对宝洁公司的物流需求，宝供规划设计和实施物流管理系统，优化业务流程，整合物流供应链，以"量身定做、一体化运作、个性化服务"模式满足宝洁公司的个性化需求，提高物流的可靠性，降低物流总成本。宝供建立高水准的信息技术系统以帮助管理和提供全面有效的信息平台，实现仓储、运输等关键物流信息的实时网上跟踪，实现与宝洁公司电子数据的无缝衔接，使宝洁公司和宝供作业流程与信息有效整合，从而使物流更加高效化、合理化、系统化。宝供的严格和高质量的物流服务，极大地降低了宝洁公司的物流成本，缩短了订单周期和运输时间，提高了宝洁公司的客户服务水平；而宝洁公司促使宝供的物流服务水平不断提升，成为当今国内领先的第三方物流企业。宝洁公司和宝供的"双赢"合作，对于当时中国工商企业采购第三方物流服务、选择物流服务提供商树立了标杆。选择合适的第三方物流服务提供商，能降低物流成本，缩短订单周期和运输时间，改善客户响应能力，也能为客户创造价值。

2. 供应商库存管理

宝洁公司坚持优化存货管理，在不断提高客户服务质量的同时，持续降低存货水平。采取了快速分销、快速响应、优化存货，以及采用供应商库存管理等策略。

供应商（零售商）库存管理技术（Vendor Managed Inventory，VMI）是指供应商负责零售商商品的订单、送货和库存等工作，取代零售商烦琐的日常补货工作。

由于供应商更了解自己商品的情况、供应能力、促销计划、新品计划、季节变化等，配合使用先进的电子技术，可以更好地帮助供应商管理订单和库存。这种技术可以提高供应链管理的效率，降低双方的库存，减少商品缺货率，减少运作成本，提高对市场变化的反应速度，更好地满足客户的需求。

KARS（客户自动补货系统）/EDI（电子数据交换）是供应商管理库存（VMI）技术的一种，也是宝洁公司使用的一种专为零售服务设计的先进自动补货系统。KARS 系统安装在供应商一端，中间以 EDI 与零售商相连，交换单品销售量、库存数量和订单等信息。

具体业务流程如下。

（1）零售商每日把当天的单品销售量和库存数据用 EDI 发送给供应商。

（2）供应商用自动补货软件 KARS 产生订单。

（3）订单处理和发货。

（4）零售商收货和付款。

KARS 是以业界广泛接受的补货预测公式为基础，加上宝洁公司在与零售业的广泛合作中所得到的经验，对预测公式进行了多处补充。另外，融入了商业流程的重组工作，将科学的系统与最有效的流程有机地结合在一起。KARS 使用了业界的 ICO（库存控制目标）模型，充分考虑到不同零售客户的各种对预测的影响参数，如订单间隔、到货天数、平均销售量、安全库存、人工调整等，然后提出科学合理的订单建议。

宝洁公司的一个香港客户 Jusco 实施了 VMI 技术，取得了良好的效果。

项目实施前：

（1）宝洁公司商品单品数：115 个。

（2）中心仓库库存：8 周。

（3）分店库存：7 周。

（4）缺货率：5%。

宝洁公司有关人员在详细分析此客户居高不下的库存以及缺货率以后，决定为此客户实施 VMI 技术来解决宝洁公司产品的补货问题。

项目在 2000 年 3 月正式启动，宝洁公司与零售客户投入双方的信息技术、后勤储运、采购业务部门，组建了多功能小组。在几个月的实施过程中，双方紧密合作，重新组合了订单、储运的流程，确定了标准的流程、清晰的角色与任务，安装了 KARS 系统，并建立起电子数据交换（EDI）的沟通管理。

项目在 2000 年 7 月开始运行。3 个月后，取得了显著的改进和经济效益。

（1）销售增加：40%。

（2）宝洁公司商品单品数：141 个（增加 23%）。

（3）中心仓库库存：4 周（降低 50%）。

（4）分店库存：5 ~ 8 周（降低 17%）。

（5）缺货率：3%（降低 40%）。

不仅如此，零售商的供应链管理走上了科学合理、高效的轨道，各个环节在新的系统下有条不紊地工作，大大降低了人员的劳动强度，提高了效率，降低了运作成本。

VMI 项目的实施要注意如下几点。

（1）双方高级管理层的足够重视，落实有关的负责人员，为以后的各部门紧密协作打下基础。

（2）信息技术、采购、后勤储运等多部门的紧密协作。

（3）每日单品销售量和库存数据的高准确性是 VMI 的基础。

（4）业务流程的改进和优化。这是项目中难度最大、耗时最多的一项。

因为自动补货系统涉及零售商的日常业务 / 管理的全过程，而每一环节的数据准确率都会影响最终结果的准确性。

业务流程的重组是各部门紧密协作、精确调研、反复优化的成果，甚至有很多专家认为 VMI 的实施不仅是一个系统建立，更是整个零售商店的许多标准业务流程以及规章制度的建立。

随着中国零售商和供应商的发展壮大、管理的规范、市场的规范、ECR/ 供应链 SCM 管理和电子商务的深入发展，VMI 技术会得到广泛应用。

3. 供应链管理及改进

1）宝洁公司供应链管理的背景

20 世纪 80 年代初，美国宝洁公司接到密苏里州圣路易斯市一家超级市场的要求，希望能自动补充架子上的产品，不必每次再经过订货的手续，只要架子上一卖完，新货就到，可以每月付一张货款的支票。宝洁公司的经理经过筹划，把两家公司的计算机连起来，做出一个自动连续补充商品的雏形系统，结果试用良好，两家公司不需要为产品的补充而发愁了。

由此，自动化的供应链管理也就从此开始了。

20 世纪 80 年代中期，宝洁公司把"商品连续补充"系统扩大，向下游的经销商和日用品销售商推销这个系统，以让双方获利。当时，有两家大型百货零售连锁店试用，其中一家就是沃尔玛。随后，沃尔玛采购了宝洁公司的"商品连续补充"系统，然后充分运用系统的特点，致使企业发展到今天，已经成为拥有 4400 家大卖场的全球最大百货零售企业。现在宝洁公司的产品占了沃尔玛商品的 17%，而且还在继续增长，而宝洁公司这套系统理念也就成了供应链管理的准则了。

2）供应链管理四字箴言

宝洁公司与沃尔玛的合作改变了两家企业的营运模式，实现了双赢。与此同时，它们合作的理念也演变成供应链管理的标准。该理念被称为 C、P、F、R 四字箴言。

（1）"C"——Collaboration（合作）。不是两家企业普通买卖关系的合作，而是为同一目标、创造双赢的合作。零售商店不存货，而把存货推给供应商，增加供应商的成本，就不叫作合作。如果零售商与供应商共同以零售店客户的满意为最高目标来通力合作，就可让双方都成为赢家。这样的合作是长期的、开放的，共享彼此信息，双方不但要在策略上合作，在营运的执行上也要合作。双方先要协议对对方信息的保密，制定解决争端的机制，设定营运的监控方法以及利润分配的策略。双方的目标是，在让销售获得最大利润的同时，缩减成本与开销。

（2）"P"——Planning（规划）。供应链管理源于日用品的零售，当初并没有 P，以后因为有别的行业应用，认为有把 P 纳入的必要。P 是规划，两家企业合作，要规划的事很多。在营运上有产品的类别、品牌、项目；在财务上有销售、价格策略、存货、安全存量、毛利润等。双方在这些问题上的规划，可以维系共同目标的实现。另外，双方可以对产品促销、存货、新产品上架、旧产品下架等一些事情进行共同规划。

（3）"F"——Forecasting（预测）。对销售的预测，双方可以有不同的看法、不同的资料。供应商可能对某类商品预测得准确，而零售商可以根据实际销售对某项商品预测得准确，但双方最后必须制定出大家都同意的预测方式。系统可依据原始信息自动做出基础性的预测，但是季节性、时尚性的变化，以及促销活动、客户的反应，都会使预测出现变化。双方预先要制定好规则，来研讨并解决预测可能产生的差异。

（4）"R"——Replenishment（补充）。补充是供应链管理的重要程序。销售预测，可以换算成为订单预测，而供应商的接单处理时间、待料时间、最小订货量等因素都需要列入考虑范围之内。货物的运送，也由双方合作进行。零售商订货，应包括存货比率、预测的准确程度、安全存量、交货时间等因素，而且双方要经常评估这些因素。在补充程序上，双方要维持一种弹性空间，以共同应对危机事宜。成功的补充程序，是供应商经常以少量的货品供应零售商，用细水长流的方式降低双方存货的压力。

4. 供应链优化：压缩时间

在宝洁公司的发展历程中，通过缩短距离，更加深入地研究消费者，是宝洁公司的第三核心竞争力。下面以宝洁公司的香波产品供应链优化为例，详细剖析宝洁公司供应链的优化方法。

宝洁公司供应链优化总体思路就是通过压缩供应链时间，提高供应链反应速度，来降低运作成本，最终提高企业竞争力。从宝洁公司供应链上下游之间的紧密配合方式进行分析，寻找可以压缩时间的改进点，从细节入手，以时间的压缩换取市场更大的空间。

1）供应商管理时间压缩

供应链合作伙伴关系不应该仅仅考虑企业之间的交易价格本身，有很多方面值得关注。例如完善的服务、技术创新、产品的优化设计等。宝洁公司和供应商一起探讨供应链中非价值增值点以及改进的机会，压缩材料采购提前期，开发供应商伙伴关系，建立相互信任关系。

2）材料不同，制定的时间不同

香波生产原材料供应最长时间为 105 天，最短时间为 7 天，平均时间为 68 天。根据原材料的特点，宝洁公司将其分为 A、B、C 三类分别进行管理：A 类品种占总数的 5%～20%，资金占总数的 60%～70%；C 类品种占总数的 60%～70%，资金占总数的比率小于 15%；B 类介于二者之间。将不同的材料管理策略分为全面合作、压缩时间和库存管理三类。

对材料供应部分的供应链进行优化，将时间减少和库存管理结合起来。例如，原材料 A 供应提前期为 105 天，但是订货价值只占总价值的 0.07%，不值得花费很多精力讨论缩短提前期。而原材料 B 虽然提前期只有 50 天，但是年用量却高达总价值的 24%，因此对这样的材料应该重点考虑。

3）原材料的库存由供应商管理

宝洁公司的材料库存管理策略是供应商管理库存（VMI）。对于价值低、用量大、占用存储空间不大的材料，在供应链中时间减少的机会很少，这类材料占香波材料的 80%，它们适合采用供应商管理库存的方式来下达采购订单和管理库存。库存状态的透明性是实施 VMI 的关键。首先，双方一起确定供应商订单业务处理过程所需的信息和库存控制参数；其次，改变订单处理方式，建立基于标准的托付订单处理模式；最后，把订货、交货和票据处理各个业务处理功能集成在供应商一边。

📖 物流知识小课堂

供应链优化（Supply Chain Optimization），即"在有约束条件或资源有限的情况下寻求最佳的供应链决策方案"。它主要有整体优化和局部优化两种类型。整体优化是从大量方案中找出最优方案；局部优化是在大量类似方案中找出最优方案。最初方案不同，优化结果也不同。

供应链常用的优化方法有基于规则的系统、线性规划、约束传播、遗传算法等。

供应链优化有三个不同的层次：（1）战略层，即高层规划，周期通常为长期；（2）战术层，即中层规划，周期通常为 1 季或 1 月；（3）经营层，即底层规划（规划、再次规划和实施），周期通常为 1 周、1 天或 1 班。

供应链优化的十大步骤包括：（1）明确任务；（2）明确计划的周期；（3）提出目标；（4）确定备选方案；（5）估计每个备选方案的现金流；（6）设定通货膨胀系数和资金成本；（7）比较备选方案；（8）进行灵敏度分析；（9）选择最佳方案；（10）检验结果。

❓ 思考题

1. 宝洁公司为什么要寻求与第三方物流公司的合作？

2．VMI 这种库存管理模式有哪些优势？怎样实现 VMI？

3．宝洁公司与沃尔玛的成功合作，给我们实现供应链管理带来哪些启示？

案例 18-6　海尔集团的数智化物流

主题词：数智化物流，送装一体，统仓统配

海尔集团是全球领先的家电制造商和物联网生态品牌。截至 2024 年，海尔集团在全球 160 个国家和地区运营，服务超过 10 亿用户家庭。海尔集团在全球设立了 10 多个开放式创新体系、25 个工业园、122 个制造中心和 108 个营销中心。根据欧睿国际的数据，海尔集团已连续 15 年蝉联全球大型家用电器品牌零售量第一。2024 年，海尔集团入选中国企业 500 强榜单，排名第 74 位。这些成就体现了海尔集团在全球市场上的持续扩张和影响力的快速提升。

1．海尔集团的发展战略

海尔集团的发展战略历经多个阶段，持续创新以适应全球市场的变化。

1）名牌战略阶段（1984—1991 年）

只做冰箱一个产品，探索并积累了企业管理的经验，为今后的发展奠定了坚实的基础，总结出一套可移植的管理模式。

2）多元化战略阶段（1992—1998 年）

从一个产品向多个产品发展，从白色家电进入黑色家电领域，以"吃休克鱼"的方式进行资本运营，以无形资产盘活有形资产，在最短的时间里以最低的成本把规模做大，把企业做强。

3）国际化战略阶段（1998—2005 年）

产品批量销往全球主要经济区域市场，有自己的海外经销商网络与售后服务网络，海尔品牌已经有了一定的知名度、信誉度与美誉度。

4）全球化品牌战略阶段（2006—2012 年）

适应经济全球化趋势，在各国市场上打造本土化的海尔品牌，提升产品和运营竞争力，实现与供应商、客户、用户的双赢。

5）网络化战略阶段（2012—2019 年）

从制造产品转向孵化创客，推动企业向平台化转型，构建开放的创业生态系统。

6）生态品牌战略阶段（2019 年至今）

在物联网时代，海尔集团致力于构建以用户为中心的生态系统，推动企业从传统制造业向生态型组织转型，强调开放、共享和共创价值。

这些战略阶段体现了海尔集团在不同发展时期的战略重点和创新方向，持续引领行业发展。

2. 日日顺供应链

日日顺供应链科技股份有限公司（以下简称日日顺供应链）成立于 2000 年，脱胎于海尔集团，专注于大件商品供应链服务，致力于成为中国领先的供应链管理及场景物流服务提供商。凭借覆盖全国的稀缺物流服务网络，日日顺供应链能高效满足多行业、全场景、多样化的物流需求，其服务涵盖仓储、运输、配送以及末端物流，充分体现了"以用户体验为核心"的服务理念。

2024 年 9 月，日日顺供应链凭借其在数智化领域的卓越创新能力和对行业的贡献，成功入选由商务部和中国物流与采购联合会评选的"全国供应链创新与应用典型案例"，成为大件物流领域供应链数智化的标杆企业。

3. 智能仓储：构建现代物流基础设施的高效引擎

日日顺供应链通过布局智能仓储中心，在仓储环节实现了高效能和精准化运作。例如，在即墨建立的全国首个大件智能无人仓，是智能仓储的典范之作。

（1）智能化设备全覆盖：仓库采用全景智能扫描站、关节机器人、龙门拣选机器人等高科技设备，替代传统的人工操作，大幅度提升作业效率。智能设备之间通过 5G 网络和工业互联网互联互通，实现无缝协同作业。

（2）全天候高效运作：智能仓库实现 24 小时不间断作业，自动化程度高，每日进出库商品数量超过 2 万件，吞吐效率达到传统仓库的 15 倍。与此同时，智能系统能够自动优化拣选路径、动态调整库存布局，进一步提升效率。

（3）成本与空间优化：相较传统仓储模式，智能无人仓库节省了 50% 的仓储面积和60% 的人工成本，同时库存资金周转天数从 30 天缩短到 12 天。高效的作业和资金运作使仓储不再是"成本中心"，而成为价值增值环节。

4. 服务模式创新：打造"统仓统配 + 送装一体"的全流程生态

面对大件物流需求的复杂性，日日顺供应链创新性地推出了"统仓统配"与"送装一体"服务模式，彻底颠覆了传统物流服务。

1）"统仓统配"模式

整合全国仓储资源，通过共享库存信息，打破传统供应链中不同渠道间库存数据孤立的壁垒。库存共享机制不仅提升了库存周转效率，还有效避免了库存积压和商品缺货的问题。

在线上线下全渠道销售模式的融合过程中，"统仓统配"成为解决商流与物流脱节问题的关键抓手，为商家提供了灵活的库存调拨方案，显著提升了供应链响应能力。

2）"送装一体"服务

日日顺供应链将"最后一公里"物流服务从单纯的配送延伸到安装环节，彻底解决了客户对大件商品服务"慢、乱、难"的痛点。

此服务模式覆盖全国城乡地区，通过培训专业的送装团队，确保客户能够在收到货品的同时完成安装，减少中间环节，提高用户满意度。

5. 全国物流网络：构建精准、高效的配送体系

日日顺供应链以覆盖全国的物流网络为基础，为客户提供高时效、高质量的配送服务。

（1）车辆资源整合：公司整合全国 16000 多辆可调配车辆，形成强大的运输能力。无论是城市中心还是偏远农村，日日顺供应链都能实现全区域覆盖。

（2）高效时效保障：通过分布全国的物流节点和配送网络，城市配送可在 6 ～ 8 小时内完成，区域配送 24 小时到位，全国主干线路配送平均用时 4 ～ 5 天。

（3）"最后一公里"突破：日日顺供应链特别针对偏远地区物流难题，通过搭建城乡物流网络，实现"到村入户"，大幅度缩短城乡物流服务的时效差距。

6. 数智化供应链平台：推动全流程协同与精准管理

日日顺供应链充分运用数智化技术，为供应链全流程赋能，具体如下。

（1）大数据驱动决策：通过数智化供应链平台，整合上下游信息，利用大数据分析库存需求与消费趋势，帮助企业优化供应链布局，降低库存风险。

（2）智能调度与资源优化：系统可根据实时数据进行车辆调度、运输路线优化以及库存动态调整，从而提升运输效率并降低物流成本。

（3）可视化全流程管理：供应链平台将物流全过程信息透明化，客户可实时查看商品的运输和配送状态，显著提升客户体验。

7. 数智化赋能的价值与成果

1）高效运营与成本优化

日日顺供应链通过智能化和数字化的深度融合，显著提升了运营效率。以即墨智能仓为例，劳动生产率提升了 3 倍，库存资金占用减少了 67%。全国物流网络和智能设备的投入使用，使公司在短时间内快速响应订单需求，降低了物流总成本，提升了整体服务能力。

2）创新服务与用户体验升级

"送装一体"服务模式的普及使用户能够享受无缝衔接的物流体验。专业团队的标准化作业流程确保了服务的一致性和高质量。

通过 CRM 系统和数据反馈机制，公司能够迅速捕捉客户需求并优化服务流程，客户满意度稳居行业前列。

3）行业示范与生态协同

日日顺供应链不仅在自身运营中实现了创新突破，还为行业提供了标准化的供应链解决方案。日日顺供应链通过与雀巢、ABB 等企业合作，推动了多行业供应链协同发展。

社会化物流业务的扩展，使日日顺供应链在大件物流领域构建起开放生态，为客户提供更加全面的增值服务。

8. 未来展望与发展方向

（1）深化数智化转型：继续投入研发智能技术，优化无人仓储和运输调度的智能化水平，进一步提升运营效率。

（2）拓展服务场景：从大件物流扩展到更多品类供应链服务，满足家电、家具、消费电子等行业需求，同时覆盖更多农村和海外市场。

（3）推动绿色物流：引入新能源运输工具，优化物流网络路径，降低物流运营的碳排放，推动行业向可持续发展方向迈进。

日日顺供应链通过智能仓储、统仓统配、送装一体、数智化平台等创新举措，构建起覆盖全国的高效物流网络，在供应链管理领域中实现了技术创新和服务模式的全面升级。其成功入选"全国供应链创新与应用典型案例"正是对其卓越实践的高度认可。未来，日日顺供应链将继续发挥行业标杆作用，为物流行业的数智化转型和高质量发展提供更多的参考和借鉴。

物流知识小课堂

物流数智化是 2019 年阿里巴巴提出来的概念。数智化物流概括智慧物流趋势，在物联网技术和互联网＋思维的影响下，智慧物流已经从理念走向了应用。智慧物流是数智化的典型体现，目前智慧物流正处于从数字化、网络化走向智能化阶段，通过智能硬件、物联网、大数据等智慧化技术与手段，提高物流系统分析决策和智能执行的能力，提升整个物流系统的智能化、自动化水平。

数智化物流是智慧物流的发展阶段，是一个阶段性概念，现代物流是一个大系统，国家对物流业战略定位已经把物流网络作为基础设施，提出了加快国家现代物流体系建设的方针。

思考题

1. 日日顺供应链的智能仓储系统有哪些创新特点？
2. 日日顺供应链的"统仓统配"与"送装一体"服务模式有哪些创新？
3. 日日顺供应链在数智化方面的布局如何助力其行业领先地位？